Raimon Panikkar · Gottes Schweigen

Raimon Panikkar

Gottes Schweigen

Die Antwort des Buddha für unsere Zeit

Kösel

Deutsche Übersetzung von Susanne Schaup – aufgrund der amerikanischen Ausgabe »The Silence of God. The Answer of the Buddha«. 1989 erschienen bei Orbis Books, Maryknoll N.Y. – wurde mit der spanischen Originalausgabe »El silencio del dios«, 1970 erschienen bei Guadiana de Publicaciones, Madrid, verglichen und teilweise neu redigiert.

ISBN 3-466-20359-7

Gesamtherstellung: Kösel, Kempten
Umschlag: Elisabeth Petersen, Glonn, unter Verwendung
eines Fotos von Jean Pierre Pieuchot/ Image Bank München

1 2 3 4 5 6 · 97 96 95 94 93 92

Denen, die nicht lesen
und schreiben können

La mayor necesidad que tenemos es de callar a este gran Dios con el apetito y con la lengua, cuyo lenguaje, que El oye solo, es el callado de amor.

Was uns am meisten nottut ist, vor diesem großen Gott mit dem Verlangen und mit der Zunge zu schweigen.
Die Sprache, die er allein hört, ist das Schweigen der Liebe.

Juan de la Cruz
Brief an Ana de Jesús im Kloster von Beas
vom 22. November 1587

Damit das Schweigen eine Antwort sei,
muß eine stumme Frage vorausgehen.
Doch jede stumme Frage
birgt stillschweigend die Antwort.
Wenn es also keine Frage gibt,
gibt es auch keine Antwort:
Nur einen Blick,
ein Lächeln;
Liebe
und Vergebung;
alles,
nichts,
ja,
nein.
Abwesenheit[1].

Inhalt

Vorwort zur deutschen Ausgabe

Namo tassa bhagavato
arahato sammâsambuddhassa[2]
Verehrung dem Gesegneten, dem Heiligen,
dem Vollkommenen, dem völlig Erleuchteten

Ich habe das Glück (oder Unglück?), einige der Sprachen zu kennen, in die meine Bücher übersetzt wurden. Dies führte mich manchmal in die Versuchung – der ich gelegentlich erlag –, bereits übersetzte Texte immer wieder zu bearbeiten, die jeweils letzte Übersetzung durchzusehen und hie und da Änderungen anzubringen.

Die vorliegende deutsche Übersetzung »Gottes Schweigen« ist ein neues Ergebnis einer jahrzehntelangen Besinnung und immer wieder neu redigierten Reflexion zum entscheidenden Thema meines Lebens. Vom spanischen Urtext »El silencio del Dios« (Madrid 1970) über die italienische Neuredaktion »Il silenzio di Dio. La riposta del Buddha« (Rom 1985) kam es zur englischen Fassung »The silence of God. The Answer of the Buddha« (Maryknoll 1989). Diese wurde nach erneuten redaktionellen Korrekturen und kleinen Ergänzungen mit Einbeziehung des spanischen Urtextes zur Vorlage der deutschen Übersetzung. Frau Dr. Susanne Schaup aus München gilt mein Dank für ihre Übertragung meines Buches ins Deutsche. Der deutsche Text enthält manche Änderungen und Verbesserungen, die ich bei der Vorbereitung dieser Ausgabe eingeführt habe. Der Kösel-Verlag hat sie alle gütigerweise angenommen. Hier sei dem Verlag und inbesondere Herrn Dr. Bogdan Snela meine Dankbarkeit ausgesprochen.

Die vorliegende Arbeit will Wege zu befreienden Prozessen im menschlichen und theologischen Bereich aufzeigen. Sie bietet einen weiteren Horizont, der vielleicht einem tieferen Verständnis der Befreiungstheologie, eines der bedeutendsten Phänomene unserer Zeit, sowie einer breiteren Anwendung dieser Erkenntnisse dienen könnte. Denn Befreiung ist ja das zentrale Anliegen von Gautama dem Buddha. Daher muß eine Theologie der Befreiung auch die Möglichkeit einer Befreiung der Theologie in Erwägung ziehen.

Die deutsche Ausgabe erscheint über drei Jahrzehnte nach der ursprünglichen Konzeption des Werkes. Dieses stellt einen existentiell neuen Schritt in meinem Leben dar. Ich habe meiner Bekehrung zum Buddhismus nicht abgeschworen, ebenso wenig wie meiner früheren Treue dem Christentum gegenüber. Ich glaube vielmehr, daß ich beide geläutert und erweitert habe. Doch die Pilgerfahrt meines Lebens ist noch nicht zu Ende.
Silvano Panunzio gibt einer kenntnisreichen Besprechung der italienischen Fassung den Titel »Il silenzio di Panikkar… e la riposta di Dio«. Er fürchtet, daß ich zu weit gegangen sei – wenigstens vom christlichen Gesichtspunkt. Ich erwiderte damals, daß ich mir nie angemaßt hätte, »Gottes Antwort« zu geben. Das wäre von *jedem* Gesichtspunkt aus zu weit gegangen. Ich habe lediglich die Botschaft des Buddha zu dem modernen Dilemma in Beziehung gesetzt. Weder habe ich Christus eine Absage erteilt, noch anderen Traditionen meine Zugehörigkeit verweigert.
Warum sollen wir Mauern der Trennung errichten und eifersüchtig auf bestimmte Geltungsbereiche sein? Eine religiöse und menschliche Überlieferung zu preisen heißt nicht, die anderen herabzusetzen. Eine Synthese scheint nicht in Betracht zu kommen; vielleicht ist eine solche auch nicht möglich. Doch das bedeutet nicht, daß die Alternative entweder Einseitigkeit oder Eklektizismus sein muß. Warum soll alles miteinander vereinbar oder auch nur vergleichbar sein? Damit möchte ich aber keiner Schizophrenie oder Irrationalität das Wort reden.
Der Radius des Kreises ist inkommensurabel mit dem Umfang – und doch sind beide wirklich und stehen in bezug zueinander. Jeder Umfang *hat* einen Radius, und dennoch kann er an diesem nicht *gemessen* werden. Der Umfang verhält sich zum Radius transzendent. Bevor Zahlen wie (*pi*) irrational genannt wurden, nannte man sie *numeri surdi* (taub) oder sogar *ficti* (erfunden), also unechte Zahlen. Wir können den Umfang Gottes mit dem Radius des Buddhismus nicht messen. Es ist indessen nicht mein Anliegen, auf philosophischem Gebiet zu leisten, was Cantor, Dedekind, Pincherle und viele andere auf dem Gebiet der Mathematik geleistet haben. Gewiß befürworte ich weder eine *mathêsis universalis* noch eine bloße Irrationalität. Ich möchte einfach der Inkommensurabilität Raum gewähren, weil keine Notwendigkeit besteht, alles zu vermessen. Der Dhammapada (XXIII, 4) nennt *nirvâna* die unerreich-

bare Region, *agata disa*, das unbetretene Land. Der Radius wird niemals den Umfang erreichen!

Seit der ersten Ausgabe dieses Buches ist über den Gegenstand seiner Betrachtung viel geschrieben worden. Ich selbst habe neue Vorlesungen und Seminare über die hier behandelten Themen abgehalten. Jedes Buch besitzt eine gewisse Einheit, und die Harmonie dieses Werkes würde leiden, wollte ich es mit neuen Materialien belasten. Das Wichtige in jeder Studie dieser Art sind nicht so sehr neue Informationen, sondern die originelle Sichtweise. Hüten wir uns vor dem Fehler der modernen Wissenschaft, die neuesten Entdeckungen auf einem bestimmten Fachgebiet mit diesem gleichzusetzen. Ich verteidige keine zeitlosen Wahrheiten, sondern will sagen, daß über ein Vierteljahrhundert der Bewährung eines Themas ein gutes Kriterium für seine Gültigkeit ist.

Nachdem ich der Versuchung widerstanden habe, noch mehr zu schreiben, will ich nun auch nicht weniger sagen, und so vertraue ich das, was ich geschrieben habe (*ho gegrapha*, Joh XIX,22), dem Leser an, im Vertrauen auf die schöpferische Unterscheidung der Geister (*intus-legere*) durch mutiges »Emporsteigen des Stromes«, *uddamsoto* (*urdhvamsrotas*) (Dhammapada, XVI, 10) bis zur Quelle.

Nachbemerkung zur Sprache: Gott sollte kein Maskulinum sein, ebenso wenig das Wort »Mensch« (*anthrôpos*). Während ich auf ein *utrum* warte, ein neues Geschlecht, das Maskulinum und Femininum einschließt, ohne ein Neutrum (*neutrum*: weder – noch) zu sein, habe ich mich in vielen meiner Schriften entschlossen, das grammatikalische Maskulinum als beide Geschlechter umgreifend zu verwenden, etwa wie Mensch, obwohl männlich, Mann und Frau bezeichnet. Deshalb will ich zur modernen Zerstückelung nicht beitragen, indem ich entweder die Mehrzahl oder die Spaltung in Geschlechter zu einem letztlichen Merkmal der Wirklichkeit mache (Doktor-Doktorin, Denker-Denkerin).

Tavertet, 6. Januar 1991
Am Fest der Ikonophanie des anikonischen Mysteriums

Um dic Zitate aus christlichen und nichtchristlichen Schriften harmonisch und einheitlich anzumerken, wird die erste Einteilung, sei es Band, Buch oder Kapitel, in römischen Ziffern geschrieben und die folgenden Einteilungen in arabischen (z.B. Lk II,18; BG III,15).

Vorwort zur Originalausgabe

sabbapâpassa akaranam kusalassa upasampadâ
sacittapariyodapanam etam buddhana sâssanam[3]
Verehrung dem Gesegneten, dem Heiligen,
dem Vollkommenen, dem völlig Erleuchteten

Dieses Buch ist ein Teil einer anderen, vollständigeren und ausführlicheren Studie, deren Vollendung die Turbulenz des Lebens mir nicht gestattet. Sie würde den Titel *Die schweigenden Botschaften* tragen.

Der Anlaß, das Schweigen zu brechen, war meine Mitarbeit an der Enzyklopädie *L'ateismo contemporaneo*[4]. Mein Beitrag, »Buddhismo e ateismo«[5], wird hier zu einer eigenen Monographie erweitert.

Ich möchte ein für allemal betonen, daß es mir fernliegt, irgendwelche Lösungen anzubieten oder Thesen aufzustellen, geschweige denn mich für eine Apologie des Christentums, eine Propaganda für den Buddhismus oder eine Rechtfertigung des Atheismus einzusetzen. Ich möchte lediglich eine Reihe von Gedanken und Hypothesen darlegen, das Resultat philosophischer und theologischer Überlegungen, die ein integraler Bestandteil meines Lebens sind, in der Hoffnung, daß diese Reflexionen Früchte tragen mögen. Gleichzeitig hoffe ich, der intuitiven buddhistischen Einsicht, der christlichen Erfahrung und der zeitgenössischen kulturellen Welt treu zu sein – gewiß kein geringes Vorhaben, das nicht ohne gehörige Demut unternommen werden sollte. Der erste Akt der Treue – gegenüber den buddhistischen Intuitionen, die ich respektiere – erfordert, daß der Autor sich selbst zurückzieht, um seinen Platz zu Füßen des Erleuchteten einzunehmen. Der zweite Akt der Treue – gegenüber der christlichen Erfahrung, aus der ich komme – verlangt die persönlich gelebte trinitarische Erfahrung. Der dritte Akt der Treue – zur zeitgenössischen Kultur, in der ich berufen bin – verlangt einen unantastbaren Respekt für die konkrete Situation der heutigen Menschheit. Der Preis für die Kühnheit, diese Stränge miteinander zu verbinden, kann nur der Einsatz des Lebens seitens dessen sein, der einen solchen Versuch wagt. Er muß in diesem Augenblick aufhören, seinem Leben irgendeinen Wert beizumessen, wenn er das Risiko, es zu verlieren, eingehen will[6].

Die folgenden Seiten sind daher nicht ein Werk der Gelehrsamkeit, sondern die Frucht der Erfahrung und eine Manifestation des Lebens. Vielleicht aus Scheu, sich öffentlich sehen zu lassen, kleiden diese Erfahrung und Manifestation sich vom Lendenschurz bis zum Mantel in das Gewand von Kultur und Philosophie[7]. Was der Autor wirklich zum Ausdruck bringen möchte, entzieht sich der Aussage. Aber auch das Schweigen hat etwas mitzuteilen.

Ein Buch über das Schweigen kann nur ein Widerspruch sein. Allerdings wird es nur in dem Sinne widersprüchlich sein, daß der Sprung in die Wirklichkeit ein *tödlicher* Sprung ist. Es gibt kein anderes Zeugnis als jenes, welches durch den Tod besiegelt wird. Darin bestand die Lehre des Buddha. Deshalb starb Christus am Kreuz.

Die *muni* Indiens, die viele Jahre in völligem Schweigen verharren, sprechen nicht, aber sie schreiben oft etwas auf und antworten schriftlich auf die Fragen der Schüler. So wie kein Wort etwas besagt, das nicht aus dem Schweigen kommt, ist das Schweigen nur dann ein wirkliches, wenn es Fleisch werden und sich manifestieren kann, ohne dadurch zu gerinnen. Darauf setze ich meine Hoffnung.

Vârânasî, Advent 1966

Einführung

attâ hi attano natthi[8]
Der *âtman* ist nicht der *âtman*

Obwohl es auf den ersten Blick nicht so aussehen mag, spiegelt dieses Buch einen großen Teil der spirituellen Reise des Autors während eines Vierteljahrhunderts seines Lebens. Es ist gewissermaßen eine Autobiographie, wobei der Bestandteil *autos* typisch ist für unsere Zeit, *bios* das Leben dreier großer kultureller Kräfte repräsentiert und *graphie* nicht die Anekdote, sondern das Echo der allgemeinen Situation des Menschen darstellt.

Autos

Ich spreche daher nicht von einem isolierten Individuum, diesem modernen Dogma des Westens, sondern von der menschlichen Person, jenem Knotenpunkt in einem grenzenlos weit gespannten Netz von Beziehungen. Ich spreche vom *autos*: dem »Selbst«, das nicht im eigenwilligen Solipsismus der Individualität eingesperrt ist, sondern in einer einmaligen, wenngleich begrenzten Weise die Ganzheit der Wirklichkeit ausdrückt. Das »Selbst«, der *âtman*, ist nicht das *ego*. Noch ist *autos* die Negation des *anderen*, sondern die Bestätigung dessen, was man *ist*, was du *bist*, was ich *bin*.
Ich sagte, daß der *autos* typisch und daher persönlich ist. Als ich Anfang der sechziger Jahre mit der Niederschrift dieses Buches begann, schloß meine Erfahrung bereits den Zusammenfluß von Christentum und Hinduismus ein. Aber meine persönliche Identität war weder genügend gefestigt, noch hatte ich mich von unverarbeiteten, durch die Umstände bedingten Elementen sekundärer Bedeutung befreit. Außerdem fehlte mir noch die Erfahrung – in intellektueller Tiefe und existentieller Dringlichkeit – des großen postchristlichen Phänomens, des sogenannten Atheismus, sowie des großen posthinduistischen Phänomens, nämlich des Buddhis-

mus. Erst fünfundzwanzig Jahre später wurde mir die profunde Bedeutung dieser Odyssee bewußt.
Nie habe ich mein persönliches Abenteuer bewußt geplant. Daher betrachte ich es in seiner Quintessenz als typisch für unser Zeitalter. Dieses Buch gibt etwas von diesem Abenteuer wieder. Man braucht nur allgemeine Begriffe wie Hinduismus, Christentum, Buddhismus und Atheismus mit anderen, konkreteren, auszutauschen, um zu erfassen, was ich hier andeuten möchte. Wir brauchen nur an unsere Enttäuschungen innerhalb unserer eigenen Überlieferung zu denken, an die Suche nach unserer eigentlichen Identität jenseits traditioneller Grenzen, oder an die Desorientierung als Folge dieser Suche und den beinahe erzwungenen Verzicht auf die Beschäftigung mit transzendenten Problemen, nicht nur aus Zeitmangel, sondern oft genug aus Mangel an Interesse für ihre seltsamen Formen und wegen der Lebensferne, wie sie in unserer Epoche dargestellt werden. Wir brauchen nur an die zeitgenössische Literatur, die bildenden Künste, die Musik usw. zu denken und an ihren Bruch mit jedem Kanon, der neue Stilformen zeitigt. Die heutige Welt ist zumindest teilweise durch innere Zerrissenheit gekennzeichnet, deren Schmerz mithilfe technischer Apparate erstickt wird.
Der *autos* ist durchaus persönlich. Trotzdem ist er kein Individuum. Wenn ich ihn als typisch bezeichnet habe, dann nicht deshalb, weil ich ihn anderen als Modell zur Nachahmung vorstelle, sondern weil er mir als ein charakteristisches Paradigma der heutigen und vielleicht auch künftiger Generationen erscheint – selbst in seiner Unvollkommenheit, ja, in seinen Irrtümern. Denn was ist Wahrheit auf der Ebene der Erfahrung anderes als Wahrhaftigkeit?
Der *autos* dieser Autobiographie ist daher von jener stetig wachsenden Anzahl zeitgenössischer Menschen im Norden und Süden, im Osten und Westen umschrieben, die den Mythos, der dem Leben Einheit verleiht, verloren – oder zumindest aus den Augen verloren – haben. Moderne Menschen mußten um ihre Identität ringen, indem sie das Vermächtnis ihrer jeweils überlieferten Kultur einer radikalen Kritik unterzogen. Die Verhältnisse in Afrika unterscheiden sich von denen in Asien, und beide wiederum sind anders als diejenigen, die im Westen herrschen. Doch überall ist die Überlieferung bedroht, und obwohl das Überlieferte oft weiterbesteht, indem es in die mehr oder weniger unbewußten Tiefenschichten der

individuellen sowie der kollektiven menschlichen Psyche abtaucht, sind die alten Traditionen der Menschheit für sehr viele unserer Zeitgenossen nicht mehr in der Lage, persönliche Identität zu gewährleisten. Das Überlieferte befindet sich in der Krise, und der Mensch wird sich seiner selbst nur dann voll bewußt, wenn er die Tradition einer radikalen Kritik unterwirft.

Etwas der Kritik unterziehen heißt, es durch unser Bewußtsein zu filtern, um dadurch zu einem Licht zu gelangen, die unserem Denken und letztlich unserem Leben Orientierung gibt. Nun, der Filter der modernen Traditionskritik ist weniger die Stube des Akademikers oder das Gehirn des Denkers, sondern das Getriebe des Lebens und das Herz des gewöhnlichen Menschen. Das zeitgenössische Dasein selbst filtert das Vermächtnis der Tradition. Demokratie, Wissenschaft, Technokratie, der moderne Staat, exotische Spiritualität usw. sind nur die vielen weiteren Namen für diese Herausforderung des Überlieferten. Ihre Auswirkung ist niederschmetternd. Wir sind nicht mehr in der Lage, ohne weiteres, zuversichtlich und im naiven Glauben anzunehmen, was die Älteren uns lehren. Doch ebenso wenig können wir aufhören, an etwas zu glauben, selbst wenn dieses Etwas ein Nichts ist. Mit anderen Worten, das Alte ist vermodert, und das Neue hat keinen Stand. Vielleicht hat in all den vergangenen Epochen die Moderne tatsächlich ihren Charakter als Mode, als prekäre Vergänglichkeit noch nie so gezeigt wie heute. Aber wir können nicht mehr zurück.

Keine Revolution kann Abhilfe schaffen, sondern nur die Befreiung aus dieser Situation und die Schöpfung von etwas Neuem. Eine Revolution ist im Grunde immer konservativ. Sie stellt eine Situation auf den Kopf, zertrümmert Institutionen, bewahrt jedoch die grundlegenden Strukturen. Mit anderen Worten, die Abhilfe liegt nicht in einem ikonoklastischen Vorgehen, sondern in einer kritischen Stellungnahme. Das erstere strebt die Zerstörung dessen an, was es für schlecht hält; das letztere strebt die Wahrnehmung einer verdächtigen Ambivalenz und deren Ausschaltung an. Eine ikonoklastische Haltung provoziert sehr oft eine Reaktion in entgegengesetzter Richtung. Die kritische Geisteshaltung dagegen regt die – möglicherweise radikale – Veränderung an. Das eine mit dem anderen zu verwechseln, ist verhängnisvoll.

Es bedarf keiner Erwähnung, daß ich »Kritik« hier nicht im Sinne von »Kritizismus« verstehe, wie ich das häßliche und kleinliche

Urteilen zu nennen pflege, auch nicht im Sinne eines rein theoretischen Urteils, sondern als Praxis, als ein durch das existentielle Sieb der Theorie getriebenes menschliches Tun. Ohne dieses Sieb gibt es keine Kritik, aber es benötigt Hände, die es schütteln.

Vernünftige Menschen haben oft auf Kritik verzichtet aus Angst, einem alles zerstörenden Ikonoklasmus zu verfallen. Und dies wurde von denen ausgenützt, die den Status quo verteidigen. Jegliche Kritik an der lateinamerikanischen Politik wird zum Beispiel in vielen lateinamerikanischen Ländern als »Kommunismus« verdächtigt, ebenso wie jede Reform des Sozialismus in der Zweiten Welt bis vor kurzem als »faschistisch« abgestempelt wurde. Aber es gibt noch verblüffendere Beispiele dieses Phänomens auf religiösem Gebiet. Was bedeutet es heute, ein Christ oder Hindu zu sein? Was bedeutet es, gläubig zu sein? Stellt ein Katholik, der das Papsttum kritisiert, sich deshalb als untreuer Katholik bloß? Muß man den *samgha* verehren, um ein guter Buddhist zu sein? Ist der Glaube an Gott die einzige Form von Religion? Muß man an ein Jenseits glauben, um ein sittliches Leben zu führen?

Der Übergang, *pascha*, von einem Grundkonzept der Wirklichkeit zu einem anderen ist nicht so leicht zu vollziehen. Außerdem birgt dieser Übergang Gefahren, ja, tiefe seelische Verletzungen. Vielleicht (glücklicherweise?) kann er nie ganz vollzogen werden. So sehr wir auch unsere Herkunft zu verschleiern trachten, unsere Archetypen verraten uns. Vielleicht retten sie uns auch, indem sie uns zu der Erkenntnis zwingen, daß unsere persönliche Identität nicht einfach auf einem Prozeß bewußten Auswählens beruht, sondern die reife Frucht einer allumfassenden Situation ist. Obgleich wir versuchen, das Karma unserer zum Teil schon seit Hunderten von Jahren zurückgelegten Wege aus unserer Vergangenheit zu streichen und aus dem Corpus dessen, was wir für wahr halten, auszuscheiden, haftet es dennoch an unserem tiefsten Sein. Die Sprache hat sattsame Beweise dafür. So möchten wir zum Beispiel der schweren körperlichen Arbeit Adel verleihen oder uns weismachen, daß diese Arbeit einfach das Resultat einer Kraft in Bewegung ist. Aber die Bezeichnungen, die wir für unsere Arbeit haben, erinnern an unsere Mühe, unsere Anstrengung, ja, unsere Qual – an den »mühsamen« und »anstrengenden« Aspekt dieser Arbeit. Wir können eine neue Sprache, sogar mehr als eine erlernen, aber unsere Muttersprache verliert nie ihre Vorrangigkeit. So vergaß mein Vater im Lauf einer ganzen Periode seines Lebens beinahe sein heimatliches Malayalam, nachdem er sich in die Welt der westlichen Sprachen gestürzt hatte. Aber es bedurfte nur einer Krankheit und einer Einschränkung seiner Tätigkeit, und da sprach er es wieder fließend.

Abendländische Menschen empfinden heute die ganze Hinfälligkeit des Theismus. Sie sind jedoch ebenso skeptisch gegenüber dem Atheismus als Antwort auf die letzten Fragen nach dem Sinn des Daseins. In ähnlicher Weise lehnen Asiaten, die an der religiösen Überfrachtung ihrer Traditionen so sehr gelitten haben, dennoch eine kategorische Übernahme fremder Lösungen ab, die ihnen unter der Maske einer rein »wissenschaftlichen« Sicht der Wirklichkeit präsentiert werden. Afrikaner leiden an einem Minderwertigkeitskomplex, der ihnen infolge jahrhundertelanger Kolonisierung und Sklaverei aufgebürdet wurde. Aber wenn sie moderne Lebensweisen annehmen, erwacht in ihnen der angstvolle Verdacht, daß die Kur schlimmer sein könnte als die Krankheit. Lateinamerikaner leiden unter ihrer christlichen Tradition, mißtrauen aber andererseits dem marxistischen Messianismus.

Wir alle müssen unsere *Iden*tität auf der Basis einer radikalen *Authen*tizität erwerben. Das Paradigmatische ist nicht das Gewöhnliche. Symbol ist nicht Zeichen. Und vielleicht hat diese Autobiographie unter anderem den Wert, ein Symbol zu sein für einen großen Teil des Schicksals der zeitgenössischen Menschheit in ihrer Suche nach einer Identität, nach einem *Selbst*, das weder ein *Ich* noch ein *anderes*, sondern ein Nicht-Ich ist. Das *Ich* erstickt, das *andere* entfremdet uns. Der Atheismus erwürgt, und der Theismus macht wahnsinnig.

Der *autos*, ich wiederhole, ist weder das Individuum noch eine soziologisch relevante Gruppe von Individuen. Der *autos* ist die menschliche Person, als Mikrokosmos verstanden, als Schauplatz für das Drama des Universums. Nun besteht die Person aber sowohl aus Denken als auch aus Handeln. Die Theorie allein, das bloße Denken, ein einfacher Bewußtheitswandel oder selbst eine »Bewußtwerdung«, der es an der begleitenden Praxis fehlt, ist nicht nur ohnmächtig, sondern kurzsichtig. Sie sieht nur das, was die begrenzte Situation ihr zu sehen erlaubt. Gleichzeitig ist die bloße Praxis, ein einfacher Strukturwandel – selbst eine Revolution – ohne gleichzeitige Theorie nicht nur blind, sondern auch unfähig,

eine sinnvolle Transformation herbeizuführen. Sie verändert lediglich die Reihenfolge der Faktoren und der Machthaber. Die darunter liegenden Schemata bleiben bestehen. Nur in der realen Welt der Person ohne Singular und Plural sind die entscheidenden, den Lauf des Universums bestimmenden Faktoren am Werk.
Nun ist es gerade die zeitgenössische Bewußtheit, die gegenwärtig an einer radikalen Krise von planetarischen Ausmaßen leidet. Der Glaube an Gott – einen beschützenden, gütigen und allmächtigen Vater – ist im Verfall begriffen. Auch eine Muttergöttin kann trotz gewisser Vorteile die Krise nicht beheben. Außerdem nimmt das Vertrauen zur Güte, Intelligenz und Macht der Menschheit ab. Die Hoffnung auf eine Art von Weisheit der Natur oder der natürlichen Spontaneität hat nicht mehr Bestand. Überall werden Risse in den überlieferten Begriffen von Gott, der menschlichen Natur und der Welt als separate Wesenheiten sichtbar. Aber auch der Nihilismus als Schlußfolgerung eines Syllogismus, dessen Prämissen sämtlich widerlegt wurden, erweist sich als eine weitere haltlose Ideologie, ein Resultat übereilter und provisorischer Reaktionen.
Der zeitgenössische menschliche *autos* steckt wahrhaftig in der Krise. Bestimmte kleine Gruppen halten sich immer noch für sicher (oder »gerettet«, wodurch sich die Ausbreitung gewisser Sekten erklärt), doch auch sie können sich der Tatsache nicht verschließen, daß die Menschheit als Ganzes sich auf ein und dasselbe Abenteuer eingelassen hat. Obwohl ihre Verfechter behaupten, daß partielle Lösungen einfach eine »Erste Hilfe« seien, bleibt die Tatsache bestehen, daß partielle Lösungen eben nur partialistisch sind – also durch und durch ketzerisch. Wir sind alle in einem gemeinsamen *Leben* miteinander verbunden. Von diesem *bios* soll in der vorliegenden heimlichen Autobiographie die Rede sein.

Bios

Noch gestern war die wechselseitige Verbundenheit allen menschlichen Lebens eine reine Theorie. Heute ist sie eine existentielle Tatsache. Wir alle stehen in Beziehung zueinander, nicht nur in der Seinsordnung, sondern auch in der Ordnung der Nahrungsaufnahme und Atmung, ganz zu schweigen von Denken und Glauben. Es ist unmöglich, uns von den Einflüssen der Umwelt in jedem Sinn dieses Wortes zu isolieren. Ich beziehe mich nicht nur auf die Massenmedien mit ihrem Potential der Manipulation, sondern ich meine außerdem jenen subtileren Faktor, der diese Medien sowohl ermöglicht als auch wirksam macht: das unverwüstliche Bedürfnis des Menschen, auf etwas Überindividuelles zu bauen.

Das moderne Leben ist weder durch Immobilität noch durch friedliche Reflexion gekennzeichnet. Wir sind kulturellen Bombardierungen ausgesetzt wie von jenen Bomben, die zwar Lebewesen töten oder verstümmeln, die Gebäude jedoch unversehrt lassen, so daß diese mit der Zeit verfallen, weil niemand da ist, der sie instandhielte. Institutionen, Bräuche und Mythen werden allmählich ihres Sinnes entleert, und zurück bleiben die leeren Gehäuse. Dann bricht zu gegebener Zeit alles zusammen, und die Gerechten bezahlen für die Missetaten der Sünder.

Es sind nicht unsere Großeltern, die unseren Lebensstil bedrohen. Wenn sie es je vermochten, so haben sie den kürzeren gezogen. Es sind unsere Enkelkinder, die den Sinn der modernen Gesellschaft in Frage stellen, mögen unsere Anstrengungen, uns zu rechtfertigen, noch so groß und manchmal berechtigt gewesen sein. Doch unsere Krise spielt sich weder im Bereich des Individuellen oder der Generationen, sondern im kulturellen Umfeld ab. Das Problem liegt viel tiefer, als es auf den ersten Blick erscheinen mag, denn es ist mehr als ein rein politisches, ökonomisches oder institutionelles Problem. In der Waagschale liegen die vergangenen sechstausend Jahre menschlicher Erfahrung. Im Vergleich dazu schrumpft der Zusammenbruch antiker Zivilisationen an Bedeutung. Immerhin gaben diese Zivilisationen ihr Vermächtnis an ihre Nachfolger weiter. Dies ist heute nicht mehr der Fall. Wenn die gegenwärtige Zivilisation, die jetzt in die planetarische Phase eintritt, zusammenbricht, wird es keine Generation geben, die ihr Vermächtnis entgegennehmen könnte. Desgleichen wird es keine Eroberer oder Eroberten mehr geben.

Keine Kultur und keine Religion ist imstande, das menschliche Problem im Alleingang zu lösen. Die Menschheit gehört nicht nur der weißen Rasse, der marxistischen Ideologie oder dem männlichen Geschlecht an. Das Menschsein wird sich nicht mehr im Sinne von Zivilisation, Christentum, Bildung oder Staatsbürgerschaft definieren lassen. Daraus folgt die Notwendigkeit einer gegenseitigen

Befruchtung der menschlichen Überlieferungen, wie ich sie seit Jahrzehnten befürworte. Wir sind miteinander verkettet, und die Lösung des menschlichen Problems wird nicht nur aus einer Richtung kommen. Das Prinzip *salus ex judaeis* (»Das Heil kommt von den Juden«, Joh IV,22) mag einst für die Samariter gegolten haben, aber es ist kein universelles Prinzip. Das Heil kommt von oben und von unten, es kommt von rechts und links, sowie von innen und außen. Jeder Messianismus ist verdächtig.

In unserer Zeit begegnen und überschneiden sich drei große Überlieferungen: die theistische, insbesondere die monotheistische; die *nâstika* oder die nontheistische Überlieferung, insbesondere die buddhistische; und eine dritte Art mit zwei Gipfelpunkten: die säkulare und die atheistische. Ihre unvermeidliche Begegnung ruft Stürme hervor, die für manche Schiffe vielleicht den Untergang bedeuten, sogar Springfluten, die über ganze Völker hinwegrollen. Der *homo religiosus*, der die ersten beiden Gruppen umfaßt, muß sich mit dem *homo saecularis* verständigen, und beide zusammen müssen die Möglichkeit einer Begegnung von Herz und Verstand erforschen angesichts einer Wirklichkeit, die den Schwerpunkt weder in die Transzendenz verlagert (nicht einmal in die sogenannte immanente Transzendenz) noch in Richtung des empirisch Gegebenen (nicht einmal dann, wenn es sich Zukunft nennt).

Sind diese unterschiedlichen Auffassungen von Welt miteinander in Einklang zu bringen? Wie können wir uns für irgend eine von ihnen entscheiden, wenn wir anerkennen, daß auch die anderen Elemente der Wahrheit enthalten? Können sie sich gegenseitig korrigieren, vielleicht ergänzen? Wäre eine wechselseitige Befruchtung denkbar? Eine bloße Gegenüberstellung, wenn eine solche möglich wäre, würde die kulturelle Schizophrenie, von der wir bereits zahlreiche Beispiele sehen, nur noch verstärken. Das »Entweder-Oder« mit dem »Sowohl-als-auch« zu vertauschen, ist nicht die Lösung. Wir müssen beides überwinden.

In einer mehr oder weniger bewußten und unmittelbaren Weise leidet ein großer Teil der heutigen Menschheit an der Auswirkung dieser drei Strömungen. Das vorliegende Buch unternimmt den Versuch, ein Bruchstück des kulturellen *bios* unseres Jahrhunderts zum Ausdruck zu bringen, indem es ein zentrales Thema der zeitgenössischen Krise im Licht einer jahrhundertealten Überlieferung darstellt.

Der Titel dieses Werkes deutet die Situation eines beträchtlichen Teils der heutigen Menschheit an. Es mag Gott als Symbol in einer der anerkannten möglichen Formen, auch der einer mehr oder weniger absoluten Zukunft, geben oder nicht, auf jeden Fall scheint Gott für viele Menschen keine Realität zu besitzen. Gott scheint wirkungslos und taub oder zumindest sprachlos zu sein, insofern Gott jegliche Art von Holocaust, Ungerechtigkeit und Leiden zuläßt. Das Göttliche – oder Übermenschliche, wenn man so will – wurde zwar unterschiedlich interpretiert, aber als Bezugspunkt war es in der Menschheitsgeschichte immer präsent. Es ist dieser Bezugspunkt, der sich heute in der Krise befindet. Darin besteht das Gottesproblem, wie immer man Gott nennen mag: in der Frage nach dem Kern der Wirklichkeit und dem Sinn des Lebens.

Viele rufen Gott noch an, aber wenige erwarten eine Antwort. Die gegenwärtige Krise manifestiert sich in einer Krise der Anrufung. Theologen und verschiedene Konfessionen und Religionen haben uns lange Zeit gelehrt, daß man eigentlich nicht *über* Gott reden könne. Aber der Gläubige spricht weiterhin *zu* Gott in der Anrufung, in der er Gott nicht nur bittet, Regen zu senden oder die Personen zu heilen, die dem Bittsteller nahestehen, sondern auch darum, daß Gottes Reich komme, wenigstens in der Form eines wohltätigen Regens von Menschlichkeit, Gerechtigkeit und Frieden.

Wenn man nicht eigentlich über Gott reden kann, weil Gott ein Geheimnis ist; wenn man Gott nicht anrufen kann, weil Gott nicht antwortet; wenn sekundäre Ursachen von wissenschaftlichen Erklärungen der Gegenwart oder Zukunft in Beschlag genommen werden; wenn den Kümmernissen des Herzens besser mit menschlicher Liebe als mit dem verflüchtigten Begriff des Göttlichen abgeholfen wird – welche Funktion hat dann noch das, was so viele Überlieferungen Gott genannt haben? Ist es wirklich so, daß die Menschheit es nach all diesen Jahrhunderten geschafft hat, Gott ans Kreuz zu schlagen oder, milder ausgedrückt, Gott als eine überflüssige Hypothese zu eliminieren? Oder sind es nur die Monotheisten und ihre Nachfolger, die vom Angesicht der Erde verschwinden werden? Oder vielleicht nur diejenigen, die sich in einen heiligen Krieg gegen alle »Ungläubigen« stürzen?

Die Anrufung – die Erhebung des Herzens in einer Bitte um wahre Liebe, die Erhebung des Geistes in der Suche nach heiligem Wissen und die Erhebung des Lebens des Individuums in einem Schrei nach wahrhafter Hilfe – wird in der heutigen Welt immer notwendiger und gleichzeitig immer unmöglicher.

Zunächst wird sie immer *notwendiger*. Wir können die Last des Daseins nicht mehr alleine tragen. Das moderne Leben wird immer prekärer. Das *Prekäre* führt zum Gebet, engl. *prayer*: Beide Worte gehen auf das mittelalterliche Wort *precarius* zurück. Der Zusammenbruch der hierarchischen Gesellschaftsstruktur macht es einer Ehefrau immer weniger möglich, ihren Mann als ihren Gott zu betrachten, wie es im traditionellen Indien immer noch der Fall ist, oder den Kindern, ihre Eltern als Vorbilder zu sehen, oder Schülern, zu ihrer Lehrern aufzublicken, oder Arbeitern, die Befehlsgewalt ihrer Arbeitgeber als rechtmäßig anzuerkennen. Wir wissen zu viel über Psychologie, Soziologie und Geschichte, um nicht die Fehler und Heucheleien der uns »Überlegenen« zu erkennen. Sämtliche Zwischensprossen auf der »Stufenleiter von Überlegenen und Unterlegenen«, sofern sie nicht schon gänzlich verschwanden, sind im Begriff zu zerbrechen und zu zersplittern.

Dennoch wird die Anrufung von etwas, das über uns steht, notwendiger denn je. Der individuelle Mensch kann nicht alles wissen, nicht alle Probleme lösen oder alle Faktoren kontrollieren, die sein Leben bestimmen. Er kann sein Vertrauen nicht auf die Mitmenschen setzen, die ebenso schwach und fehlbar sind wie er selbst. Er kann sich nicht auf die Gesellschaft verlassen, denn die Gesellschaft ist ja gerade eine seiner größten Belastungen. Er empfindet das Bedürfnis, sich an etwas Höheres zu wenden, um Hilfe zu rufen, die Hand nach etwas über ihm Stehenden auszustrecken, einer Liebe, einer Güte, oder irgend jemandem zu vertrauen. Anrufung, als Heraustreten aus sich selbst, um sich anzuvertrauen, um Zuflucht zu nehmen oder wenigstens in Kontakt zu treten mit etwas oder jemandem, der über uns steht, wird immer mehr zum Gebot der Stunde.

Gleichzeitig wird eine solche Anrufung aber zunehmend *unmöglich*. Der Gott, an den diese Anrufung ergeht, der Gott als Spitze der Seinshierarchie, erscheint ohnmächtig und hüllt sich hinfort in Schweigen. Die Menschen entdecken zu ihrem großen Schmerz ihre Einsamkeit, da sie gezwungen sind, als Individuen zu leben. Sie versuchen jetzt, aus sich herauszutreten, um in der Masse ihrer Mitmenschen nicht unterzugehen – um sich nicht zu verlieren. Aber sie haben keinen Ort, wohin sie gehen könnten. Auf ihren Hilferuf antwortet nur ihr Echo oder der Spott der Mitmenschen. Gewiß, viele Zeitgenossen haben sich allen möglichen Vereinigungen oder Sekten angeschlossen, die den Anspruch auf Echtheit und Wirksamkeit der Anrufung erheben. Aber diese Bewegungen werden entweder als flüchtige Modeerscheinungen alsbald verlassen, oder sie werden bürokratisiert und verkalken, oder sie erliegen schließlich der Versuchung der Macht und des Zynismus. Mit einem Wort, die aufrichtige Anrufung wird *unmöglich.* »Zu welchem Gott sollen wir beten mit unseren Opfergaben?« lautete die bedeutungsschwere Frage der Veden (*Rig Veda*, X,121,1). »Kann sein, daß er es selbst nicht weiß«, antworteten die Rishis (ibid., 129,7), bevor der Buddha diese Frage seiner strengen Kritik unterwarf. Auf jeden Fall scheint Gott nicht zu hören, geschweige denn zu antworten. Gott ist mit dem mächtigsten Bataillon oder der fortgeschrittensten Wissenschaft im Bunde. Selbst im edelsten und tiefsten Sinne des Umgangs mit Gott ist das Opfer außer Gebrauch gekommen, auch in den meisten traditionellen Religionen. Der grandiose Glaube an die Zukunft, dessen Höhepunkt der Marxismus war, ist gleichfalls verschwunden, und der historische (politische, ökonomische und kulturelle) Horizont ist zu düster oder verschwommen, um die Menschen von heute zu beflügeln.

Der Untertitel dieses Buches könnte vielleicht als zu ehrgeizig erscheinen, wenn man ihn in dem Sinne mißdeutet, daß der Buddha *uns* die »Antwort« gibt. Diese Antwort, wie immer sie lauten möge, müssen wir uns selbst, persönlich, zurechtschmieden. Doch der Erleuchtete hat uns tatsächlich etwas Wichtiges für unsere Welt mitzuteilen.

In der vedischen, der mediterranen und der afrikanischen Welt, wie auch anderswo, finden wir den Glauben an eine Wirklichkeit, deren wesentlicher Bestandteil das Göttliche ist. Die Wirklichkeit schließt das freilich stets grenzenlose, geheimnisvolle, unerreichbare, unaussprechliche, aber der Welt als totale Wirklichkeit innewohnende Göttliche ein. Theologie ist immer eine Theologie innerhalb einer Kosmologie. Daher ist es eine Theo*logie*, das Werk des Logos. Das Göttliche ist »Teil« der Wirklichkeit, und in manchen Fällen stellt es sogar die ausschließliche Wirklichkeit dar: Es ist des Menschen Bestimmung, Gott zu werden, seiner Identität mit *brahman* innezuwerden, das wahre Volk Gottes zu sein, Gottesschau oder ein Leben

im Gespräch mit Gott usw. zu erlangen. Das Göttliche ist Anfang und Ende der Entfaltung des Kosmos.
Zwischen Geschöpf und Schöpfer, zwischen der Ordnung der Erscheinung und der Ordnung des Seins, zwischen dem Vielen und dem Einen, selbst zwischen dem Nichts und dem Sein besteht immer eine Beziehung. Diese kann in einem bestimmten Sinn eine *relatio rationis* sein, in einem anderen Sinn jedoch ist sie eine durchaus grundlegende Beziehung. Andererseits erhebt der Buddha den Anspruch, jede Kosmologie zu überwinden. Er unternimmt einen echten Sprung in die Leere. Die Leere gibt es nicht. Sie ist nicht irgend eines Dinges entleert. Sie existiert einfach nicht. Die Transzendenz – sofern man überhaupt davon zu sprechen wagt –, »ist« so rein, daß sie *nicht ist*. Die nicht-buddhistische Welt ist gerade in ihrer Grenzenlosigkeit irgendwie sphärisch und vollständig. Die Kosmologie in ihrem tiefsten Begriff ist alles, was gedacht werden kann. Sie mag gleichwohl als offen und »undenkbar« gedacht werden, aber sie liegt immerhin noch im Bereich der menschlichen Erfahrung. Der Buddha dagegen weist gerade die Grenzenlosigkeit zurück, die in einer solch grenzenlosen Wirklichkeit als enthalten »gedacht« wird. Er verzichtet auf jegliche Aussage über dieses Thema. Und sein Verzicht bezieht sich nicht auf die Aussage von und das Nachdenken über *etwas*, das jenseits des Aussagefähigen und des Nachdenkens läge. Es ist nicht einmal ein Verzicht auf Rede und Denken, eben weil kein Gegenstand vorhanden ist, über den man reden oder nachdenken könnte – »nichts«, das manifestiert oder verstanden werden könnte. Das Hindernis liegt nicht darin, daß das Denken oder die Meditation nicht in der Lage wäre, ein Katapult in die Transzendenz zu sein. Das wahre Hindernis liegt darin, daß die Menschheit, der Katapult und die Transzendenz alle ein System bilden, mag es ein noch so offenes sein. Der Buddha aber läßt sich in kein System irgendwelcher Art einsperren, und sei es noch so grenzenlos. Weder Kosmologie noch Theologie, geschweige denn die Anthropologie, umfassen nach Gautama Buddha das Geheimnis der Wirklichkeit.
Der Buddha lehrt, daß man dem Durst (*trishnâ, tanhâ*) nach dem Sein und nach dem Nichtsein gleichermaßen entsagen und von der Suche nach Erlösung, *nirvâna*, ablassen müsse. Der untersagte Durst schließt nicht nur das Begehren, sondern auch den Willen ein: den Willen zur Macht, den Willen zum Sein, eben so wie den Willen

zum Nichtsein, den Willen, der während all der vergangenen Jahrhunderte die Quintessenz des abendländischen Geistes darstellte. »Das Urseyn ist Wollen«, sagt Schelling (*Werke*, I,338) und faßt in diesem Satz die Geschichte des abendländischen Geistes zusammen. Die Antwort des Buddha besteht darin, daß er sich einer Antwort enthält. Denn eine Antwort würde »nichts« sagen.

Nach dem Heil kann nicht gesucht, es kann nicht begehrt werden. Das Gesuchte oder Begehrte wird durch diese Tatsache in ein Objekt des Wollens oder Begehrens verwandelt. Ein solches Objekt kann nicht das Heil des Menschen sein. Kein Objekt kann dies sein. Der Mensch ist letztlich kein konsumorientiertes Wesen. Kein Objekt ist in der Lage, ihn restlos glücklich zu machen. Es geht vielmehr um das Subjekt. Das Subjekt kann nicht objektiviert werden, ohne zerstört zu werden. Auf das Heil kann man nur hoffen. Auf etwas hoffen heißt nicht, es zu wollen, nicht einmal, es zu begehren. Hoffnung ist nicht Begehren. Die Hoffnung ist daher nicht der Durst, den der Buddha bekämpft. Sie ist nicht das Begehren von irgend etwas, weil die Hoffnung keine Projektion in die Zukunft ist. »Die Hoffnung zeigt jetzt, in der Hoffnung selbst, daß die Erfüllung gewiß ist«, wie Fray Luis de León es ausdrückte: Die Erfüllung ist bereits da und daher gewiß. Die Hoffnung ist eine Grundeinstellung der Gegenwart oder, noch besser: der »Zeitewigkeit«, das heißt, einer die »drei Zeiten« umfassenden Gegenwart (letztlich deshalb, weil sie die »drei Welten« umfaßt). Die Hoffnung ist nicht eine Sache der Zukunft, sondern des Unsichtbaren.

Hoffnung ist keine Erwartung. Das Warten-auf ist eben das, was der Buddha als egozentrischen Ehrgeiz brandmarkt, während die Hoffnung eben das ist, was den Erhabenen veranlaßt, seine Lehre zu verkünden. Die Hoffnung kann nur ein Geschenk, eine Gabe, etwas Verliehenes sein – ohne die Notwendigkeit, in Gedanken oder in der Vorstellung einen Geber zu postulieren. Hoffnung ist Gnade, vielleicht die Gnade des Daseins selbst.

Dies alles kann jedoch nur gelebt, nicht schriftlich niedergelegt werden. Doch ich sprach von einer Autobiographie.

Graphia

Die *graphia* (Grafik, -graphie) ist lediglich aus dem Stoff der zeitgenössischen Situation gewoben, ohne die Figuren und Farben, die ihre Webe verzieren. Ich möchte noch deutlicher sprechen. Unsere Zeit ist an soziologische Studien, psychologische Überlegungen und natürlich an jegliche Art von politischen Abhandlungen gewöhnt. Über die gegenseitige Durchdringung der verschiedenen Kulturen haben wir höchstens anthropologische Essays, aber herzlich wenig im Sinne einer Annäherung an unser Problem mit der Radikalität eines transkulturellen philosophischen Denkens. Wie ich sagte, sind wir an knappe Darstellungen gewöhnt, mögen sie auch mit dem Chintz der Statistiken drapiert oder in die Livree sozio-ökonomischer Theorien gekleidet sein. Selten wagt man es, zum Kern der menschlichen Befindlichkeit vorzustoßen, unter anderem deshalb, weil es mit einer knappen Darstellung nicht getan ist, wenn man das Thema wirklich erschließen will. Die Darstellungen dieser Autobiographie jedoch betreffen das persönliche Leben der Leser. Ich werde im Paradigma bleiben.

Die Leser mögen daher nichts von meinem Leben erwarten. Sie können jedoch eine ganze Menge mitbekommen, was uns alle betrifft. Freilich wird dieses uns alle Betreffende nicht mit blumigen Worten aufgetischt, mit Statistiken reflektiert oder so gegeben, wie man einen Fragebogen beantwortet. Es kann sogar etwas sein, was wir nicht zur Kenntnis nehmen wollen, und dann können wir uns weiterhin mit Arbeit betäuben unter dem Vorwand, unseren Lebensunterhalt verdienen zu müssen.

Diese *-graphie* ist also eine Schrift über die eben erwähnte gegenseitige Befruchtung dreier großer Kulturen oder Kulturfamilien. Sie enthält sich jedoch jeder Schlußfolgerung und Synthese, da diese in einer Autobiographie immer verfrüht sind.

Diese Studie soll nicht nur eine Kritik jener Diminutivformen der Orthodoxie sein, die ich andernorts »Mikrodoxien« genannt habe, sondern sie bezweckt noch etwas Weiteres: nämlich das Schweigen wiederzuentdecken – das Schweigen der Dinge, ja, das Schweigen Gottes. Ich werde jedoch nicht auf eine thematische Erläuterung der Beziehungen zwischen Schweigen und Wort oder Sein und Denken eingehen, wie ich es an anderer Stelle versucht habe. Nicht alles kann ausgesprochen werden, weil nicht alles gedacht werden kann.

Das ist nicht nur darin begründet, daß das denkende Subjekt, das wir sind, nicht in der Lage ist, alles zu denken, sondern weil nicht alles von seinem Wesen her denkbar ist. Sein und Denken decken sich nicht, nicht einmal an ihrem Gipfelpunkt. Die Wirklichkeit braucht für sich selbst nicht transparent zu sein. Der Monotheismus, der ein sich selbst erkennendes Wesen postuliert, ist eine legitime Hypothese. Die Säkularität hat diese Hypothese jedoch in eine Krise gebracht, und der Buddhismus ersetzt sie durch eine andere Hypothese. Wir kommen darauf zurück.

Vielleicht kann ich den Gegenstand dieses Buches dadurch einführen, daß ich zur Rolle des Denkens in seinem Bezug zur Wirklichkeit zurückkehre. Das höchste Merkmal des Seins ist Freiheit. Im Sein gibt es nichts Willkürliches, und trotzdem ist alles frei. Daher kann nichts bis in seine letzten Tiefen gedacht werden. Alles bewegt sich und handelt gemäß seinem Wesen. Nichts geschieht zufällig, weder in der physischen noch in der intellektuellen oder in der geistigen Welt. Alles folgt seinem eigenen Wesen. Deshalb läßt sich eine bestimmte Ordnung der Dinge feststellen. Ihr höchstes Merkmal jedoch ist *Freiheit*.

Worin besteht diese Freiheit? Eben in dem Primat, und daher der Unabhängigkeit, des Seins – sogar bezüglich des Denkens. Damit meine ich, daß jedes Wesen *handelt*, und im Grunde *ist*, wie es ist, und nicht wie das Denken es zwingen oder verpflichten will zu sein. Jedes Wesen enthält einen Kern der Freiheit, der sich mit seinem *Sein* deckt. Freiheit ist die Physiognomie des *Seins*. Diese Freiheit macht das Sein nicht nur radikal undenkbar, sondern im besonderen auch *ungedacht*. Das Sein ist nicht ein Objekt des Denkens. Es ist das Sein, das denkt – neben seinen anderen Tätigkeiten!

Dies ist nicht der Ort zu erläutern, inwiefern sich all dies mit dem Begriff der Substanz vereinbaren läßt, oder ob ich statt dessen eine buddhistische (und »anâtmische«) Wirklichkeitsauffassung befürworte. Im Augenblick möchte ich nur soviel sagen, daß das Denken, indem es die Lösung eines Problems gefunden hat, dieses auflöst. Wenn es Gott denkt, wird Gott zum Objekt und löst sich auf. Das Denken wirkt sich zersetzend, seine Unterdrückung jedoch erstickend aus. Das Denken läßt sich nicht unterdrücken. Wenn eine Frage einmal auftaucht, ist es zwecklos, sie vom Tisch fegen zu wollen. Das ist auch nicht die Antwort des Buddha. Die Antwort der abrahamitischen, einschließlich der marxistischen

Überlieferung lautet, daß es keinen solchen Gott als Objekt des Denkens, jedoch eine objektive Transzendenz gibt, innerhalb derer ein transzendenter Gott oder eine transzendente Zukunft statthat. Hier, und nur hier in diesem abrahamitischen Denkbereich, hat die Unterscheidung zwischen Gläubigen und Ungläubigen einen bestimmten Sinn – bis hin zur Absurdität zweier militärischer Supermächte, die einen ideologischen Krieg spielten, der bis vor kurzem das Leben des Planeten bedrohte. Es ist verhältnismäßig wenig über die theologischen Wurzeln der politisch-kulturellen Situation der jüngeren Vergangenheit und Gegenwart nachgedacht worden. Hinter all den imperialistischen und ökonomischen Avataren steht der kulturelle Faktor, der die Welt »erpreßt« und sie zwingt, zwischen Gott und Nicht-Gott zu wählen, entweder gläubig oder ungläubig zu sein.

Die *-graphie* dieses Buches deutet die Botschaft des Buddha während der vergangenen fünfundzwanzig Jahrhunderte als einen möglichen Schlüssel zur Überwindung dieses Dilemmas und als Aufforderung für uns, zu einer neuen Unschuld zu finden, die alle falschen Alternativen hinter sich läßt. Dies wird weder dadurch geschehen, daß wir die kritische Macht unseres Geistes entdecken (wie des Vedanta gegen die »Karmakândins« oder Kants gegen die »Dogmatiker«), noch die zerstörte Fähigkeit des Verstandes (wie die Philosophie des Gefühls und alle anderen Existentialismen), noch durch andere Formen des Philosophierens. Es wird vielmehr dadurch geschehen, daß wir die Sinnlosigkeit jedes Anspruchs auf eine absolute Sprache einsehen, ob ein solches Symbol nun Gott, Vernunft oder Wissenschaft genannt wird oder in irgend einer anderen Weise strukturiert ist.

Die Wirklichkeit erklären heißt, sie zu verändern. Die Wirklichkeit zu denken, gehört an sich schon in den Bereich ihrer Manipulation. Nicht, daß es keine Dinge gäbe, die nicht ausgesprochen, oder Gedanken, die nicht gedacht werden können, oder daß diese besonderen Dinge oder Gedanken richtig sind im Gegensatz zu anderen. Es handelt sich vielmehr um die buddhistische Intuition des mittleren Weges zwischen Agnostizismus und Absolutismus.

Ein großer Teil der Menschheit lebte bis vor kurzem unter dem Eindruck, daß zwischen den Ideologien der Ersten und Zweiten Welt eine unausweichliche Dialektik bestehe. Kein Wunder, daß Gewalt und Krieg unvermeidlich schienen. Es gibt keinen gewaltlosen Weg zur Lösung von Konflikten, wenn jede Seite sich im Besitz der Wahrheit glaubt. Die politischen Konsequenzen leuchten jedermann ein. Die beiden Ideologien, die bis in die jüngste Zeit um die Vorherrschaft in der Welt und des Gewissens rangen, und auch heute noch ein Teil des technokratischen Mythos sind, repräsentieren die letzte Phase einer historischen Dialektik, die mit der Zerstörung der Geschichte selbst enden wird, sofern sie nicht durch den Beitrag anderer Kulturen transzendiert wird. Die gegenwärtige Situation im Persischen Golf oder in Jugoslawien, in Afrika oder in Indien bestätigt alle diese Überlegungen. Zu denken, daß Gewalt Ordnung schaffen könne, daß Ungerechtigkeit ein Absolutes sei, so daß ein Krieg gerechtfertigt werden kann, ist wiederum eine Wiederholung des verhängnisvollen »Gott-mit-uns«-Syndroms. Die Politik kann sich nicht von der letzten Problematik unseres Buches loslösen. Dann wird sie zu einem Absoluten – und das führt zur Katastrophe.

All dies wäre der »Sitz im Leben« dieser Autobiographie, die als »Graphie über das Leben der Menschheit« gemeint ist. Aus diesem Grunde spreche ich von Gott – der schweigt.

Teil I
Das Problem

1 Ein Vergehen von »lèse humanité«

Ean humin eipô ou mê pisteusête[1]
Sage ich's euch, so glaubt ihr's nicht

Eine methodologische Grundregel verbietet das Urteil über irgend eine Sache in Kategorien, die der Sache selbst fremd sind. Eine ebenso elementare anthropologische Maxime dagegen besagt, daß dem menschlichen Denken keine Grenzen gesetzt werden können. Obwohl die Problematik des zeitgenössischen Atheismus ein westliches Kulturphänomen ist, kann eine Untersuchung des Atheismus als religiöses Phänomen trotzdem wertvolle Einsichten für die Erhellung eines der wichtigsten Probleme unserer Zeit zutage fördern.
Freilich wäre es ebenso verfehlt, die Auffassungen von der Welt als »atheistisch« zu bezeichnen, die keinen Gottesbegriff in der Art des gläubigen Abendlandes vorzuweisen haben, wie zu leugnen, daß es in der Geschichte jemals einen Atheismus gegeben habe. Beide Meinungen entspringen im Grunde demselben eben erwähnten Vorurteil, nämlich der Beurteilung eines Phänomens durch sachfremde Kategorien. Aber die transkulturelle Natur des menschlichen Denkens macht es gewiß möglich, die intellektuellen Kategorien zu erarbeiten, die für das Erfassen eines von der eigenen Tradition verschiedenen religiösen und kulturellen Phänomens nötig sind.

Es ist ein Nachteil für beide Seiten, daß dieses Bemühen, eine andere kulturelle und religiöse Welt von innen her zu erfassen, durch die Notwendigkeit einer gewissen neuen, integralen Askese sowie durch bestimmte soziologische Voraussetzungen erschwert wird.
Das konkrete Problem, das ich aufgreifen möchte, ist die Frage, ob es möglich sei, eine religiös-kulturelle Brücke mit einem fünfundzwanzig Jahrhunderte hohen Bogen und einer Spannweite von Tausenden von Meilen zwischen dem zeitgenössischen religiösen Anliegen des Atheismus und der Botschaft des Buddha zu errichten, einer Botschaft auf der Basis einer Lebensweise, die für Gott keinen Raum zu haben scheint.
Sobald ich das Problem umrissen habe, werde ich mich darauf beschränken, einige grundlegende Texte vorzustellen, die dem Buddhismus den Ruf eingetragen haben, atheistisch zu sein. Im dritten Teil möchte ich sodann zu einer synthetischen Interpretation dieser Texte im Licht buddhistischer Prinzipien, mit Berücksichtigung der Kategorien des zeitgenössischen westlichen Denkens, übergehen.
Bekanntlich gibt es keinen »Buddhismus« im Singular. Der sogenannte primitive Buddhismus ist immer noch problematisch, und die authentische Lehre des Buddha entzieht sich weitgehend einer definitiven Bestimmung[2]. In dieser Hinsicht herrschte tatsächlich nie Einmütigkeit, weder in der Antike noch im gegenwärtigen Stand der Forschung, noch in den verschiedenen Schulen des religiösen Denkens von heute, die alle den Anspruch erheben, dem Buddha zu folgen[3]. All dies ist ein Beispiel der Ungenauigkeit, wenn nicht Willkür, der Auffassung von Religion als einem festumrissenen, orthodoxen Corpus[4]. Daher möchte ich von Anfang an klarstellen, daß alle Texte, die ich zitieren werde, nicht den Anspruch erheben, unmittelbar aus dem Munde des Buddha zu stammen. Ja, viele von ihnen datieren aus einer viel späteren Epoche als der primitiven buddhistischen Tradition. Dennoch stellen alle in der einen oder anderen Weise den authentischen buddhistischen Geist dar. Es ist bemerkenswert, daß trotz der ungeheuren Vielfalt von Sekten und Meinungen innerhalb des Buddhismus und trotz der Tatsache, daß »das Zeitalter der buddhistischen Offenbarung nie abgeschlossen war«[5], die intuitiven Grunderkenntnisse des Buddhismus sich während der fünfundzwanzig Jahrhunderte seiner Geschichte vollstän-

dig erhalten haben. Der Kaiser Ashoka ließ den Spruch »Was der erhabene Buddha sprach, war wohlgesprochen«[6], in Stein meißeln. Die gesamte buddhistische Tradition ist ein Widerhall davon: »Alles, was wohlgesprochen ist, wurde vom Buddha ausgesagt.«[7]
Wie immer dem sein mag – denn meine Zielsetzung ist nicht in erster Linie historisch –, es ist nicht zu leugnen, daß es ein »buddhistisches Faktum« samt einem ungreifbaren Etwas gibt, das als buddhistischer Geist bezeichnet werden könnte[8]. Es ist dieses Faktum und dieser Geist, auf den ich mich in dieser Studie berufen werde, insofern mein Ziel nicht in einer philosophischen Archäologie besteht, sondern in der Erhellung einer religiösen Realität, die ihre Wurzeln zwar in der Vergangenheit hat, aber ihre volle Kraft noch in der Gegenwart bewahrt.
Ich betone noch einmal, daß die Perspektive dieser Betrachtung nicht historisch, sondern philosophisch ist. Wollte ich mich dem »buddhistischen Faktum« aus historischer und chronologischer Sicht nähern, müßte ich eine große Anzahl der hier geäußerten Ansichten »geschichtlicher einstellen«. Mit den umfangreichen Angaben in den Fußnoten entrichte ich den exakten Tatsachen den gebührenden Tribut. Aber indem ich dieses Material nicht in den Haupttext stelle, möchte ich den Leser daran erinnern, daß eine historische Studie zwar unerläßlich ist, ein Bemühen um philosophisches Verständnis, das weder antihistorisch noch einem Historizismus erlegen ist, jedoch nicht ausgeschlossen ist. Viele Fußnoten sind ein zusätzliches Material für die Meditation. Sie liefern einen Schlüssel für die richtige Interpretation meiner Gedanken und knüpfen unmittelbar an die Tradition an. Je radikaler die Gedanken sind, desto mehr müssen ihre Wurzeln angedeutet werden.
Die Tatsache einer solchen Vielfalt von Meinungen sollte uns nicht Anlaß geben, ein die begriffliche Welt transzendierendes »Etwas« aus den Augen zu verlieren, das in einer so langen Überlieferung auf uns gekommen ist. Wir brauchen uns zum Beispiel nur die Phänomenologie der Meinungen über Jesus Christus ins Gedächtnis zu rufen, die ein ganzes Spektrum von Urteilen darbieten, von Betrug und doketischer Scheinhaftigkeit bis zum Status als eingeborener Sohn Gottes.
Indem ich die Aufgabe angehe, die ich mir gestellt habe – Osten und Westen verbindend, da ich sowohl dem Buddhismus als auch dem Christentum treu zu bleiben suche –, scheint es mir keine

Übertreibung oder bloße Rhetorik zu sein, von einem gegenseitigen christlich-buddhistischen Mißverständnis als einer »lèse humanité« zu sprechen. Daß zwei spirituelle »Ereignisse« von der Tragweite des Christentums und des Buddhismus, die seit zwanzig Jahrhunderten koexistieren und zusammen etwa ein Drittel der Menschheit umfassen, fast nichts voneinander wissen, und wenn sie sich begegnen, nicht einmal über eine gemeinsame Sprache verfügen, so daß ihre Meinung voneinander im allgemeinen nur die gröbste Annäherung darstellt, ist eine anhaltende Absurdität, um nicht zu sagen ein Skandal[9]. Und diese Situation gilt nicht nur für die Vergangenheit[10]. Sie dauert sogar noch in unserem Zeitalter an[11]. Es ist sehr zu begrüßen, daß in den letzten Jahrzehnten die Situation sich wesentlich verbessert hat. Dennoch hält die gängige Ansicht im Westen den Buddhismus für eine atheistische, nihilistische, negative »Religion«, die mit einem polytheistischen, eher abergläubischen oder magischen Volksglauben gekoppelt sei. Manche betrachten ihn als eine mehr oder minder tiefsinnige, universalistische »Mystik«. Für andere ist er eine einfache »Philosophie« in dem beschränkten Verständnis, das dieses Wort in den vergangenen Jahrhunderten im Abendland angenommen hat[12]. Der Buddhismus, insbesondere Zen, hat mit der neuerdings in Mode gekommenen östlichen Spiritualität den Anschein gewonnen, eine Technik oder Methode zur Erlangung einer persönlichen Integration oder eines Seelenheils zu sein, und daher wird der Buddha eher als »Heiliger« betrachtet denn als Träger eines heiligen Charismas zur Gründung einer religiösen Umwälzung[13]. Die Mißverständnisse auf seiten des Buddhismus sind ebenso groß. So wurde zum Beispiel Christus als Opfer eines sadistischen Gottes angesehen[14]. Und so dauert das gegenseitige Mißverständnis an, obwohl es heute auch erfreuliche Zeichen seiner Überwindung gibt.

Die Gründe für ein solches Mißverständnis können meines Erachtens leicht aufgezählt werden. Erstens gab es bis vor kurzem in beiden Kulturen keine adäquaten soziologischen Kategorien, um der anderen Kultur zu begegnen, sie kennenzulernen und zu würdigen. Zweitens, als sich endlich die Gelegenheit bot, wurde sie durch die »Unebenheiten« der Begegnung sowie durch zahlreiche andere historische Faktoren verdorben – durch Eroberung und Widerstand, Konversion und Gegenangriff, politische Fragen und ihre ökonomischen Begleiterscheinungen usw. Drittens fehlte auch eine minimale philosophische Basis für einen Dialog[15]. Ein nichtreligiöser Dialog wird niemals zur Wurzel der Frage vordringen, aber ohne eine wahre sakrale Kommunion wird es keine religiöse Kommunikation geben[16].

Gleichgültigkeit und ein gewisser Überlegenheitskomplex haben auf buddhistischer Seite freilich auch eine Rolle gespielt. Auf christlicher Seite herrschte eine ausschließliche, um nicht zu sagen verächtliche Interpretation des Buddhismus vor, so daß seine unleugbaren positiven Werte der »natürlichen menschlichen Güte« bzw. einer Plagiatstheorie oder frühen christlichen Einflüssen zugeschrieben wurden. Denken wir an dieser Stelle nur an die im Westen lange herrschende Ansicht, daß der Buddha einige Zeit nach Jesus Christus gelebt haben müsse, weil die unbestreitbaren Ähnlichkeiten sich sonst nicht erklären ließen[17]. Derselbe Irrtum wurde freilich auch auf der Gegenseite begangen[18].

Die vorliegende Studie möchte einen Beitrag zur Berichtigung dieser Mißverständnisse leisten, wenngleich nicht durch deren direkte Untersuchung, sondern indem sie die Möglichkeiten einer wechselseitigen Befruchtung der Problematik des modernen Westens durch die alte buddhistische Tradition aufzeigt, ohne einem amorphen Synkretismus zu verfallen[19]. Im Grunde geht es mir um eine positive Integration beider Traditionen. Allerdings macht diese Suche nach einer solchen wechselseitigen Befruchtung den Gebrauch einer besonderen Sprache erforderlich.

2 Meinungen im Überfluß

Wenn man das Schicksal analysiert, das dem Buddhismus seitens abendländischer Gelehrter zuteil wurde, findet man eine fast schwindelerregende Vielfalt von Ansichten, selbst in bezug auf die meisten grundsätzlichen Punkte[1]. Der Buddhismus wurde als pantheistisch[2], polytheistisch[3], theistisch[4], agnostisch[5] und atheistisch[6] bezeichnet, um mich auf das Thema dieser Studie zu beschränken. Während manche ihn als reinen Agnostizismus[7] verteidigen, betrachten andere ihn wieder als einen simplen Pragmatismus, weil er sich weigert, zu Problemen rein theoretischer Art Stellung zu nehmen[8]. Wieder andere preisen oder verdammen den Buddhismus als den radikalsten, konsequentesten Nihilismus[9]. Schließlich gibt es sogar Autoren, für die der Buddha eine mythische Persönlichkeit[10] und der Buddhismus eine Mythologie[11] von weitgehend magischem Charakter[12] darstellt. Heute setzt sich allmählich die Auffassung durch, daß der Buddhismus weder theistisch noch atheistisch[13] ist, aber die Vorstellung einer »atheistischen Religion« gilt für einen ganzen Sektor der Menschheit immer noch als paradox[14]. Dementsprechend gibt es Leute, die dem Buddhismus jeglichen religiösen Charakter absprechen[15], und andere, die ihn im Gegenteil für die reinste Religion halten[16].

Es läßt sich kaum leugnen, daß das Phänomen des Buddhismus hinreichend weit und komplex ist, so daß alle diese Meinungen sich auf eine gewisse faktische Grundlage stützen[17]. Nichtsdestoweniger gibt es bis in die Gegenwart sehr wenig Übereinstimmung in der Interpretation des Buddhismus[18]. Historische Monographien können das Problem nicht lösen; sie bestätigen vielmehr die Heterogenität des Buddhismus in Zeit und Raum. Dennoch bahnt sich heute gerade auf dem Gebiet der philosophischen Interpretation eine Konvergenz der Meinungen an.

Die verschiedenen Ansichten bezüglich des Glaubens des Buddha an eine höchste Wirklichkeit lassen sich in nachstehender Weise ordnen.

Nach dieser Interpretation war der Buddha ein echter Zyniker, der sich um die Antwort auf die fundamentale Frage, die von Menschen seiner Zeit und jeder folgenden Generation gestellt wurde, drückte. Innerhalb dieser ersten Interpretation ist eine weitere Unterscheidung zwischen einem Zynismus der *Simulation* und einem Zynismus der *Dissimulation* zu treffen[19]. Nach der ersteren Deutung wußte der Buddha selbst nicht, auf welcher Seite er stand: er hatte keine genaue Vorstellung hinsichtlich der letzten Dinge. Daher blieb ihm nur die Zuflucht zum Schweigen[20] und zur Simulation übrig[21]. Mit anderen Worten, der Buddha war ein Betrüger und nützte einfach den guten Glauben der anderen aus. Heute gibt es vermutlich niemanden mehr, der an dieser irrtümlichen Meinung festhalten würde.
Die zweite Position dagegen möchte wenigstens den Schein wahren, indem sie die Ansicht vertritt, der Buddha müsse gewiß von einer anderen Lösung – die allgemein für die nihilistische Alternative gehalten wurde – persönlich überzeugt gewesen sein, doch fühlte er sich gezwungen, seine Überzeugungen zu verbergen, um die Zahl seiner Anhänger nicht zu sehr zu beschränken[22]. Auch hier wird der Buddha gewissermaßen zu einem Scharlatan gemacht, wenngleich zu einem Scharlatan guten Willens. Unsere Zeit kann eine solche These freilich nicht gelten lassen, da sie jeder Grundlage in den Texten entbehrt und einfach einem Vorurteil gegen Religion im allgemeinen und gegen den Buddhismus im besonderen entspringt.
Es fehlt nicht nur der geringste Beweis dafür, daß die radikale Echtheit und Aufrichtigkeit des Buddha in Zweifel zu ziehen wäre, es gibt auch keinen ersichtlichen Grund, warum man ihm solche verzerrten Absichten überhaupt unterstellen sollte. Wenn einer wie der Buddha eine Täuschung bezweckt hätte, dann hätte er sicherlich einen besseren Weg gefunden als die Verkündigung einer Lehre, die das geringste Zugeständnis an den menschlichen Instinkt der Selbstbehauptung ausschließt. Außerdem verneint der Buddha ausdrücklich, daß er der esoterischen Praxis »der geschlossenen Hand des Meisters« seinen Schülern gegenüber folgte[23], das heißt, daß er ihnen irgend etwas für ihre Erlösung Nötiges vorenthielt[24]. Der Buddha teilte alles mit, was er mitzuteilen hatte[25].

Nihilismus

Nach einer zweiten Deutung war der Buddha ein ausgemachter Atheist. Er predigte einen absoluten Nihilismus. *Nirvâna* ist die völlige Auslöschung. Im »Jenseits« gibt es nichts, weder einen Gott noch etwas anderes. Der Buddha weigerte sich, von Gott zu reden, weil er nicht an Gott glaubte. Seine Leugnung Gottes war so radikal, daß er diesem Thema nicht einmal zum Zweck der Verneinung von Gottes Existenz einen Platz in seinem System zugestand. Nach dieser Auffassung wäre der Buddhismus schlicht und einfach Atheismus[26].

Es dürfte schwer sein, heute einen Buddhologen zu finden, der diese These vertreten würde, wie sie prinzipiell und in verschiedenen Graden von Subtilität[27] von französischen Orientalisten in der Mitte des vergangenen Jahrhunderts dargelegt wurde[28]. Hier ließe sich wieder leicht nachweisen, daß Texte auf dem Hintergrund eines metaphysischen Systems gelesen wurden, dessen Werte dem Geist und den Absichten des Buddhismus fremd sind[29].

Gegenüber einer negativen, bedingten Auffassung des Daseins – ob berechtigt oder nicht, spielt für unsere Zwecke keine Rolle – wäre die Verneinung des Daseins, selbst die Behauptung seiner Auslöschung, kaum gleichbedeutend mit dem, was wir heute Nihilismus oder auch Atheismus nennen. Eine adäquate Analyse solcher Auffassungen läßt sich nicht durch Wortspiele erreichen, sondern nur durch die Interpretation intuitiver Erkenntnisse.

Außerdem gibt es die bekannte These, daß der buddhistische Atheismus, oder besser gesagt: Nihilismus, eine spätere Abweichung darstellt. Nach dieser Auffassung war der frühe, authentische Buddhismus nicht nihilistisch, der spätere Buddhismus dagegen, insbesondere derjenige der Philosophen, konstruierte daraus einen radikalen Nihilismus[30].

Agnostizismus

Den einzigen zugänglichen Grund für die Weigerung des Buddha, zu den letzten Dingen Stellung zu nehmen, fanden manche Autoren in seinem persönlichen Agnostizismus, der mit einer klugen Zurückhaltung bezüglich der Formulierung gepaart gewesen sei[31].

Nach dieser Ansicht gelangte der Buddha zu der Erkenntnis, daß es nichts gab, was man mit Sicherheit wissen könne, daß dem menschlichen Geist einfach die Fähigkeit mangelte, die Wahrheit zu erkennen. Daraufhin machte er aus der Notwendigkeit eine Tugend, indem er die für ihn typische Haltung der Weigerung annahm, sich auf metaphysische oder philosophische Ausführungen einzulassen[32].

Die berühmte Parabel im *Pâli*-Kanon von den Blättern in der Hand des Buddha war seit ältester Zeit die orthodoxe Erwiderung auf die Agnostizismus-Theorie:

Einst weilte der Buddha im *simsapâ*-Hain in der Gegend von Kosambi. Er nahm einige *simsapâ*-Blätter in die Hand und stellte seinen Jüngern die folgende Frage: »Wo, meint ihr, sind mit Sicherheit mehr Blätter, hier in meiner Hand oder an all den Bäumen des Hains?«

Seine Jünger antworteten: »Wenige Blätter sind in deiner Hand, aber im Wald gibt es viel mehr.«

Er aber sprach zu ihnen: »Ebenso ist es mit meiner Lehre: Was ich weiß, euch aber nicht gelehrt habe, ist viel mehr als das, was ich euch gelehrt habe. Doch warum habe ich euch diese Dinge nicht gelehrt? Weil sie für das Endziel keinen Nutzen haben.«[33]

Natürlich muß man sich nicht auf die entgegengesetzte Position stürzen und behaupten, daß der Buddha den Anspruch erhob, allwissend zu sein, daß er zwar alles wußte, es seinen Jüngern aber nicht enthüllen wollte. Abgesehen davon, daß diese Deutung einen übertriebenen Glauben an die Person des Buddha postulieren würde, widerspricht sie der ausdrücklichen Äußerung des Buddha, daß er nicht der Sitte der »verschlossenen Hand« folgte[34].

Andererseits ist der Agnostizismus eine ganz unkomplizierte Lehre, und es wäre dem Buddha ein leichtes gewesen zu erklären, daß er die Antwort auf die letzten Rätsel des Daseins nicht wisse, oder daß Menschen sie nicht wissen könnten. Aber der Buddha äußerte niemals, daß er ein Agnostiker sei. Ganz im Gegenteil, sein ganzes Gehaben war das eines »Erleuchteten«, dessen, der weiß, der gesehen hat, der »angekommen« ist. Der Buddha hegte niemals den geringsten Zweifel an seiner eigenen Position und Lösung. Der Buddha weiß. Er kennt den Pfad der Erlösung und verkündet ihn. Nichts könnte weiter entfernt von der Haltung des Agnostikers sein.

Pragmatismus

Pragmatismus ist vielleicht nicht die beste Bezeichnung für die vierte Interpretation. Heute bedeutet das Wort einen gewissen Utilitarismus, der dem Denken des Buddha fremd gewesen wäre. Aber es wurde gebraucht, und so werde auch ich es tun, um eine bestimmte, eminent praktische, ja, man könnte sagen, existentielle Haltung des Buddha zu bezeichnen[35]. Nach der »pragmatistischen« Anschauung liegt der Grund, warum der Buddha nichts über Gott oder das Leben nach dem Tode aussagte, einfach darin, daß er der Frage nur geringe Bedeutung zumaß. Sie könnte sogar ein Hindernis auf dem Wege zum Endziel sein. In diesem Sinn wäre der Buddha der Prototyp des religiösen Propheten, der nicht gekommen ist, um eine Lehre oder eine Theorie zu verkünden, sondern um einen Weg zu weisen und eine Mission zu erfüllen[36]. Hier wäre die buddhistische »Auslöschung« lediglich die Auslöschung von Haß, Begierde, Trägheit und so fort[37].
Diese Position wurde auch »positivistisch« genannt[38]. Aber das ist wiederum eine Bezeichnung mit bestimmten Konnotationen, die für den Fall des Buddha nicht zutreffen. In diesem Kontext ist eine Art kluger Enthaltung gemeint, eine Einstellung, die eine unnötige Komplizierung der persönlichen Heilsfrage vermeiden möchte. Vom Buddha wird berichtet, daß er gleichnishaft von einem Menschen sprach, der, von einem Pfeil verwundet, sich in Spekulationen über den Vorfall erging, statt den Pfeil zu entfernen[39]. Wann immer der Buddha eine Antwort verweigert – und sich gleichzeitig gegen eine negative Interpretation seiner Weigerung verwahrt –, gibt er regelmäßig als Grund dafür an, daß eine theoretische Erwiderung nicht zum Ziel führen würde[40] und die Verwirklichung des Ideals nicht fördert.

»Fälschlich, gemein, irrigerweise und ohne Grund beschuldigen mich manche Asketen und Brahmanen, indem sie sagen, daß Gautama, der Asket, ein Nihilist sei und Auslöschung, Vernichtung und Nichtsein predige. Das bin ich mitnichten, und solches sage ich auch nicht. Heute, ihr Mönche, wie zuvor verkünde ich nur das Eine: Leiden, Vernichtung des Leidens...«[41]

Dieser »Pragmatismus« des Buddha wurde außerdem als eine Art von Schweigen aus Etikette gedeutet. Das heißt, das Schweigen des Buddha wäre nichts weiter als eine elegante, herkömmliche Weise zu »sagen«, daß die Frage fehl am Platz ist[42]. Dies würde grundsätzlich eine gewisse Überheblichkeit des Buddha voraussetzen: Er läßt sich einfach nicht zu Fragen herab, die den übrigen Sterblichen auf der Seele liegen.

Gewiß wäre eine solche Haltung mit dem Geist des Buddhismus nicht gänzlich unvereinbar, und natürlich verlangt jede praktische Einstellung zwangsläufig ein bestimmtes theoretisches Konzept, dem sie letztlich verpflichtet ist. Die Tatsache allein, daß die Frage nach Gott für bedeutungslos gehalten wird, setzt ein bestimmtes Konzept des Göttlichen voraus. Darin steht Gott gewiß nicht an zentraler Stelle, und sei es auch nur, um ihn zu leugnen. Die Behauptung wiederum, daß das Heil das Wichtigste sei, wobei eine spekulative Untersuchung vom Heil keine Rolle spielt, setzt gewiß einen festen Begriff sowohl vom Heil als auch der menschlichen Erkenntnisfähigkeit voraus. Daher hält die Theorie eines »Pragmatismus« des Buddha, wenngleich sie ein Körnchen Wahrheit enthält, der letzten Analyse nicht stand, da sie auf einer vorausgesetzten spekulativen Basis beruht[43].

Problematismus

Eine subtilere und tiefsinnigere Variante des Vorangehenden ist die Denkweise, die das Schweigen des Buddha zu philosophischen Grundfragen als eine Position des radikalen Problematismus interpretiert[44].

Wenn eine Frage schlecht gestellt oder schlecht formuliert ist, wenn ihre Prämissen nicht annehmbar sind, dann bedeutet eine unmittelbare Antwort automatisch, einem Irrtum zu verfallen. Nach der Theorie des Problematismus weigert sich der Buddha aus diesem Grunde und nicht einfach aus Etikette, eine Antwort zu geben, weil ihn weder die positive noch die negative Antwort befriedigte[45].

Dies ist durchaus eine plausible, aber kaum eine zwingende Erklärung. Dann hätte der Buddha die Frage doch bloß in der richtigen Weise umzuformulieren brauchen.

Der Problematismus geht jedoch noch einen Schritt weiter und setzt die Frage in eine engere Beziehung zur Antwort. Wie wir hören, ist es nicht eine Sache der Formulierung, sondern die Theorie des

Problematismus betont, daß jede Frage über Probleme einer bestimmten Art automatisch selbst zum Problem wird. Hier haben wir etwas ähnliches wie Heisenbergs Unschärferelation, angewandt auf die Entstellung eines Problems durch eine auf das Problem bezogene Frage. Mit anderen Worten, die Frage ist unbeantwortbar, weil im Grunde jede intellektuelle Fragestellung die Unversehrtheit einer Sache verletzt, die eben durch die Verwandlung in eine Frage den einzigen Kontakt preisgibt, in dem eine Antwort angemessen sein könnte. Nach der Theorie des Problematismus ist der Buddha gerade durch seine Intuition zum Schweigen verurteilt. »Wenn ich erkläre, daß es einen *âtman* gibt«, sagt er, »wird er für ewig gehalten werden; wenn ich erkläre, daß es keinen *âtman* gibt, so wird man denken, daß er beim Tod völlig untergeht.«[46]

Ich gestehe, daß ich mit einer Lösung in dieser Richtung sympathisiere, muß jedoch feststellen, daß es erstens ein gewisser philosophischer Anachronismus wäre, eine fünfundzwanzig Jahrhunderte alte Problematik mit Hilfe eines philosophischen Rasters zu interpretieren, der den Bewußtseinsstand der jüngeren Generation von heute ausdrückt. Zweitens, wenn das wirklich die Lösung des Buddha gewesen wäre, ist nicht einzusehen, warum er es nicht gesagt hätte. Übersehen wir nicht, daß der Buddha im Unterschied zu so vielen unserer Zeitgenossen nie behauptet hat, daß das Schweigen eine angemessene Antwort sei[47]. Er schwieg einfach. Die Überlieferung schreibt dem Meister den Satz zu: »Nicht ich diskutiere mit der Welt, es ist die Welt, die mit mir diskutiert.«[48]

Allerdings könnte man sagen, daß der Buddha die Möglichkeit dieser Lösung ins Auge faßte, mangels der für ihren Ausdruck nötigen philosophischen Kategorien es jedoch vorzog zu schweigen. Es ist sogar behauptet worden, daß er die Lösung natürlich wußte, aber da seine Zeitgenossen darauf nicht vorbereitet waren, sei ihm nichts anderes übriggeblieben, als zu schweigen.

Ich werde daher weder die Allwissenheit des Buddha noch die Möglichkeit erörtern, ob er der kollektiven Bewußtheit des Menschen vielleicht um Jahrhunderte voraus war. Ich räume jedoch ein, daß diese beiden theologisch-religiösen Erklärungen annehmbar erscheinen, allerdings nur dann, wenn die streng philosophischen erschöpft sind[49].

Eine Erklärung mit Hilfe des Problematismus berührt also einen höchst bedeutsamen Punkt in der Anschauung des Buddha, und ihre

Weiterverfolgung könnte ein Licht auf die parallele Frage unserer zeitgenössischen Spekulation werfen. Sie scheint mir jedoch weder der tiefsten Intuition des Buddha, die eine religiöse, keine epistemologische war, noch seiner schlichten prophetischen Haltung zu entsprechen, die im Grunde mit jeder bloß intellektuellen Problematik unvereinbar ist.

Dialektik

Nach der Auffassung der eifrigsten Vertreter der dialektischen Interpretation gebührt die Ehre, der erste Dialektiker gewesen zu sein, dem Buddha[50]. Andere Interpreten ziehen es vor, seine Einstellung als eine »kritische« zu bezeichnen[51]. Der Grund, warum der Erleuchtete intellektuelle Erörterungen der letzten Dinge mied, liegt eben darin, daß diese letzten Fragen die Sphäre des Begreifens und des Denkens transzendieren und nur durch einen »Quantensprung« adäquat erfahren werden können[52]. Wer zur Befreiung und Erlösung gelangen will, muß alle Antinomien überschreiten[53].
Diese Lösung, die in der buddhistischen Überlieferung ihre ehrwürdige Wurzel hat, da die ganze *mâdhyamika-Schule* von ihr zehrt, berührt einen zentralen Punkt des Bewußtseins des Buddha – nämlich die Transzendierung der Wirklichkeit hinsichtlich der phänomenologischen wie auch der begrifflichen Ordnung[54]. Wenn Gott in einen Begriff gesperrt werden kann, wenn das Leben nach dem Tod als eine verschönerte Verlängerung des irdischen Lebens gedacht, wenn die rein begriffliche Ordnung nicht überwunden werden kann, dann gibt es offensichtlich weder Gott noch ein Leben nach dem Tod, noch eine Wirklichkeit. Der Buddha kann keine Antwort geben, die in der Lage wäre, die rationalen Kategorien jeglicher Art von Frage zu transzendieren.
Zunächst erscheint es als ziemlich forciert, diese Position dialektisch zu nennen: Wenn argumentiert wird, daß die Erleuchtung kraft einer dialektischen Transzendierung erreicht werden könne, dann würde damit einer begrifflichen Struktur eine kausale Bedeutung und Funktion zugesprochen, die gleichzeitig verneint wird. Zweitens wäre es ziemlich anmaßend, und letzten Endes unwahrscheinlich, wenn man annehmen wollte, daß keiner der

Ratsuchenden, die zum Buddha kamen, eine solche Unterscheidung zu würdigen wußte, daß alle einem rationalen Wirklichkeitsbegriff verhaftet waren. Es ist natürlich richtig, daß eine Frage einigermaßen intellektuell formuliert werden muß, damit sie verständlich wird. Trotzdem ist es doch wohl nicht so, daß suchende Menschen, die mit einer lebenswichtigen existentiellen Frage kommen, notwendigerweise nur die Befriedigung ihrer intellektuellen Neugier suchen. Mir scheint, daß die im *mâdhyamika* entwickelte Position – daß kein philosophisches System mehr sei als ein rationaler, um nicht zu sagen, rationalistischer »Philosophismus« – nicht nur eine grundlose und eher überhebliche Annahme ist, sondern der tatsächlichen Auffassung zahlreicher Denksysteme des Ostens sowie des Westens nicht gerecht wird[55].
Daher erscheint mir die dialektische Begründung des Schweigens des Buddha nicht sonderlich befriedigend. Ich halte es für ausgeschlossen, daß der Buddha als einziger oder als erster entdeckt haben sollte, daß die Wirklichkeit Begriffe und Denken transzendiert[56]. Viele andere vor und nach ihm haben dies erkannt und ausdrücklich vertreten, ohne zu seinem Schweigen Zuflucht zu nehmen.
Für die Position des Buddha kommt Dialektik nicht in Betracht, und der beste Beweis dafür ist in der späteren buddhistischen Überlieferung zu finden, die seine Position in bestimmter Weise entwickelte. Sie scheint mir jedoch nicht die grundlegende Intuition des Tathâgata darzustellen[57]. Sie ist auf eine zu technische Weise philosophisch und widerspricht dem Geist des großen Mitleidvollen, der nicht gewillt war, eine einzige Zeile niederzuschreiben. Bedenken wir, daß dieser Verzicht auf die Schrift einen Verzicht auf jeden Anspruch bedeutet, feste Prinzipien oder unwandelbare Gesetze aufzustellen, die für alle Zeiten gültig und für alle Leser verständlich wären. Hierin erinnert uns der Buddha nicht nur an Pythagoras und Sokrates, sondern auch an Jesus Christus[58].

Hier hätte ich auch die Bezeichnung »Mystik« verwenden können, kam jedoch davon ab, weil sie mit so vielen verschiedenen Bedeutungen gebraucht wird[59].
Wie wir gesehen haben, können wir das Schweigen des Buddha nicht im Ernst so auffassen, als käme es aus der unwürdigen Vortäuschung eines Wissens, das er nicht besaß, ebenso wenig wie aus dem unredlichen Verbergen eines solchen Wissens. Seine Beweggründe gehen viel tiefer. Gewiß läßt sich seine Zurückhaltung auch nicht auf eine psychische Unfähigkeit zurückführen, über die Wirklichkeit zu sprechen oder auf die grundlegenden Fragen des Menschen eine richtige Antwort zu geben. Noch bin ich der Ansicht, daß die Tiefe der Intuition des Buddha dadurch erklärt werden kann, daß man sein Schweigen einer epistemologischen Not zuschreibt – nämlich der Unfähigkeit des menschlichen Geistes, das letzte Mysterium der Wirklichkeit zu begreifen. Auch die Unbegreiflichkeit rechtfertigt nicht seine schweigende Botschaft[60]. Noch weniger läßt das Schweigen des Buddha sich durch eine Art antiintellektueller oder vielleicht bloß über-intellektueller Einstellung erklären, in der die Wirklichkeit als erreichbar gälte aufgrund einer Facultas (wenn wir sie so bezeichnen wollen), deren Fähigkeit den normalen menschlichen Intellekt überschreitet. Am Buddha ist nichts, was den Verdacht erwecken könnte, daß er irgend eine Vorliebe für »übernatürliche«, außerordentliche Phänomene hegte, ganz im Gegenteil. Der letztliche Grund für das Schweigen des Buddha scheint mir weder in der inhärenten Begrenzung des menschlichen Subjekts zu liegen noch in der Unzulänglichkeit unserer Erkenntnis, noch in dem geheimnisvollen, dunklen Wesen der Wirklichkeit[61].
Statt dessen erkläre ich mir das Schweigen des Buddha gerade damit, daß es *diese* Wirklichkeit gar *nicht gibt.* Dies möchte ich sogleich erläutern[62]. Die Bezeichnung »apophatisch« (verneinend) wird üblicherweise bezüglich eines epistemologischen Apophatismus angewandt und besagt lediglich, daß die höchste Wirklichkeit *unaussprechlich* ist. Die menschliche Intelligenz ist nicht in der Lage, sie zu begreifen, obwohl diese höchste Wirklichkeit als *verständlich,* ja sogar äußerst verständlich *in sich* dargestellt wird. Ein gnoseologischer Apophatismus bedeutet daher nur eine Unaus-

sprechlichkeit der höchsten Wirklichkeit *für uns*. Der buddhistische Apophatismus dagegen sucht diese Unaussprechlichkeit in das Herz der höchsten Wirklichkeit selbst zu verlegen, indem er erklärt, daß diese Wirklichkeit – insofern ihr *logos* (ihr Ausdruck und ihre Vermittlung) nicht mehr zur Ordnung der höchsten Wirklichkeit gehört, sondern eben zur Manifestation dieser Ordnung – nicht nur in unserer Betrachtung, sondern *an sich*, unaussprechlich ist. Daher ist der buddhistische Apophatismus ein ontischer Apophatismus[63]. Die höchste Wirklichkeit ist so überaus unaussprechlich und transzendent, daß der Buddhismus, genau genommen, gezwungen ist, ihr den Seinscharakter abzusprechen[64]. Sein ist schließlich das, was ist; aber das Seiende ist dadurch, daß es ist, in irgend einer Weise denkbar und mitteilbar. Es gehört der Ordnung der Manifestation, des Seins an und kann daher nicht als die höchste Wirklichkeit selbst betrachtet werden[65].

Wenn der Buddha sich daher weigert zu antworten, geschieht es nicht aus einem subjektiven Grund – weder seiner Person noch seines Zuhörers, noch der menschlichen Natur –, sondern weil die Wirklichkeit selbst dies erfordert. Sein Schweigen ist nicht methodologisch oder pädagogisch, sondern ontisch[66]. Sein Schweigen verhüllt nicht nur die Antwort; es dringt in die Frage ein. Er schweigt nicht nur; er bringt zum Schweigen.

Die Überlieferung berichtet von der Liebe des Buddha zum Schweigen[67]: wie er auf sein eigenes Schweigen achtete, wie er seine Anhänger ermahnte, Schweigen zu bewahren[68], und von der Stille, die so charakteristisch für buddhistische Zusammenkünfte war[69]. *Edles Schweigen* ist ein wesentlicher Bestandteil des buddhistischen Geistes[70], wie jeder monastischen Institution[71]. Der Buddha verbietet nicht nur jedes müßige Wort, er erklärt jedes Wort für müßig, das auf das letzte Geheimnis der Wirklichkeit Bezug nehmen will.

Seine berühmte »Audienz« bei Brahmâ nach seiner Erleuchtung ist in diesem Zusammenhang aufschlußreich. (Interessant ist außerdem die Beobachtung, daß orthodoxe Kommentatoren diesen Mythos als gefälscht ansehen, weil er die Allwissenheit des Buddha[72] nach der Erfahrung in *Bod-Gayâ* anzufechten scheint.) In diesem Mythos ist die erste Reaktion des Buddha auf seine Erleuchtung der Wunsch, sich ins absolute Schweigen zurückzuziehen und seine intuitive Erkenntnis niemandem mitzuteilen. Brahmâ besteht darauf, daß er es sich noch einmal überlege. Zögernd versucht der Buddha seinen Entschluß mit der berühmten Frage zu rechtfertigen ob er, der Buddha, wohl viele Jünger fände, die seine Botschaft verstehen könnten[73]. Brahmâ versichert es ihm. Dennoch beschließt der Erleuchtete, nur von dem Weg zur Erreichung des Zieles zu sprechen, nicht von dem Ziel selbst – der höchsten und erhabenen Wahrheit des *nirvâna*[74].

So ernst nimmt der Buddha die Nichtmitteilbarkeit der höchsten Erfahrung, daß er von dieser Zeit an nie mehr versucht, sie mitzuteilen oder überhaupt davon zu reden. Die höchste oder letzte Wirklichkeit bedarf kraft dieser Qualität des Letztendlichen nicht unseres Wissens und unserer Sorge. Wir brauchen uns in keiner Weise um sie zu bekümmern[75]. Sie als ein »Etwas« zu behandeln, das auf unsere Erkenntnis, unsere Sorge, unsere Bestätigung oder Verneinung, unsere Ahnung, unsere Erfahrung oder was auch immer angewiesen ist, wäre ein Irrtum. Damit würde man sie zwangsläufig als etwas Innerweltliches betrachten, als ein weiteres Seiendes unter seienden Dingen, auch wenn wir mit Mund und Herz noch so ernsthaft einwenden, daß sie sublim, transzendent und unaussprechlich ist.

Der Tathâgata ist »angekommen«, und es gibt für ihn keine Rückkehr. Er wird den Weg weisen, aber er wird nichts über das Ziel verlauten lassen, denn dadurch würde er es verfälschen. Er würde riskieren, Menschen an einen Ort zu schicken, den sie denken, wünschen, fühlen und für das Ziel halten, statt zu dem unaussprechlichen, in-ex-sistenten Ziel, das niemand gesehen hat[76], das kein Lebender je betreten hat[77], wo jedes Wort sich zurückziehen und abdanken muß[78].

Es war nicht meine Absicht, einen umfassenden Katalog der verschiedenen Ansichten der Buddhologen über das Schweigen des Buddha über die höchste Wirklichkeit zu bieten, sondern lediglich die Meinungen, die mir als die wichtigsten erscheinen, in Kategorien zu ordnen[79]. Nun wollen wir mit einer Untersuchung des sogenannten buddhistischen Atheismus fortfahren.

3 Buddhismus: eine atheistische Religion

»Der Atheismus ist ein grausames Unterfangen. Ihn bis zur äußersten Konsequenz zu verfolgen, muß teuer bezahlt werden. Und ich glaube, daß ich ihn bis ans Ende verfolgt habe.«[1] Nach dieser bedeutungsschweren Äußerung von Jean-Paul Sartre befindet sich der Atheismus am Ende einer Reise, am Ende eines langen persönlichen oder kollektiven Abenteuers, das eine große Anzahl westlicher Menschen auf sich genommen hat, und kraft seiner Radikalität verwandelt er sich in eine religiöse Haltung. Hier ist der Atheismus ein *religiöser Atheismus*[2]. Beim Buddha dagegen ist der Atheismus von Anfang an, bereits am Beginn seiner Reform, vorhanden. Daher ist der Buddhismus eher eine *atheistische Religion*[3].

Die Beglaubigung des Buddhismus als Religion wurde nur von denjenigen in Frage gestellt, die Religion mit einer festgelegten Doktrin über transzendente Wahrheiten verwechseln. Sie verkennen das dynamische Wesen jeder Religion, ihren Charakter als *Orthopraxis*, und wollen sie einfach auf eine bestimmte *Orthodoxie* einschränken[4]. Doch eine Religion gibt sich nicht mit einer bloßen Lehre zufrieden. Die Aufgabe der Religion besteht darin, Menschen zu ihrem je geglaubten Lebensziel zu führen, und die Religion fordert von ihnen den heiligmäßigen Lebenswandel, der sie erlösen wird, so unterschiedlich die Auffassungen des Lebenszieles und die Vorstellungen von einem heiligmäßigen Lebenswandel – und des Lebenszieles sein mögen. »Nichts, was nicht ewig ist, gibt Anlaß zur Freude, verdient eine Ehrenbezeugung oder besitzt irgend einen Wert, der unseres Strebens würdig wäre«, besagt eine Schrift des buddhistischen Kanons[5].

Gerade weil der Buddhismus eminent religiös ist, meidet er jede Bindung an eine bestimmte Doktrin und entsagt jeglicher Spekulation. Daher ist schon die Tatsache der Spekulation für den Buddha gewissermaßen ein Zeichen, daß man das Ziel nicht erreicht hat. Wie bereits bemerkt, wird dem Buddha die klassische Parabel des von einem Pfeil Verwundeten zugeschrieben, der zuerst wissen wollte, um was für eine Art von Waffe es sich handelte, woher sie gekommen war und wer sie abgeschossen hatte und so fort[6]. Unser »Metaphysiker« würde gewiß sterben, ohne die Antworten erhalten zu haben. Menschen, die vom Pfeil des Leidens verwundet wurden, müssen zuerst das Leiden herausziehen und von ihm erlöst werden. Auch in der Bibel steht: »Die Zeit ist kurz«[7]; sie muß »ausgekauft«, das heißt genützt werden[8], man soll sich nicht abgeben mit »Philosophie und leerem Trug«[9]. Auch die christliche Tradition warnt uns davor, die Welt zu lieben[10], denn die Welt kann uns zu Fall bringen; die Struktur dieses *kosmos* ist vergänglich[11].

Die vier edlen Wahrheiten

In diesem Zusammenhang stehen die vier edlen Wahrheiten der ersten Lehrrede des Budda in Vârânasî[12]. Zusammen mit dem Achtfachen Pfad zur Erreichung des Zieles stellen sie das Herzstück des gesamten Buddhismus dar[13]. Ich zitiere hier eine Übertragung des vollständigen Textes, um dem Leser die Gelegenheit zu geben, das Klima dieser »atheistischen« Religion auf sich wirken zu lassen[14]:

»So habe ich gehört[15]: Einst weilte der Erhabene im Tierpark von Isipatana in der Nähe von Vârânasî.

Dann sprach der Erhabene in der Gesellschaft der fünf Mönche[16]:

Zwei gegensätzliche Verhaltensweisen gibt es, ihr Mönche, die einer, der die Wanderschaft angetreten hat, nicht befolgen soll. Welche zwei sind dies?

Hingabe an die Sinnenlust, eine niedrige Lebensweise gewöhnlicher Leute, unwürdig, zwecklos, der Weg der Welt (einerseits); und (andererseits) Hingabe an die Selbstpeinigung, die leidvoll, unwürdig und zwecklos ist.

Diese beiden Gegensätze vermeidend, gewann der Tathâgata Kenntnis des mittleren Pfades, der Schau und Erkenntnis bewirkt, der zu Ruhe, Wissen, Erleuchtung, Nibbâna führt[17].

Und welches ihr Mönche, ist der mittlere Pfad, der zur Schau... zu Nibbâna führt?

Wahrlich es ist dieser edle achtfache Pfad, nämlich: rechte Anschauung, rechtes Ziel, rechte Rede, rechte Tat, rechtes Leben, rechtes Streben, rechte Aufmerksamkeit, rechte Versenkung. Dies, o Mönche, ist der mittlere Pfad, der Schau und Erkenntnis bewirkt, der zu Ruhe, Wissen, Erleuchtung, Nibbâna führt.

[I] Dies, ihr Mönche, ist die edle Wahrheit über das Leiden[18]: Geburt ist Leiden, Verfall ist Leiden, Krankheit ist Leiden, Tod ist Leiden: ebenso Kummer und Schmerz, Klage und Verzweiflung. Mit ungeliebten Dingen vereint zu sein: von geliebten Dingen getrennt zu sein – auch dies ist Leiden. Nicht zu bekommen, was man wünscht – auch dies ist Leiden. Mit einem Wort, dieser Körper, diese fünffache Masse[19], die im Begehren gründet – das ist Leiden[20].

[II] Dies, o Mönche, ist die edle Wahrheit über die Entstehung des Leidens[21]:

Es ist die Begierde[22], die zur Geburt zurückführt, vereint mit der Lockung und Lust, die sehnend hier und da verweilt: nämlich die Leidenschaft der Sinne, die Begierde nach Wiedergeburt, die Begierde nach dem Ende des Daseins. Dies, ihr Mönche, ist die edle Wahrheit über die Entstehung des Leidens.

[III] Und dies, ihr Mönche, ist die edle Wahrheit über das Vergehen des Leidens[23]:

Fürwahr, es ist das völlige, leidenschaftslose Aufhören, das Aufgeben, das Entsagen, die Befreiung, die Abwesenheit von der Sehnsucht nach dieser Begierde[24].

[IV] Dieses, Mönche, ist nun die edle Wahrheit vom Wege, der zum Aufhören des Leidens führt:

Fürwahr, es ist dieser achtfache Pfad, nämlich: rechte Anschauung, rechtes Ziel, rechte Rede, rechte Tat, rechtes Leben, rechtes Streben, rechte Achtsamkeit, rechte Versenkung[25].

Ihr Mönche, beim Gedanken an diese edle Wahrheit vom Leiden, die nie zuvor gehörte Lehre über vorher ungelernte Dinge, eröffnete sich mir die innere Schau, die Erkenntnis, das Verstehen: da erstand in mir Weisheit, da erstand in mir Licht.

Ihr Mönche, beim Gedanken: Diese edle Wahrheit vom Leiden muß verstanden werden, die nie zuvor gehörte Lehre, da eröffnete sich in mir die innere Schau, die Erkenntnis, das Verstehen: da erstand in mir Weisheit, da erstand in mir Licht.

Ihr Mönche, beim Gedanken: Diese edle Wahrheit über das Leiden ist (von mir) verstanden worden – die nie zuvor gehörte Lehre, da eröffnete sich in mir die innere Schau, die Erkenntnis, das Verstehen: da erstand in mir Weisheit, da erstand in mir Licht.

Nochmals, ihr Mönche, beim Gedanken an diese edle Wahrheit über das Entstehen des Leidens, die nie zuvor gehörte Lehre, da

eröffnete sich in mir die innere Schau, die Erkenntnis, das Verstehen: da erstand in mir Wahrheit, da erstand in mir Licht.
Beim Gedanken: Das Entstehen des Leidens muß beseitigt werden – die nie zuvor gehörte Lehre... da erstand in mir Licht.
Beim Gedanken: Dieses Entstehen des Leidens ist beseitigt worden – die nie zuvor gehörte Lehre... da erstand in mir Licht.
Nochmals, ihr Mönche, beim Gedanken an diese edle Wahrheit über das Vergehen des Leidens, die nie zuvor gehörte Lehre... da erstand in mir Licht.
Beim Gedanken: Diese edle Wahrheit über das Vergehen des Leidens ist erkannt worden – die nie zuvor gehörte Lehre... da erstand in mir Licht.
Nochmals, Mönche, beim Gedanken an diese edle Wahrheit über den Weg, der zum Vergehen des Leidens führt, die nie zuvor gehörte Lehre... da erstand in mir Licht.
Beim Gedanken: Diese edle Wahrheit über den Weg, der zum Vergehen des Leidens führt, ist beschritten worden – die nie zuvor gehörte Lehre, da eröffnete sich in mir die innere Schau, die Erkenntnis, das Verstehen: da erstand in mir Weisheit, da erstand in mir Licht.
Und solange ich nicht, ihr Mönche, die Erkenntnis und innere Schau dieser dreifach gegliederten, zwölfteiligen[26] edlen Wahrheit ihrem wahren Wesen entsprechend in voller Reinheit besaß – solange wußte ich nicht, daß es in dieser Welt mit ihren Devâ[27], ihren Mâra[28], ihren Brahmâ[29], unter den Scharen von Einsiedlern und Brahmanen, den Göttern und Menschen, Einen gab, der die höchste Erleuchtung gewonnen hatte.«[30]

Ich habe diese Passage nicht nur wegen ihrer überragenden Bedeutung für den Buddhismus so ausführlich zitiert, sondern auch deshalb, weil sie für die Erhellung des genauen Themas dieser Untersuchung, des Atheismus des Buddha, nützlich sein wird[31].
Ich halte mich nicht dabei auf, den Inhalt dieses Textes zu kommentieren, sondern möchte lediglich auf seinen eminent religiösen Charakter hinweisen[32]. Es kommt darin weder das Wort »Gott« noch ein entsprechender Begriff vor, und dennoch läßt sich kaum behaupten, daß diese unaussprechliche, so oft und so leichtfertig »Gott« genannte Wirklichkeit einfach verneint wird.
Der ganze Text ist durchweht vom Hauch der Erlösung. Das Absolute soll frei und unbefleckt bleiben, um alles bedingte Sein oder

samsâra auszuschließen. (Daher der Bezug auf den Kreislauf der Geburten, der zu Unrecht »Wiedergeburt« oder Reinkarnation genannt wird.) Unsere Erfahrung ist immer an die Kontingenz gebunden, und obwohl es viele Gründe gibt, die darauf hindeuten, daß am Ende der menschlichen Erfahrung das Absolute steht, wird sogar diese erschlossene Erfahrung des Absoluten an sich eine bedingte Erfahrung sein. Streng genommen wird Gott niemals sich selbst erfahren[33]. Selbst dann, wenn wir ein absolutes Objekt zulassen würden (was im strengen Wortsinn ein Widerspruch ist), wäre das erfahrende Subjekt immer noch bedingt; es wäre nicht autark und, genau genommen, kein letztes, wahres *sub-jectum.* Dem Menschen bleibt daher nur übrig, die tatsächliche Situation zu überdenken und zu erkennen, worin ihre Grundstruktur wirklich besteht. Gemäß unserem Text ist die Grundstruktur des konkreten Subjekts, des Menschen, das Leiden. Das Ausschalten der Kontingenz ist das höchste Ziel menschlichen Strebens. Es führt zum Vergehen des Leidens[34]. Christen sollten nicht behaupten, daß der Buddhismus dem Leiden eine zu große Bedeutung beimesse. In der christlichen Spiritualität nimmt das Leiden womöglich eine noch zentralere Stellung ein, wie aus der Geschichte und der christlichen Lehre ersichtlich ist. Die Passion Christi stellt die höchste Apotheose des Leidens dar, ein hypostasiertes Leiden der Gottheit selbst. Es war notwendig, daß Christus litt und starb[35]. Gott verschonte seinen eigenen Sohn nicht[36], aber wie wir lesen, lieferte er ihn aus Liebe zur Welt dem Tode aus[37]. Der Menschensohn überantwortete sich dem Leiden, gegen die Instinkte seines eigenen freien Willens, um den des Vaters zu erfüllen[38]. Die Theologie mag zwar die Liebe, nicht das Leiden, als das Wesen des Kreuzes betrachten, doch die Tatsache bleibt bestehen, daß durch den Lebenslauf des Erlösers das Leiden an die zentrale Stelle des Christentums rückte[39]. Während der Hinduismus das Leiden auszuschalten und der Buddhismus es zu vernichten sucht, drückt das Christentum es ans Herz und sucht ihm Sinn zu verleihen, indem es das Leiden zu einer Teilhabe am Leiden Christi erklärt[40]. Und dennoch, das Ideal der *apatheia* ist nicht nur stoisch, sondern auch christlich[41]. Nirgends hat der Buddha gesagt, daß das Sein, wie die *astika* es verstanden, Leiden sei oder Nichtsein Glück. Ihn einen Pessimisten zu nennen, ist daher offenbar unbegründet. Das Leiden ist für ihn kein Wesensbestandteil der wahren Wirklichkeit und kann deshalb beseitigt werden.

Das Leiden gehört wesensmäßig nur der *Ek*-sistenz an, dem Verlangen nach Sein, dem »Durst« in irgend einer Form. Nicht die Wirklichkeit ist auszuschalten – das wäre überall in Indien ein sinnloses Gebot, da eine Wirklichkeit, die nicht-sein könnte, keine echte Wirklichkeit wäre –, sondern vielmehr das Leiden, das ganze negative Element der Ek-sistenz. Für den Buddha ek-sistiert die Wirklichkeit nicht, sie »steht nicht heraus«, sie kann nicht mit dem Prädikat »ist« belegt werden, insofern Haben und Sein Kategorien der Kontingenz und daher von Begrenzung durchdrungen sind. Die Erlösung ist nicht auf dem Wege der Spekulation zu erreichen, sondern durch eine konkrete *Praxis* der Ausschaltung des Leidens – und damit aller Begrenzung, Kontingenz und Geschöpflichkeit (um mich nicht-buddhistischer Kategorien zu bedienen).
Shâkyamuni hätte die folgenden Worte des Paulus verstanden:

»Das sage ich aber, liebe Brüder: Die Zeit ist kurz. Darum sollen auch die, die Frauen haben, sein, als hätten sie keine; und die, die weinen, als weinten sie nicht; und die kaufen, als könnten sie es nicht behalten; und die die Güter dieser Welt gebrauchen, als brauchten sie sie nicht. Denn die Gestalt dieser Welt vergeht. Ich möchte aber, daß ihr ohne Sorge seid.«[42]

Die Botschaft des Buddha

»Daß Dinge sein müssen, Kaccâna, macht das eine Extrem aus; daß sie nicht sein dürfen, das andere. Diese beiden Extreme, Kaccâna, wurden vom Tathâgata vermieden, und diese seine Lehre ist der mittlere Pfad.«[43]

Um diese Sätze zu umschreiben: Es sei ebenso riskant und falsch, die extreme Position zu vertreten, daß Gott existiert (wobei Existenz nur so zu verstehen ist, wie wir sie verstehen können, wenn nicht Erleuchtung eine unmittelbare Erkenntnis der anderen Seite der Frage gewährt), wie zu behaupten, daß Gott nicht existiert. Die buddhistische Denkweise wird sofort hinzufügen: Zu leugnen, daß Gott existiert, ist ein ebenso irrtümliches Extrem wie zu verneinen, daß Gott nicht existiert. Der Buddha beansprucht gerade, all diesen

Sätzen zustimmen zu können, ohne einem Agnostizismus zu verfallen.

Die Vorstellung, daß Gott unsere normalen Mittel des Begreifens übersteigt und nur unzulänglich erkannt werden kann, ist vielen Religionen geläufig. Um diese Schwierigkeit der Gotteserkenntnis zu fassen, macht das Christentum alternierend Gebrauch von einem Gegensatzpaar, Wissen und Nichtwissen, und bringt damit die Unzulänglichkeit unserer Erkenntnisfähigkeit zum Ausdruck[44]. Der Buddha, dessen Anliegen es war, Extreme zu vermeiden, geht auf andere Weise vor. Die eben zitierte Passage erklärt, daß es letztlich belanglos ist, zu wissen oder nicht zu wissen, ob Sein oder Nichtsein die Wurzel aller Dinge ist. Der Erleuchtete hält sich an die schlichte Beobachtung des relativen Grades von Wahrheit, der in diesen gegensätzlichen Behauptungen enthalten ist. Laut dem Bericht Ânandas hatte der Erhabene kurz davor zu Kaccânagotta gesagt:

»Diese Welt wird allgemein entweder dem Sein oder dem Nichtsein zugeschrieben. Für denjenigen, der die Vorgänge des Werdens und Erscheinens in dieser Welt weise und wahrheitsgemäß bedenkt, gibt es kein wirkliches Nichtsein in dieser Welt; für denjenigen, der die Vorgänge der Vernichtung und des Vergehens in dieser Welt weise und wahrheitsgemäß bedenkt, gibt es in dieser Welt allerdings das Nichtsein.«[45]

Die Botschaft des Buddha kann mit den Worten zusammengefaßt werden, die als seine letzten überliefert sind: »Wirke mit Sorgfalt auf deine Erlösung hin.«[46] Das heißt, laß die Spekulation beiseite und konzentriere dich auf das Eine, das für die Erlösung vonnöten ist[47]. Dies ist das Allerwichtigste, und ich habe euch den Weg dazu gezeigt: den Weg der Ausscheidung all dessen, was uns irgend welche Grenzen auferlegt, wobei das Kriterium und die Manifestation dieser Grenzen Schmerzen und Leiden sind[48].

Der Buddha hat keine Theorien[49]. Wie jedoch der Buddhismus seit altersher festgestellt hat, ist der Verzicht auf Metaphysik selbst schon eine Metaphysik. Die Zurückweisung aller philosophischen Systeme bedeutet lediglich, den Begriff der Philosophie als *Erkenntnis* der Wirklichkeit durch eine Philosophie als Weg zur *Erlangung* dieser Wirklichkeit zu ersetzen[50]. Wenn der Weg der Erlö-

sung sich jedoch von der Religion zur reinen Theorie verlagert, entsteht Gnostizismus.
Andererseits bedeutet der ausdrückliche Verzicht, irgend einer Theorie anzuhängen, einen größeren Pluralismus von Theorien als die Anerkennung einer bestimmten Lehre. Deshalb haben wenige Kulturen ein größeres und vielfältigeres Aufblühen von Denkschulen vorzuweisen als der Buddhismus. Aus diesem Grunde läßt sich nur schwer die intuitive Grunderkenntnis des Buddha im Sinne einer bestimmten Metaphysik übersetzen[51].
Auf den Weg der Befreiung muß man sich »mit Sorgfalt« begeben. Sie ist jedoch nicht zu erreichen, wenn man an das Endliche gebunden bleibt, denn Erlösung ist unendlich. Daher ist die radikale Selbstentäußerung, den totalen Verzicht auf jede begriffliche Formulierung eingeschlossen, von so großer Bedeutung. Die Erlösung besteht in der Beseitigung des Leidens, denn unsere Begrenzung äußert und kristallisiert sich im Leiden. Wenn die christliche Scholastik in der Glückseligkeit – *beatitudo* – das Wesentliche des künftigen Lebens sieht, das heißt, das Wesentliche der letzten Bestimmung des Menschen und daher die anthropologische Dimension einer Vereinigung mit Gott, bringt sie dasselbe zum Ausdruck[52]. Das Erlangen dieser *beatitudo* mag zwar das Endziel sein, aber der Mensch kann sie in diesem Leben nie vollständig erreichen, ja, nicht einmal wissen, worin sie besteht. Im Gegensatz dazu fällt das Leiden gänzlich in unseren Erfahrungsbereich, und es ist eben der Weg zu seiner Beseitigung, den der Buddha verkündet: durch die Entdekkung seines Ursprungs im »Durst«, der das Wesen alles geschaffenen Daseins ausmacht. Mit anderen Worten, man muß erkennen, daß das Unglück gerade der Ek-sistenz dieses Daseins entspringt. Ja, das Dasein erzeugt nicht nur die Spannung des Seins *extra causas*, sondern es stellt das eigentliche Wesen des Seins dar, das nicht aus sich selbst – *a se* – ist[53]. Solange die Wesen in der Illusion befangen sind – solange sie überhaupt wünschen, das Sein selbst oder ein Seiendes zu sein –, leiden sie, weil sie nicht, oder noch nicht, das Sein sind. Die Beseitigung des Leidens nach der Lehre des Buddha ist keine Linderung in der Art eines Analgetikums, sondern die radikale Ausrottung des Leidens durch Zerstörung seiner Ursache – durch die Zerstörung der Ek-sistenz selbst, nicht nur so, wie wir sie erleben, sondern wie wir sie notgedrungen erleben und denken müssen, wenn wir unsere Reise durch diese Welt machen[54].

Den Durst nach *Werden*, nach *Sein* oder *Nichtsein*, erklärt der dreifache Ursprung von Schmerz und Leiden. Nur indem man das Begehren, das allem bedingten Sein eigen ist, ausrottet, also die Kontingenz, das heißt die Existenz selbst, aufhebt, kann die inhärente Begrenzung dieses Wesens, die Ursache seines Leidens beseitigt werden[55]. Das von jeglichem Begehren (dem *Durst nach Werden*) verursachte Leiden kann nur durch eine *Liebe* überwunden werden, die jeden Gegenstand des Begehrens transzendiert. Solange es geliebte Objekte gibt, hält der Schmerz an. Der Schmerz, nicht Gott zu sein (der *Durst nach Sein*), kann nicht durch die Erfüllung einer geringeren Hoffnung als derjenigen, Gott zu sein, gestillt werden. Solange die Hoffnung anhält, ist das Ziel nicht erreicht, und der Schmerz dauert fort. Das Leiden am Dasein (der *Durst nach Nichtsein*) wird nur durch den *Glauben* an die Transzendenz allen Seins aufgehoben. Solange wir an diesem Glauben festhalten, haben wir in uns selbst keinen Halt, und daher »sind« wir noch, und der Schmerz dauert fort. Deshalb gibt es keine Lösung, solange ein bedingtes Individuum vorhanden ist.

Hier wird der »alte Mensch« mit der ganzen Wucht des überwältigenden, autochthonen abendländischen Geistes schmerzlichen Einspruch erheben: Liegt die einzige Abhilfe darin, daß der Kern meiner Wesensidentität verschwindet? Der Buddha antwortet: Je früher ausgeschieden wird, was ausgeschieden werden kann, desto besser.

Es ist diese Angst vor dem Vergehen, die Leiden verursacht, und ehe man nicht Erleichterung und Ziel in etwas findet, dessen Vergehen man nicht zu fürchten braucht, hat man den Weg der Erlösung noch nicht einmal angetreten. Aber, so wird man einwenden, dann gibt es ja niemanden mehr, der Erleichterung und Ziel finden könnte. Und der Buddha wird sich nur darüber freuen, daß es niemanden mehr gibt, der Erleichterung nötig hat. Die Wirklichkeit bedarf keiner Erleichterung irgend welcher Art, noch irgend einer Sache oder irgend jemandes, an den sie sich anlehnen kann. Die Wirklichkeit hat aus sich und in sich einen Halt – wenngleich dieses Wort in dem Augenblick bedeutungslos wird, in dem wir erkennen, daß »selbst-erhaltend« nur das Attribut von etwas sein kann, das eines Haltes bedarf. Wenn wir, von dieser Last niedergedrückt, *nirvâna* zu erklimmen suchen, werden wir nie dort ankommen. Hier haben wir die Ursache des zeitlichen Kreislaufs aller Ek-sistenzen:

die Angst, das zu verlieren, was verloren werden kann. Die reine »-sistenz« kann nicht ek-sistieren, noch hat sie Angst davor, verlorenzugehen; sie ist jenseits aller Angst, jenseits aller Furcht. Sie fürchtet nichts, weil sie dort zu Hause ist, wo der Schmerz seinen Sinn verloren hat. Sie lebt im offenen Bruch mit der Welt von Zeit und Raum, Materie und Geist, Wesen und Dasein, Menschen und Göttern[56].

Wenn man sein Leben nicht verliert...[57]

Der Buddha hat die konventionell so genannte letzte Wirklichkeit *existentiell* nie geleugnet[58]. Er lehnte lediglich den Namen dafür ab, die Festschreibung von »letzte« oder von »Wirklichkeit«[59]. Er weigerte sich, irgend eine Personifizierung zu akzeptieren. Für ihn, wie für die gesamte Überlieferung Indiens, war Personifizierung gleichbedeutend mit Anthropomorphismus. Der Buddha widersteht jeder Absicht, Gott mit unseren willens- und verstandesmäßigen Formeln dingfest zu machen.

Wenn die letzte Wirklichkeit der Gott wäre, von dem die Theisten reden, dann lautet die Antwort des Buddha, daß diese Wirklichkeit für alles, was auf Erden geschieht, samt dem Bösen, verantwortlich sein muß. Um alle Rechte dieser letzten Wirklichkeit zu verteidigen, weigert der Buddha sich daher, den Theismus zu akzeptieren. Anders ausgedrückt: um die absolute Transzendenz des Göttlichen zu verteidigen, leugnet der Buddha vernünftigerweise das Göttliche.

Transzendenz selbst ist ein anthropozentrischer Begriff, insofern der Mensch ihr Bezugspunkt ist – der, wie sogleich hinzuzufügen ist, natürlich transzendiert werden muß. Eben weil das Absolute nicht transzendiert, ist es *kein* transzendentes Sein. Oder, wenn man will: das Absolute ist so vollkommen *transzendent*, daß es, sich selbst transzendierend, alles Sein, auch das Sein an sich, hinter sich läßt. Der Buddha würde sagen: Wenn du ohne einen Gottesbegriff oder ein Gottesbild nicht auskommst, gut; aber die höchste Religion ist atheistisch, sowie apolytheistisch und a-antitheistisch.

Teil II
Die Texte

Assaddho akataññu ca sandhicchedo ca yo naro
hatâvakâso vantâso sa ve uttamaporiso[1]
Einer, der kein Bedürfnis mehr hat nach Glauben,
der das Wissen um das Nicht-Gemachte erlangt
hat,
der jede Bindung zerrissen hat, der jede
Gelegenheit [zum Guten oder Bösen] zerstört hat,
der jedes innere Begehren aufgegeben hat
– ein solcher ist wahrhaftig ein höherer Mensch.

Vorbemerkungen

Die Vorstellung, daß der Buddhismus atheistisch sei, ist zumindest vierfachen Ursprungs[2]. Der erste liegt in dem allgemeinen Glauben, daß der Buddhismus die Existenz der Seele, des *âtman*, des bewußten Seins oder der Substanz, leugne (*nairâtmyavâda*). Der zweite ist die weitverbreitete Vorstellung, daß das Endziel des Menschen im Buddhismus das *nirvâna* sei, verstanden als völlige Auslöschung und restlose Vernichtung. Der dritte bezieht sich auf die buddhistische Entdeckung einer universalen Verkettung aller Dinge (*pratîtyasamutpâda*), die eine transzendente Ursache auszuschließen scheint. Eine schließlich letzte ist die negative Deutung des Schweigens, mit dem der Buddha die grundlegenden Fragen des menschlichen Geistes, insbesondere in bezug auf die jenseitige Welt, beantwortet – das berühmte *avyâkrita* des Buddha.

Zur Darlegung des Problems, des angeblichen Atheismus des Buddha, gehen wir am besten so vor, daß wir einige der wichtigsten Texte untersuchen, auf denen diese Vorstellungen beruhen.
Obwohl wir nicht beabsichtigen, einen geschichtlichen Bericht über den Buddhismus, eine Skizze über das buddhistische Schrifttum oder die Texte, die wir zitieren, zu geben, so wollen wir das Verständnis der Tradition und ihrer vielen Facetten erleichtern.
Die kanonischen buddhistischen Texte können gemäß den fünf Kategorien klassifiziert werden. Die erste und die älteste, die zur Theravâda Tradition gehört, bildet den Pâli-Kanon. Dazu gehören auch Fragmente des gleichen Kanons in Sanskrit, die zu den Schulen Sarvâstivâda, Mûlasarvâstivâda und Mahâsânghika gehören. Die spätere Mahâyâna-Tradition verfaßte ebenfalls ihre kanonischen Texte im Sanskrit.

A. *Theravâda*, die Schule der Älteren: Zu den Schriften dieser Tradition gehören die ältesten Texte, genannt Tipitaka (*Tripitaka* im Sanskrit): Die drei Körbe (*pitaka*). [3]

1. *Vinaya Pitaka*: Der Korb der monastischen Disziplin.
    a. *Sutta Vibhanga:* Die Klassifikation der Regel.
    Bhikkhuvibhanga, für die Mönche.
    Bhikkhunîvibhanga, für die Nonnen.
    b. *Khandhaka:* Der Textteil.
    Mahâvagga: Der große Teil.
    Cullavagga (Culavagga): Der kleine Teil.
    c. *Parivâra:* Der Nachtrag, ein Anhang, eine Art Index, der die anderen Texte des *Vinaya* zusammenfaßt.

2. *Sutta Pitaka*: Der Korb der Texte. Sammlung der Reden des Buddha und seiner Schüler. Dies sind die wichtigsten Dokumente der Lehre (*dhamma*). Es gibt fünf *nikâya* (Sammlungen oder Teile)[4]
    a. *Dîgha-nikâya*: Sammlung der Langen *Sutta* (34)
    b. *Majjhima-nikâya*: Sammlung der Mittleren *Sutta* (152)
    c. *Samyutta-nikâya*: Sammlung der Kombinierten *Sutta* (56 Gruppen)
    d. *Anguttara-nikâya*: Sammlung der *Sutta*, klassifiziert nach Themen (11 Gruppen)
    e. *Khuddaka-nikâya*:Sammlung der Kurzen Texte (15), unter ihnen:

(1) *Dhammapada*: Verse des *Dhamma*.
(2) *Udâna*: Äußerungen (meistens in metrischer Form).
(3) *Itivuttaka*: »So ist gesagt worden», die Reden des Buddha.
(4) *Sutta Nipâta:* Sammung der Reden (meistens in Versen) über den Buddha, die Gesellschaft und die Ethik.
(5) *Theragâthâ*: Die Strophen der Älteren: Mönche.
(6) *Therîgâthâ*: Die Strophen der Älteren: Nonnen.
(7) *Jâtaka*: Geschichten über frühere Geburten des Buddha.

Das *Milinda Pañha*: Man kann hier diesen Dialog zwischen dem König Milinda und einem Mönch über das Wissen und die Weisheit hinzufügen. Die burmesische Tradition betrachtet ihn als diesem Kanon zugehörig. Obwohl dies eine Pâli-Version ist, war das Original wahrscheinlich nicht in Pâli.

3. *Abhidhamma Pitaka* oder *Sattapakarana*: Die Sieben Abhandlungen. Detailierte und klassifizierende Auslegung der Lehre. Unter den Kommentaren des Pâli-Kanons ist der *Visuddhimagga*: Der Weg der Vollkommenen Reinigung, von Buddhagosa, der berühmteste. Es ist eine systematische und zusammenfassende Behandlung der ganzen Lehre.

B. *Sarvâstivâda*
Fragmente in Sanskrit des *Vinaya*, der *Sutta* und anderer Texte dieses Kanons. Der Großteil existiert nur in der chinesischen und tibetischen Übersetzung.

C. *Mûlasarvâstivâda*
Ein wichtiger Teil des *Vinayavastu* ist in Kashmir aufbewahrt. Fragmente des *Vinaya*. Ein kompletter *Vinaya* existiert auf Tibetisch.

D. *Mahâsânghika*
Der *Mahâvastu*, betrachtet als der *Vinaya Pitaka* dieser Schule, obwohl er viele Texte des Typs von *Sutta* und Legenden vereinigt. Das wichtigste Fragment dieses Kanons ist in Nepal aufbewahrt.

E. *Mahâyâna*
Die Texte gehören der späten Periode seit etwa dem 2. Jh. n. Chr. (Nâgârjuna) an, obwohl die Entstehung einiger von ihnen wahrscheinlich am Anfang der christlichen Ära zu plazieren ist. Die zwei wichtigsten Schulen waren *Mâdhyamika (Shûnyavâda)* und *Vijñânavâda (Yogâcâra)*.

Zu den größten *Sûtren* dieser reichen Literatur gehören:

1. *Prajñâpâramitâ*, Sammlung der *Sûtra*-Texte in Prosa über die Große Weisheit, hergeleitet von *Shûnyatâ*.
2. *Lalitavistara Sûtra*: Ausführliche Darstellung des Spiels, eine legendäre Geschichte über die menschliche Erscheinung des Buddha.
3. *Lankâvatâra Sûtra*: Das Herabsteigen *(avatâra)* des Buddha nach Srî Lañka, wo er eine Zeit lang die 108 Fragen des Bodhisattva Mahâmati beantwortete und wohlbegründete Berichte über die Lehre gab.
4. *Saddharma Pundarîka Sûtra*: Sutra des Lotos des wahren Gesetzes. Über die Natur der Erscheinungen des Buddha, über die Meinungen des Buddha und der Bodhisattvas. Es enthält verschiedene Parabeln.
5. *Mañjushrî Mûlakalpa*: Das Ursprungs-*Kalpa* des Mañjushrî. Dieses *Kalpa* ist eine Abhandlung, die die Regel des Rituals setzt. Ein späterer Text, eine Art Enzyklopädie über viele Sachen: rituelle Lehre, Astrologie, Geschichte.

4 Nairâtmyavâda

Buddhologische Studien des frühen zwanzigsten Jahrhunderts unterscheiden sorgfältig zwischen einem sogenannten primitiven oder präkanonischen Buddhismus und den großen buddhistischen Systemen Theravâda und Mahâyâna[1]. Zahlreiche Autoren[2] vertreten die Ansicht, daß die zentrale Lehre dieses frühen Buddhismus den tatsächlichen Ideen des Buddha entspricht, unter denen die radikale Verneinung der Existenz des *âtman* oder irgend einer Form von substantiellem Selbst hervorragt. Es gibt keine Seele; es gibt kein Selbst; es gibt keine Substanz. Diese Theorie, so hören wir, stehe in krassem Gegensatz zur großen indischen Weisheitstradition, *âtma-vâda*, oder der Lehre des *âtman*, von der wir in den Upanishaden lesen. Nach anderen Autoren[3] stammt diese Lehre nicht vom Buddha selbst, sondern entwickelte sich als eine spätere Interpolation der Texte, die dem Erleuchteten zugeschrieben wurden. Nach dieser letzteren Deutung stimmte die Lehre des Buddha völlig mit der Überlieferung der Upanishaden überein, und seine gelegentliche Verneinung der Existenz der Seele sei von pädagogischen Erwägungen veranlaßt worden, da der Buddha den verfälschenden Deutungen dieser Existenz ein Ende habe setzen wollen[4].

Ohne auf eine rein exegetische Erörterung einzugehen, läßt sich kaum leugnen, daß eine Reihe von Grundtexten, sowie die spätere buddhistische Überlieferung, die erste Deutung nahelegen. Gewiß kann *anâtma-vâda* auf ganz verschiedene Weise ausgelegt werden[5]. Für unsere Zwecke ist dies jedoch kaum von Belang. Sowohl der ursprüngliche Buddhismus als auch seine spätere Entwicklung räumen dem Konzept des anâtman eine zentrale Stellung ein. Die lebendige Tradition des Buddhismus ist »anâtmisch«.

Eine erste und größere Schwierigkeit, als zunächst ersichtlich ist, betrifft die Übersetzung des Wortes *âtman*. Neben seiner Bedeutung als (demonstratives, indefinites und sogar reflexives[6]) Pronomen wurde *âtman* als »Seele«[7], »Substanz«[8], »Ich«[9], »Selbstheit«, »Selbst«[10] usw. übersetzt. Seltsamerweise kann man all diese Übersetzungen nicht falsch nennen, obgleich sie entweder den Hintergrund oder die Schattierungen des Originals verfehlen. Diese Frage ist wichtig, aber ich möchte nicht weiter auf sie eingehen, sondern statt dessen das ursprüngliche Sanskritwort beibehalten, ohne eine Übersetzung zu versuchen. Bekanntlich entspricht diesem Wort das Pâli *atta* (*attan*).

Die Debatte darüber, was der Buddha hier gemeint haben könnte[11], ist, ebenso wie die Debatte über das Problem selbst[12], so alt wie der Buddhismus[13] und so neu wie jede philosophische, theologische oder religiöse Begegnung mit dem zeitgenössischen Buddhismus. Es ist auch heute noch unmöglich, sich auf eine ernsthafte Diskussion des Buddhismus einzulassen, ohne vorher festzulegen, ob man vom *âtman* oder vom *anâtman* ausgeht[14].

Ein Punkt jedoch steht unzweifelhaft fest, nämlich daß die erklärte Position des Buddha von beiden Extremen gleich weit entfernt ist. Er schließt sich weder dem *shâshvatavâda* (Eternalismus) noch dem *ucchedavâda* (Nihilismus) an[15]. Es gibt keinen *âtman*, gewiß, aber ebenso wenig gibt es einen *anâtman*. Der letztere kann nicht behandelt werden, als wäre er ein Ding, eine Art negativer *âtman* oder Antisubstanz. Das buddhistische Denken verlangt neue Kategorien. Es erfordert eine Denkweise, welche die gewohnte Hypostasierung abgelegt hat.

Indem wir exegetische Erörterungen und nominalistische Diskussionen beiseitelassen, können wir über den *âtman* (Pâli *attan*) aussagen, daß der Buddha ihn nicht als die unvergängliche, unsterbliche Substanz, als das Subjekt aller Wandlungen akzeptieren will, auf dessen Vervollkommnung alle Taten der an ein solches Subjekt Glaubenden ausgerichtet sein müssen[16].

Es gibt kein Subjekt. Es gibt kein *empirisches* Subjekt: Es ist sicherlich evident, daß ein empirisches Subjekt kein Substrat sein kann, sondern selbst einer Grundlage bedarf. Es gibt auch kein *absolutes* Subjekt: In dem Moment, in dem etwas als Substrat eines anderen bezeichnet wird, verliert es seine »Absolutheit« und Transzendenz[17].

Die Intuition des Buddha ist die der reinen Kontingenz. Sie ist die Entdeckung der Abwesenheit eines höchsten handelnden Subjekts; sie ist die primäre Erfahrung der Vergänglichkeit und daher des Leidens, das allen Wesen innewohnt. Mit der Verweigerung, vom *âtman* zu reden, meint der Buddha, daß es kein letztes, höchstes Objekt und kein primäres Subjekt der menschlichen Erfahrung gibt, nichts, das als letzter, definierter Grund für alles andere gesetzt werden könnte. Umgekehrt läßt sich sagen, daß das Konzept des Buddha gleichbedeutend ist mit der Feststellung, daß es in dieser

Welt keine bevorzugten Wesen gibt. Es gibt keine Substanzen hier und Akzidentien dort. Nein, alles, was wir erfahren können, ist gleichermaßen vergänglich, flüchtig und unbeständig – nicht nur Farben und Gefühle, sondern auch das sie erfahrende Subjekt.
Fassen wir die Grundabsicht von *anâtma-vâda* kurz zusammen. Freilich ist es methodologisch unzulässig, sie zu kritisieren, wenn man von vorneherein eine ihr entgegengesetzte Lehre voraussetzt. Wenn wir voraussetzen, daß die Substanz, das ontologische Subjekt, eine unverzichtbare Bedingung für die Intelligibilität der Dinge, bzw. für die menschliche Einsichtigkeit ist, dann wird der Versuch, es zu eliminieren, absurd erscheinen. Daher kann man nicht den folgenden Einspruch gegen die anâtmische Anschauung der Dinge erheben: Wenn es »Nichts« gibt, was verändert werden kann, gibt es auch keine Veränderung. Der Buddhist, der genau denselben Einspruch erhebt, wird erwidern, daß es eben deshalb keine Veränderung gebe, sondern nur Dinge, die sich verändern. Wenn das Subjekt sich ändert, sagt der Buddhist, ist es nicht mehr das Subjekt der Veränderung, sondern die Veränderung selbst; wenn es sich nicht verändert, dann ist eine wirkliche Veränderung gar nicht möglich. Und dies ist tatsächlich die Schlußfolgerung, zu der das vedantische *âtma-vâda* zwangsläufig kommt[18].
Es ist nicht so, daß es in der buddhistischen Position kein erkennendes Subjekt gibt. Diese Subjekte sind im Gegenteil so zahlreich wie die in jedem gegebenen Augenblick im ständigen Fluß aller Dinge enthaltenen. Das heißt, das Subjekt eines jeden gegebenen Aktes der Erkenntnis ist nicht irgend ein Substrat, das Wandlungen durchmacht, die nur seine äußere Hülle betreffen. Vielmehr ist dieses Subjekt selbst in ständigem Fluß begriffen. Oder, besser gesagt, es gibt kein »Es«, das seine Haut wechselt: Die »Selbste« sind dynamische Punkte. Das heißt, die Gesamtheit der Dinge ist nichts als die Manifestation der kosmischen Symphonie der gesamten seienden Wirklichkeit, und sie bedarf keines unterlegten Substrats. Alles ist Musik, alle sind Spieler, aber es gibt keine Partitur. Dies wird deutlicher werden, wenn wir andere buddhistische Grundbegriffe untersuchen, die alle eng miteinander verflochten sind.
Nâgârjunas einleitendes Preisgebet lautet: »Gruß dem Buddha, dem Vollkommenen, dem besten Lehrmeister. Er hat das Prinzip der (universalen) Relativität verkündet [daß alle Dinge in wechselseitiger Bezogenheit koexistieren]: *nirvâna*, das glückliche Aufhören

aller Vielheit: das Prinzip, daß nichts verschwindet und nichts erscheint, daß nichts endet und nichts dauert, daß nichts dasselbe und nichts verschieden ist, daß nichts sich bewegt, weder hier noch dort[19].«
Die folgenden Texte vermitteln einen Begriff von der buddhistischen Intuition.

Kein beständiges Subjekt

»Der Leib, ihr Brüder, ist nicht das Selbst. Wenn der Leib, ihr Brüder, das Selbst wäre, dann wäre er nicht der Krankheit unterworfen, und man könnte von ihm sagen: ›So soll mein Leib sein. So soll mein Leib nicht sein.‹ Aber, ihr Brüder, insofern der Leib nicht das Selbst ist, ist er der Krankheit unterworfen, und man kann von ihm nicht sagen: ›So soll mein Leib sein; so soll mein Leib nicht sein.‹
Das Gefühl ist nicht das Selbst. Wenn das Gefühl, ihr Brüder, das Selbst wäre, dann würde das Gefühl keiner Krankheit unterworfen sein, und man könnte von ihm sagen: ›So soll mein Fühlen sein; so soll mein Fühlen nicht sein.‹
Ebenso sind auch die Wahrnehmung, die Tätigkeiten und das Bewußtsein nicht das Selbst. Wenn das Bewußtsein, ihr Brüder, das Selbst wäre, dann wäre das Bewußtsein nicht der Krankheit unterworfen, und man könnte vom Bewußtsein sagen: ›So soll mein Bewußtsein sein; so soll mein Bewußtsein nicht sein‹; aber insofern das Bewußtsein nicht das Selbst ist, ist es der Krankheit unterworfen. Deshalb kann man vom Bewußtsein nicht sagen: ›So soll mein Bewußtsein sein; so soll mein Bewußtsein nicht sein.‹
Was glaubt ihr nun, Brüder, ist der Leib beständig oder unbeständig?«
»Unbeständig, Herr.«
»Und das Unbeständige, ist es angenehm oder leidvoll?«
»Leidvoll, Herr.«
»Haltet ihr es dann für richtig, das Unbeständige, Leidvolle, der Wandlung Unterworfene so zu betrachten: ›Dies gehört mir; dies bin ich; dies ist mein Selbst?‹«
»Gewiß nicht, o Herr.«

»So ist es also mit dem Gefühl, der Wahrnehmung, den Tätigkeiten und dem Bewußtsein. Daher, ihr Brüder, sollte jeglicher Leib, ob vergangen, zukünftig oder gegenwärtig, innerlich oder äußerlich, grob oder fein, hoch oder niedrig, fern oder nah, so betrachtet werden, wie er gemäß der rechten Einsicht wirklich ist: ›Dieser gehört mir nicht; dieser bin ich nicht; dieser ist nicht mein Selbst.‹
Jegliches Gefühl, jegliche Wahrnehmung, jegliche Tätigkeit (muß so betrachtet werden).
Jegliches Bewußtsein, ob vergangen, zukünftig oder gegenwärtig, innerlich oder äußerlich, grob oder fein, hoch oder niedrig – jedes Bewußtsein, sage ich, muß so betrachtet werden, wie es gemäß der rechten Einsicht wirklich ist: ›Dieses gehört mir nicht; dieses bin ich nicht; dieses ist nicht mein Selbst.‹
Wenn er das einsieht, ihr Brüder, empfindet der wohlunterrichtete, edle Jünger Ekel vor dem Leib, er empfindet Ekel vor dem Gefühl, vor der Wahrnehmung, vor der Tätigkeit, er empfindet Ekel vor dem Bewußtsein. Wenn er in dieser Weise Ekel empfindet, ist er abgestoßen; wenn er abgestoßen wird, ist er befreit; daraus entsteht das Wissen im Befreiten von seiner Befreiung, so daß er weiß: ›Die Wiedergeburt ist zerstört; das rechte Leben ist gelebt; meine Aufgabe ist erfüllt; für das Leben in diesen Bedingnissen gibt es kein Fortleben.‹«
Also sprach der Erleuchtete, und die Gruppe der fünf Mönche freute sich und begrüßte, was der Erleuchtete gesagt hatte. Überdies wurde durch die so vorgebrachte Lehre das Herz dieser fünf Mönche ohne Gier von den *âsavas* befreit[20].

Kein bestimmbarer Âtman

»Bezüglich des *attan*, Ânanda, vertritt einer etwa diese Meinung: ›Wahrlich, weder ist die Empfindung mein *attan*, noch hat mein *attan* keine Empfindung. Mein *attan* hat Empfindung; mein *attan* besitzt die Fähigkeit der Empfindung.‹
»In dem Falle, Ânanda, wenn gesagt wird: ›Die Empfindung ist mein *attan*‹, sollte folgendermaßen geantwortet werden: ›Bruder, es gibt dreierlei Empfindungen: die angenehme Empfindung, die unangenehme Empfindung und die gleichgültige Empfindung. Welche von diesen drei Empfindungen hältst du für dein *attan*?‹

»Wenn ein Mensch, Ânanda, eine angenehme Empfindung erlebt, erlebt er nicht zur gleichen Zeit eine unangenehme Empfindung, noch erlebt er eine gleichgültige Empfindung; er fühlt dann nur die angenehme Empfindung. Wenn ein Mensch, Ânanda, eine unangenehme Empfindung erlebt, dann erlebt er nicht zur gleichen Zeit eine angenehme Empfindung; er fühlt dann nur die unangenehme Empfindung. Wenn ein Mensch, Ânanda, eine gleichgültige Empfindung erlebt, so erlebt er nicht zur gleichen Zeit eine angenehme Empfindung, noch erlebt er eine unangenehme Empfindung.«

»Angenehme Empfindungen, Ânanda, sind vergänglich, sie beruhen auf Ursachen, entstehen in Abhängigkeit und sind dem Verfall, dem Untergang, der Auslöschung und dem Ende unterworfen; und die unangenehmen Empfindungen, Ânanda, sind ebenfalls vergänglich, sie beruhen auf Ursachen, entstehen in Abhängigkeit und sind dem Verfall, dem Untergang, der Auslöschung und dem Ende unterworfen; und auch die gleichgültigen Empfindungen, Ânanda, sind vergänglich, beruhen auf Ursachen, entstehen in Abhängigkeit und sind dem Verfall, dem Untergang, dem Auslöschen und dem Ende unterworfen. Wenn dieser Mensch eine angenehme Empfindung hat, denkt er: ›Dies ist mein *attan.*‹ Und nach dem Aufhören dieser angenehmen Empfindung denkt er: ›Mein *attan* ist vergangen.‹ Und während er eine gleichgültige Empfindung erlebt, denkt er: ›Dies ist mein *attan.*‹ Und nach dem Aufhören dieser gleichgültigen Empfindung denkt er: ›Mein *attan* ist vergangen.‹ So daß derjenige, der sagt: ›Die Empfindung ist mein *attan*‹, die Ansicht vertritt, daß sogar zu seinen Lebzeiten sein *attan* vergänglich sei, daß es angenehm, unangenehm oder gemischt und dem Entstehen und Vergehen unterworfen sei.«

»Demnach, Ânanda, ist es nicht möglich, die Ansicht zu vertreten: ›Die Empfindung ist mein *attan.*‹«

»In dem obigen Fall, Ânanda, wo gesagt wird: ›Die Empfindung ist wahrhaftig nicht mein *attan*; mein *attan* hat keine Empfindung‹, sollte folgendermaßen geantwortet werden: ›Aber, Bruder, wenn es keine Empfindung gibt, gibt es dann ein: Ich bin?‹«

»Wahrlich nicht, Ehrwürdiger.«

»Demnach, Ânanda, ist es nicht möglich, die Ansicht zu vertreten: ›Die Empfindung ist wahrhaftig nicht mein *attan*; mein *attan* hat keine Empfindung.‹

»Im obigen Fall, Ânanda, wo gesagt wird: ›Wahrlich, weder ist die Empfindung mein *attan*, noch hat mein *attan* keine Empfindung. Mein *attan* hat Empfindung; mein *attan* besitzt die Fähigkeit der Empfindung‹, sollte folgendermaßen geantwortet werden: ›Angenommen, Bruder, jegliche Empfindung würde gänzlich, vollkommen und ohne Rest aufhören – wenn nirgendwo eine Empfindung wäre, sage mir, gäbe es dann etwas nach dem Aufhören jeder Empfindung, von dem gesagt werden könnte: Dies bin ich?‹«
»Wahrlich nicht, Ehrwürdiger.«
»Demnach, Ânanda, ist es nicht möglich, die Ansicht zu vertreten: ›Weder ist die Empfindung wahrlich mein *attan*, noch hat mein *attan* keine Empfindung. Mein *attan* hat eine Empfindung; mein *attan* besitzt die Fähigkeit der Empfindung.‹
»Von da an, Ânanda, wenn ein Mönch nicht mehr die Ansicht vertritt, daß die Empfindung der *attan* sei, und nicht mehr meint, daß der *attan* keine Empfindung habe, nicht mehr meint, der *attan* habe Empfindung und besitze die Fähigkeit der Empfindung, hört er auf, an irgend etwas in der Welt verhaftet zu sein, und frei von Verhaftung, ist er niemals erregt, und wenn er niemals erregt ist, erlangt er in seiner eigenen Person das Nirvâna; und er weiß, daß die Wiedergeburt erschöpft ist, daß er das heiligmäßige Leben geführt hat, daß er das tat, was ihm oblag, und daß er nicht mehr für diese Welt ist.
»Nun ist es unmöglich, Ânanda, daß ein Mönch einem derart befreiten Geist Ketzerei nachsagen wollte, daß der Heilige nach dem Tode weiterlebt, oder daß der Heilige nach dem Tode nicht weiterlebt, oder daß der Heilige nach dem Tode sowohl weiterlebt als auch nicht weiterlebt, oder daß der Heilige nach dem Tode weder weiterlebt noch nicht weiterlebt.
»Und warum sage ich das?«
»Weil es einem Mönch, Ânanda, der durch ein gründliches Verständnis der Bejahung und ihrer Reichweite, der Aussage und ihrer Reichweite, der Erklärung, des Wissens und des Aktionsfeldes des Wissens, der Wiedergeburt und der Wirkung der Wiedergeburt befreit wurde, unmöglich ist, einen solchen ketzerischen Mangel an Wissen und Wahrnehmung einem gleichermaßen befreiten Mönch zuzuschreiben.«[21]

Âtman: ein bloßer Name

König Milinda[22] ging nun auf den ehrwürdigen Nâgasena zu, und als er sich ihm genähert hatte, begrüßte er den Ehrwürdigen, und nach dem Austausch freundlicher und zuvorkommender Worte setzte er sich zur Seite nieder. Und der ehrwürdige Nâgasena erwiderte seinen Gruß, wodurch er wahrlich das Herz des Königs Milinda für sich gewann.

Darauf wandte sich der König Milinda an den ehrwürdigen Nâgasena und sprach:

»Wie heißt du, Ehrwürdiger? Bhante (Herr), was ist dein Name?«

»Ich heiße Nâgasena, o König, und meine Ordensbrüder reden mich mit Nâgasena an. Ob nun aber die Eltern einem den Namen Nâgasena geben oder Surasena oder Vîrasena oder Sîhasena, so ist dies, o König, ein bloßer Name, eine Bezeichnung, ein Begriff, eine Redensart, ein bloßes Wort, dies Nâgasena, denn ein Ich ist hier nicht vorzufinden.«[23]

Der König Milinda aber sprach:

»Hört mich an, ihr Fürsten, ihr fünfhundert Yonakas (Griechen) und ihr achtzigtausend Mönche! Dieser Nâgasena behauptet: ›Ein Ich ist hier nicht vorzufinden.‹ Kann ich ihm denn beipflichten in dem, was er sagt?«

Und der König Milinda sprach zum ehrwürdigen Nâgasena:

»Bhante Nâgasena, wenn es kein Ich gibt, wer ist es denn, der euch Mönche die Dinge eures Bedarfs – die Gewänder, Speisen, Lagerstatt, Arzneien und Heilmittel für die Kranken – spendet? Wer ist es, der davon Gebrauch macht? Wer ist es, der die Vorschriften erfüllt? Wer ist es, der die Meditation pflegt? Wer ist es, der die Pfade, die Ziele und das Nirvâna verwirklicht? Wer ist es, der Leben zerstört? Wer ist es, der nimmt, was ihm nicht gegeben ist? Wer ist es, der Unsittliches begeht? Wer ist es, der lügt? Wer ist es, der sich berauschenden Getränken hingibt? Wer ist es, der die fünf Verbrechen begeht, die das unmittelbare *kamma* bilden? So gäbe es also weder ein Verdienst noch eine Schuld; es gäbe keinen, der verdienstvolle oder schuldhafte Taten begeht oder verursacht; noch eine Frucht oder ein Ergebnis guter oder schlechter Taten. Bhante Nâgasena, wer einen Priester tötete, wäre kein Mörder, noch könntet ihr Priester, Bhante Nâgasena, einen Lehrer, einen Ratgeber oder die Mönchsweihe haben. Wenn du sagst: ›Meine Ordensbrüder re-

den mich mit Nâgasena an‹, wer ist dann dieser Nâgasena? Ist etwa, Bhante, dein Haupthaar Nâgasena?
»Nicht doch, o König!«
»Ist dein Körperhaar Nâgasena?«
»Nicht doch, o König!«
»Sind die Nägel…, die Zähne…, die Haut…, das Fleisch…, Sehnen…, Knochen…, Knochenmark…, Nieren…, Herz…, Leber…, Zwerchfell…, Milz…, Lunge…, Eingeweide…, Gekröse…, Magen…, Kot…, Galle…, Schleim…, Eiter…, Blut…, Schweiß…, Fett…, Tränen…, Lymphe…, Speichel…, Rotz…, Gelenköl…, Urin… oder das im Schädel befindliche Gehirn etwa Nâgasena?«
»Nicht doch, o König!«
»Ist vielleicht die Gestalt, Bhante, Nâgasena?«
»Nicht doch, o König!«
»Ist das Gefühl Nâgasena?«
»Nicht doch, o König!«
»Ist die Wahrnehmung Nâgasena?«
»Nicht doch, o König!«
»Sind die Neigungen Nâgasena?«
»Nicht doch, o König!«
»Ist das Bewußtsein Nâgasena?«
»Nicht doch, o König!«
»Sind, Bhante, vielleicht Gestalt, Gefühl, Wahrnehmung, Neigungen und Bewußtsein zusammengenommen Nâgasena?«
»Nicht doch, o König!«
»Oder soll dieser Nâgasena etwa außerhalb von Körper, Gefühl, Wahrnehmung, Neigungen und Bewußtsein existieren?«
»Nicht doch, o König!«
»Bhante, ich kann dich fragen, wie ich will, aber den Nâgasena kann ich nicht entdecken. Wahrlich, Bhante, Nâgasena ist nichts als leerer Schall. Welcher Nâgasena ist denn hier? Bhante, du sprichst eine Unwahrheit, eine Lüge: denn den Nâgasena gibt es ja gar nicht.«
Darauf wandte sich der ehrwürdige Nâgasena zum König Milinda und sprach zu ihm:
»Du bist, o König, fürstlichen Luxus und äußerste Bequemlichkeit gewöhnt; und wenn du daher zur Mittagsstunde im heißen Sande zu Fuß gehst und auf hartes Geröll und steinigen Kies trittst, bekommst du wehe Füße, dein Körper ermattet, dein Geist ist verstimmt, und

das Körperbewußtsein leidet. Bist du denn zu Fuß gekommen oder mit dem Wagen?«
»Bhante, ich gehe nicht zu Fuß. Ich kam mit dem Wagen.«
»Nun, wenn du mit dem Wagen gekommen bist, o König, so erkläre mir denn, was ein Wagen ist! Ist vielleicht die Deichsel der Wagen?«
»Nicht doch, Bhante!«
»Ist die Achse der Wagen?«
»Nicht doch, Bhante!«
»Sind die Räder der Wagen?«
»Nicht doch, Bhante!«
»Ist der Wagenkasten der Wagen?«
»Nicht doch, Bhante!«
»Ist die Fahnenstange der Wagen?«
»Nicht doch, Bhante!«
»Ist das Joch der Wagen?«
»Nicht doch, Bhante!«
»Sind die Zügel der Wagen?«
»Nicht doch, Bhante!«
»Ist der Treibstock der Wagen?«
»Nicht doch, Bhante!«
»Sind, o König, vielleicht Deichsel, Achse, Räder, Wagenkasten, Fahnenstange, Joch, Zügel und Treibstock zusammengenommen der Wagen?«
»Nicht doch, Bhante!«
»Oder soll der Wagen vielleicht außerhalb von Deichsel, Achse, Rädern, Wagenkasten, Fahnenstange, Joch, Zügel und Treibstock sein?«
»Nicht doch, Bhante!«
»Ich kann dich befragen, wie ich will, o König, und dennoch vermag ich keinen Wagen zu entdecken. Wahrlich, o König, das Wort Wagen ist bloß ein leerer Schall. Was gibt es hier für einen Wagen? Du sprichst eine Unwahrheit, o König, eine Lüge: Es gibt keinen Wagen. Du bist doch, o König, der oberste Herr über ganz Indien; aus Furcht vor wem lügst du denn? Hört mich an, ihr Fürsten, ihr fünfhundert Yonakas und ihr achtzigtausend Mönche! Dieser König Milinda behauptet: ›Ich bin mit dem Wagen gekommen‹, und auf meine Bitte: ›Wenn du in einem Wagen gekommen bist, o König, dann erkläre mir den Wagen‹, kann er mir einen solchen nicht nachweisen. Kann ich daher seiner Rede zustimmen?«

Als er gesprochen hatte, spendeten die fünfhundert Yonakas dem ehrwürdigen Nâgasena Beifall und sprachen zum König Milinda: »Nun antworte, o König, wenn du kannst.«
Da sprach der König Milinda zum ehrwürdigen Nâgasena:
»Bhante Nâgasena, ich lüge nicht: Das Wort ›Wagen‹ ist ein bloßer Name, eine Bezeichnung, ein Begriff, eine Redensart, ein bloßes Wort für Deichsel, Achse, Räder, Wagenkasten und Fahnenstange.«
»Ganz richtig, o König, hast du erkannt, was ein Wagen ist. Genau so, o König, ist es mit mir: Nâgasena ist ein bloßer Name, eine Bezeichnung, ein Begriff, eine Redensart, ein bloßes Wort für mein Haupthaar, mein Körperhaar... das Gehirn des Schädels, Gestalt, Gefühl, Wahrnehmung, Neigungen und Bewußtsein. Im höchsten Sinne aber ist da kein Ich zu finden.«[24]

Der Grund der ständigen Wandlung: Kein Âtman

Der König sprach: »Wenn einer nun geboren wird, ehrwürdiger Nâgasena, bleibt er sich gleich oder wird er ein anderer?«
»Weder das eine noch das andere.«
»Gib mir ein Gleichnis.«
»Was meinst du, o König? Einst warst du ein Säugling, ein hilfloses kleines Ding, das auf dem Rücken lag. War das derselbe, der du jetzt als Erwachsener bist?«
»Nein. Dieses Kind war einer, ich bin ein anderer.«
»Wenn du das Kind nicht bist, so hättest du weder Mutter noch Vater und auch keinen Lehrer. Dann hätte dich niemand Wissen, Sittlichkeit oder Weisheit gelehrt. Wie denn, großer König! ist die Mutter des Ungeborenen im ersten Zustand eine andere als die Mutter des Ungeborenen im zweiten, dritten oder im vierten Zustand? Ist die Mutter des Säuglings eine andere als die Mutter des Erwachsenen? Und ist vielleicht der Mensch, der in die Schule geht, einer, und derjenige, der die Schule beendet hat, ein anderer? Ist derjenige, der ein Verbrechen begeht, ein anderer als der, dem zur Strafe Hände und Füße abgehackt werden?«
»Gewiß nicht. Was würdest du aber dazu sagen, Herr?«
Der Ehrwürdige antwortete: »Ich würde sagen, daß ich als Erwachsener derselbe bin wie der, der ich als hilfloser, kleiner Säugling

war, als ich auf dem Rücken lag. Denn alle diese Zustände sind durch diesen Körper in eins begriffen.«

»Gib mir ein Gleichnis.«

»Nimm einmal an, o König, ein Mann würde eine Lampe anzünden. Würde diese Lampe die ganze Nacht brennen?«

»Gewiß, o Herr!«

»Wie aber, o König: Ist es dieselbe Flamme, die in der ersten Nachtwache brennt wie in der zweiten?«

»Nein.«

»Oder ist es dieselbe, die in der zweiten und in der dritten Nachtwache brennt?«

»Nein.«

»Dann gibt es also eine Lampe in der ersten Nachtwache, eine andere in der zweiten und wieder eine andere in der dritten?«

»Nein. Das Licht kommt die ganze Nacht hindurch aus derselben Lampe.«

»Genau so, o König, erhält sich die Kontinuität einer Person oder eines Dinges. Einer tritt ins Dasein, ein anderer geht dahin; und Wiedergeburt, so könnte man sagen, ereignet sich gleichzeitig. So tritt ein Mensch weder als derselbe noch als ein anderer in seine letzte Bewußtseinsphase.«

»Gib mir ein weiteres Gleichnis.«

»Es ist wie mit frischer Kuhmilch, die nach einiger Zeit zu Dickmilch wird, dann von Dickmilch zu Butter und schließlich von der Butter zum Butteröl wird. Wäre es nun richtig zu sagen, daß die frische Milch dasselbe sei wie die Dickmilch oder wie die Butter oder das Butteröl?«

»Gewiß nicht, aber sie werden aus ihr gewonnen.«

»Ebenso, o König, erhält sich die Kontinuität einer Person oder eines Dinges. Einer tritt ins Dasein, ein anderer geht dahin; und Wiedergeburt, so könnte man sagen, ereignet sich gleichzeitig. So tritt ein Mensch weder als derselbe noch als ein anderer in seine letzte Bewußtseinsphase.«

»Wohl gesprochen, Nâgasena!«[25]

Kein Subjekt der Wiedergeburt

Der König sprach: »Kann sich wohl, ehrwürdiger Nâgasena, eine Wiedergeburt ohne eine Seelenwanderung vollziehen?«
»Gewiß, o König.«
»Aber wie kann das sein? Gib mir ein Gleichnis.«
»Nimm einmal an, o König, ein Mann würde eine Lampe an einer anderen anzünden, würde dann wohl das Licht der einen Lampe zur anderen hinüberwandern?«
»Gewiß nicht.«
»Ebenso, großer König, geschieht Wiedergeburt ohne Seelenwanderung.«
»Gib mir ein weiteres Gleichnis.«
»Erinnerst du dich, großer König, daß du als Knabe irgend ein Gedicht von deinem Lehrer gelernt hast?«
»Gewiß erinnere ich mich.«
»Nun denn, ist dieses Gedicht von deinem Lehrer zu dir hinübergewandert?«
»Gewiß nicht.«
»Ebenso, großer König, vollzieht sich Wiedergeburt ohne Seelenwanderung.«
»Wohl gesprochen, Nâgasena!«[26]

Alles ist vergänglich

Es gibt also Wandel, Bewegung, Wachstum, Tod und so fort. Dies ist der Kernpunkt zahlreicher buddhistischer Texte. Was es jedoch nicht gibt, besagen dieselben Texte, ist ein unwandelbares Subjekt des Wandels. Erstens kann ein solches Subjekt nicht erfahren werden. Eine solche Erfahrung wäre unmöglich, da sie unserer fließenden, veränderlichen Erfahrung aller Dinge um uns herum widersprechen würde. Außerdem wäre dieses Subjekt »jenseits des Daseins«, denn wenn es existierte, würden wir es nicht erfahren können. Zweitens ist seine Existenz als unbewegtes Subjekt logisch nicht haltbar. Wenn wir sagen, daß dieses Subjekt unwandelbar ist, dann bleibt es vom Wandel unberührt und wird dadurch als Hypothese zur Erklärung des Wandels überflüssig. Und wenn wir das

Subjekt als wandelbar betrachten, damit es ein Substrat des Wandels sein kann, dann wird es natürlich nicht mehr unser unwandelbares Subjekt der Bewegung sein.
Darum geht es in vielen Texten, die wir noch zitieren könnten. Wir dürfen diese Studie jedoch nicht mit mehreren Textausschnitten überladen[27].

5 Nirvâna

Das *Ziel* des Buddhismus ist die Erlangung von *nirvâna*[1]. Ohne *nirvâna* gibt es keinen Buddhismus. Doch läßt sich *nirvâna* weder definieren noch beschreiben. Aus diesem Grund kann man sagen, daß innerhalb der buddhistischen Schulen die Auffassung von *nirvâna* die gesamte Skala aller Möglichkeiten erfaßt[2]. Daher nimmt es nicht wunder, daß auch die westlichen Deutungen dieselbe Diskrepanz aufweisen[3].

Bekanntlich taucht das Wort »*nirvâna*« in der vedischen und brahmanischen Literatur erst in der Bhagavadgîtâ[4] und dem Mahâbhârata auf[5]. Der Buddha hat das Wort dennoch nicht erfunden, sondern ihm eine neue Bedeutung verliehen[6]. Außerdem gibt es im Pâli-Kanon Erörterungen nichtbuddhistischer Begriffe von *nirvâna*[7]. Der Ursprung dieses Begriffs ist für eine theoretische Erläuterung noch nicht hinreichend geklärt worden[8]. Das Wort *nirvâna* wird in den alten Texten oft verwendet, um den Tod Gautamas *mahâparinirvâna* zu bezeichnen.

Die Etymologie des Wortes allein ist aufschlußreich[9]. Das Sanskrit-Verb *nirvâ* bedeutet »ausgelöscht werden« oder »verzehrt werden«, nie im transitiven Modus, sondern immer wie ein Feuer, das »ausgeht« oder eine Flamme, die aus Mangel an Brennstoff verlischt[10]. Man erinnert sich an den Wind (wie der lateinische *spiritus* oder das griechische *pneuma)*[11]. Der Wind löscht jedoch nicht nur das Feuer, er mildert auch die Hitze, so daß *nirvâna* etymologisch auch die Bedeutung von »erfrischend«[12] oder »angenehm«[13] hat.

Manche Pâli-Forscher weisen jedoch die Ableitung des Pâli-Wortes *nibbâna* von Sanskrit *nirvâna* zurück. Für sie bedeutet *nibbâna* Auslöschung nicht im Sinn von Vernichtung, sondern als ein Zugedecktwerden von der Wurzelbedeutung »zudecken«, »einhüllen« bis »ersticken«.[14] *Nur* die fünf Aggregatzustände (*skandha*)[15], aus denen das Wesen des Individuums sich zusammensetzt, würden ausgelöscht werden, wenn das Individuum in *nirvâna* eingeht[16].

Wir müssen jedoch sogleich eine Qualifikation hinzufügen, um uns von der etymologischen Spekulation nicht zu weit abtreiben zu lassen. Die Etymologie kann nur eine metaphorische Annäherung an den Sinn des Wortes »*nirvâna*« leisten. Obwohl die verschiedenen etymologischen Studien über das Wort uns einen anderen Eindruck vermitteln, leitet sich die Bedeutung von *nirvâna* keineswegs von Auslöschung einer Wirklichkeit her. *Nirvâna* ist nicht die Wirkung eines Mangels an Brennstoff noch Ursache oder Wirkung von irgend etwas. *Nirvâna* als Ursache oder Wirkung zu begreifen, würde seine eigentliche Bedeutung zerstören. *Nirvâna* ist weder Bedingung noch bedingt. Es ist von so reiner Transzendenz, daß sogar das Wort eine Fehlbezeichnung ist. Es würde die buddhistische Absicht und Intuition völlig verfälschen, wenn *nirvâna* als das Ziel und die Bestimmung des Lebens betrachtet würde. *Nirvâna* kann psychologisch nicht die Bestimmung des Menschen sein, weil dies die Reinheit der Absicht, *nirvâna* zu erlangen, wie auch *nirvâna* selbst, zerstören würde. Ebenso wenig kann *nirvâna* ontologisch die Bestimmung des Menschen sein. *Erstens* kann nichts, was wirklich »jenseits des Daseins« ist – um eine Redensart zu gebrauchen –, Gegenstand des Begehrens sein. *Zweitens* gibt es keine ontologische Brücke zum anderen Ufer. *Nirvâna* ist bodenlos. Es gibt kein Fundament, auf dem eine solche Brücke stehen könnte.

»Was immer, Ehrwürdiger, die Auslöschung von Leidenschaft, Groll und Verwirrung ist, das wird *nirvâna* genannt.[17]«

Aber die eigentliche Auffassung geht tiefer. *Nirvâna* ist mehr als ein psychologischer Zustand. *Nirvâna* ist die Auslöschung der als negativ und bedingt angesehenen Existenz. Es ist das »Ausgehen« von Zeitlichkeit, Tod und allem Sterblichen – von allem, was (noch) geboren werden kann. Denn wo endet alle sinnliche oder intellektuelle menschliche Erfahrung? Im Leiden. Aber das Leiden ist das Kennzeichen und Merkmal des Daseins. Dann muß das Endziel des Menschen die reine Negation der Negativität selbst sein – das *a-no-nada-miento*, die »Zu-nicht-nichtigkeit« der spanischen Mystik, die Vernichtung jenes Nichts, der *nonada*, die man »ist«[18]. Offensichtlich hängt alles von der Bedeutung ab, die man dem Verbum »sein« verleiht. Für den Buddha »ist« das, was man *ist*, gewiß nicht das, was man zu sein glaubt, fühlt oder denkt, oder was man je zu sein glauben, fühlen oder denken könnte. *Nirvâna* ist das Aufhören aller *samskâra*[19]. Es ist die Auflösung aller Bindungen[20]. Es ist das Löschen des Durstes[21]. Es ist die Vernichtung der drei Hauptlaster[22]. *Nirvâna* gehört zum »anderen Ufer«[23], oder *pâra*, dem entgegengesetzten Ufer selbst dessen, was die Überlieferung der Upanishaden meinte und vermitteln wollte[24]. Mit einem

Wort, *nirvâna* kann als Heiligkeit (*arhatva*), als das Ideal des *arhant* verstanden werden: »Die Auflösung von Leidenschaft, von Haß, von Verwirrung wird *nirvâna* genannt«.[25]

Die am wenigsten falsche Aussage, die wir über *nirvâna* machen können, ist vielleicht die, daß es *akrita* sei: nicht gemacht, nicht errichtet, anders als das Verarbeitete (*samskrita*), das Errichtete, sogar das Geschaffene[26]. Wenn Dasein das ist, was ist, dann ist *nirvâna* das Nichtsein. Wenn es andererseits das Gemachte gibt, das Hergestellte, das Geschaffene, das Bedingte, dann ist *nirvâna* das Nicht-Gemachte, Nicht-Hergestellte, Nicht-Geschaffene, Nicht-Bedingte. Wir Menschen brauchen uns dann nicht damit zu befassen. Wir werden *nirvâna* nicht retten, indem wir es definieren. Wir können auch nicht hoffen, es in irgend einer Weise zu manipulieren, und sei es auf noch so ehrfürchtige und respektvolle Art. Für den Buddha liegt der wahre Glaube im Transzendenten, im Nichtbedingten, in dem auf keine Weise »Seienden«. Entweder wir lassen sozusagen eine Brücke zwischen dem Absoluten und dem Relativen gelten – dann befleckt diese Brücke die absolute Transzendenz, denn das Absolute und das Relative hätten jetzt etwas Gemeinsames, ein *quid analogatum* – oder der Abgrund ist echt und unüberbrückbar, und dann gibt es keinen anderen Weg zu ihm als über die Zerstörung aller Wege, aller Pfade.

Gegen den Buddha kommt man mit Argumenten nicht an. Kein Element der »geschaffenen« Ordnung kann ihn per definitionem berühren. Er ist der Erleuchtete. Er kennt das Nicht-Gemachte, das Nicht- Geschaffene[27]. Und er teilt das Unmitteilbare nicht mit. Wer Ohren hat zu hören, der höre[28]. Er aber schweigt.

Diesem Konzept liegt zugrunde, daß alle Dinge gemacht, hergestellt worden sind[29]. Demnach müssen sie, um zu ihrem Ursprung zurückzugelangen, um ihre eigene, wahre Bestimmung zu erlangen, un-geschaffen, vernichtet werden[30]. Die Aufhebung aller *samskâra* ist Glückseligkeit[31]. Dies ist *nirvâna*, die Rückkehr zur ursprünglichen Quelle, aus der das Selbst existiert und hervorgeht. Und dieser Ursprung ist »gemacht« worden (*samskrita*)[32]. Nur das *nirvâna* ist *asamskrita*[33].

Nach der Auffassung der Upanishaden gilt die Schöpfung andererseits als ein göttliches Opfer, das in der Zerstückelung des Leibes von Prajâpati besteht. Hier sind die Dinge weniger ein Konglomerat des »Gemachten« und »Hergestellten«, sondern vielmehr ein »Rückstand« (*ucchishta*), ein Potential, eine Möglichkeit, sogar

»Mangelhaftigkeit«, »Fall«, »Sünde« und dergleichen[34]. Damit sie ihre rechte Bestimmung, ihre Fülle erreichen, damit sie an den Ursprung gelangen und ihre ursprüngliche Integrität wiedergewinnen können, müssen sie in gewissem Sinne un-gemacht werden, nachdem sie »gemacht« wurden, sie müssen ihre Vielfalt ablegen in einer Wiedervereinigung im ursprünglichen All-Einen, Prajâpati[35]. Die Begriffe sind so unterschiedlich wie die Worte, die sie ausdrücken, doch vom Standpunkt der Orthopraxis, des Befreiungswerkes, ist der Prozeß im Grunde homogen. Sicher muß das Vielfältige aufgelöst werden, um zum Urquell (nach christlicher Auslegung) zurückzukehren, um die ursprüngliche Einheit (nach brahmanischen Begriffen) wiederherzustellen, oder einfach um aufgelöst, *asamskrita* (nach der hier dargestellten buddhistischen Erkenntnis), zu werden. So zielen alle Bemühungen der Askese auf Entsagung, auf das »Auflösen« des gegenwärtigen Zustands, um den Urzustand zu erreichen, was immer dieser sein oder gewesen sein mag[36].

Um zum Buddhismus zurückzukehren: Die Zerstörung der Geschöpflichkeit bedeutet nichts anderes als die Vernichtung aller Grenzen und die Zurückgewinnung des Ursprungs. Das Bild ist nicht länger ein Bild, wenn das Urbild erreicht ist. Und das Urbild, fügt der Tathâgata hinzu, »ist« nicht.

Hier stoßen wir auf ein grundlegendes ontologisches Problem. In allen Religionen sucht zwar die Menschheit einen Berührungspunkt mit einer bestimmten Transzendenz, erfährt jedoch unmittelbar den Abgrund, der sie von dieser gesuchten Transzendenz trennt. Im Brahmanismus wird, wie in so vielen anderen Religionen, der ontologische Abgrund durch das (kosmische) Opfer überbrückt. Im Christentum wird er durch die Gestalt Christi als ontologischen Vermittler ausgefüllt. In beiden Fällen gibt es eine Brücke, welche die Schöpfung trägt, die sie »transzendieren« und zum Göttlichen gelangen läßt. Das Opfer Prajâpatis oder des Menschensohnes wird zum Punkt der Begegnung zwischen dem Relativen und dem Absoluten, zwischen dem Bedingten und dem Transzendenten[37].

Im Grunde ist die Aussage des Christentums von der des Brahmanismus gar nicht so verschieden, abgesehen davon, daß der letztere die dynamische, kosmische Opferhandlung ohne Verweis auf eine besondere Gestalt verabsolutiert, während das Christentum sie durch den Menschensohn personifiziert. Die Menschwerdung tritt an die Stelle des Opfers, ohne jedoch von diesem Abstand nehmen zu

können, denn der Sohn muß sich ihm unterwerfen[38]. Im Christentum ist es daher die Menschwerdung, die zur Brücke wird, aufgrund welcher die christliche Sprache sagen kann, daß Gott Mensch wurde, damit der Mensch zu Gott werden kann[39]. Der Brahmanismus spricht von der Teilhabe am Opfer als Mittel der Vergöttlichung des Menschen[40]. Doch der Buddha ist sich der Transzendenz des Transzendenten – wenn ich mich so ausdrücken darf – so sehr bewußt, daß er die Möglichkeit einer Brücke nicht zuläßt. Für ihn hat der Kosmos ein Schicksal, das völlig darüber hinausgeht. *Samsâra* muß im *nirvâna* vollkommen verschwinden. Wie läßt sich dann der Abgrund ausfüllen, die Distanz überwinden? Die Zulassung einer Distanz, eines Sprunges, eines Übergangs oder etwas dergleichen hebt, buddhistisch gesprochen, die Transzendenz auf und macht das Heil unmöglich. Es ist, als ob die auf das Geschöpfliche ausgeübte Kraft der Anziehung so mächtig wäre, daß es in dem Augenblick, wenn es das andere Ufer berührt, in das »Jenseits« aufgesogen würde. *Nirvâna* ist daher inkommensurabel, heterogen und in jedem, auch im ontologischen Sinne, unaussprechlich.
Es gibt aber vielleicht noch eine dritte Möglichkeit. Und zwar könnten nicht nur der buddhistische »mittlere Pfad«, sondern ein Teil des Advaita-Vedânta, sowie mehr als ein abendländisch-christliches Konzept, als Beispiele eines Versuchs angeführt werden, die unausweichliche Dichotomie zwischen Transzendenz und Immanenz, zwischen Gott und Welt, zwischen dem Absoluten und dem Relativen, zu überwinden und zu sublimieren. Dieser dritte Weg sucht zu vermitteln, daß *nirvâna* und *samsâra*, um eine klassische Terminologie zu gebrauchen, weder eines noch zwei, noch gleich, noch verschieden sind. Der Unterschied liegt im »Zufälligen«, nicht im »Wesentlichen« (welches die philosophische Reflexion dann zu klären versucht), das »durchbrochen«, »enthüllt«, »verwirklicht« werden muß, oder wie immer man diesen Akt bezeichnen will, durch den der Mensch ins Sein »springt«, es »erreicht«, »ankommt«, das »Ziel«, die »Wahrheit«, die »Erlösung«, das eigene »Schicksal«, »Gott« usw. »entdeckt«. Ein Buddhist wird nie zugeben, daß der fragliche Unterschied zwischen den zwei »Aspekten« einer »Sache« besteht. Für einen Buddhisten hieße das, den Fallstricken einer monistischen Deutung zu erliegen. Ein Buddhist sucht weder eine Verabsolutierung des Relativen (Pantheismus) noch eine Relativierung des Absoluten

(Nihilismus, Atheismus). Eben weil *nirvâna* und *samsâra* inkommensurabel sind, sind sie nicht zwei »Dinge« und daher auch nicht »zweierlei«[41]. Der Übergang vom einen zum anderen, wenn es einen solchen gibt, ist genau dieser: ein Übergang, eine Praxis also, und nicht eine Theorie. Wir wollen jedoch keine Überlegungen vorwegnehmen, die dem dritten Teil dieser Studie vorbehalten sind.

Es ist auch nicht unsere Aufgabe, einen kritischen Überblick über die verschiedenen Positionen bezüglich des Begriffs *nirvâna* zu geben[42]. Ich möchte mir jedoch eine Beobachtung erlauben, die eine Art anthropologischen Schlüssel zum Verständnis des Grundes zu liefern scheint, warum es zu einer solchen Vielfalt der Meinungen gekommen ist. Für diejenigen, denen das Denken nicht bloß negatives Kriterium oder Urteil, sondern auch positive Seinsgewißheit bedeutet, ist es ein Widerspruch, ein »Etwas« zu setzen, das in keiner Weise »denkbar« ist. Dieser Widerspruch läßt sich nur vermeiden, wenn man behauptet, daß dieses Etwas – das *nirvâna* – ein Hirngespinst sei. Wer jedoch die Möglichkeit, daß das Denken transzendiert werden kann, einräumt – daß es also etwas geben könne, was nicht unbedingt »denkbar« ist –, wird geneigt sein, das *nirvâna* gerade als etwas höchst Positives zu deuten[43].

Mit anderen Worten, einem mystischen Temperament wird es nicht schwerfallen, die These eines positiven *nirvâna*-Begriffs zuzulassen, während der Nichtmystiker nur die nihilistische These geltenlassen kann[44].

Betrachten wir nun einige Grundtexte.

Nirvâna: das, was einzig ist

»Nur das Leiden (*dukkha*) existiert, nicht die leidende Person; es gibt keinen Handelnden, nur die Tat. *Nibbâna ist*, aber nicht die Person, die es anstrebt; der Weg (*magga*) existiert, aber nicht der, der dem Wege folgt[45].«

Nirvâna: die Auslöschung aller Phänomene

»Der König sprach: »Ist der Buddha wirklich eine Persönlichkeit, ehrwürdiger Nâgasena?«
»Gewiß, o König.«
»Kann man nun aber, ehrwürdiger Nâgasena, den Buddha hier oder da aufzeigen?«
»Der Erhabene, o König, ist entschwunden durch jene Art von Entschwinden (*nibbâna*), in dem keine Wurzel übrigbleibt für die Bildung eines neuen Individuums[46]. Es ist nicht möglich, den Erhabenen irgendwo aufzuzeigen.«
»Gib mir ein Gleichnis.«
»Was meinst du, o König? Kann man in einer großen lodernden Feuermasse irgend eine erloschene Flamme aufzeigen, daß sie hier sei oder da?«
»Nein, o Bhante, jene Flamme hat aufgehört, sie ist verschwunden.«
»Ebenso, großer König, ist der Erhabene entschwunden durch jene Art des Entschwindens, in dem keine Wurzel für die Bildung eines neuen Individuums übrigbleibt. Der Erhabene hat aufgehört, und es ist unmöglich, den Erhabenen irgendwo aufzuzeigen. Doch in der Gesamtheit seiner Lehre, o König, kann man ihn nachweisen, denn vom Erhabenen, o König, wurde die Lehre verkündet.«[47]

Nirvâna: der Anfang

»Dies sprach wahrlich der Gesegnete, so sprach der Erhabene, also habe ich gehört.
»Es gibt, ihr Mönche, etwas, das nicht geboren, nicht seiend, nicht geschaffen, nicht zusammengesetzt ist. Wenn es nicht etwas gäbe, das nicht geboren, nicht seiend, nicht geschaffen, nicht zusammengesetzt ist, gäbe es keine Erlösung vom Geborenen, Seienden, Geschaffenen und Zusammengesetzten. Da es aber, ihr Mönche, tatsächlich etwas gibt, das nicht geboren, nicht seiend, nicht geschaffen, nicht zusammengesetzt ist, gibt es eine Erlösung vom Geborenen, Seienden, Geschaffenen und Zusammengesetzten.«

Also sprach der Erhabene, und darauf sagte er folgendes:
Es ist nicht möglich, sich an dem zu erfreuen, was geboren, seiend, hergestellt, geschaffen, zusammengesetzt, unbeständig, Alter und Tod unterworfen ist,
ein Hort von Krankheit, schwach,
und das seine bewirkende Ursache
dem Strom des Bestehens verdankt.
Die Zerstörung von diesem ist ein Zustand der Ruhe,
der die Mutmaßung überschritten hat,
der ohne Schmerz und Leidenschaft ist –
die Vernichtung des Elends,
ein glückliches Ende des Zweifels.
Genau dies war der Wortlaut des Erhabenen, also habe ich gehört.«[48]

Nirvâna: das Ende

»Es gibt, ihr Mönche, einen Zustand, in dem es weder Erde noch Meer noch Luft gibt; in dem es weder grenzenlosen Raum noch grenzenloses Bewußtsein und nicht einmal Leere gibt, weder Empfindung noch Empfindungslosigkeit; in dem es weder diese Welt noch eine andere, noch beide zusammen gibt, weder Sonne noch Mond. Ihr Mönche, es gibt weder Gehen noch Kommen, noch einen Stillstand; weder gibt es Dauer noch Verfall, noch Wachstum; nichts ist festgelegt oder still, nichts bewegt sich, noch gründet es. Dies ist das Ende des Leidens (*dukkha*).«[49]

Es gibt zwei Arten von nirvâna

Dies sprach wahrlich der Gesegnete, so sprach der Erhabene, also habe ich gehört.
»Worin, ihr Mönche, besteht das *nibbâna*-Element, in dem kein Substrat übrigbleibt? Ein Mönch wird hier (in dieser Welt) geheiligt, wenn er zu Lebzeiten das getan hat, was getan werden sollte, wenn er seine Bürden abgelegt hat, wenn er Wohlbefinden erlangt hat, wenn er die Fesseln des Daseins zerstört hat, wenn er durch vollkommenes

Wissen befreit ist. All sein Fühlen, ihr Mönche, auch wenn er sich daran hier (in dieser Welt) nicht erfreute, wird erkalten – dies, ihr Mönche, heißt das *nibbâna*-Element, in dem kein Substrat übrigbleibt. Dies, ihr Mönche, sind die beiden *nibbâna*- Elemente.«
»Es gibt, ihr Mönche, zwei *nibbâna*-Elemente.«
»Welche zwei?«
»Das *nibbâna*-Element, in dem noch ein Substrat (*upâdhi*) übrig ist, und das *nibbâna*-Element, in dem kein Substrat mehr übrig ist.
»Worin, ihr Mönche, besteht das *nibbâna*-Element, in dem kein Substrat übrig ist? Ein Mönch wird hier (in dieser Welt) geheiligt, wenn er zu Lebzeiten seine Makel vernichtet hat – wenn er das getan hat, was getan werden sollte, wenn er seine Bürden abgelegt hat, wenn er Wohlbefinden erlangt hat, wenn er die Fesseln des Daseins zerstört hat, wenn er durch vollkommenes Wissen befreit ist. Er besitzt fünf sittliche Eigenschaften, nämlich: sein Geist ist unbehindert, er erfährt das Angenehme und Unangenehme, und er lernt Glück und Elend kennen. Seine Zerstörung von Leidenschaft, Zorn, Unwissen heißt *nibbâna*- Element, in dem das Substrat übrig ist.«[50]

Nirvâna: jenseits aller Dialektik[51]

1 [der Gegenspieler spricht]
Wenn alles leer (*shûnya*) ist und wenn es weder Hervorbringen noch Zerstören gibt, auf wessen Ablegen (der Befleckungen) oder wessen Zerstören (des Leidens) kann *nirvâna* zurückgeführt werden?
2 [Nâgârjuna sagt aus]
Wenn alles nicht leer (*ashûnya*) ist und wenn es weder Hervorbringen noch Zerstören[52] gibt, auf wessen Ablegen (der Befleckungen) oder wessen Auslöschen (des Leidens) kann *nirvâna* zurückgeführt werden?
3 Was niemals abgeworfen, ergriffen, unterbrochen, beständig, ausgelöscht und hervorgebracht wird… das heißt *nirvâna*[53].
4 Wahrlich, *nirvâna* liegt nicht genau in der Natur des gewöhnlichen Daseins, denn wenn es so wäre, würden fälschlicherweise die Merkmale des Alterstodes folgen. Denn ein solches Dasein kann nicht ohne jene Merkmale sein[54].

5 Wenn *nirvâna* genau in der Natur des gewöhnlichen Daseins liegt, gehört es dem Bereich des Geschaffenen an. Denn es gibt nirgendwo ein gewöhnliches Dasein des ungeschaffenen Bereichs.
6 Wenn *nirvâna* genau in der Natur des gewöhnlichen Daseins liegt, warum ist es nicht besitzergreifend? Denn es gibt kein gewöhnliches Dasein, das nicht besitzergreifend ist.
7 Wenn *nirvâna* nicht genau in der Natur des gewöhnlichen Daseins liegt, wie könnte das, was in der Natur des Nicht-Daseins liegt, *nirvâna* sein? Wo es kein Dasein gibt, da kann es gleichermaßen kein Nicht-Dasein geben.
8 Wenn *nirvâna* in der Natur des Nicht-Daseins liegt, warum ist es nicht unbedingt (unabhängig-*anupâdâya*)? Ein nichtbedingtes (nicht-unabhängiges) Nicht-Dasein gibt es nicht.
9 …
10 Der Lehrmeister [Buddha] hat gelehrt, die Begriffe von Sein und Nichtsein abzulegen. Daher gehört *nirvâna* nicht eigentlich dem Bereich des Daseins oder Nicht-Daseins an.
11 Wenn *nirvâna* sowohl [dem Bereich] des Daseins und Nicht-Daseins angehört, dann gehört *moksha* (Befreiung) ebenfalls beiden an. Aber das ist nicht möglich.
12 Wenn *nirvâna* sowohl [dem Bereich] des Daseins wie des Nicht-Daseins angehört, dann ist es nicht unbedingt. Denn beide Bereiche stehen [immer im Prozeß] der Ursächlichkeit und Bedingtheit.
13 Wie könnte *nirvâna* sowohl (dem Bereich) des Daseins wie des Nicht-Daseins angehören? *Nirvâna* gehört dem Bereich des Ungeschaffenen [*asamskrita*] an, während Dasein und Nicht-Dasein dem Bereich des Geschaffenen angehören.
14 …
15 Die Behauptung, daß *nirvâna* weder dem Dasein noch dem Nicht-Dasein angehört, könnte nur Gültigkeit haben, wenn die Bereiche von Dasein und Nicht-Dasein vorhanden sind.
16 Wenn tatsächlich behauptet wird, daß *nirvâna* weder dem Dasein noch dem Nicht-Dasein angehört, wodurch erlangt man Kenntnis von [solchen] Behauptungen?
17 …
18 Kann gesagt werden, daß der Erhabene nach Befreiung von irdischem Begehren nicht existiert? Oder kann gesagt werden, daß er nach seiner Befreiung existiert? Oder beides? Oder keines von beiden? Wir können es nicht begreifen.

19 *Samsâra* unterscheidet sich in seinem Wesen nicht von *nirvâna*. *Nirvâna* unterscheidet sich in seinem Wesen nicht von *samsâra*[55].
20 Die Grenzen von *nirvâna* sind die Grenzen von *samsâra*. Auch zwischen diesen beiden gibt es nicht den geringsten Unterschied...
24 Alle Erwerbungen (Streben) sowie das Spiel mit Begriffen (symbolische Darstellung) sind im Grunde in der Natur des Aufhörens und der Ruhe. Irgend ein Faktor der Erfahrung irgend eines Menschen an irgend einem Ort wurde niemals vom Buddha gelehrt[56].

Vier Arten von nirvâna[57]

Dann sprach Mahâmati zu dem Erhabenen: »Bitte erzähle uns vom *nirvâna*.«
Der Erhabene erwiderte: »Die Bezeichnung *nirvâna* wird von verschiedenen Menschen mit unterschiedlicher Bedeutung gebraucht. Diese Menschen können in vier Gruppen eingeteilt werden: Es gibt die Menschen, die leiden oder sich vor dem Leiden fürchten und die an das *nirvâna* denken; es gibt die Philosophen, die Unterscheidungen des *nirvâna* treffen; es gibt die Klasse der Jünger, die *nirvâna* im Bezug zu sich selbst betrachten; und viertens gibt es das *nirvâna* der Buddhas.
Diejenigen, die leiden oder das Leiden fürchten, denken an *nirvâna* als einen Ausweg und eine Belohnung. Sie stellen sich vor, daß *nirvâna* in der künftigen Auslöschung der Sinne und der geistigen Wahrnehmungsorgane bestehe; sie sind sich nicht bewußt, daß der universelle Geist und *nirvâna* eins sind und daß diese Welt von Leben und Tod von *nirvâna* nicht zu trennen ist. Diese Unwissenden, statt über die Bildlosigkeit von *nirvâna* zu meditieren, sprechen von verschiedenen Wegen der Befreiung. Da sie die Lehren der Tathâgatas nicht kennen oder nicht verstehen, klammern sie sich an die Vorstellung von *nirvâna* als etwas außerhalb des vom Geist Gesehenen, und daher rollen sie weiter mit dem Rad von Leben und Tod.
Was die unterschiedlichen *nirvâna* der Philosophen betrifft, so gibt es sie in Wirklichkeit nicht[58]. Manche Philosophen haben die Vorstellung, daß *nirvâna* dort zu finden sei, wo das mentale System

nicht mehr in kraft ist, weil die Elemente, aus denen sich die Persönlichkeit zusammensetzt, aufgehört haben; oder dort zu finden sei, wo völlige Gleichgültigkeit gegenüber der Welt der Dinge und ihrer Unbeständigkeit herrscht. Manche verstehen *nirvâna* als einen Zustand, in dem es keine Erinnerung an Vergangenheit und Gegenwart gibt, so wie man eine Lampe auslöscht oder wie ein Samenkorn verbrennt oder wie ein Feuer ausgeht; weil dann alle Substrata aufhören, was die Philosophen als Nicht-Entstehen der Unterscheidung erklären. Aber das ist nicht *nirvâna*, weil *nirvâna* nicht aus einer einfachen Auslöschung und Leere besteht.
Andere Philosophen wiederum erklären *nirvâna* als das bloße Aufhören von Unterscheidung, so wie der Wind aufhört zu wehen, oder wie einer durch eigene Anstrengung die dualistische Ansicht von Erkennendem und Erkanntem oder die Begriffe von Dauer und Nichtdauer oder die Begriffe von Gut und Böse loswird; oder die Leidenschaft durch Wissen überwindet: Für sie ist *nirvâna* eine Erlösung. Einige, die in der »Gestalt« den Träger der Schmerzen sehen, sind vom Begriff der »Gestalt« beunruhigt und suchen nach Glück in einer Welt der »Nicht-Gestalt«. Einige stellen sich vor, daß es angesichts der in allen inneren und äußeren Dingen erkennbaren Individualität und Generalität keine Zerstörung gebe und daß alle Wesen ihr Sein ewig behalten, und erblicken in dieser Ewigkeit *nirvâna*. Andere sehen die Ewigkeit der Dinge in der Auffassung von *nirvâna* als das Eingehen der begrenzten Seele im höchsten *âtman*; oder sie sehen in allen Dingen die Manifestation der Vitalkraft eines höchsten Geistes, zu dem alle zurückkehren, und manche, die besonders töricht sind, behaupten, daß es zwei primäre Dinge gebe, eine primäre Substanz und eine primäre Seele, die unterschiedlich aufeinander wirken und daher alle Dinge aus der Umwandlung der Eigenschaften hervorbringen. Manche denken, die Welt gehe aus der Tat und der wechselseitigen Wirkung hervor und bedürfe keiner weiteren Ursache. Andere meinen, daß der Îshvara der freie Schöpfer aller Dinge sei. Durch das Verhaften an diesen törichten Vorstellungen gibt es kein Erwachen, und sie meinen, *nirvâna* bestehe darin, daß es kein Erwachen gebe.
Manche stellen sich vor, daß *nirvâna* dort sei, wo das Selbst-Wesen für sich besteht, unbehindert von anderen Selbst-Wesen, wie die unterschiedlichen Federn eines Pfaues oder die verschiedenen kostbaren Kristalle oder die Spitzigkeit eines Dornes. Manche halten

das Sein, manche das Nicht-Sein für *nirvâna*, während andere sich vorstellen, daß alle Dinge und *nirvâna* nicht voneinander zu unterscheiden seien. Manche halten die Zeit für den Schöpfer, und da die Entstehung der Welt an die Zeit gebunden ist, haben sie die Vorstellung, daß *nirvâna* aus dem Erkennen der Zeit bestehe. Manche denken, daß *nirvâna* sei, wenn die fünfundzwanzig Wahrheiten allgemein anerkannt sind oder wenn der König die sechs Tugenden befolgt, und manche Anhänger der Religion denken, daß *nirvâna* in der Erlangung des Paradieses bestehe.
Diese Ansichten, von den Philosophen verschiedentlich vorgetragen, mit je verschiedenen Begründungen, entsprechen weder der Logik, noch werden sie von den Weisen anerkannt. Alle stellen sich *nirvâna* dualistisch und in irgend einem Kausalnexus vor. Mit diesen Unterscheidungen legen die Philosophen sich *nirvâna* zurecht, aber wo es kein Entstehen und Vergehen gibt, wie kann es da Unterscheidungen geben? Jeder Philosoph, der seine Erkenntnisse aus seinem eigenen Lehrbuch bezieht, sündigt gegen die Wahrheit, denn die Wahrheit ist nicht dort, wo er sie vermutet. Er erreicht damit nur, daß sein Geist umherschweift und sich noch mehr verwirrt, da *nirvâna* nicht durch mentales Suchen zu finden ist, und je verwirrter sein Geist wird, desto mehr verwirrt er andere Menschen.
Was den Begriff von *nirvâna* der Jünger und Meister betrifft, die sich noch an die Vorstellung eines Ich-Selbst klammern und die es zu finden suchen, indem sie allein in die Einsamkeit gehen: Ihre Vorstellung von *nirvâna* ist eine Ewigkeit von Glückseligkeit wie die Glückseligkeit des *samâdhi* – für sie selbst. Sie erkennen die Welt als eine bloße Manifestation des Geistes und geben daher alle sozialen Beziehungen auf, praktizieren verschiedene spirituelle Disziplinen und suchen in der Einsamkeit die Selbsterkenntnis der Edlen Weisheit durch eigene Anstrengung. Sie steigen bis zur sechsten Stufe auf und erreichen die Seligkeit der *samâdhi*, aber da sie noch der Selbstsucht verhaftet sind, erreichen sie nicht die ›Umkehrung‹ im tiefsten Grunde des Bewußtseins, und daher sind sie nicht frei vom denkenden Verstand und seiner Anhäufung von Gewohnheitsenergie. Indem sie an der Glückseligkeit der *samâdhi* haften, gehen sie ins *nirvâna* ein, aber es ist nicht das *nirvâna* der Tathâgatas. Sie gehören denjenigen an, die ›in den Strom eingetreten‹ sind, und müssen in diese Welt des Lebens und Todes zurückkehren.«

Dann sprach Mahâmati zum Erhabenen: »Wenn die Bodhisattva ihren Vorrat an Verdiensten für die Befreiung aller Wesen dahingeben, werden sie im Geiste eins mit allem beseelten Leben. Sie mögen selbst geläutert sein, doch in anderen ist immer noch unerschöpftes Böses und unausgereiftes Karma. Bitte sage uns, o Erhabener, wie erhalten die Bodhisattva die Vergewisserung des *nirvâna*, und worin besteht das *nirvâna* der Bodhisattva?«

Der Erhabene erwiderte: »Mahâmati, diese Vergewisserung erfolgt nicht über Zahlen oder Logik. Nicht die Vernunft muß vergewissert werden, sondern das Herz. Die Vergewisserung des Bodhisattva kommt mit der sich entfaltenden Erkenntnis, die sich einstellt, wenn die Hindernisse der Leidenschaft beseitigt, das Hindernis des Wissens geläutert und die Selbstlosigkeit klar wahrgenommen und geduldig angenommen wird. Wenn die sterbliche Vernunft aufhört, Unterscheidungen zu treffen, gibt es keinen Durst nach dem Leben mehr, keine Geschlechtslust, keinen Wissensdurst, keinen Durst mehr nach dem ewigen Leben. Mit dem Verschwinden dieser vierfachen Begierden gibt es keine Anhäufung der Gewohnheitsenergie mehr. Wenn es keine Anhäufung der Gewohnheitsenergie mehr gibt, werden die Befleckungen auf dem Antlitz des universellen Geistes ausgemerzt, und der Bodhisattva erlangt die Selbsterkenntnis der Edlen Weisheit, die der Kern der Vergewisserung des *nirvâna* ist.

Es gibt Bodhisattva hier und in anderen Buddha-Ländern, die der Mission des Bodhisattva aufrichtig ergeben sind und dennoch die Glückseligkeit des *samâdhi* und den Frieden des *nirvâna* – für sich selbst – nicht ganz vergessen können. Die Lehre des *nirvâna* ohne Substrat wird nach einem verborgenen Sinn zugunsten der Jünger offenbart, die immer noch den Gedanken an ihr eigenes *nirvâna* anhängen, um sie zu beflügeln, sich gemäß dem Auftrag des Bodhisattva für die Befreiung aller Wesen einzusetzen. Die Wandlungs-Buddhas vermitteln eine Lehre des *nirvâna* entsprechend den Verhältnissen, die sie antreffen, um die Furchtsamen und Selbstsüchtigen zu ermutigen. Um ihre Gedanken von sich selbst abzulenken und sie zu einem tieferen Erbarmen und einem größeren Eifer für andere anzuhalten, wird ihnen Gewißheit für die Zukunft zuteil durch die stärkende Kraft der Wandlungs-Buddhas, nicht durch den Dharmatâ-Buddha. Der Dharma, der die Wahrheit der Edlen Weisheit festlegt, gehört dem Bereich des Dharmatâ-

Buddha an. Den Bodhisattva der siebten und achten Stufe wird die transzendente Vernunft durch den Dharmatâ-Buddha offenbart, und es wird ihnen der Weg gewiesen, dem sie folgen sollen. In der vollkommenen Selbsterkenntnis der Edlen Weisheit, die dem unvorstellbaren Wandlungstod der individualisierten Willenskontrolle des Bodhisattva folgt, lebt er nicht mehr für sich selbst, sondern führt danach das universalisierte Leben des Tathâgata, wie es sich in seinen Wandlungen manifestiert. In dieser vollkommenen Selbsterkenntnis der Edlen Weisheit erkennt der Bodhisattva, daß es für die Buddha kein *nirvâna* gibt.

Der Tod eines Buddha, das große *parinirvâna*, ist weder Auslöschung noch Tod, sonst wäre es Geburt und Fortdauer. Wenn es Auslöschung wäre, wäre dies eine Tat, die eine Wirkung zeitigt, was er jedoch nicht ist. Er ist weder ein Verschwinden noch ein Verlassen, noch eine Errungenschaft, noch ist er keine Errungenschaft; weder hat er eine bestimmte Bedeutung, noch hat er keine Bedeutung, denn für die Buddha gibt es kein *nirvâna*.

Das *nirvâna* des Tathâgata ist dasjenige, wo erkannt wird, daß es nichts gibt außer dem, was vom Geist selbst gesehen wird; wo man, das Wesen des Selbst-Geistes erkennend, an den Dualismen der Unterscheidung nicht mehr hängt; wo es kein Begehren und Ergreifen mehr gibt; wo es kein Haften an äußeren Dingen mehr gibt. *nirvâna* ist, wo der Verstand mit all seinen Unterscheidungen, Verhaftungen, Abneigungen und seiner Selbstsucht für immer abgelegt wird; wo logische Maßstäbe, als träge erkannt, nicht mehr gelten; wo selbst der Begriff der Wahrheit mit Gleichgültigkeit betrachtet wird, weil er Verwirrung stiftet; wo man die vier Behauptungen loswird und daher Erkenntnis vom Standort der Wirklichkeit gewinnt. *nirvâna* ist, wo die zweifachen Leidenschaften abgeklungen und die zweifachen Hindernisse beseitigt sind und die zweifache Selbstlosigkeit geduldig angenommen wird; wo man durch die Erlangung der »Umkehrung« im tiefsten Kern des Bewußtseins in die Selbsterkenntnis der Edlen Weisheit voll eintreten kann: Das ist das *nirvâna* der Tathâgatas.

nirvâna ist, wo die Bodhisattva-Stufen eine nach der anderen erklommen werden; wo die stützende Kraft der Buddhas die Bodhisattvas in der Glückseligkeit des *samâdhi* erhält; wo das Mitleid mit anderen alle Gedanken an sich selbst überschreitet; wo die Tathâgata-Stufe schließlich verwirklicht wird.

Nirvâna ist der Bereich des Dharmatâ-Buddha; wo die Manifestation der Edlen Weisheit, die Buddhaschaft, sich in vollkommener Liebe zu allen manifestiert; wo die Manifestation der vollkommenen Liebe, die Tathâgataschaft, sich in der Edlen Weisheit zur Erleuchtung von allen ausdrückt: Dies, wahrlich, ist *nirvâna*!
Es gibt zwei Klassen von Menschen, die nicht in das *nirvâna* der Tathâgatas eintreten dürfen: diejenigen, welche die Bodhisattva-Ideale aufgegeben haben, indem sie behaupten, daß diese nicht den Sûtras, den Moralvorschriften oder der Befreiung entsprechen. Dann gibt es die wahren Bodhisattvas, die aufgrund ihrer ursprünglichen Gelübde zugunsten aller Lebewesen freiwillig auf *nirvâna* verzichten, indem sie sagen: »Solange diese das *nirvâna* nicht erreicht haben, will auch ich es nicht erreichen.« Aber nach dem Willen der Tathâgata wird kein Lebewesen draußen stehengelassen. Eines Tages wird ein jedes von der Weisheit und Liebe der Tathâgata der Verwandlung beeinflußt, so daß sie Verdienste erwerben und die Stufen emporsteigen. Doch sind sie bereits im *nirvâna* der Tathâgata, wenn sie es nur erkennen würden, denn in der Edlen Weisheit sind alle Dinge von Anfang an im *nirvâna*[59].

Nirvâna hat weder Subjekt noch Objekt[60]

Der Mönch Chi-tao, der aus Nam-hoi in Kwong-tung stammte, kam zum Patriarchen um Unterweisung und sagte: »Seit ich in den Orden eingetreten bin, habe ich mehr als zehn Jahre lang das *Mahâparinirvâna-Sûtra* gelesen, aber ich habe seine Lehre noch nicht erfaßt. Würdet Ihr mich, bitte, unterweisen?«
»Welchen Teil davon verstehst du nicht?« fragte der Patriarch.
»Diesen Teil, o Herr: ›Alle Dinge sind vergänglich, und daher gehören sie dem *dharma* des Werdens und Vergehens an. Wenn sowohl Werden als auch Vergehen aufhören, inkraft zu sein, dann entsteht das Vergehen des Wandels mit seiner Glückseligkeit der vollkommenen Ruhe (*nirvâna*).‹«
»Was ist dir daran unklar?« fragte der Patriarch.
Chi-tao erwiderte: »Alle Wesen besitzen zwei Körper, den physischen und einen Wesenskörper. Der erstere ist vergänglich – er tritt ins Dasein und stirbt ab. Der letztere ist dauerhaft, aber er erkennt

nicht und fühlt nicht. Nun besagt aber das Sûtra: ›Wenn sowohl Werden als auch Vergehen aufhören, inkraft zu sein, entsteht das Vergehen des Wandels mit seiner Glückseligkeit der vollkommenen Ruhe [*nirvâna*].‹ Ich verstehe nicht, welcher Körper zu sein aufhört und welcher Körper die Glückseligkeit genießt. Es kann nicht der physische Körper sein, denn wenn er stirbt, zerfallen die materiellen Elemente, und Verfall ist Leiden, das genaue Gegenteil der Glückseligkeit. Wenn es aber der Wesenskörper ist, der aufhört zu sein, befände er sich in demselben nicht-fühlenden Zustand wie unbeseelte Gegenstände, wie das Gras, die Bäume und Steine. Wer ist dann aber der Genießende?

»Außerdem ist die Wesens-Natur die Quintessenz des ›Werdens und Vergehens‹, dessen Manifestation die Einheit der fünf Aggregatzustände (Körper, Empfindung, Wahrnehmung, Bewußtsein und Denktätigkeit) darstellt. Dieser Prozeß des Werdens und Vergehens währt ewig. Wenn Funktion und Wirken aus der Quintessenz ›entstehen‹, dann tritt sie ins Dasein; wenn Wirken und Funktion wieder in die Quintessenz ›zurückgenommen‹ werden, hört sie auf zu sein. Wenn Wiedergeburt zugelassen wird, gibt es kein Vergehen des Wandels wie im Fall der fühlenden Wesen. Wenn Wiedergeburt nicht in Frage kommt, werden die Dinge ewig in einem Zustand der leblosen Quintessenz verharren, wie die unbelebten Gegenstände. Wenn dies unter den Grenzen und Einschränkungen von *nirvâna* der Fall ist, dann wäre das Dasein selbst für alle Dinge unmöglich, noch viel weniger das Genießen.«

»Du bist ein *bhikshu*«, sprach der Patriarch, »wie kannst du dir die irrigen Ansichten der Ewigkeits- und Auslöschungstheorie, die von Ketzern vertreten wird, zu eigen machen und dich unterstehen, die Lehre des Höchsten Fahrzeugs zu kritisieren? Dein Argument besagt, daß es neben dem physischen Körper einen Wesenskörper gibt, und daß vollkommene Ruhe und Vergehen des Wandels getrennt vom ›Werden und Vergehen‹ erstrebt werden können. Außerdem schließt du aus dem Satz: ›*nirvâna* ist immerwährende Ruhe‹, daß es jemanden geben müsse, der die Rolle des Genießenden spielt.

»Eben diese irrigen Ansichten veranlassen die Menschen, sinnliches Dasein und weltliche Lust zu begehren. Diese Menschen sind das Opfer der Unwissenheit; sie identifizieren die Einheit der fünf Aggregatzustände mit dem ›Selbst‹ und betrachten alle anderen Dinge als ›Nicht-Selbst‹. Sie begehren das individuelle Dasein und haben einen Widerwillen gegen den Tod. Sie lassen sich von einer momentanen Empfindung zur anderen treiben im Strudel von Leben und Tod, ohne die Leere des weltlichen Daseins zu begreifen, das nur Traum und Täuschung ist. Sie setzen sich unnötigen Leiden aus, indem sie sich an die Wiedergeburt binden. Sie halten den Zustand der immerwährenden Freude des *nirvâna* fälschlicherweise für eine Form des Leidens, und sie suchen stets die Sinnenlust. Für diese Menschen, die Opfer der Unwissenheit, hat der Buddha die wahre Glückseligkeit des *nirvâna* verkündigt.

»Niemals hatte das *nirvâna* auch nur für einen Augenblick teil an den Erscheinungen des Werdens und Vergehens. Es ist die vollkommene Manifestation der Ruhe und des Vergehens von Wandel, und zur ›Zeit‹ der Manifestation gibt es gar keine Manifestation. Es wird ›immerwährende‹ Wonne genannt, weil es weder einen Genießer noch einen Nicht-Genießer kennt.

»Es gibt nicht ›eine Quintessenz und fünf Manifestationen‹. Du verleumdest den Buddha und lästerst den Dharma, wenn du so weit gehst zu behaupten, daß unter der Begrenzung und Einschränkung des *nirvâna* allen Wesen das Leben unmöglich sei. Höre die folgende Strophe:

»Das höchste *mahâparinirvâna*
ist vollkommen, dauerhaft, ruhig, von strahlender Leuchtkraft.
Gewöhnliche und unwissende Menschen nennen es fälschlich den Tod,
während Ketzer willkürlich erklären, daß es Auslöschung sei.
Diejenigen,die dem Kleinen Fahrzeug und dem Mittleren Fahrzeug folgen,
betrachten *nirvâna* als ›Nicht-Handeln‹.
All dies sind bloß geistige Spekulationen,
die Grundlage der zweiundsechzig irrtümlichen Ansichten.
Da sie bloße Namen sind, für die Gelegenheit erfunden,
haben sie mit absoluter Wahrheit nichts zu tun.
Nur diejenigen von überragendem Geist
verstehen von Grund auf, was *nirvâna* ist,
und nehmen ihm gegenüber eine Haltung weder von Verhaftung noch Gleichgültigkeit ein.
Sie wissen, daß die fünf Aggregatzustände
und das sogenannte ›Selbst‹, das aus den Aggregatzuständen entsteht,

zusammen mit allen äußeren Formen und Gegenständen
und den verschiedenen Erscheinungen von Wort und Stimme alle gleichermaßen unwirklich sind, wie ein Traum oder eine Verblendung.
Sie unterscheiden nicht zwischen einem Weisen und einem gewöhnlichen Menschen,
sie machen sich keinen willkürlichen Begriff von *nirvâna*.
Sie stehen über ›Bejahung‹ und ›Verneinung‹;
sie durchbrechen die Schranken zwischen Vergangenheit, Gegenwart und Zukunft.
Sie gebrauchen ihre Sinnesorgane, wenn die Gelegenheit es erfordert,
aber der Begriff des ›Gebrauchens‹ entsteht nicht.
Sie mögen alle Arten von Dingen zergliedern,
aber der Begriff des ›Zergliederns‹ entsteht nicht.
Selbst während des verheerenden Feuers am Ende eines *kalpa*,
wenn die Meeresböden vertrocknet und verbrannt sind,
oder während mörderische Stürme brausen, wenn Berge stürzen:
die immerwährende Glückseligkeit der vollkommenen Ruhe und das Vergehen des Wandels, das *nirvâna* ist,
bleibt sich gleich und verändert sich nicht.«
Dann sagte der Patriarch zu Chi-tao: »Ich versuche dir etwas zu beschreiben, was seinem Wesen nach unaussprechlich ist, um dir zu helfen, irrige Ansichten loszuwerden. Wenn du meine Worte nicht zu wörtlich deutest, wirst du vielleicht ein klein wenig von *nirvâna* erkennen.«
Chi-tao erlangte einen hohen Grad der Erleuchtung, und in seiner Verzückung verneigte er sich und ging fort[61].

6 Pratîtyasamutpâda

Die Überlieferung[1] berichtet von jener denkwürdigen Nacht im Jahre 531 v.Chr., als der Buddha sich gegen Abend unter dem heute berühmten Feigenbaum in Bodh-gayâ niedersetzte und die Erleuchtung erfuhr, durch die er ein dreifaches Wissen erlangte: der Vergangenheit, bis zur Kenntnis seiner früheren Existenzen; der Gegenwart, indem er das Geheimnis der Geburt und des Todes ergründete; und der Zukunft, denn er erkannte, daß er in seinem Inneren alles Begehren, die Ursache der aufeinander folgenden Existenzen, ausgelöscht hatte[2]. Dieses dreifache Wissen und die *rasa* (der Kern, das Wesentliche) jeglicher Erleuchtung im allgemeinen läßt sich in der intuitiven Erkenntnis zusammenfassen, die der Shâkyamuni von *pratîtyasamutpâda* gewann. *Pratîtyasamutpâda* ist der Brennpunkt des gesamten Buddhismus. »Wer dieses versteht, versteht *dhamma*, und wer *dhamma* versteht, versteht auch dieses.«[3] Oder nach einem anderen Text: »Wer *pratîtyasamutpâda* sieht, der sieht den Buddha, und wer den Buddha sieht, sieht den *dhamma*.«[4] Diese Wendung klingt auch in zahlreichen anderen Textstellen an[5]. Ja, *pratîtyasamutpâda* ist der Schlüssel für die richtige Deutung der buddhistischen Grunderkenntnis[6]. Die Bodhisattva sind im wahrsten Sinn des Wortes die Lehrmeister von *pratîtyasamutpâda*[7].

Begreiflicherweise hat dieses »Gesetz« einfach aufgrund seiner Bedeutung die unterschiedlichsten Auslegungen erfahren, je nachdem, welcher buddhistischen Schule sein Interpret angehört[8]. Der ganze *mâdhyamika* ist lediglich eine Neuinterpretation des *pratîtyasamutpâda*[9]. Auch bei den modernen Forschern herrscht keine geringere Vielfalt, wie wir schon anhand ihrer Übersetzung dieser Formel erkennen[10]. Diese reichen von der Reflexion eines substantialistischen Kausalgesetzes zu einer mehr verwässerten Art von Kausalität, bis zu einer einfachen wechselseitigen Abhängigkeit ohne Kausalität[11].

Schon die Geschichte des Wortes ist aufschlußreich. Wir begegnen einer zögernden Haltung bezüglich der Übersetzung sowie einer Vielfalt von Stellungnahmen zu *pratîtyasamutpâda* selbst. Diese Unsicherheit stammt zum Teil daher, daß die beiden Sanskrit-Worte

hetu, »Ursache«, und *pratyaya*, »Bedingung«, im Chinesischen mit einer einzigen Bezeichnung wiedergegeben wurden[12]. »Ursache« und »Bedingung« werden freilich sehr oft synonym verwendet, was dem Verständnis wenig zustatten kommt.
Etymologisch scheint das Sanskrit-Wort *pratîtyasamutpâda* aufgrund eines (kosmischen) Funktionalismus auf einen wechselseitig bedingten »Ursprung« zu deuten[13]. Außerdem bedeutet das Wort mehr als eine substantialistische[14] oder ontologische[15] Kausalität. Es bedeutet zunächst und vor allem ein einzelnes Netz von Beziehungen zwischen verschiedenen Elementen. Das heißt, wir haben eine Art universaler Verkettung.
Der Grundbegriff von *pratîtyasamutpâda* kann folgendermaßen zusammengefaßt werden:
Die gesamte Befindlichkeit des Menschen – die konstituierenden Energien, die irdischen Situationen[16] – sind vergänglich[17]. Alles Vergängliche (*anicca*) ist voll von Leiden (*dukkha*); alles Leiden hat keine Festigkeit (*attan*), und alles Nicht-Feste ist leer (*suñña*)[18].
Oder wir können die einfachen Worte zitieren, die gemäß der Überlieferung von den Lippen des ersten Jüngers des Buddha kamen, der die Erleuchtung erlangt hatte:
»Alles, was dem Geborenwerden unterworfen ist, muß dem Vergehen anheimfallen.«[19]
Man darf getrost behaupten, daß dieser eine Satz die gesamte Intuition des Buddha *in nuce* enthält. Die Geburt ist der Ursprung der Kette der Ek-sistenz[20].
Was der Buddha aufdeckt, ist weniger die berühmte buddhistische Vergänglichkeit als die radikale, grundlegende Relativität aller Dinge – die universale Verkettung aller Dinge und daher ihre wesentliche Wechselbeziehung, insofern sie nur dadurch Dauer haben, daß sie im Fluß des Werdens, *samsâra*, anzutreffen sind. Was der Buddha *sieht*, ist nicht die Vergänglichkeit. Dieses Wort zu gebrauchen, würde bedeuten, daß man gleichsam von außen spricht. Was der Buddha intuitiv erkennt, ist sozusagen die Unvergänglichkeit des Vergänglichen. Das heißt, er erfaßt intuitiv den ganzen Kosmos in seinem Werden und in der Wechselbeziehung aller seiner Teile; er sieht die Abhängigkeit aller Dinge voneinander und erkennt, daß es Unabhängigkeit irgend welcher Art schlechterdings nicht gibt.
Außerdem sieht der Buddha, daß, wenn es tatsächlich irgend etwas wirklich Unabhängiges gäbe, dieses jenseits allen Zugriffs der Hän-

de und des Verstandes, jenseits aller Wahrnehmung, Besitzergreifung oder Beziehung liegen würde. Es wäre unmöglich, davon zu reden. Die intuitive Erkenntnis von *pratîtyasamutpâda* ist die intuitive Erkenntnis der *reinen* Bedingtheit in ihrem positiven Aspekt, das heißt, in ihrer wechselseitigen Abhängigkeit und radikalen Endlichkeit. Die Bedingtheit besitzt keine Stütze von außen. Der Erhabene nimmt sich selbst ebenso wenig davon aus wie jeden anderen Menschen. Er schließt das menschliche Subjekt von dieser radikalen, grundlegenden Nichtigkeit nicht aus. Er spricht vom »Nichts« der Dinge und macht keine Ausnahme für das Ich des substantialistischen Denkens, jenen unparteiischen Zuschauer der Vergänglichkeit aller Dinge. Im Denken des Buddha gibt es keine Ausnahmen. Er gesteht dem menschlichen Wesen keine besondere Stellung zu[21]. Selbst der *âtman* wird in den Fluß der relativen Existenz geworfen, und der Buddha bestätigt, daß auch er der universellen Verkettung der Dinge unterworfen ist. Für eine angemessene Antwort zur Überwindung der Flüchtigkeit und Relativität der Frage ist kein Platz. Daher schwieg der Tathâgata.

Die Bedingtheit eines bestimmten Wesens kann nur in bezug auf seinen Rückhalt und seine Stütze erkannt werden. Mit anderen Worten, nur wenn ich erkenne, daß etwas anderes es stützt und erhält. Wenn nun eine letzte Stütze und Grundlage aller Dinge am Ende von allem zu finden sein soll, in einem von aller Bedingtheit freien Sein, auf welcher Basis, so fragt uns der Buddha, gelangen wir dann zu dieser Hypothese? Unsere Schlußfolgerung muß sich entweder aus der theoretischen Überlegung ergeben oder die Frucht unmittelbarer Erfahrung sein. Wenn sie sich aus der theoretischen Überlegung ergibt, dann gerät die Transzendenz unseres hypothetischen Seins ins Wanken, da unser Verstand es erreicht hat. Wenn unsere Hypothese die Frucht unmittelbarer Erfahrung ist, wie ist es uns dann gelungen, diese Erfahrung mitzuteilen, da die unmittelbare Erfahrung nicht mitteilbar und der Übersetzung und Objektivierung unzugänglich ist?

Daher mißtraut der Buddha allen »frommen« Reflexionen über die Vergänglichkeit menschlicher Dinge gegenüber der Beständigkeit und Dauerhaftigkeit eines Gottes, eines höchsten Wesens oder etwas Ähnlichem. Erstens, wenn diese Grundlage aller Dinge *sichtbar* wäre, dann erscheinen die Dinge nicht mehr als bedingt, sondern als ewig und dauerhaft, in ihrem ewigen, unwandelbaren

Grund. Zweitens, wenn das, was wir sehen, die Dinge wären, doch nicht ihr Grund, dann könnten wir nicht behaupten, daß wir ihre Beständigkeit unmittelbar erleben. Sie ist vielmehr abgeleitet mit Hilfe einer Hypothese, die uns innerhalb unseres Denkens eine plausible Erklärung liefert, ohne irgend eine Gewähr durch die unmittelbare Erfahrung. Die große Intuition des Buddha besteht darin, daß er die von jedem Fundament getrennte Bedingtheit an sich »sah«. Daher rührt seine Gesamtschau des Kosmos und seine intuitive Erkenntnis der universellen Verflechtung – der Verkettung aller Lebewesen, die durch ihre wechselseitige Anziehung ein einziges Ganzes bilden. Er *sah* die Kontingenz. Dies ist die Intuition der universellen Verflechtung. Doch wird nicht einmal diese verabsolutiert. Daraus folgt die Verbindung zur Leere, *shûnyatâ.*

Diese Intuition liegt jedoch jenseits des verstandesmäßigen Begreifens und jenseits aller Möglichkeiten einer mitteilbaren Erfahrung. Wem könnte eine solche Erfahrung mitgeteilt werden? Daher kann diese intuitive Erkenntnis nur in einer unaussprechlichen, mystischen Erfahrung gewonnen werden. In der Tat hat der Buddha nie den Anspruch erhoben, daß seine Erleuchtung irgend etwas anderes sei. Sie war eine Schauung des gesamten Kosmos in einer einheitlichen, intuitiven Erkenntnis, welche die Verkettung aller Dinge, die Vergänglichkeit aller Dinge und die Nichtigkeit des Kosmos offenbarte[22]. Der Buddha schaute nicht das »Jenseits«. Er sah die Gesamtheit und die wechselseitige Abhängigkeit des »Hier und Jetzt«. Daher ist der Ursprung eines Dinges aus einem anderen der Schlüssel für den intuitiven Eindruck von Substanzhaftigkeit, den die Dinge erwecken können, wenn man sie isoliert voneinander betrachtet[23]. Wir entdecken, daß ein Ding lediglich das Endergebnis, die Abwandlung, die Folge, Wirkung, Bedingung – wie immer man es nennen mag – eines anderen ist, und das letztere wiederum eines anderen, ohne daß irgend eine letzte Grundlage nötig wäre, auf der diese Kettenreaktion beruht. Wir entdecken das Kreislaufartige alles Seienden. Es hat nicht Anfang noch Ende, weder in der Zeit noch im Raum, weder durch Immanenz noch durch eine undenkbare Transzendenz. Und mit dieser Entdeckung kommt die intuitive Erkenntnis der radikalen Bedingtheit von allem, sogar dem Subjekt der Entdeckung[24].

Die Intuition des Buddha hat einen echten religiösen Aspekt. Sie besitzt eine kathartische Wirkung. Die Erkenntnis der reinen Bedingtheit ist eine erschütternde Erfahrung, da sie keinen Ausweg in Form einer »projizierten« Transzendenz zuläßt. Sie bedeutet das Annehmen des ontologischen Todes. Sie ist die Bejahung des Negativen. Sie ist die Erfahrung, die sich einstellt, wenn man die Schwelle der äußersten Verzweiflung, wie die des Buddha in Bodhgayâ, überschritten hat. Aber gerade darin, daß man die unaufhebbare Bedingtheit, Endlichkeit, Sterblichkeit und letztliche Nichtigkeit des Menschen und seiner Umwelt entdeckt und ihre Unerbittlichkeit angenommen hat, liegt die Erlösung – die Erkenntnis, die zur vollkommenen Leerheit führt. Ihr Name lautet *nirvâna*[25].

Diese Erläuterung mag den Begriff von *nirvâna* einsichtiger gemacht haben. Alle Schulen des Buddhismus werden logischerweise die These vertreten, daß *nirvâna* »außerhalb« der universellen Verkettung zu finden sei. Der Ausdruck als solcher ist natürlich ungenau. *Nirvâna* befindet sich gewiß nicht »außerhalb« der universellen Bedingtheit in irgend einem substanzhaften Sinn. Es liegt weder neben noch über, noch unter oder jenseits der universellen Bedingtheit, und noch weniger hält es diese Bedingtheit in Gang. Ich behaupte auch nicht, daß es ein *nirvâna* genanntes Sein gebe, das unabhängig und unberührt von der »Entstehung in Abhängigkeit« wäre, zu dem die Bedingtheit zurückkehrt, nachdem sie sozusagen von ihrer Endlichkeit erlöst wurde. Jeder Versuch, *nirvâna* in eine ähnliche Beziehung zur Welt zu stellen, würde es seiner Bedingungslosigkeit berauben[26]. Daher haben manche Schulen (insbesondere die Mâdhyamika-Schule) betont, daß es keinen Unterschied zwischen *samsâra* und *nirvâna* gibt, daß beides ein und dasselbe ist – außer daß letzteres mit dem echten Wissen »erschaut« wird, das die Schleier der Unwissenheit zerreißt[27].

Die einheitliche, intuitive Schau des Erhabenen zusammenfassend, könnte man sagen: Es gibt nur eine Wirklichkeit, die jedoch auf dreierlei Weise betrachtet werden kann, wobei jede einen höheren Wahrheitsgrad besitzt als die vorhergehende[28]:

1. Die Wirklichkeit kann als ein Komplex separater Substanzen mit einer inneren Hierarchie betrachtet werden, die bis zur Annahme eines Höchsten Wesens oder Gottes reicht. Dies würde der Buddha, ohne zu zögern, als eine primitive Vorstellung bezeichnen. Denn im Grunde ist es eine dualistische: Jedes Ding wäre durch die bloße

Tatsache seiner Substantialität notwendig ein kleiner Gott – dem unteren gegenüber – und würde damit seinen Platz in der Hierarchie zugewiesen bekommen und schließlich einem Höchsten Wesen unterworfen sein. In der Terminologie der Epoche des Buddha wäre dies die Vorstellung der Eternalisten, *shâshvatavâda*.

2. Als nächstes kommt die Ansicht derer, die das bedingte, wandelbare, vergängliche Sein der Dinge erkannt haben und sich, frustriert durch ihre Unfähigkeit, das unbewußt Gesuchte – ein Substrat, eine Substanz – zu erlangen, gezwungen sehen, ihre Suche aufzugeben und sich zu Nihilisten zu erklären. Diese sind nun die Verfechter des reinen Phänomenalismus und der Unwirklichkeit aller Dinge. Das sind die Anhänger von *ucchedavâda*. Ihr fruchtloses Streben nach einem idealen Monismus führt notwendigerweise zum Agnostizismus, wenn nicht gar zu einem ausgesprochenen Nihilismus der reinen Verneinung.

Halten wir fest, daß der Buddha bis zum Überdruß wiederholte, er hinge keiner dieser beiden Lehren an.

3. Für den Buddha stellt *pratîtyasamutpâda* den mittleren Pfad dar, die mittlere Lehre (*majjhema dhamma*), die beide Extreme, das Sein und das Nichtsein, vermeidet. »Alles ist Einfalt; alles ist Vielfalt« sind die beiden zu vermeidenden Extreme[29]. Das Problem des Einen und des Vielfältigen hat den menschlichen Geist bekanntlich seit dem Erwachen des philosophischen Bewußtseins beschäftigt. Jede Philosophie, insbesondere in Indien, hat aus dem Grunddilemma zwischen Sein und Nichtsein einen Ausweg gesucht. Auch Siddhârtha steht in dieser Linie der Überlieferung, und seine Erleuchtung besteht eben in einer Intuition der Grundstruktur aller Dinge: ihrer grundlegenden, wechselseitigen Abhängigkeit, die eine so fundamentale Beziehung ist, daß sie aus ihrem innersten Sein hervorgeht. Die Dinge »sind« nur insofern, als sie von anderen Dingen hervorgebracht und bedingt sind, weiter nichts[30]. Es gibt keinen Rest, welcher der Bedingtheit entfliehen könnte, keinen dauerhaften Kern, kein vom universellen Strom ausgenommenes »göttliches« Element. Von dieser Regel gibt es keine Ausnahmen. Kein Ding und keine Person besitzt ein diesbezügliches Privileg. Die ganze Welt ist so beschaffen. Weder der Monismus noch der Dualismus entspricht der Wahrheit.

Aber *nirvâna* ist nicht eine andere Wirklichkeit. Es könnte keine sein, ohne die gesamte Grundlage des Buddhismus zu zerstören.

Deshalb ist *nirvâna* auch nicht die »wahre Wirklichkeit« (als ob es eine falsche geben könnte, und ein bestimmter Vedânta-Zeuge räumt gezwungenermaßen ein, daß dies nicht der Fall sein kann). Die phänomenale Wirklichkeit ist vollkommen wahr – nur daß sie vergänglich und sterblich ist. Genau genommen, »ist« *nirvâna* überhaupt nicht. Es »gibt« *nirvâna* nicht[31]. Und wenn einer fragt, was *nirvâna* »sei«, ist die einzige Antwort Schweigen. Die einzig mögliche verständliche Übersetzung dieses Schweigens ist die, daß *nirvâna* selbst *samsâra* ist, einfach der Daseinsstrom (kein hypothetisches, problematisches Substrat), mit dem einzigen Unterschied, daß *nirvâna* jetzt »sichtbar«, tatsächlich »erfahrbar« ist. Von hier ist es nur noch ein kleiner Schritt zur philosophischen Deutung des buddhistischen sowie des vedantischen Absolutismus[32].

Untersuchen wir nun einige Schlüsseltexte.

Allgemeine Formulierung

Ich werde euch den *dhamma* lehren: Wenn ein Ding existiert, tritt ein anderes ins Dasein; aus der Erscheinung eines Dinges folgt die Erscheinung eines anderen; wenn ein bestimmtes Ding nicht existiert, kann ein anderes nicht werden; aus dem Vergehen eines Dinges leitet sich das Vergehen eines anderen ab[33].

Ein Urgesetz

Paticcasamuppâda ist tief, o Ânanda, und gleichzeitig trägt es den Anschein der Tiefgründigkeit (*gambhîrâvabhâsa*). Weil diese Generation diesen dharma nicht durchdrungen und nicht verstanden hat (*an-anuhodha*), bleibt sie in Gefangenschaft[34].

Alle Dinge sind wechselseitig bedingt

Einst verfiel ein Mönch namens Sâti, der Sohn eines Fischers[35], auf die verderbliche Irrlehre, daß – wie er die Lehre des Meisters verstand – das Bewußtsein durch die Wiedergeburt hindurch andauere. Als verschiedene andere Mönche dies hörten, gingen sie zu ihm und debattierten mit ihm... doch er gab nicht nach, sondern hielt an seiner Irrlehre fest... Also gingen sie zum Meister und legten ihm die Sache dar, und er entsandte einen Mönch, um Sâti holen zu lassen. Als Sâti kam, fragte ihn der Meister, ob es wahr sei, daß er diese Irrlehre vertrete... und Sâti erwiderte, es sei wahr.

»Was«, fragte der Meister, ist dann das Wesen des Bewußtseins?«

»Herr, es ist dasjenige, das spricht und fühlt und die Folgen der guten und schlechten Taten erfährt.«

»Wem willst du erzählen, du törichter Mensch, daß ich eine solche Lehre verbreitet habe? Habe ich nicht mit vielen Gleichnissen ausgedrückt, daß das Bewußtsein nicht unabhängig ist, sondern von der Kausalkette hervorgerufen wird und niemals ohne Ursache entstehen kann? Du mißverstehst mich und verdrehst meine Lehre, und dadurch untergräbst du deine eigene Stellung und verursachst viel Schuld. Du fügst dir selbst bleibenden Kummer und Schaden zu!«...

Dann wandte sich der Meister an die versammelten Mönche:

»Welche Form des Bewußtseins aus einer Voraussetzung entsteht, trägt den Namen dieser Voraussetzung; wenn es daher vom Auge und von Gestaltungen entsteht, heißt es visuelles Bewußtsein... und so ist es auch mit den Sinnen des Gehörs, des Geruchs, des Geschmacks, des Tastens und des Geistes und ihren Gegenständen. Es ist wie mit dem Feuer, das ihr nach dem Brennstoff benennt – ein Holzfeuer, ein Reisigfeuer, ein Grasfeuer, ein Kuhmistfeuer, ein Schotenfeuer, ein Kehrichtfeuer und so fort.«

»Stimmt ihr zu, ihr Mönche, daß jeder beliebige Organismus ein Lebewesen ist?«

»Ja, Herr.«

»Stimmt ihr zu, daß es durch Nahrung hervorgebracht wird?«

»Ja, Herr.«

»Und wenn ihm die Nahrung abgeschnitten wird, ist auch das Lebewesen abgeschnitten und stirbt?«

»Ja, Herr.«

»Und Zweifel an irgend einem dieser Punkte wird zur Verwirrung führen?«
»Ja, Herr.«
»Und daß rechtes Erkennen die Kenntnis der wahren Tatsachen ist, wie sie wirklich sind?«
»Ja, Herr.«
»Wenn ihr nun an dieser reinen und unverdorbenen Ansicht festhaltet, sie hegt und für kostbar erachtet und sie euch zu eigen macht, werdet ihr dann einen Bewußtseinszustand entwickeln können, mit dem ihr den Strom der Wiedergeburt wie auf einem Floß, das ihr benützt, aber nicht behaltet, überqueren könnt?«
»Nein, Herr.«
»Sondern nur, wenn ihr diese reine Ansicht zwar vertretet, euch jedoch nicht an sie klammert, nicht an ihr haftet oder sie hegt... nur wenn ihr sie benützt, doch bereit seid, sie aufzugeben?«
»Ja, Herr.«
»Oder würdet ihr die Rituale, Schaustellungen und Feste anderer Asketen oder Brahmanen unterstützen?«
»Nein, Herr.«
»Verkündet ihr nur, was ihr erkannt und geschaut habt?«
»Ja, Herr.«
»Wohlgetan, ihr Brüder! Ich habe euch die Lehre mitgeteilt, die unmittelbar nützlich, ewig, allen zugänglich ist und sie vorwärts führt, die jeder intelligente Mensch selbst meistern kann.«[36]

Der orthodoxe Standpunkt

Insofern jene die Abhängigkeit bewirkenden Faktoren wechselseitig, übereinstimmend und gleichzeitig die Elemente des Daseins hervorbringen, nannte der Weise diese Faktoren den »abhängigen Ursprung«.
Durch das erste Wort: Das Wort »abhängig« (*paticca*), das ein volles Maß an Abhängigkeit bedeutet und insofern die Elemente des Daseins jenem vollen Maß an Abhängigkeit unterworfen sind, vermeidet irrige Ansichten wie den Fortbestand des Lebens, namentlich die Irrlehre vom Fortbestand des Daseins, vom nichtverursachten Dasein, vom Dasein kraft einer überwältigenden Macht, vom

selbstbestimmten Dasein. Denn was haben die Fortdauer des Daseins, nichtverursachtes Dasein etc. mit dem vollen Maß an Abhängigkeit zu tun?

Durch das zweite Wort: Das Wort »Ursprung« (*samutpâda*), das einen Ursprung der Seinselemente bedeutet und insofern die Seinselemente einem vollen Maß an Abhängigkeit entspringen, weist Ketzereien zurück wie diejenige von der Vernichtung des Daseins, vom Nihilismus, von der Unwirksamkeit des *kamma*. Denn wenn die Seinselemente ständig entstehen aufgrund einer vorhergehenden Abhängigkeit, woher sollte dann die Vernichtung des Daseins, der Nihilismus und die Unwirksamkeit des *kamma* kommen?

Durch beide zusammen: Durch die vollständige Wendung »abhängiger Ursprung«, insofern solche Seinselemente ins Dasein treten aufgrund einer ungebrochenen Reihe des vollen Maßes an Abhängigkeit, zeigt sich die Wahrheit, der Mittlere Pfad. Dieser weist die Ketzerei zurück, daß derjenige, der die Früchte einer Tat erntet, ein und derselbe sei wie derjenige, der die Tat beging, und weder zur einen noch zur anderen dieser populären Hypothesen neigend, hält er am Nominalismus fest[37].

Die zwölf Bindungen[38]

Die folgenden zwölf Bindungen sind zu nennen:

1. *Avijjâ*: Unwissenheit. Die Unkenntnis der Vier Edlen Wahrheiten und der anderen Säulen der buddhistischen Anschauung[39].
2. *Samkhara*: Bildung von Karma. Den Phänomenen entspringende psychische Konstrukte[40].
3. *Viññâna*: Bewußtsein. Die Gesamtheit erkenntnishaften Handelns, das der Tätigkeit der Sinne entspringt.
4. *Nâma-rûpa*: Name und Gestalt. Körperlichkeit – oder besser: konkrete Individualität.
5. *Sadd-âyatana*: Die sechs Sinne. Die sechs Grundlagen der Erkenntnis, die dem Auge, dem Ohr, der Nase, der Zunge, dem Körper und dem Geist entspringen[41].
6. *Phassa*: Berührung. Die Fühlungnahme (der Sinne) mit der äußeren Welt, insofern nichts in Gang gesetzt werden kann ohne äußeren Reiz[42].

7. *Vedanâ*: Empfindung. Die Reaktion des Individuums auf einen Reiz der Außenwelt.
8. *Tanhâ*: Begehren. Das Verlangen nach Besitz, nach Erfüllung. Der Durst nach Befriedigung, insbesondere des sexuellen Begehrens.
9. *Upâdâna*: Verhaftung. Das Verlangen nach Besitz. Die Neigung des Inbesitznehmens – insbesondere das Sichklammern an das eigene Leben.
10. *Bhava*: Dasein. Der Zustand der Ankunft im Sein, dem Sein der Welt. Oder: was wir den Strom der aufeinanderfolgenden »Re-Existenzen«[43] nennen können.
11. *Jâti*: Geburt. Die Tat des Eintretens in die Welt und des Lebens in Raum und Zeit.
12. *Jarâmarana*: Alter und Tod. Das Ergebnis, die Nachwirkungen von Geburt und Dasein in Form von Schmerz und Leiden[44].

Es ist unmöglich, das Sterben abzuwenden

Es gibt fünf Dinge, die kein Wesen in der Welt, weder Mönch noch Brahmane, noch Gott, noch Dämon (Mâra) – nicht einmal Brahman – vollbringen kann. Es sind die folgenden: daß man, dem Alter unterworfen, das Alter verhindern kann; daß man, der Gebrechlichkeit unterworfen, das Kranksein verhindern kann; daß man, dem Tod unterworfen, das Sterben verhindern kann; daß man, dem Verfall unterworfen, das Verschlissenwerden verhindern kann; daß man, dem Vergehen unterworfen, das Vergehen verhindern kann[45].
Andere Texte sind ebenso klar, greifen aber noch weiter aus. So haben wir zum Beispiel das *Pratîtyasamutpâda-sûtra*[46] mit Vasubandhus klassichem Kommentar, das *Pratîtyasamutpâda-vyâkhyâ*[47] und den langen, *Sâlistamba-sûtra*[48] genannten Kommentar. Diese bestätigen alle, was in diesen Blättern mitgeteilt worden ist.

7 Avyâkritavastûni

Nach der einhelligen buddhistischen Überlieferung gibt es vierzehn Sätze, die zu beantworten der Buddha sich weigerte. Sie formulieren vier Grundprobleme: die Ewigkeit der Welt, ihre Endlichkeit, das Fortleben nach dem Tod und die Identität von Seele und Leib[1]. Interessanterweise wird das Gottesproblem nicht ausdrücklich erwähnt. Doch läßt sich gewiß nicht sagen, daß die buddhistischen Autoren nie etwas von Göttern gehört hätten. Im Gegenteil, sie erwähnen sie beständig. Die Götter entsprechen jedoch nicht »Gott« in der abrahamitischen Überlieferung. Und in diesem Punkt ist das Schweigen des Buddha vollkommen. Ja, er läßt nicht einmal die Frage danach aufkommen.

Zwei Bemerkungen mögen hier angebracht sein, um die Frage nach dem angeblichen Atheismus des Buddha beantworten zu können. Beide kommen aus dem kulturellen Umfeld, in dem Siddhârta sich bewegt. Die erste betrifft ein besonderes Merkmal des spekulativen religiösen Denkens in Indien. Hier gewinnt das Weltproblem Vorrang gegenüber dem Gottesproblem. Besser gesagt, die Frage nach der Welt wird in Methode und Form so gestellt, wie andere Religionen sie der Frage nach Gott vorbehalten. Dem klassischen indischen Denken erscheint nicht das Absolute an sich als problematisch, sondern das Vorhandensein des Relativen und dessen Rechtfertigung gegenüber dem Absoluten[2]. Daraus können wir ersehen, warum die vier Grundfragen nicht Gott betreffen, sondern die Welt und die Seele des Menschen. Offensichtlich haben wir es mit vier religiösen Fragen zu tun. Man könnte sie wohl kaum als rein weltlich bezeichnen, aber alle vier haben einen Bezug zur Welt. Der Inder fragt nicht nach Gott oder nach dem Jenseits, sondern nach der religiösen Dimension – die zugleich transzendent und immanent ist – des kosmischen Daseins, welches das menschliche einschließt. Der Inder fragt nach der unsichtbaren Dimension dieser sichtbaren Welt, stellt also die Frage des reinen Glaubens. Kurz gesagt, für Indien ist das Gottesproblem ein anthropologisches Problem[3].

Die zweite Beobachtung ist eine Ergänzung der ersten und beruht auf der besonderen Vertrautheit der indischen Mentalität mit dem Bereich des Göttlichen. Dieser enthält unendlich viele Götter, die *devâ*[4]. Für die allgemeine Mentalität zur Zeit des Buddha stellen sie eine offensichtlichere Realität dar als die Bäume, die den Männern und Frauen Schatten spenden und den Göttern und Göttinnen Gastfreundschaft gewähren. Kurz gesagt, für Indien ist das anthropologische Problem ein theologisches Problem.

Wenn wir unter »Gott« den höchsten und mächtigsten der *devâ* verstehen, dann variiert die Identität Gottes lediglich von einer Sekte zur anderen, wenn wir ihren Disputationen folgen. Wenn wir unter »Gott« jedoch das Absolute oder das Sein, den Schöpfer aller Dinge verstehen, dann verweigert der Buddha die Antwort und gestattet nicht einmal die Formulierung einer solchen Frage, weil wir damit den streng religiösen Bereich verlassen und uns in verschlungenen philosophisch-theologischen Deutungen ergehen.

Der Buddha – wie auch seine Jünger der alten und neuen Zeit – lassen die Realität der *devâ* zu[5]. Er läßt sowohl ihre Existenz wie auch ihre Macht gelten. Auf die von dem Brahmanen Sangârava ausdrücklich an ihn gestellte Frage: »Gibt es die *devâ*?« antwortete der Erleuchtete kategorisch: »Die *devâ* gibt es! Dies ist eine Tatsache, die ich erkannt habe, und die ganze Welt stimmt damit überein.«[6] Die religiöse Welt des Buddhismus, ebenso wie diejenige anderer Religionen, ist mit Wesen bevölkert, die über den Menschen und in Beziehung zu ihnen stehen: Engel, *asura, apsaras, devatâ* und ähnlichen[7]. Der Erleuchtete hält diese auf einer Personifizierung des Göttlichen beruhende Spiritualität jedoch nur für weltliche Personen für angemessen, während die auf dem geistigen Weg Fortgeschrittenen nicht mehr auf Götter angewiesen sind[8]. Der Tathâgata »erschaute« und offenbarte, daß die Geschicke der Welt auf Ursachen und Voraussetzungen beruhen, so daß die Weisen es nicht mehr nötig haben, die *devâ* oder irgend eine göttliche Macht anzurufen[9].

Auf dieser Grundlage wäre es früheren Zeiten unverständlich gewesen, den Buddha als atheistisch zu bezeichnen. Könnte es daher nicht sein, daß diese Bezeichnung aus einem bestimmten Gottesbegriff abgeleitet wurde, nämlich aus dem Gottesbegriff der abrahamitischen Religionen oder der Seinsphilosophien?

Es ist klar, daß der Buddha nicht den Gott der einfachen und kleinen Leute ablehnt, die Götter, die auch den Buddhismus immerfort bevölkern. Was Siddhârtha kategorisch ablehnt, ist vielmehr der Gott der Philosophen und Theologen. Er weigert sich einfach, sich auf dialektische Diskussionen (die nicht anders als weltlich sein können) des wahrhaft Transzendenten einzulassen. Er steht mit seiner Weigerung gegen die Auffassung, daß Gott auf irgendeine Weise manipuliert werden könne, sei es, um durch intellektuelle Schlußfolgerungen zu ihm zu gelangen, oder sei es zu einem anderen Zweck. Wer kann Gott »paketieren«[10]?

Alle einschlägigen Texte machen diesen Punkt ausdrücklich klar. Der Buddha spricht weder eine Verneinung noch eine Bestätigung aus. Wenn er einen Satz verneinte, würde er implizit sein Gegenteil bejahen und umgekehrt. Der Buddha weigert sich schlicht, auf das Spiel bloßer Dialektik einzugehen, und daher lehnt er die Bejahung einer Lehre, sowie ihre Verneinung und schließlich auch Bejahung und Verneinung von beidem eindeutig ab[11]. Daher kommt sein Schweigen. Der milde lächelnde Buddha verweigert nicht das Sprechen, doch wie wir aus unseren Texten ersehen, verweigert er sehr wohl das Antworten[12].

Um die Texte besser zu verstehen, ist es zweckmäßig, die oben erwähnten vierzehn Sätze anzuführen:

1. Die Welt *ist* zeitlich begrenzt.
2. Die Welt *ist nicht* zeitlich begrenzt.
3. Die Welt *ist* und *ist nicht* zeitlich begrenzt.
4. Weder *ist* die Welt noch *ist* sie *nicht* zeitlich begrenzt.
5. Die Welt *ist* räumlich begrenzt.
6. Die Welt *ist nicht* räumlich begrenzt.
7. Die Welt *ist* und *ist nicht* räumlich begrenzt.
8. Weder *ist* die Welt noch *ist* sie *nicht* räumlich begrenzt.
9. Der Tathâgata *existiert* nach dem Tod.
10. Der Tathâgata *existiert nicht* nach dem Tod.
11. Der Tathâgata *existiert* und *existiert nicht* nach dem Tod.
12. Weder *existiert* noch *existiert* der Tathâgata *nicht* nach dem Tod.
13. Die Seele *ist* identisch mit dem Leib.
14. Die Seele *ist nicht* identisch mit dem Leib.

Vor allem ist es nötig, die Einsichtigkeit dieser Sätze zu begreifen. Die rein affirmativen Sätze 1, 5, 9, 13 sind einfach, ebenso wie die rein negativen 2, 6, 10, 14. Sie haben die Form von »A ist B« bzw. »A ist nicht B«.

Die Sätze 3, 7, 11, die zugleich affirmativ und negativ sind, enthalten keinen inneren Widerspruch. Diese Bedeutung können sie nicht ha-

ben, weil ein innerer Widerspruch an sich sinnlos ist. Ersetzen wir zum Beispiel Satz 3 durch folgenden Satz: »Die Welt ist teilweise (oder »in einer Hinsicht«) begrenzt und teilweise (oder »in anderer Hinsicht«) ist sie es nicht.« Nun wird dieser Satz verständlich. Seine Einsichtigkeit wird noch deutlicher werden, wenn wir bedenken, daß die Antwort des Buddha nicht darin besteht, diesen Satz zuzulassen, sondern in der Verneinung, daß ein solcher Satz seine Meinung wiedergebe – oder, äquivalent dazu, daß dieser oder jener Satz nicht die Wahrheit enthält, wie der Buddha sie erschaut (ohne die im Mâdhyamika bis zum Überdruß wiederholte Implikation[13], daß die Wahrheit weder im Gegenteil noch im Widerspruch liegt)[14].
Größere Schwierigkeiten bieten die Sätze, die sowohl die Affirmation sowie die Negation verneinen: 4, 8, 12. Es nimmt nicht wunder, daß diese alsbald zum Gegenstand langer Diskussionen in den Schulen des Buddhismus wurden[15]. Diese Sätze wurden sowohl konjunktiv als auch disjunktiv gedeutet: das heißt (1) als eine mit der Affirmation des unmittelbar vorhergehenden Satzes verbundene Negation, oder (2) als separate Negation jedes der beiden Satzteile. Mit anderen Worten, Satz 4 wurde entweder mit der Bedeutung von (1) »Die Welt ist nicht begrenzt und-nicht-begrenzt« oder (2) »Die Welt ist weder begrenzt noch nicht-begrenzt« verstanden. [Die Welt ist nicht-begrenzt und nicht nicht-begrenzt.]
Nach meiner Auffassung kann die zweite, disjunktive Deutung auf eine einfache Wiederholung des ersten und zweiten Satzes zusammen reduziert werden und würde daher keinen neuen Satz bilden[16]. Aus diesem Grunde, sowie wegen des Parallelismus zum dritten Satz gegenüber den beiden vorhergehenden, neige ich dazu, mich der ersten, konjunktiven Lesart anzuschließen. Unter anderem läßt sie eine noch offensichtlichere Bedeutung zu, denn sie liefert die Bestätigung, daß weder Endlichkeit noch Unendlichkeit den zeitlichen Zustand der Welt angemessen ausdrückt. Mir scheint, daß in dieser Unzulänglichkeit von Sein und Nichtsein gegenüber der Selbst-Identität des Wirklichen der hermeneutische Schlüssel des Problems liegt.
Wir haben es also mit vier Typen von Sätzen zu tun. Sie scheinen die logischen Möglichkeiten hinsichtlich jeder Affirmation auszuschöpfen:
I. A *ist* B.
II. A *ist nicht* B.

III. A *ist* und *ist nicht* B.
IV. A *ist nicht* (*ist-und-ist-nicht*) B.
Das Problem ist ein vierfaches:
1. Es zeigt auf, daß aus der Verneinung eines Satzes von Typ I nicht unbedingt ein Satz von Typ II folgt.
2. Es zeigt weiters, daß die Satztypen I und II zusammen nicht dasselbe Terrain abdecken wie Typ III und IV zusammen, und daher Raum lassen für das Satzpaar III-IV.
3. Schließlich zeigt es, daß wir das gesamte Terrain abgedeckt haben, nämlich daß alle Möglichkeiten der Affirmation und Negation in diesen vier Sätzen erschöpft sind.
4. Erst damit wird die Haltung des Buddha verständlich. Seine Ablehnung aller vier Sätze, die die Ontologie transzendiert, bedeutet weder die Negierung noch die Zerstörung dieser Ontologie, sondern lediglich unsere Befreiung von der *Ontologolatrie*.
Wenden wir uns nun der Reihe nach diesen vier Punkten zu.
1. Aufgrund des Prinzips des Nicht-Widerspruchs – eine für unsere Vernunft als unerläßlich geltende Voraussetzung – hat es auf den ersten Blick den Anschein, daß wir, wenn wir einen Satz vom Typ I verneinen, automatisch einen vom Typ II wenigstens implizit bejahen. Entgegen diesem Anschein und dem gewöhnlichen Verstand gibt der Buddha ein solches Dilemma jedoch nicht zu. Der tiefere Grund dafür liegt offenbar nicht in einem Mißverständnis der Gesetze der Logik auf seiten des Buddhismus, sondern in der Verneinung einer genauen Entsprechung zwischen Denken und Sein. Vergessen wir nicht, daß die genaue Formulierung des sogenannten Prinzips des Nicht-Widerspruchs nicht von Aristoteles stammt[17], sondern von Parmenides[18], und daß seit dem Eleaten das Prinzip unbestreitbar ontologischen Charakter hat, da es aus dessen Gleichsetzung von Denken und Sein unmittelbar hervorgeht[19]. Das Prinzip des Nicht-Widerspruchs, auf dem die Disziplin der Logik, vor allem im Westen, beruht, ist eben in diesem und nur in diesem Sinne gültig: daß die Verneinung eines von zwei sich widersprechenden Sätzen nicht notwendigerweise die Bejahung des anderen impliziert.
Die Intuition des Buddha verläuft jedoch nicht nach diesem Denkschema. Sie nützt die Dehnbarkeit des Wortes »Sein« und gebraucht es als transitives Verbum statt eines Substantivs. Damit löst sie das Dilemma, ohne in einen Widerspruch zu geraten oder die Einsichtigkeit preiszugeben.

Denn kraft der Dehnbarkeit des Verbums »sein« kann der Satz II, »A ist nicht B«, entweder bedeuten:
A ist nicht-B.
oder:
A ist-nicht B.
Im ersten Fall liegt eine Verneinung von B vor; im zweiten eine Verneinung von »ist«. Nun widerspricht laut dem Prinzip des Nicht-Widerspruchs nur der erstere der beiden Sätze einem Satz vom Typ I.
Der dem Satz »A ist B« widersprechende Satz lautet »A ist nicht-B«, und nicht »A ist-nicht B«.
Um einen widersprechenden Satz vom Typ II zu bilden, müssen wir ein Attribut von A prädizieren, das dem im affirmativen Satz von Typ I ausgesagten Attribut widerspricht. Dabei dürfen wir die Prädikatsformel jedoch nicht verändern, indem wir das aktive Verbum dadurch ändern, daß wir Subjekt und Prädikat zusammenspannen. »A ist« muß in beiden Sätzen intakt bleiben, denn das Prädikat B wird im Satz vom Typ I dem A unter demselben Aspekt beigefügt und im Satz vom Typ II negiert (nicht-B).
Die subtile Antwort des Buddha: »›A ist B‹ ist nicht meine Ansicht«, ist jedoch keineswegs gleichbedeutend mit der Aussage »A ist nicht-B«. Er sagt ganz einfach: »A ist-nicht B.« Dies ist jedoch kein Widerspruch zum ersten Satz. Daher ist er nicht in einen Widerspruch geraten[20], sondern teilt bloß seinen Gedanken mit: Wenn jemand wissen woll, ob »A gleich B ist«, so antwortet er: »A ist-nicht B.« Und wenn der andere auf der Frage beharrt: »Dann *ist* A also nicht B«?, erwidert er: »A *ist-nicht* B.«
Anders ausgedrückt: Der Satz »A *ist* B« ist logisch unvereinbar mit dem Satz »A ist nicht-B«, jedoch nicht mit dem Satz »A *ist-nicht* B«.
Denn wenn der erste Satz wahr ist – wenn A tatsächlich B ist –, kann ich A durch B ersetzen und sehe mühelos, welcher Satz mit einer Negation stichhält und welcher nicht.
»A ist nicht-A« ist ein Widerspruch; »A ist-nicht A« dagegen deutet lediglich an, daß A nicht absolut identisch mit sich selbst ist, was doch der Fall sein muß, denn sonst hätte es B nicht in irgend einer Weise gleichgesetzt werden können[21], und der Satz »A ist B« wäre eine sterile Tautologie. Diese zweite Lesart öffnet die Türe für die Antwort des Buddha.

Ich möchte dies anhand des ersten unserer vierzehn Propositionen verdeutlichen. Wenn der Buddha den Satz nicht für gültig hält:
»Die Welt *ist* (zeitlich) endlich«,
dann müßte aufgrund des Prinzips des Nicht-Widerspruchs daraus folgen:
»Die Welt ist nicht-endlich«,
jedoch nicht:
»Die Welt *ist-nicht* endlich«.
Die Verneinung des Satzes »Die Welt ist nicht-endlich« ist gleichbedeutend mit dem Satz »Nicht die Welt *ist* nicht-endlich«. Das heißt, daß die Nicht-Endlichkeit der Welt nichts darüber aussagt, was die Welt *ist*. Und dies stimmt mit der Auffassung des Buddha überein. Sicher, der Satz sagt uns nicht, was die Welt ist, denn keine von beiden Fragen, die nach dem Sein und die nach dem Nichtsein, kann in bezug auf die Welt gestellt werden. Die Ontologie ist nicht falsch, sie ist nur in einem endlosen Kreis gefangen. Die Ontologie behauptet, daß *to on* mit *ho logos* übereinstimme. Der Erleuchtete blickte darüber hinaus. Was sah er? Nichts! *shûnyatâ, nirvâna.*
2. Aus einer Verneinung des Satzes vom Typ I folgt, daß »A nicht-B ist«. Unterdessen bleibt der Satz »A ist-nicht B« unberührt. Aber auch dieser Satz wird vom Buddha zurückgewiesen. Es bedarf keiner großen Überlegung, um einzusehen, daß wenn beide Sätze, »A ist B« und »A ist-nicht B«, verneint werden, es einen Spalt zwischen »ist« und »ist-nicht« gibt, der ausgefüllt werden muß, indem die ersten beiden Sätze bejaht und verneint werden: daß also die Welt endlich und daß die Welt nicht endlich sei. Daraus entsteht das Dilemma der Sätze III und IV.
Dies sind auch die Fragen, die dem Buddha als nächstes gestellt werden: Wenn er nicht der Ansicht von Satz I oder Satz II ist, dann mußte er notwendigerweise entweder die Bejahung oder die Verneinung der Sätze I und II zusammen gelten lassen. Sicherlich folgt aus der Verneinung von Satz I und II notgedrungen die Gültigkeit, entweder der Bejahung der Sätze I und II zusammen, oder ihrer Verneinung, oder aber aus der Verneinung der Sätze I und II folgte zwangsläufig Satz III oder Satz IV. Die Antwort des Buddha jedoch ist immer noch eine negative. Betrachten wir zur besseren Verdeutlichung Abbildung 1. Der Kreis ist A, das Quadrat B.
Die dem Kreis A und dem Quadrat B gemeinsame Fläche legitimiert die Bejahung »A *ist* B« (Satz vom Typus I).

Abbildung 1

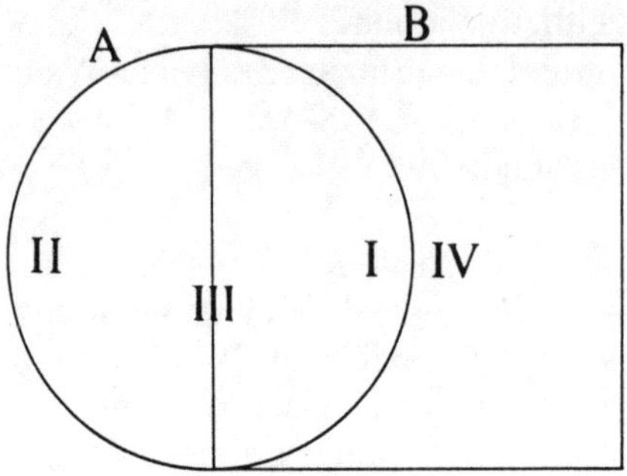

Abbildung 2

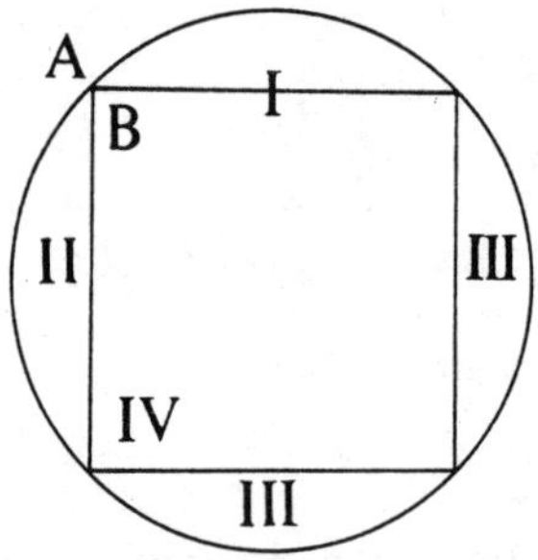

Abbildung 3

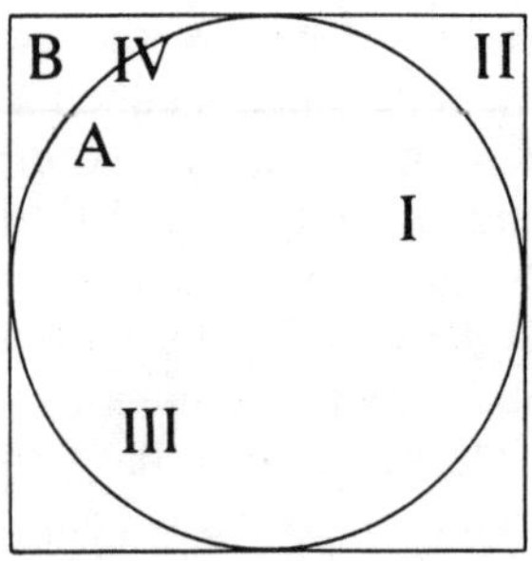

Gleichzeitig rechtfertigt die nur innerhalb des Kreises liegende Fläche die Negation »A *ist nicht* B.«
Doch Abbildung 1 zeigt außerdem, daß die Sätze I und II nicht alle möglichen Bezüge zwischen A und B erschöpfen. Wenn wir daher den *ganzen* Kreis betrachten, können wir wahrheitsgemäß den Satz III formulieren: »A *ist und ist nicht* B.«
Wenn wir weiters den Teil des Quadrats berücksichtigen, der außerhalb des Kreises liegt, können wir wahrheitsgemäß den Satz IV aufstellen: »*A ist nicht (ist-und-ist-nicht) B*.«
Um der größeren Klarheit willen habe ich die vier Sätze einzeln betrachtet. Ich hätte sie auch aufgrund ihrer gegenseitigen Verneinung darstellen können:
Die mit den Ziffern II und IV beschrifteten Flächen der Zeichnung schließen die Wahrheit des ersten Satzes »A ist B« aus.
Fläche I schließt die Wahrheit des zweiten Satzes »A ist nicht B« aus.
Der innerhalb des Kreises A eingezeichnete Teil von Quadrat B bringt den zweiten Satz zum Ausdruck: *A ist* und *ist nicht B*.
Schließlich wäre der innerhalb des Quadrats B eingezeichnete Teil von Kreis A der Ausdruck des dritten Satzes: *A ist nicht (ist und ist nicht)* B.
Damit gewinnen wir Raum für ein zweites Paar von Alternativen; und wie beim ersten Paar werden wir sehen, daß aus der Negierung der ersten Alternative, in diesem Fall Satz III, nicht unbedingt die Gültigkeit des letzteren Satzes IV folgt. Denn wenn ein Satz vom Typ III dem Buddha als Wahrheit präsentiert wird – z.B. daß die Welt endlich und nichtendlich sei –, dann würde seine Gültigkeit besagen, daß die Welt die Kategorien Endlichkeit und Nichtendlichkeit transzendiert und umfaßt.
Aufgrund der obigen Erwägungen kann der Satz von Typ III in der Tat nicht bedeuten: »A ist B und nicht-B«. Mit anderen Worten, es gibt keinen Widerspruch zwischen »ist« und »ist-nicht«, weil das Prädikat bezüglich des Subjekts A von zwei verschiedenen Standpunkten aus bejaht und verneint wird. Wenn dieser Satz nun verneint wird, folgt daraus nicht, daß Satz IV gültig ist. Wenn wir Satz III verneinen, dann verneinen wir natürlich, daß ein Prädikat B einem Subjekt beifügbar und nicht beifügbar ist, doch dies impliziert nicht, daß dieses Prädikat einem Subjekt A absolut nicht beigefügt werden kann. Aus der Verneinung von Satz IV folgt, daß das Subjekt durch die sich widersprechenden Alternativen eines gege-

benen Prädikats B nicht erschöpfend definiert ist: Das Subjekt A kann das Prädikat B sozusagen ontologisch transzendieren. Auf dieser Grundlage verneint der Buddha durch seine Zurückweisung von Satz IV ebenso wie von Satz III, daß ein solches Transzendieren als ontologisch zu betrachten sei: Es stimmt nicht, daß die Welt endlich und nicht-endlich sei, insofern weder Endlichkeit noch Nichtendlichkeit das Sein der Welt erschöpft oder adäquat zum Ausdruck bringt.

Die Position des Buddha ist daher unmißverständlich. Keine der Alternativen gibt seine Meinung adäquat wieder.

Haben wir es hier mit einem absoluten Agnostizismus zu tun?

Ich glaube nicht. Der Buddha, sowie die gesamte spätere Überlieferung, war der Ansicht, daß nur die Verneinung der vier berücksichtigten Alternativen den Weg zur wirklichen Antwort eröffnet, aber diese Antwort läßt sich nicht in Worten oder Sätzen einschließen. Dies ist mein dritter Punkt.

3. Haben wir aber dann nicht einen *unendlichen* Prozeß in Gang gesetzt? Können wir jetzt nicht hergehen und hypothetische Sätze V und VI als Verneinungen der Sätze III und IV aufstellen? Ich glaube nicht, denn diese Sätze wären identisch mit III und IV. Die Sätze:

V. »A *ist* (ist-und-ist-nicht) B«

und

VI. »A *ist nicht* (ist-und-ist-nicht) B«

tragen zum Inhalt der Sätze III und IV nichts bei. Sei es aufgrund des ausgeschlossenen Mittels oder des Prinzips des Nicht-Widerspruchs, jedenfalls fügen die Sätze V und VI den Sätzen III und IV nichts Neues hinzu[22]. Der mittlere Grund, den die Analogie des Seins zwischen den Sätzen I und II hätte schaffen können, wurde nun von III und IV abgeriegelt, und es bleibt kein Fluchtweg übrig. Denn die Sätze III und IV tragen ihren Sinn nicht in sich selbst, sondern als Korrektive zu I und II. Es wäre sinnlos zu fragen, ob die Welt gleichzeitig endlich und nicht-endlich sei, ohne vorher klarzustellen, daß weder Endlichkeit noch Nicht-Endlichkeit ihre wahre Beschaffenheit ausdrückt[23].

Dies wird von der Tatsache bestätigt, daß die Liste der Propositionen nicht weitergeht und die Sätze 15 und 16 nicht hinzugefügt werden. Manche Forscher wunderten sich, daß die Sätze 13 und 14 nicht durch zwei weitere (15 und 16) ergänzt werden, in Analogie zu den ersten drei Serien von Sätzen. Mir scheint im Gegenteil ihre traditionelle Auslassung in hohem Grade bedeutsam[24]. Beachten wir, daß die beiden Sätze:

15. »Die Seele ist und ist nicht identisch mit dem Leib«

und

16. »Weder ist die Seele mit dem Leib identisch, noch ist sie es nicht«,

sich gegenseitig ausschließen, was für ihre Analogien, die Sätze 3 und 4, sowie 7 und 8, nicht zutrifft. Die letzteren Satzpaare sagen keine Identität, sondern nur eine bestimmte Eigenschaft aus. Mit anderen Worten, die Sätze 13 und 14 reichen hin, um alle anderen Möglichkeiten auszuschließen, während die vorangehenden Satzpaare einer doppelten Verneinung bedürfen, um den mittleren Grund auszuschließen, auf dem in der Begriffsordnung eine andere Antwort eingeschaltet werden könnte. Wenn die Seele identisch ist mit dem Leib, wird der Satz »Die Seele ist und ist nicht identisch mit dem Leib« bedeutungslos. In ähnlicher Weise gilt: Wenn die Seele mit dem Leib nicht identisch ist, dann ist der Satz »Die Seele ist und ist nicht identisch mit dem Leib« (oder: »Weder ist die Seele mit dem Leib identisch, noch ist sie es nicht«) gleichermaßen sinnlos. Die hypothetischen Sätze 15 und 16 wären daher fehl am Platz. Die Tatsache, daß die Überlieferung sie ausläßt, stellt nicht nur kein Problem dar, sondern erhellt die Frage sogar. Der Buddha leugnet also nicht die Prinzipien von Identität und Nicht-Widerspruch, sondern er transzendiert jede Bejahung oder Verneinung, die ausschließlich auf diesen gründet.

Wir haben es hier mit *avyâkritavastûni* zu tun – mit Dingen, die (wörtlich) untrennbar, unaussprechlich, unsagbar sind – mit »unerklärlichen« Dingen[25], die im etymologischen Sinn so eng miteinander verflochten sind, daß sie nicht aufgelöst werden können[26]. Die Prinzipien von Identität und Nicht-Widerspruch sind genau genommen, oder *primario et per se*, logische Prinzipien – zu ontologischen Grundsätzen erhobene Denkprinzipien aufgrund des »Dogmas« der Identität oder zumindest einer Gleichsetzung von Sein und Denken. Der Buddha »blickte weiter«.

4. Bedenken wir nun, daß *avyâkritavastûni* keine nicht erkennbaren Dinge sind, sondern solche Dinge (*vastûni*), die nicht getrennt oder aufgelöst werden können. Warum nicht? Weil sie, so möchten wir sagen, einfach und ursprünglich, weil sie transzendent und jenseits

aller Analysen sind. Es könnte jedoch sein, daß wir dem Buddha untreu werden, indem wir überhaupt etwas sagen, denn er selbst hüllte sich in Schweigen[27].

Wenn meine Interpretation stimmt, dann betrifft die Intentionalität von *avyâkrita* nicht die Logik des Denkens. Sie mildert nicht das Prinzip des Nicht-Widerspruchs oder des auszuschließenden Dritten, sondern weist vielmehr auf die Unvollkommenheit, die Begrenzung, das Unvermögen hin, Wirklichkeit auszudrücken, die vor allem dem Verbum »sein« und dem gesamten Seinsbegriff innewohnt, insofern auch das Sein letztlich dem Reich des Vergänglichen, Wandelbaren, Bedingten angehört. Es gibt tatsächlich nichtausdrückbare Sätze, weil unser ontologisches Verständnis ein beschränktes ist. Daher gibt es zwar keine dritte Alternative zwischen A und nicht-A, wohl aber zwischen »ist« und »ist nicht«. Hier, so scheint mir, liegt die Wurzel verschiedener Mißverständnisse, einschließlich dem, daß der Buddhismus »atheistisch« sei. Man fällt einer verdinglichenden Logik zum Opfer, deren Schema nichts anderes als das »Objekt« A ist, ob es mit sich identisch ist oder nicht. Hier dagegen haben wir es nicht mit einem Objekt zu tun. Es ging dem Buddha nicht darum, eine dreiteilige Logik zu verteidigen und auf diese Weise einen mittleren Grund zu finden, wo die Logik keinen findet. Unsere Sätze teilen uns lediglich mit, »A *ist* B«. Doch dies erschöpft nicht die Identität von A. Daher ist Raum für »A *ist-nicht* B« eben deshalb, weil aufgrund von »A ist-nicht B« auch der Satz »A ist nicht-B« die Identität von A nicht erschöpft. Deshalb werden die Sätze III und IV aufgerufen, um das Verbum »sein« in ein Objekt der Bejahung und Verneinung zu verwandeln, so daß Shâkyamuni – und seine Jünger nach ihm – sich gezwungen sehen zu leugnen, daß auch nur einer *dieser* beiden Sätze die Wahrheit enthalte. Nur indem man den *logos* transzendiert, kann man das *Sein* transzendieren. Die Schwäche oder Unzulänglichkeit liegt nicht in B oder nicht-B, sondern in A selbst, im Subjekt selbst, das weder ist noch nicht ist, und daher kaum selbstidentisch sein kann. Im Grunde ist die intuitive buddhistische Erkenntnis eine einfältige. Alles hängt zusammen: *anâtma-vâda*, Vergänglichkeit, Augenblicklichkeit, die universelle Verkettung und Abhängigkeit, die Unsagbarkeit, *nirvâna* und Schweigen.

Betrachten wir nun einige besonders bedeutungsvolle Texte.

Das Eine, das nottut

Mâlunkyâputta, ein Jünger des Buddha, stellte einst dem Meister die berühmten Fragen nach dem Wesen der Welt und des Daseins und bat ihn, falls er keine Antwort hätte, ihm dies ohne Umschweife schlicht und ehrlich mitzuteilen. Der Buddha erwiderte:

»Nun, Mâlunkyâputta, habe ich je zu dir gesagt: ›Komm, Mâlunkyâputta, führe bei mir das religiöse Leben, und ich werde dich aufklären, daß die Welt entweder ewig oder daß sie nicht ewig ist... oder daß der Heilige nach dem Tode weder fortlebt noch nicht fortlebt?‹«

»Nein, wahrlich, Ehrwürdiger.«

»Oder hast du jemals zu mir gesagt: ›Ehrwürdiger, ich werde das religiöse Leben beim Erhabenen führen unter der Bedingung, daß der Erhabene mich aufklärt, ob die Welt ewig oder ob die Welt nicht ewig ist... oder daß der Heilige nach dem Tode weder fortlebt noch nicht fortlebt‹?«

»Nein, wahrlich, Ehrwürdiger.«

»So erkennst du also an, Mâlunkyâputta, daß ich nicht zu dir gesagt habe: ›Komm, Mâlunkyâputta, führe mit mir ein religiöses Leben, und ich werde dich entweder aufklären, daß die Welt ewig ist oder daß sie nicht ewig ist... oder daß der Heilige nach dem Tode weder fortlebt, noch nicht fortlebt‹, und daß du auch nicht zu mir gesagt hast: ›Ehrwürdiger, ich will mit dem Erhabenen ein religiöses Leben führen unter der Bedingung, daß der Erhabene mich aufklärt, daß die Welt entweder ewig oder daß sie nicht ewig sei... oder daß der Heilige nach dem Tod weder fortlebt, noch daß er nicht fortlebt.‹ Da dies der Fall ist, eitler Mensch, wen beschimpfst du so zornig?«

An dieser Stelle erzählte der Buddha das Gleichnis von dem Mann, der von einem Pfeil verwundet worden war.

»Denke also immer daran, Mâlunkyâputta, was ich nicht erklärt und was ich erklärt habe. Und was, o Mâlunkyâputta, habe ich nicht erklärt? Ich habe nicht erklärt, Mâlunkyâputta, daß die Welt ewig sei; ich habe nicht erklärt, daß die Welt nicht ewig sei; ich habe nicht erklärt, daß Leib und Seele identisch seien; ich habe nicht erklärt, daß die Seele eines und der Leib ein anderes sei; ich habe nicht erklärt, daß der Heilige nach dem Tode fortlebt; ich habe nicht erklärt, daß der Heilige nach dem Tode nicht fortlebt; ich habe nicht erklärt, daß der Heilige nach dem Tode sowohl fortlebt als auch nicht fortlebt; ich habe nicht erklärt, daß der Heilige nach dem Tode weder fortlebt noch nicht fortlebt. Und warum, Mâlunkyâputta, habe ich dies nicht erklärt? Weil es keinen Zweck hat, Mâlunkyâputta, noch mit den Grundlagen der Religion zu tun hat, noch zu Widerwillen, zu Leidenschaftslosigkeit, zum Vergehen, zur Ruhe, zu den überirdischen Fähigkeiten, zur höchsten Weisheit und zum *nirvâna* führt; deshalb habe ich es nicht erklärt.

»Und was habe ich erklärt, Mâlunkyâputta? Das Elend, o Mâlunkyâputta, habe ich erklärt; den Ursprung des Leidens habe ich erklärt; das Aufhören des Leidens habe ich erklärt; und den Pfad, der zum Aufhören des Leidens führt, habe ich erklärt. Und warum, o Mâlunkyâputta, habe ich dies erklärt? Weil es einen Zweck hat, Mâlunkyâputta, weil es mit den Grundlagen der Religion zu tun hat und zum Widerwillen, zur Leidenschaftslosigkeit, zum Vergehen, zur Ruhe, zum Wissen, zur höchsten Weisheit und zum *nibbâna* führt. Deshalb habe ich dies erklärt. Denke daher, Mâlunkyâputta, immer daran, was ich nicht erklärt und was ich erklärt habe.«

Also sprach der Erhabene; und der ehrwürdige Mâlunkyâputta spendete der Rede des Erhabenen begeisterten Beifall[28].

Wahre Freiheit ist unaussprechlich

Also habe ich gehört.

Einstmals weilte der Erhabene bei Sâvatthî im Kloster Jetavana im Anâthapindika-Park. Da näherte sich Vaccha, der Wanderasket, dem Ort, wo der Erhabene sich aufhielt; und als er herangekommen war, begrüßte er den Erhabenen; und als er Worte der Freundlichkeit und Höflichkeit ausgesprochen hatte, setzte er sich voll Hochachtung zur Seite nieder. Und da er voll Hochachtung an einer Seite saß, sprach Vaccha, der Wanderasket, folgendes zum Erhabenen:

»Wie ist es nun, Gautama? Meint Gautama, daß die Welt ewig sei und daß nur diese Ansicht die richtige und jede andere falsch sei?«

»Nein, Vaccha, ich meine nicht, daß die Welt ewig sei und daß diese Ansicht allein die richtige und jede andere falsch sei.«

»Aber wie verhält es sich nun, Gautama? Meint Gautama, daß die Welt nicht ewig sei und daß diese Ansicht die einzig richtige und daß jede andere falsch sei?«
»Nein, Vaccha, ich meine nicht, daß die Welt nicht ewig sei und daß diese Ansicht die einzig richtige und jede andere falsch sei.«
»Aber wie ist es nun, Gautama? Meint Gautama, daß die Welt endlich sei...«[29]
»Wie steht es nun, Gautama? Meint Gautama, daß Seele [*jîva*] und Körper ein und dasselbe seien...«
»Wie ist es nun, Gautama? Meint Gautama, daß der Heilige nach dem Tode fortlebt...?«
»Wie steht es nun, Gautama? Meint Gautama, daß der Heilige nach dem Tode sowohl fortlebt als auch nicht fortlebt, und daß diese Ansicht die einzig richtige und jede andere falsch sei?«
»Nein, Vaccha. Ich meine nicht, daß der Heilige nach dem Tode sowohl fortlebt als auch nicht fortlebt, und daß diese Ansicht die einzig richtige und jede andere falsch sei.«
»Aber wie steht es nun, Gautama? Meint Gautama, daß der Heilige nach dem Tode weder fortlebt, noch daß er nicht fortlebt, und daß diese Ansicht die einzig richtige und jede andere falsch sei?«
»Nein, Vaccha, ich meine nicht, daß der Heilige nach dem Tode weder fortlebt, noch nicht fortlebt, und daß diese Ansicht die einzig richtige und jede andere falsch sei.«
»Wie ist das nun, Gautama, daß wenn du gefragt wirst: ›Meint der Mönch Gautama, daß die Welt ewig sei und daß dies die einzig richtige Ansicht und jede andere falsch sei?‹, du zur Antwort gibst: ›Nein, Vaccha, ich meine nicht, daß die Welt ewig sei und daß diese Ansicht die einzig richtige und jede andere falsch sei‹?
»Aber wie ist es, Gautama, wenn du gefragt wirst: ›Meint der Gautama, daß die Welt nicht ewig sei und daß diese Ansicht die einzig richtige und jede andere falsch sei?‹, du zur Antwort gibst: ›Nein, Vaccha, ich meine nicht, daß die Welt nicht ewig sei und daß diese Ansicht allein die richtige und jede andere falsch sei?‹
»Wie kommt es, Gautama, daß wenn du gefragt wirst: ›Meint Gautama, daß die Welt endlich sei...?‹
»Wie kommt es, Gautama, daß wenn du gefragt wirst: ›Meint Gautama, daß die Seele und der Leib ein und dasselbe seien...?‹
»Wie kommt es, Gautama, daß wenn du gefragt wirst: ›Meint Gautama, daß der Heilige nach dem Tode fortlebt...?‹

»Wie kommt es, Gautama, daß wenn du gefragt wirst: ›Meint der Mönch Gautama, daß der Heilige nach dem Tode sowohl fortlebt als auch nicht fortlebt, und daß diese Ansicht die einzig richtige und jede andere falsch sei?‹, du zur Antwort gibst: ›Nein, Vaccha, ich meine nicht, daß der Heilige nach dem Tode sowohl fortlebt als auch nicht fortlebt, und daß diese Ansicht die einzig richtige und jede andere falsch sei‹, du zur Antwort gibst: ›Nein, Vaccha, ich meine nicht, daß der Heilige nach dem Tode sowohl fortlebt als auch nicht fortlebt, und daß dies die einzig richtige Ansicht und jede andere falsch sei‹?

»Aber wie kommt es, Gautama, daß wenn du gefragt wirst: ›Meint der Mönch Gautama, daß der Heilige weder nach dem Tode fortlebt noch nicht fortlebt, und daß diese Ansicht die einzig richtige und jede andere falsch sei?‹, du zur Antwort gibst: ›Nein, Vaccha, ich meine nicht, daß der Heilige nach dem Tode weder fortlebt noch nicht fortlebt, und daß diese Ansicht die einzig richtige und jede andere falsch sei‹? Welchen Einwand erkennt Gautama gegen diese Theorien, daß er sich nicht eine von ihnen zu eigen macht?«

»Vaccha, die Theorie, daß die Welt ewig sei, ist ein Dschungel, eine Wildnis, ein Marionettenspiel, ein Gezerre und eine Fessel, mit Elend, Verderben, Verzweiflung und Todeskampf verbunden, und führt nicht zu Widerwillen, Leidenschaftslosigkeit, Vergehen, Ruhe, Wissen, höchster Weisheit und *nibbâna*.

»Dies ist der Einwand, den ich gegen diese Theorien erkenne, so daß ich mir keine von ihnen zu eigen gemacht habe.«

»Aber hat Gautama irgend eine eigene Theorie?«

»Der Tathâgata, o Vaccha, ist frei von allen Theorien; aber dieses, Vaccha, weiß der Tathâgata: das Wesen der Gestalt, und wie die Gestalt entsteht und wie die Gestalt vergeht; das Wesen der Wahrnehmung und wie die Wahrnehmung entsteht und wie die Wahrnehmung vergeht; das Wesen der Neigungen und wie die Neigungen entstehen und wie die Neigungen vergehen; das Wesen des Bewußtseins und wie das Bewußtsein entsteht und wie das Bewußtsein vergeht. Deshalb sage ich, daß der Tathâgata die Erlösung erlangte und von Verhaftung frei ist, insofern alle Vorstellungen oder Gemütsbewegungen oder stolze Gedanken bezüglich des Ich oder irgendwie zu einem Ich gehörig, vergangen sind, verschwunden sind, aufgehört haben, aufgegeben und verlassen wurden.«

»Aber Gautama, wo ist der Mönch wiedergeboren, der diese Erlösung im Geiste erlangt hat?«

»Vaccha, ihn wiedergeboren zu nennen, würde in diesem Fall nicht zutreffen.«

»Dann, Gautama, ist er also nicht wiedergeboren?«

»Vaccha, ihn nicht wiedergeboren zu nennen, würde für diesen Fall nicht zutreffen.«

»Dann, Gautama, ist er sowohl wiedergeboren als auch nicht wiedergeboren.«

»Vaccha, ihn sowohl wiedergeboren als auch nicht wiedergeboren zu nennen, würde für diesen Fall nicht zutreffen.«

»Dann, Gautama, ist er weder wiedergeboren noch nicht wiedergeboren.«

»Vaccha, ihn weder wiedergeboren noch nicht wiedergeboren zu nennen, würde für diesen Fall nicht zutreffen.«

»Wenn ich zu dir sage: ›Aber Gautama, wo ist der Mönch wiedergeboren, der diese Erlösung im Geiste erlangt hat?‹ gibst du zur Antwort: ›Vaccha, ihn wiedergeboren zu nennen, trifft für den Fall nicht zu.‹ Und wenn ich zu dir sage: ›Dann, Gautama, ist er nicht wiedergeboren‹, gibst du zur Antwort: ›Vaccha, ihn nicht wiedergeboren zu nennen, trifft für den Fall nicht zu.‹ Und wenn ich zu dir sage: ›Dann, Gautama, ist er sowohl wiedergeboren als auch nicht wiedergeboren‹, gibst du zur Antwort: ›Vaccha, ihn sowohl wiedergeboren als auch nicht wiedergeboren zu nennen, trifft für den Fall nicht zu.‹ Und wenn ich zu dir sage: ›Dann, Gautama, ist er also weder wiedergeboren noch nicht wiedergeboren‹, gibst du mir zur Antwort: ›Vaccha, ihn weder wiedergeboren noch nicht wiedergeboren zu nennen, trifft für den Fall nicht zu.‹ Gautama, Ich bin in Verlegenheit, was ich davon halten soll, ich bin in großer Verwirrung, und mein Vertrauen zu Gautama, das eine frühere Unterredung in mir entzündete, ist nun geschwunden.«

»Genug, o Vaccha! Sei nicht in Verlegenheit, was du davon halten sollst, und sei nicht in großer Verwirrung. Tiefgründig, o Vaccha, ist diese Lehre, dunkel und schwer zu begreifen, gut, vorzüglich und nicht durch bloße Überlegung zu erreichen, subtil und nur dem Weisen einsichtig, und diese Lehre ist schwer zu erlernen für dich, der du einer anderen Sekte angehörst, einem anderen Glauben, einer anderen Überzeugung, einer anderen Disziplin und zu Füßen eines anderen Meisters sitzt. Deshalb, o Vaccha, will ich dich jetzt befragen, und du antworte, so gut du kannst. Was denkst du, Vaccha? Angenommen, ein Feuer würde vor dir brennen, würdest du dessen bewußt sein, daß ein Feuer vor dir brennt?«

»Gautama, wenn ein Feuer vor mir brennte, würde ich dessen bewußt sein, daß ein Feuer vor mir brennt.«

»Aber angenommen, Vaccha, es würde dich jemand fragen: ›Worauf beruht dieses Feuer, das da vor dir brennt?‹, was würdest du ihm antworten, Vaccha?«

»Gautama, wenn einer mich fragte: ›Worauf beruht dieses Feuer, das da vor dir brennt?‹, würde ich antworten, Gautama: ›Dieses Feuer, das da vor mir brennt, beruht auf dem Brennstoff Gras und Holz.‹«

»Aber, Vaccha, wenn das Feuer von dir gelöscht würde, wärest du dessen bewußt, daß das Feuer von dir gelöscht wurde?«

»Gautama, wenn das Feuer von mir gelöscht würde, wäre ich mir dessen bewußt, daß das Feuer von mir gelöscht wurde.«

»Aber, Vaccha, wenn einer dich fragte: ›In welche Richtung ist das Feuer gegangen – nach Osten oder Westen, oder nach Norden oder Süden?‹, was würdest du ihm antworten, o Vaccha?«

»Die Frage wäre diesem Fall nicht angemessen, Gautama. Denn das Feuer, das auf dem Brennstoff Gras und Holz beruhte, verlöscht, wie man sagt, wenn der Brennstoff zu Ende ist und kein weiterer beschafft werden kann.«

»In eben derselben Weise, Vaccha, ist jegliche Form, in der man das Fortleben des Heiligen aussagen könnte, hinfällig, entwurzelt, aus dem Boden gerissen wie eine Palmyrapalme, und wurde nicht-seiend und nicht geneigt, in Zukunft noch einmal zu entstehen. Der Heilige, o Vaccha, der von der sogenannten Gestalt befreit wurde, ist tief, unermeßlich, unergründlich, wie der mächtige Ozean. Ihn wiedergeboren zu nennen, trifft für den Fall nicht zu. Ihn nicht wiedergeboren zu nennen, trifft für den Fall nicht zu. Ihn weder wiedergeboren noch nicht wiedergeboren zu nennen, trifft für den Fall nicht zu.

»Jegliche Empfindung…

»Jegliche Wahrnehmung…

»Jegliche Neigungen…

»Jegliches Bewußtsein, durch das man das Fortleben des Heiligen aussagen könnte, ist hinfällig, entwurzelt, aus dem Boden gerissen wie eine Palmyrapalme, und ist nicht-seiend geworden und nicht geneigt, in Zukunft wiederzuerstehen. Der Heilige, o Vaccha, der vom sogenannten Bewußtsein befreit wurde, ist tief, unermeßlich,

unergründlich, wie der mächtige Ozean. Ihn wiedergeboren zu nennen, trifft für den Fall nicht zu. Ihn sowohl wiedergeboren als auch nicht wiedergeboren zu nennen, trifft für den Fall nicht zu.«
Als der Erhabene also gesprochen hatte, sagte Vaccha, der Wanderasket, folgendes zu ihm:
»Es ist, o Gautama, als ob in der Nähe eines Dorfes oder einer Stadt ein mächtiger Salbaum[30] stünde, der seine toten Äste und Zweige verliert, seine losen Fetzen von Rinde, sein krankes Holz, so daß er danach frei von diesen Ästen und Zweigen, den losen Fetzen von Rinde und dem kranken Holz, sauber und rein in seiner Stärke dasteht. In genau derselben Weise steht das Wort, Gautama, frei von Ästen und Zweigen, von den losen Fetzen Rinde und dem kranken Holz, sauber und rein in seiner Stärke. O, es ist wunderbar, Gautama! Es ist wunderbar, Gautama!«[31]

Keine angemessene Antwort

Darauf stattete Vacchagotta, der Wanderer, dem Erhabenen einen Besuch ab... und sagte:
»Nun Meister Gautama, gibt es ein Selbst?«
Auf diese Worte hin schwieg der Erhabene.
»Wie ist es nun, Meister Gautama, dann gibt es also kein Selbst?«
Der Erhabene schwieg abermals.
Darauf erhob Vacchagotta, der Wanderer, sich von seinem Sitz und ging fort.
Nicht lange nach dem Fortgang des Wanderers sagte der ehrwürdige Ânanda zum Erhabenen:
»Wie kommt es, Herr, daß der Erhabene auf die Frage des Wanderers Vacchagotta keine Antwort gab?«
»Wenn ich, Ânanda, auf die Frage des Wanderers: ›Gibt es ein Selbst?‹ geantwortet hätte: ›Es gibt ein Selbst‹, dann, Ânanda, hätte ich damit die Partei der Einsiedler und Brahmanen ergriffen, die an die Ewigkeit glauben.
»Wenn ich aber, Ânanda, auf die Frage: ›Dann gibt es also kein Selbst?‹ geantwortet hätte, daß es keines gebe, dann hätte ich damit die Partei der Einsiedler und Brahmanen ergriffen, die an die völlige Vernichtung glauben.

»Wenn ich auf die Frage des Wanderers, Ânanda: ›Gibt es ein Selbst?‹ wiederum geantwortet hätte, daß es eines gebe, wäre meine Antwort dann im Einklang mit dem Wissen, daß alle Dinge vergänglich sind?«
»Gewiß nicht, Herr.«
»Wenn ich auf die Frage des Wanderers Vacchagotta: ›Dann gibt es also kein Selbst?‹ wiederum geantwortet hätte, daß es keines gebe, so hätte es für den verwirrten Vacchagotta noch mehr Verwirrung gegeben. Denn er hätte gesagt: ›Früher hatte ich gewiß ein Selbst, aber jetzt habe ich keines mehr.‹«[32]

Der typisch buddhistische Gleichmut[33]

Zu dieser Zeit dachte Shâriputra, als er keinen Stuhl in der Behausung des kranken Vimalakîrti sah, auf den er sich hätte setzen können: »Wo wird die Versammlung der Bodhisattva und ihrer Jünger Platz nehmen können?« Da sagte Vimalakîrti zu ihm: »Wozu bist du gekommen, dem *dharma* zu lauschen oder einen Stuhl zu suchen?«…
Vimalakîrti sprach: »O Shâriputra, wer den *dharma* sucht, mißt dem Leben oder dem Körper keinen Wert bei; noch viel weniger solltest du dich um einen Stuhl bekümmern… Wer den *dharma* sucht, dem geht es in keiner Weise um die Betrachtung des Leidens oder um das Aufhören des Leidens, noch ist er bestrebt, den Pfad zu wandeln, der zur Auslöschung des Leidens führt. Und warum? Weil der *dharma* abseits steht von jeglichem Diskurs…
Der *dharma* kennt keine Verhaftung und keine Ablehnung. Warum? Weil der *dharma* nicht verhaftet und nicht abgelehnt werden kann… Es gibt keine Zuflucht zum *dharma*. Warum? Weil der *dharma* keine Zuflucht ist. Wenn es eine Zuflucht zum *dharma* gäbe, würde es eine Verhaftung an die Zuflucht geben, und nicht die reine Suche nach dem *dharma*… Wer nach dem *dharma* strebt, soll nichts anderes im *dharma* suchen.«[34]
[Im weiteren Verlauf dieses Gesprächs schaltete sich eine Göttin (*devî*), die in Vimalakîrtis Haus wohnte, ein und fragte:] »Wann hast du die Befreiung erlangt?« Shâriputra verharrte im Schweigen und antwortete nicht. Sie fragte noch einmal: »Warum verharrst du im

Schweigen, obwohl du so ehrwürdig und klug bist?« Shâriputra antwortete: »Die Befreiung ist abseits von allem Diskurs. Daher weiß ich nichts zu sagen.« [Darauf sprach die Göttin:] »Jedes Wort und jeder Buchstabe sind Aspekte der Befreiung. Warum? Weil die Befreiung keine Stellung im Inneren, im Äußeren oder in der Mitte hat. Und daher, Shâriputra, ist es unmöglich, von der Befreiung getrennt von Buchstaben zu sprechen. Warum? Alle Dinge sind Ausdrücke der Befreiung.« Shâriputra fragte: »Dann besteht Befreiung vielleicht darin, von Leidenschaft, Zorn und Unwissenheit frei zu sein?« »Der Buddha nennt die Befreiung nur für die Selbstsüchtigen ein Freisein von Leidenschaft, Zorn und Unwissenheit. Für die nicht Selbstsüchtigen sagt der Buddha, daß das Wesen von Leidenschaft, Zorn und Unwissenheit die Befreiung selbst sei.« Shâriputra sagte: »Sehr wohl gesprochen, sehr wohl gesprochen. Wer hat dich so beredt gemacht?« »Ich habe nichts erlangt. Ich habe nichts erworben. Deshalb bin ich so beredet. Und warum? Wenn jemand meint, er habe etwas erlangt oder erworben, dann heißt diese Person gemäß dem *dharma* des Buddha selbstsüchtig.«[35]
Vimalakîrti wandte sich an alle Bodhisattvas und sprach: »O Ehrwürdige, wie kann ein Bodhisattva die Lehre der Nichtzweiheit durchdringen? Ich bitte euch, mir dies im Lichte eurer Vernunft zu erklären.«[36]
Dann wandte Mañjushrî sich an Vimalakîrti und sprach: »Bisher hat jeder von uns seine eigene Absicht dargelegt. Herr, ich wünschte nun, daß du deine Anschauung erläuterst, was es für einen Bodhisattva bedeutet, die Lehre der Nichtzweiheit zu durchdringen.«
Vimalakîrti verharrte im Schweigen und sagte kein Wort.
Mañjushrî lobte ihn und sagte: »Sehr wohl, sehr wohl, gewiß gibt es keine besseren Worte. Eben dies heißt das vollkommene Durchdringen der Lehre der Nichtzweiheit.«[37]

Teil III
Interpretation

8 Wandel des menschlichen Bewußtseins – damals und jetzt

> Laß ab von mir, daß ich mich erquicke,
> ehe ich dahinfahre und nicht mehr bin[1].

Gewiß könnte man den »Atheismus des Buddha« aufgrund der Geschichte seiner Zeit »rechtfertigen«. Man könnte auf die religiöse Inflation des Brahmanismus in jener Epoche hinweisen und geltend machen, daß die Einstellung des Erleuchteten als gesunde Reaktion auf eine überladene Religiosität vollkommen verständlich sei[2]. Ein wenig Nüchternheit, der Aufruf, zum Wesentlichen – das sich als das Existentielle erweist – zurückzukehren, würde für das Phänomen des Buddhismus mehr als Rechenschaft ablegen[3].
Ich zweifle nicht daran, daß es sich tatsächlich so verhält. Aber gerade deshalb widerstrebt es mir, mich mit einer Erklärung zu begnügen, die sich auf nur Geschichtliches bezieht. Gehen wir den Gründen in ihrer anthropologischen Tiefe nach.

Die drei Felder des menschlichen Bewußtseins

Das menschliche Bewußtsein sieht sich mit drei großen Problemen konfrontiert – Problemen, welche die Menschheit beunruhigen, seit sie begann, von ihrer Fähigkeit zu denken Gebrauch zu machen. Diese sind, Welt, Gott und Mensch. Anhand dieser drei Worte könnte man nicht nur eine Entstehungsgeschichte des Denkens schreiben, sondern auch eine Problemgeschichte der Religion von ihren ersten Anfängen an.

Die Welt

Die erste von den Menschen entdeckte Wirklichkeit ist nicht ihre »eigene«, sondern die ihrer Umwelt, der Dinge, die sie bedrohen oder beschirmen. Die erste philosophische (oder vielleicht besser, präphilosophische) Position ist eine ekstatische Einstellung gegenüber den Dingen. Wir wollen wissen, was die Dinge sind. Astrologie, Musik und Medizin sind die ersten Wissenschaften; parallel dazu entwickeln sich Landwirtschaft, Jagd und Architektur als die ersten Zweige der Technik. Die Natur ist voller »Dinge«, von denen einige dem Menschen feindlich, andere freundlich gesinnt sind, und die Menschen sind genötigt, ihr Verhalten festzustellen und sich ihm anzupassen. Die Menschen sind sich ihrer Umwelt voll bewußt, und die Religion als Weg der Erlösung – wie immer diese interpretiert werden mag – folgt dem Pfad der reinen Objektivität: Es zählt das rechte Handeln bei Beachtung der menschlichen Konstanten und ebenso des kosmischen Rhythmus. Die hauptsächliche Form der Anbetung war die Darbringung der ersten Jahresfrüchte, um die Kräfte der Natur günstig zu stimmen[4]. Was wir heute gewöhnlich das Überirdische, Übermenschliche, ja sogar das Göttliche nennen, hatte noch den Aspekt eines metakosmischen »Numinosen«, das zu den physischen oder psychischen »Dingen«, die die Welt erfüllten, in enger Beziehung stand[5].
Die Menschen schienen sich selbst nicht reflexiv zu kennen, oder sich nicht einmal ihrer besonderen Stellung im Kosmos bewußt zu sein. Ein menschliches Wesen war lediglich ein weiteres Ding unter so vielen anderen Dingen. So dachten die Menschen von sich und verhielten sich dementsprechend. Das menschliche Bewußtsein

war da, aber das Bewußtsein des Selbst war noch nicht erwacht. In mythologischer Ausdrucksweise könnten wir diese Periode diejenige der paradiesischen Unschuld nennen, wonach die »kulturelle Erbsünde« noch nicht begangen war. Der menschliche Geist hatte sich noch nicht sich selbst zugewandt[6].

Das Göttliche

Auch die zweite von den Menschen entdeckte Wirklichkeit ist noch nicht ihre eigene, sondern es ist die Wirklichkeit der Götter:
Aufgrund ihrer Schönheit oder ihrer Bosheit, ihrer Macht oder ihrer Schwachheit scheinen die Dinge auf etwas hinzuweisen, das anders und höher ist als sie, auf eine unsichtbare Kraft oder eine höchste Gewalt, die immanent oder transzendent, jedoch immer unerreichbar und verborgen ist. Die Menschen stellten fest, daß sie im Universum nicht alleine waren, sondern sich in Gesellschaft vieler anderer Wesen befanden, höherer Wesenheiten, die sie beschützten oder ihnen widerstanden, so wie die Dinge ihrer Umwelt es immer getan hatten.
Die Menschen erforschten die Welt der Götter und den Standort Gottes und gelangten zu den unterschiedlichsten Deutungen. Sie entdeckten ihre eigene Abhängigkeit von dieser oder jener Kraft, dieser oder jener Gottheit, und versuchten unbeholfen, eine tragfeste Beziehung zur Welt des Numinosen herzustellen. Die Religion war dazu da, die Beziehungen zur überirdischen Sphäre zu regeln und es dem Menschen zu überlassen, inwieweit er sich dem Göttlichen zu nähern vermochte.
Das Opfer war eine primäre Kategorie, eine sakrale Handlung, die das Band zwischen dem menschlichen und dem übermenschlichen Bereich festigte. Es unterscheidet sich von der Opfergabe der Erstlinge des Jahres, weil der Mensch sich bewußt war, daß er etwas von sich selbst zu bieten hatte (»die Früchte seiner eigenen Arbeit«), und nicht nur zurückgab, was er von Gott empfangen hatte[7].
Das Opfer ist das religiöse Moment schlechthin: Die Gegenwart des Numinosen scheint jede menschliche Fähigkeit zu absorbieren. Es läßt kaum Platz für irgend etwas anderes; geschaffene Dinge gelten als unwichtig, und über den Menschen wird hinweggesehen. Die menschliche Aktivität wendet sich nicht mehr den Dingen, sondern

dem Sakralen zu. Tempel sind wichtiger als Häuser. Das Beste, das die Gesellschaft zu bieten hat – ob Personen oder Dinge –, wird der Gottheit geweiht, von Jungfrauen bis zu Feldern. Die Wissenschaften, die kultiviert werden, sind die sogenannten sakralen Wissenschaften. Das vorwiegende Interesse des Menschen gilt nicht der Erde, sondern dem Himmel. Der König und der Gelehrte unterstehen dem Priester, sofern diese Rollen nicht schon in einer einzigen Person vereinigt sind.

Das soll nicht heißen, daß jedes Stadium der Geschichte sich als notwendige Entwicklung aus dem vorhergehenden Stadium ergibt. Ich möchte lediglich auf diese beiden Geisteshaltungen hinweisen, die auch aus einem unterschiedlichen Lebensstil kommen: aus der Ekstase gegenüber den Dingen und dem Absorbiertwerden vom Göttlichen. Ohne Zweifel ging das eine Stadium dem anderen »kairologisch« voraus, aber wir können nicht evolutionstheoretisch behaupten, daß das eine die »Entwicklung« des anderen sei, und damit implizit ein Werturteil fällen, indem wir dem folgenden Stadium als dem »besseren« den Vorzug geben. Zwischen den beiden Stufen gibt es auf sozialem und philosophischem Gebiet einen revolutionären Sprung, dessen Reichweite wir nicht kennen, weil unsere Geschichte, wie auch unsere Urgeschichte, generell erst in dem Augenblick der Loslösung des Kosmischen vom Göttlichen entsteht.

Der Mensch

Wie die Dinge in dieser Welt auf Gott hinweisen, so weist auch Gott auf den Menschen hin. Das Interesse Gottes scheint sich auf die Menschen zu konzentrieren. Ihnen scheint vorzüglich die Aufmerksamkeit Gottes zu gelten. Ohne die Welt der Sterblichen verlieren die Götter scheinbar ihre Raison d'être. So kommt es, daß die Menschen, sobald sie merken, daß sie im Mittelpunkt der göttlichen Aufmerksamkeit stehen, diesem göttlichen Blick sozusagen folgen und sich daraufhin selbst entdecken. Nach einer bestimmten Periode der Selbstreflexion gelangen sie schließlich zu dem Schluß, daß sie im Zentrum der Wirklichkeit stehen[8].

Nun treten die Dinge in eine grundlegende Beziehung zum Menschen. Gott wird so weit verinnerlicht, daß eine Gottheit, die für sich allein existierte, so gut wie sinnlos wäre. Der Mensch entdeckt

sich selbst, und in seinem Inneren findet (oder verliert) er sowohl Gott als auch die Dinge. Dies ist der Augenblick des erwachenden Bewußtseins des eigenen Selbst oder des reflexiven Bewußtseins, ein Augenblick, in dem die großen religiösen Bewegungen entstehen. Für eine bestimmte Zeitspanne verflüchtigt sich der Anthropozentrismus. Er wird verschleiert und tritt eher als eine Läuterung und Verinnerlichung des Gottesbegriffs in Erscheinung.
Dann aber kehrt er mit um so größerer Gewalt zurück. Wenn der Mensch sich einmal eindeutig als »Maß aller Dinge«[9] betrachtet, wenn der Mensch einmal als Vermittler zwischen Himmel und Erde auftritt, kreist er um sich selbst als Mittelpunkt seiner Bezüge. Das Wort des Menschen wird zur höchsten Wirklichkeit erhoben[10]; es verwandelt sich zum Urwort (*vâc*)[11]. Es wird vergöttlicht[12]. Nun hat der mit dem kosmischen Christus identifizierte *logos* alles andere verdrängt[13]. Sogar Gott, wie manche christliche Theologen später sagen werden, ist bar jeder existentiellen Bedeutung außer in Christus, der Gott vermenschlicht und damit die Gottheit in etwas Wirkliches verwandelt[14].

Die Krise des menschlichen Bewußtseins

Diese in bloßen Umrissen skizzierten drei Phasen sind nicht, ich wiederhole, drei dialektische Momente eines automatischen Ablaufs. Die Folge der historischen und individuellen Ereignisse mag in gewissen Zeiten den Anschein erwecken, als sei in der menschlichen Geschichte ein evolutionärer Prozeß am Werk, wie er in der Entwicklung eines bestimmten Individuums tatsächlich stattfinden kann. Tatsache ist jedoch, daß diese historischen Wandlungen nur selten das Ergebnis eines inneren Vorgangs sind. Häufiger beruhen sie auf dem energischen Eingreifen einer oder mehrerer Personen, deren dynamische Intuitionen eine revolutionäre Veränderung entfesseln. Dies geschah mit Sicherheit in der Wandlung, welche die Zivilisation zu Beginn des zweiten und ersten vorchristlichen Jahrtausends, mit der Geburt der großen Zivilisationen des Vorderen Orients, sodann der griechischen und römischen und kurz darauf der vedischen Zivilisation durchmachte, obgleich die Entstehung dieser Kulturen sich in den Ursprüngen unserer Vorgeschichte verliert. Eine ähnliche welt-

geschichtliche Bedeutung hatte die Wende des siebten und sechsten Jahrhunderts v.Chr., die Epoche des Buddha.
Mit höchster Wahrscheinlichkeit wurde im Jahre 563 v.Chr.[15] in Kapilavastu (Kapilavatthu), der Hauptstadt der Shâkya, Siddhatta geboren, der Sohn von Shuddhodana und Mâyâdevî, vermutlich aus der Familie (*gotra*) der Gautama[16]. Im sechsten vorchristlichen Jahrhundert fand eine Reihe von so neuartigen Ereignissen statt, daß Historiker sich veranlaßt fühlten, einen besonderen Zeitgeist anzunehmen, den sie eine »historische Achse« nannten[17]. Tatsächlich ist die in diesem Augenblick in der Menschheit bewirkte Veränderung tiefgreifend[18]. In diesem Jahrhundert bekam die Astrologie, die erste Wissenschaft der Menschheit, eine neue Orientierung[19]. Dies ist das Jahrhundert des großen Übergangs vom *mythos* zum *logos*, ein Prozeß, der vielleicht erst in unserem Zeitalter der »Entmythisierung« zu einem gewissen Höhepunkt gelangt. Nun entstehen Risse im ekstatischen Bewußtsein der Menschheit, die zu einer Selbstreflexion führen, die bis zum heutigen Tag zunimmt.
Betrachten wir nun einige grundlegende Daten, die uns den nötigen Überblick verschaffen, damit wir die Tragweite der religiösen Revolution des Buddhismus verstehen können. Freilich dürfen wir nicht vergessen, daß wir zur Verdeutlichung der wichtigsten Züge unserer Geschichte notgedrungen einige äußerst komplexe religiös-kulturelle Prozesse vereinfachen müssen.
Wenn wir versuchen wollten, diese Hauptzüge mit groben Pinselstrichen zu zeichnen, so müßten wir von einem Gewebe aus Mythos, Logos und Geist (*pneuma*) sprechen. Der Mensch kann ohne Mythos nicht leben. Andererseits wird der Mensch erst dann zu einem vollen Menschen, wenn er auch sein logisches Potential und seine geistigen Fähigkeiten entwickelt hat[20]. Ebenso wie das Wesen des »Primitivismus« einer archaischen Kultur in seinen mythischen Merkmalen liegt, so ist der »barbarische Charakter« der zeitgenössischen westlichen Kultur im wesentlichen nicht auf die materielle Komponente einer bestimmten Zivilisation zurückzuführen, sondern auf die überragende Macht, die sie dem *logos* zuschreibt. Wenn wir den Beitrag des Buddha zu unserem Zeitalter in einem einzelnen Denkkonzept zusammenfassen können, dann ist es seine Überzeugung, daß der »Logos« in keiner Form, weder in der ontologischen noch epistemologischen, noch in der kosmischen Form vergöttlicht werden kann. *Mythos* und *Logos* können

nur im *Geist* existieren. Der Geist aber läßt sich weder vom Mythos noch vom Logos »manipulieren«.
Der Geist ist Freiheit, und Freiheit kann weder in Mythos noch in Logos, noch in beide zugleich verwandelt werden. Wenn das sechste Jahrhundert weitgehend das Erwachen des Logos im Wort seiner großen Reformatoren darstellt, dann steht der Beitrag des Buddha zu dieser großen religiösen Umwälzung einzigartig da, denn er ist es, der die Bedeutung des Schweigens des Geistes unmittelbar betont. Das Schweigen ist der Ort des Geistes. Hier einige Erläuterungen:

Israel

Im Jahre 587 v.Chr. fiel Jerusalem der babylonischen Invasion zum Opfer. Dieser historische Wendepunkt stellt nicht nur eine Wandlung der Geschichte dar, sondern einen qualitativen Bewußtseinswandel der semitischen Völker[21]. Auch das Christentum steht durch seine Bindung an das Alte Testament unter der Wirkung des durch die babylonische Gefangenschaft verursachten Wechsels, und dieses Ereignis gilt den europäischen Völkern hinfort als Symbol einer Achsenverschiebung[22].
Der Fall des Tempels von Jerusalem stellt paradoxerweise viel mehr den Triumph der Religion Israels als ihren Zusammenbruch dar. Im allgemeinen brechen nationale Religionen, die an ein einziges Volk gebunden sind, zusammen, wenn sie ihre Kultstätten einbüßen. Das Gegenteil geschah in Israel. Wie läßt sich das erklären?
Einen Wandel des religiösen Bewußtseins hatte dieses Volk bereits zuvor durchgemacht. Das war die Wirkung der großen Propheten des vorhergehenden Jahrhunderts gewesen, dieser überdimensionalen Gestalten, die so oft im Widerstreit mit den »offiziellen« Propheten gestanden hatten, die sich gegen die Vertreter von Überlieferung und Sitten erhoben und nicht nur die Reinigung des Gottesdienstes von allen synkretistischen Einflüssen gepredigt[23], sondern radikale Neuerungen in den Gottesdienst eingeführt hatten[24]. Die großen Propheten Israels zerschlugen den kosmischen Begriff des Opfers, der so häufig zu bloßer Magie verkommen war, und ersetzten ihn durch das innere Opfer einer sittlichen Verhaltensweise[25]. »Barmherzigkeit, nicht Opfer« war nun das Leitmotiv der prophetischen Verkündigung[26]. Der Mensch, der Gott verehrt, be-

gann wichtiger zu werden als der Akt der Gottesverehrung an sich. Barmherzigkeit und soziale Gerechtigkeit wurden eine Form des Gottesdienstes, die der Gottheit wohlgefälliger war, als bloße Rituale es je sein konnten.
Die Auswirkungen dieses Gesinnungswandels hinsichtlich der Gottesverehrung beschränken sich nicht auf das Gebiet der Liturgie, auf dem sie in der Tat eine radikale Erneuerung hervorbrachten. Jetzt wurde der Gottesbegriff selbst in Frage gestellt und damit auch die Beziehung des Menschen zu diesem Gott[27]. Als der Feind Jerusalems auf Angriffsnähe herangerückt war und im Begriff stand, die Kultstätten, zumal die wichtigste: den Tempel, zu zerstören, hatte die Lokalisierung des Gottesdienstes an einem festen, ausschließlichen Ort seine tiefere Bedeutung bereits verloren. So konnte der Jahwekult die Katastrophe ohne große Schwierigkeiten überstehen[28]. Jahwe überlebte die Zerstörung des Tempels, weil er vom nationalistischen Partikularismus befreit und in einen einzigen, persönlichen Gott transformiert worden war, in dessen Obhut alle Völkerschaften stehen[29]. Paradoxerweise wurde Israel gerade dadurch, daß es den Alleinanspruch auf seinen Gott preisgab – den Gott, der seinem Volk allein gehörte –, in die Lage versetzt, mit einem besonderen Auftrag und einer Mission in der Ökonomie der Erlösung betraut zu werden. Nun wurde diese Erlösung im Glauben Israels zum Werk eines Gottes, dem auch andere Völker am Herzen lagen[30]. Mit einem Wort, die Religiosität Israels wurde reflexiv. Jetzt rückten Menschen und ihre individuellen Bedürfnisse in den Mittelpunkt der prophetischen Botschaft. Auch der Gottesdienst, der jetzt so verinnerlicht war, daß er eine Bindung an eine höhere soziale Gerechtigkeit miteinschloß, war allgemeingültig geworden und hatte gleichzeitig die Gottheit, der er geweiht war, zu einer allgemeinen erhoben[31].
Mit einem Wort, der Mensch trat nun als soziale Entität in Erscheinung.

Persien

Während derselben Periode, knapp vor 600 v.Chr., vollzieht sich in Persien durch einen einsamen Propheten ersten Ranges eine analoge Wandlung[32]. Gegen eine Religiosität, die vorwiegend auf einer rituel-

len Beziehung zwischen Mensch und Gott, hauptsächlich auf dem Schlachtopfer von Rindern beruhte[33], stand Zarathustra als Reformer auf. Er stellte den Menschen in den Mittelpunkt seiner Religion, und seine Botschaft verkündete nicht mehr nur die kollektive, sondern auch die persönliche Erlösung. Der Mensch steht im Zentrum des großen Kampfes zwischen dem Prinzip des Guten und des Bösen. Die Menschen tragen nicht nur die Bürde ihres eigenen Schicksals, sondern auch der Transformation der ganzen Welt[34]. Der Mensch ist nicht mehr nur ein Zuschauer dieses großen kosmischen Kampfes zwischen dem Prinzip des Guten und des Bösen, den höheren Mächten ausgeliefert, wie es so oft mit den Religionen der ersten beiden hier geschilderten Stadien der Fall war. Jetzt steht der Mensch im Mittelpunkt des Kampfes und ist aufgerufen, den endgültigen eschatologischen Sieg des Guten über das Böse zu erringen.
Diese Verantwortung setzt Freiheit voraus, und Freiheit verlangt, daß Sittlichkeit in den Vordergrund tritt. Das persönliche Gewissen wird in den Rang einer höchsten sittlichen Norm erhoben[35]. Komplizierte rituelle Mechanismen werden abgeschafft, ebenso die blutigen Opfer, und beide werden durch die Weihe des Lebens und Handelns ersetzt[36]. Nicht nur der Mensch tritt in eine zentrale Stellung, sondern der Gottesbegriff selbst wird transformiert. Ahura Mazda, der »denkende Herr« oder der »weise Herr«[37], ist der universale, absolute Geist, der Schöpfer *ex nihilo* mittels der Tätigkeit seiner Vernunft[38], und wenigstens zu Beginn steht er völlig jenseits des Dualismus von Gut und Böse, der herkömmlich dem persischen Konzept zugeschrieben wird[39]. Gott ist das Heilige schlechthin[40].
Zusammenfassend läßt sich sagen, daß mit Zarathustra der Mensch als persönliches Gewissen hervortritt.

China

Während derselben Periode machte die große Zivilisation Chinas eine ähnliche politisch-soziale und religiöse Krise durch und erlebte mit Konfuzius und Laotse eine ähnliche, wenngleich abgewandelte Reaktion auf eine erstarrte, kosmisch-imperiale Ordnung und einen daraus resultierenden Aufbruch hin zu einer persönlicheren Auffassung von Gerechtigkeit und Moral. Wir sehen also, daß es sich um eine typische Reaktion handelt. Der Mensch lehnt den Ritualismus

ab und antwortet dem Ruf nach einem persönlichen Gewissen, wodurch er das Wesen seiner eigenen und der ganzen Welt Erlösung entdeckt.
Gewiß betont Konfuzius immer wieder die Bedeutung des Kultus für die Erlösung, doch er behauptet nicht weniger nachdrücklich, daß diese besondere Tat nur dann der Erlösung dient, wenn die Riten in einem reflexiven Bewußtsein vollzogen werden und wenn das Individuum sich dabei seiner Stellung im Kosmos bewußt ist. Es kommt auf das Verhalten an. Das Schweigen dämmert auf[41].
Wiederum steht der Mensch im Zentrum der religiösen Frage. Die Weisheit nimmt unter den Werten den obersten Rang ein[42]. Was die Gottheit betrifft, so lehnt die Reform des Konfuzius es ab, sich auf metaphysische Spekulationen einzulassen. Die Botschaft des Konfuzius ist eminent praktisch.
Nach Laotse dagegen wird der Mensch nur durch die mystische Vereinigung mit dem Tao auf einer über alles Rituelle erhabene Ebene gerettet[43].
Sogar hier geht es letztlich um denselben Prozeß: die *Personalisierung*[44].

Griechenland

Ein ähnlicher Übergang vom Kosmologischen zum Anthropologischen läßt sich in bemerkenswerter und profunder Weise in jener Epoche auch in Griechenland beobachten. Der Geist dieser griechischen Bewegung ist stark religiös geprägt, und dies erklärt den fast religiösen Eifer der großen Gestalten der Zeit, wenngleich ihre Formulierungen und die Stoßrichtung ihres Denkens der Kategorie angehört, die später Philosophie genannt wurde. Die Abwesenheit einer zentralen prophetischen Persönlichkeit wird durch den spekulativen Charakter der Reform wettgemacht.
Der Mensch hört auf, nur eines unter vielen Dingen zu sein. Der Mensch verwandelt sich in einen Zuschauer, später in einen Richter und macht sich kritisch auf die Suche nach der in der Vielfalt verborgenen Einheit. Für ein naives Gemüt ist die Vielfalt das Gegebene und die Einheit das Problem; einer kritischen Mentalität dagegen erscheint die Vielfalt als unbegreiflich und provisorisch, um jeden Preis um Einheit bemüht. Die ersten Philosophen setzten sich

über die überlieferte Mythologie hinweg, indem sie, ausgehend von einer autonomen kritischen Überlegung, Zeus, Ananke usw. nicht in ein Urprinzip verwandelten, sondern die Einheit der offenkundigen Vielfalt anderswo suchten. Thales von Milet sieht zum Beispiel im Wasser das Urelement, das alle Dinge nährt[45]. Anaximander[46] und Anaximenes[47] gelangen zu einem vergeistigten, intellektualisierten und wenig greifbaren Prinzip, wie *to apeiron* (»das Grenzenlose«) oder die Luft als etwas Unteilbares[48]. Diese Denker setzten sich noch nicht mit dem tiefen Konflikt zwischen den neuen intellektuellen Notwendigkeiten und der überlieferten Religion auseinander. Nur bei Xenophanes begegnet uns eine globale Verwerfung der Mythologie aufgrund sittlicher Forderungen[49]. Nicht ohne Grund wurde Xenophanes »der Theologe« genannt[50].

Zu den Pionieren, die den Anspruch geistiger Forschung mit einer tiefen, ausgesprochen persönlichen Religiosität zu verbinden suchen, gehören insbesondere Heraklit, Empedokles und Pythagoras. Der letztere begründet eine Schule, deren Zweck das persönliche Heil ist[51]. Empedokles, der später als Gott verehrt wird, lehrt außer einer Kosmologie und einer wissenschaftlichen Metaphysik auch eine Methode, dem Kreislauf der Wiedergeburt zu entkommen[52]. Heraklit entdeckt gewissermaßen den *logos*[53], der in der Folge zum Eckpfeiler des gesamten abendländischen Denkens wird[54].

Ungefähr um dieselbe Zeit kommt es zu einem Wiederaufleben des Interesses an den Mysterien, besonders den orphischen und den eleusinischen, und die letzteren erreichen alsbald den Höhepunkt ihrer Prachtentfaltung[55]. Dies ist insofern von Bedeutung, als im Mittelpunkt der von den Mysterien verkündeten und garantierten Erlösung das Individuum steht.

Die Bewegung verläuft an anderen Orten und in anderen Kulturen ganz ähnlich. Dennoch ist nicht zu leugnen, daß das griechische Wunder dieser Epoche – unumkehrbar und für alle Zeiten, da das Rad der Geschichte sich nicht zurückdrehen läßt – die Entdeckung des Menschen in seiner Weltlichkeit ist[56].

Indien

Indien kannte keine Zeit der Krise wie Israel, wo die Menschen wußten, daß sie sich am Rande einer Katastrophe befanden, oder wie Persien, wo die religiöse Reform einen ökonomischen und sozialen Aspekt hatte, oder Griechenland, wo sich ungeheure politische Umwälzungen vollzogen, oder China, wo an der kaiserlichen Ordnung gerüttelt wurde. In Indien vollzog sich die wichtigste Bewegung im Inneren und nahm ihren Anfang in der Priesterkaste, bei Menschen, denen eine Vereinfachung ihres Opferkultes notwendig erschien. Eine spirituelle Geschichtsschreibung des drawidischen Indiens steht allerdings noch aus.

In Indien scheint das Phänomen der Hinwendung der Religion zum Menschen universell verbreitet zu sein. Neben dem Buddhismus begegnet uns Vardhamâna, genannt Mahâvîra, der praktische Begründer der Jaina-Religion, die schon vor ihm existierte. Er verkündete die Botschaft der Entsagung und vollkommenen Gewaltlosigkeit und vertrat dieselbe Hinwendung zur Innerlichkeit und Meditation über den menschlichen *âtman*, das Subjekt dieser geistigen Versenkung, die die letzte Realität darstellt[57].

Aber diese Bewegung manifestiert sich nicht nur in den sogenannten heterodoxen Systemen, die eine Reaktion gegen den Brahmanismus waren. Im Herzen der Orthodoxie selbst sehen wir eine ganze Bewegung der Verinnerlichung, des Antiritualismus und des Antitraditionalismus. Es treten Persönlichkeiten auf wie Uddâlaka Âruni, sein Sohn Shvetaketu und König Janaka. Da erscheint insbesondere das gefeierte Genie Yâjñavalkya und natürlich Shandilya. Alle waren bestrebt, die überlieferte Religion zu bewahren, nicht mit der vedischen *shruti* zu brechen, und dennoch transformierten sie den Hinduismus tiefgreifend[58]. Sie waren die Träger einer neuen Bewußtheit, deren Auswirkungen sich nicht nur in einem veränderten Menschenbild, sondern auch in einer neuen Gottesvorstellung äußerten, und gingen als solche in die Geschichte ein. Selbst die Beziehung zwischen Gott und Mensch wird nicht mehr nach den vedischen Vorschriften, mit ihrer starken Betonung von *karma-mârga*, gelebt. Diese Beziehung nimmt nun die Form eines vernunftgemäßen Erkenntnisprozesses an und tritt so an die Stelle der karmischen Struktur des alten Rituals, ohne es zu zerstören – ja, es erhebt sogar den Anspruch, es zu überhöhen[59]. Kurz gesagt, es geht um *Aham brahman*, das Ich im *brahman*.

Auf diese Weise wird der meditierende Mensch zum Mittelpunkt des Erlösungsprozesses und der Opferhandlung. Gleichzeitig wird das Göttliche selbst vereinheitlicht und ins Allgemeingültige erhoben. Wir finden dies sogar noch in den späten Hymnen des Rig Veda mit ihrer Suche nach Einheit in der Vielfalt[60]. Das Prinzip, das hinter allem steht und in allem gegenwärtig ist, ist *brahman*[61], vergleichbar dem in Wasser aufgelösten Salz, das den ganzen Brotlaib würzt[62]. Dann kommt die Identifizierung von *brahman* mit *âtman*, und die Entdeckung dieser Gleichsetzung ist die Grundlage des Erlösungsweges der Upanishaden[63]. Die Wirksamkeit des Ritus besteht nicht in der äußeren Handlung, sondern in der Intention und letztlich im Bewußtsein[64]. Die Meditation über das Opfer ist gleichwertig mit der Opferhandlung selbst[65]. Die Hingabe des Selbst[66], einschließlich der Darbringung in und aus dem im Wort residierenden Atem[67] führt ihre Subjekte zur Sublimierung aller kultischen Riten in der Erkenntnis des Selbst: *tat tvam asi*[68]. Wenn Griechenland in dieser Epoche das menschliche Prinzip aller Dinge entdeckt, so findet Indien das göttliche Prinzip im Menschen: *aham brahma asmi*[69].

In diesem Kontext erscheint die Revolution Gautamas, des Buddha, verständlicher, wenngleich kaum weniger außerordentlich. Mir scheint nämlich, daß der Kontext, in dem die Botschaft des Buddha auftritt, sich nicht auf die besondere Umwelt seiner unmittelbaren Umgebung einschränken läßt, sondern vielmehr jenem entscheidenden, spezifischen Moment der Menschheitsgeschichte angehört, in dem – zumindest soziologisch – das menschliche Bewußtsein der Subjektivität erwacht. In allen Fällen, die wir aus jenem bemerkenswerten sechsten Jahrhundert angeführt haben, gibt es einen gemeinsamen Nenner: einerseits die Reaktion gegen die reine Objektivität, ob diese sich nun Ritualismus, Transzendenz, Gott, Überlieferung, Sitte oder wie auch immer nennen mag, und andererseits den Aufstieg des Menschen. Die großen Propheten Israels, die Weisen der Upanishaden, die großen chinesischen Reformer, die griechischen Philosophen und so fort, richten den forschenden Blick nach innen und entdecken, daß die innere Haltung das Wesentliche jeder Handlung ist. Die kritische Haltung ist für jede wahrhaft menschliche Tat unerläßlich. Nie wieder wird es möglich sein, den Anschauungen der Alten blind zu folgen oder einen magischen Glauben an überlieferte Riten zu hegen. Was zählt, ist der Mensch, und folglich seine Gesinnung. Rein theoretische Spekulationen, die der Buddha nutzlos und verderblich nennt, sind hier tote Objektivität. Es kommt auf die konkrete Person und ihre existentielle Befreiung an. Alle Ideen,

von denen die Gottesvorstellung nicht ausgeschlossen ist, sind eine Art Refugium, in das die Menschen sich geflüchtet haben, weil sie Angst vor sich selbst hatten. Der Buddha trachtet danach, die Menschen von all diesen Ängsten zu befreien, indem er sie auf eine entscheidende, universelle Tatsache aufmerksam macht, die eine allgemeine menschliche Erfahrung bezeugt: die Tatsache des Leidens und unseres eingeborenen Strebens, uns davon zu befreien.
Nicht die Dinge zählen, sondern der Mensch, sagt Griechenland. Das Wesentliche ist nicht das äußere Opfer und der rituelle Gottesdienst, sondern die menschliche Gesinnung und Verinnerlichung, verkünden die Upanishaden. Das Wesentliche liegt im Bewußtsein der Harmonie des Menschen mit dem All, lehrt China. Das Fundamentale ist die bewußte persönliche Erlösung, predigt Zarathustra. Jahwe erlöst oder erhört nicht, wenn unser Herz nicht rein ist, rufen die Propheten Israels. Der Mensch und sein Bewußtsein werden in den Kern der religiösen und humanen Reformen der Zeit hineinverwandelt.
Der Humanismus mit seinen Höhen und Tiefen beginnt schon hier seinen Lauf durch die menschliche Geschichte zu nehmen.

Die Revolution des Buddha

Das oben dargestellte Phänomen gilt im großen und ganzen für die universelle Reform des sechsten vorchristlichen Jahrhunderts, doch mit dem Buddha gewinnt sie eine neue Tonart. Im Mittelpunkt aller anderen Reformbewegungen steht der Mensch; die buddhistische – zusammen mit der *jainistischen Lehre* – dagegen transzendiert ihn. Der Buddha greift die Erleuchtung auf[70]. Erleuchtung bedeutet für den Buddha die Offenbarung des Erlösungsweges ohne ontologische Verbrämungen irgend welcher Art – weder hinsichtlich der Welt noch der Gottheit, noch des Menschen[71]. So wie jedes der drei ersten Prinzipien die Tendenz hat, die beiden anderen gleichsam zu verschlucken, so stellt das vierte Prinzip die anderen drei in den Schatten, wenn es sich nicht überhaupt über sie hinwegsetzt.
Wozu Gott entmythisieren, so würde der Buddha sicherlich fragen, wenn ihm die Sprache unserer Zeit geläufig wäre, wenn wir daraufhin den Menschen mythisieren? Wozu nützt die Erkenntnis, wie

leicht Gott sich zu einem Götzen machen läßt, wenn wir daraufhin den Menschen an Gottes Stelle setzen?
Die folgenden drei Grundfragen werden vom Buddha an der Wurzel abgeschnitten: Was sind die *Dinge* der Welt? Wer ist der *Gott*, der sie erhält? Wer ist der *Mensch*, der sie nützt und kennt? Er transzendiert jede Antwort, indem er sie durch sein Schweigen auflöst. Noch mehr, er hebt den Ort der Fragestellung auf und fordert Vertrauen auf die erlösende Erleuchtung – denn er glaubt, daß alle anderen sie ebenfalls erreichen können. Er erklärt, daß es nur auf das rechte *Handeln* ankommt, um die Aufhebung jeglicher Begrenzung, Bedingtheit und daher des Daseins zu erreichen. Bei näherem Hinsehen stellen wir fest, daß das vom Buddha geforderte Vertrauen nicht ein Annehmen der Erfahrung eines anderen bedeutet, sondern ein Vertrauen zu unserer eigenen Erfahrung, sobald diese erleuchtet wurde. Es handelt sich daher nicht darum, der Erkenntnis zu entsagen, wobei vorausgesetzt wird, daß es etwas Wirkliches zu erkennen gibt und ein wirkliches erkennendes Subjekt vorhanden ist. Es geht vielmehr darum, zu erkennen, daß die Geschöpflichkeit sich selbst nicht zu transzendieren vermag und daß daher nichts in der Seinsordnung, nichts in Raum und Zeit Entstandenes in die Erkenntnis dessen eingeschlossen werden kann, worauf es letztlich ankommt. Das, worauf es ankommt, ist das rechte Handeln, das die Bedingtheit, das heißt das Leiden, aufhebt.
Der Mensch zur Zeit des Buddha stand im Begriff, sich seiner selbst bewußt zu werden. Der Buddha geht noch darüber hinaus, denn er entdeckt den Trugschluß dieses Selbst. Das heißt, er zeigt uns, wie trotz allem dieser *autos*, das Selbst des Bewußtseins, als *heteros*, ein mehr oder weniger objektiviertes anderes, betrachtet wird. Wenn das Subjekt den Blick auf sich selbst richtet, wenn das Subjekt seiner selbst bewußt wird, verdinglicht, objektiviert es sich und hört dann im Grunde auf, ein Subjekt zu sein. Es spaltet sich, und ein Teil von ihm (zumindest der bekannte Teil) verwandelt sich in ein Objekt. Die tiefste Bewußtheit kann nicht Bewußtsein des Selbst sein. Mit anderen Worten, die Gleichung »A *ist* A« ist unmöglich. Sie ist eine Täuschung. Entweder gilt »A *ist* A'«, und dann wäre die Gleichung nicht vollständig, oder die Gleichsetzung ist absolut – »A *ist* A« –, und dann wäre sie überflüssig, denn alles, was das erste A *ist*, ist das, was auch das zweite A ist, so daß es einfach sinnlos ist, von einem ersten oder zweiten A zu sprechen. Die einzige nicht-tautologische Formulierung wäre demnach der schlichte Satz »A

ist«. Doch an dieser Stelle würde der Buddha sagen: Das A, das *ist*, im Satz »A *ist*«, ist das A, das nicht das Subjekt der Gleichung wäre, sondern sein Prädikat. Das heißt, das erste A *ist* nicht; das einzige, was ist, ist das zweite A: »*ist* A«. Es gibt keine Gleichsetzung, weil es kein Subjekt gibt. Was immer *ist*, ist das Prädikat; daher existieren wir. Gewiß sind wir die Prädikate eines Subjekts, das aufhört, Subjekt zu sein, indem es die Welt oder vielmehr das Sein ausdrückt; das Subjekt stirbt. Es hat sich völlig entleert, gänzlich verzehrt, und alles, was es besitzt und war, alles, was sein authentischer, vollständiger Ausdruck gewesen ist, hat es seinem *logos* übergeben, seiner Manifestation, seiner Epiphanie, seiner Person, seinem Kosmos, seiner Welt, seinem *samsâra*[72].

Mißverständnisse über die genial erschaute Wirklichkeitsauffassung des Buddha verleiteten so manchen Forscher zu der Ansicht, daß der Buddhismus keine Religion sei[73]. Tatsächlich gehört das spezifisch Heilige und traditionell Religiöse der zweiten, theozentrischen Phase des menschlichen Bewußtseins an. So ist zum Beispiel das religiöse, sakrale Christentum, wie es gewöhnlich bis heute interpretiert wird, diesem zweiten kairologischen Moment zuzurechnen. Das Christentum, und genau genommen bereits die intuitive Erkenntnis des sechsten vorchristlichen Jahrhunderts, muß die Verkrustung von fünfundzwanzig Jahrhunderten durchbrechen, um zu einem allgemeinen Bewußtsein des Menschlichen zu gelangen. Dies wird heute gewöhnlich »Säkularisation« genannt (indem diese von ihren allzu engen historischen Ursprüngen getrennt wird): die Säkularisation sowohl der Kultur als auch der Religion. Das Ergebnis könnte man »Säkularität« nennen[74]. Gewiß, im Laufe der Jahrhunderte wurden manche Versuche unternommen, jene andere Dimension des Menschen und der Wirklichkeit auszudrücken, doch vielleicht war die Menschheit in ihrer Gesamtheit noch nicht reif genug dafür. Vielleicht hätte für die anderen beiden Dimensionen die Gefahr bestanden, ganz ausgeschaltet zu werden. Soziologisch gesehen, bestand die Rolle des Christentums im Westen darin, eine Verbindung zu den ersten beiden Dimensionen aufrechtzuerhalten und mit aller Kraft einem vorzeitigen Sieg der dritten zu widerstehen. Aber das Schicksal der Menschheit hängt weitgehend von ihrer Fähigkeit ab, alle drei Dimensionen in Einklang zu bringen. Hier scheint mir die Rolle des Buddha von außerordentlicher Bedeutung zu sein.

Ich bin mir natürlich im klaren darüber, daß die Initiative, ebenso wie das Problembewußtsein, diesmal hauptsächlich vom Christentum, oder besser gesagt: vom Westen ausgeht. Aber vielleicht läßt sich die Lösung in einer Symbiose zwischen den überlieferten und den zeitgenössischen Religionen des Ostens und Westens finden.
Kann es im strengen Wortsinn denn eine atheistische Religion geben? Die Antwort des Buddha ist pointiert: *Nur* eine atheistische Religion kann in Wirklichkeit eine Religion sein. Alles übrige ist Götzendienst, die Anbetung eines Gottes, der das Werk unserer Hände oder unserer Vernunft ist[75].
Der Buddha sagt nicht, daß Gott eine »Schöpfung« des menschlichen Geistes ist. Ebenso wenig kann ein Fetisch völlig die Schöpfung des götzendienerischen Künstlers sein, denn dazu kommt das Material ebenso wie Gott. Dazu kommt auch die Eignung des Materials, angebetet zu werden, ebenso wie die göttliche Forderung, daß wir Gott anbeten. Doch in gleicher Weise, wie der Theist dem Fetischisten vorwirft, er bedenke nicht, daß Gott das Idol unendlich transzendiert, so wirft der Buddha dem Theisten vor, daß er nicht bedenke, daß »Gott« immer noch unendlich weit von dem entfernt ist, was der Theist anzubeten oder zumindest zu benennen meint[76].
Das Wort »Supratheismus« wäre so unbefriedigend wie »Theismus«, denn streng genommen kann kein Wort ausdrücken, was sich selbst für unaussprechlich erklärt[77].
Der Buddha geht nicht näher auf den transzendenten Charakter Gottes ein. Gerade weil er das göttliche Mysterium für transzendent hält, läßt er es völlig auf sich beruhen – er ist nicht Gottes Hüter und Verteidiger. Statt dessen wendet er sich dem höchsten Zweck der Religion zu, dem Heil des Menschen, und zeigt den anderen den Weg. Der Buddhismus ist nicht deshalb eine Religion, weil sie im Sinne ihrer lateinischen Wurzel »rück-bindet«, sondern weil sie ent-bindet und befreit.
Das Jahrhundert des Buddha ist ein religiöses Jahrhundert par excellence. Alle Reformen, selbst die fortschrittlichsten und kühnsten, sogar diejenigen, die zu ihrer Zeit skandalös schienen, waren religiöse Reformen. Neu an der Revolution Shâkyamunis war, daß er die von so vielen Menschen seiner und unserer Zeit als grundlegend betrachtete religiöse Kategorie, nämlich Gott, ausklammert. Es läßt sich daher nicht leugnen, daß das Konzept einer gottlosen, oder besser: einer atheistischen Religion, recht verstanden, der Religion

des Buddha entspricht. Dies ist in meinen Augen zugleich der Berührungspunkt und der Unterschied zwischen dem Buddhismus und der Geisteshaltung unserer Zeit. Der Buddha predigte einen religiösen Atheismus, eine Religion ohne Gott (um eine Sprache zu verwenden, die ihm fremd in den Ohren geklungen hätte). Die Leugnung Gottes als Grundlage des Lebens dagegen (das heißt, der religiösen Einstellung des Menschen) ist der Inbegriff und die Synthese des zeitgenössischen Atheismus.

Religiöser Atheismus

Uns fehlt offensichtlich der Standort, der es uns ermöglichen würde, unsere Zeit definitiv zu beschreiben; der Blickwinkel, aus dem wir »die Zeichen der Zeit« verbindlich erkennen könnten[78]. Trotzdem meine ich, nicht ganz falsch zu liegen, wenn ich in dem sogenannten zeitgenössischen Atheismus ein neues, dringliches Phänomen erster Größenordnung wahrnehme, einen der großen Momente der Menschheit, der sehr wohl dem sechsten Jahrhundert vor der christlichen Ära an die Seite gestellt werden kann. Gewiß, manche äußeren Aspekte unserer Epoche sind von erstaunlicher Neuheit. Ich brauche nur die Erfindung der modernen Naturwissenschaften und die technologischen Errungenschaften zu nennen, die Voraussetzungen und Situationen für den Menschen geschaffen haben, die vor hundert Jahren einfach undenkbar gewesen wären. Dennoch sind all diese nur oberflächliche Veränderungen – ob durch Ursache oder Wirkung, spielt hier keine Rolle – im Vergleich mit den grundlegenden Fragen, die sich nicht darauf beziehen, was die Menschheit tun kann und tun sollte, sondern was ihr Sein eigentlich ist. Die neue Situation verändert nicht nur unser Tun, sondern unser Sein. Wissenschaft und Technologie können mit einer traditionellen, mehr oder weniger korrigierten und angepaßten Mentalität kultiviert werden, und das tut die Mehrheit auch, die ihre Früchte genießt. Aber mit dem Menschen geschieht derzeit etwas ganz Neues. Es findet gegenwärtig in ihm eine strukturelle Veränderung statt, die auf eine biologische Mutation hindeutet[79]. Die Technologie dringt wie eine intravenöse Spritze in das innerste Sein des Menschen. Nicht, daß die Menschheit von der Maschine notwendig beherrscht würde oder daß die Maschine die

Menschheit erobert hätte, doch scheint sich gegenwärtig die schmerzhafte und problematische Geburt eines Hybriden, eines neuen Menschentyps vorzubereiten. Wohl sind große, scharfsichtige Propheten erschienen, doch kaum einer von der Statur eines Shâkyamuni, eines Zarathustra oder eines Konfuzius, von der Statur eines Repräsentanten des ganzen Zeitalters, der imstande wäre, die sich bahnbrechende »neue Menschheit« zu führen, zu »sublimieren«, im chemischen Sinn des Wortes zu »präzipitieren« oder wenigstens ihr Geburtshelfer zu sein[80]. Bisher war man hauptsächlich darauf bedacht, eine Grundlage für das soziale, soziologische und sogar ökonomische Gebaren zu schaffen. Noch ist das Problem nicht von einem tief religiösen, theologischen und anthropologischen Standpunkt und im Bewußtsein einer sich vollziehenden strukturellen Mutation des Menschen behandelt worden. Das heißt, es fehlt noch die *eichende Kraft*, die intuitiv erkennt, in welche Richtung diese Wandlung geht oder gehen sollte. Was heute nottut, ist eine Kraft, die im althergebrachten Sinn als eine »prophetische« zu bezeichnen wäre, die mit der Autorität einer voll durchlebten persönlichen Erfahrung einen Weg zu einer ganz und gar menschlichen Assimilation und zur Überwindung der neuen, dehumanisierenden Positionen, die unsere heutige Zivilisation uns aufgenötigt hat, finden könnte.

Weiters würde eine solche Kraft mit einer anderen zusammenwirken müssen, die man als *einigende Kraft* definieren könnte. Sie hätte die Funktion, die sich traditionell aus der alten »königlichen« Macht ableitete, sowie die Fähigkeit und Autorität, die verschiedenen Strömungen der atheistischen Wandlung des Menschen in einem harmonischen Zusammenspiel zu kanalisieren. Ohne diese koordinierende Kraft besteht die Gefahr, daß die Botschaft der »Moderne« in kleinen Bächen ohne Form und Halt zerfließt, oder daß Aspekten, die in Wirklichkeit steril und einseitig sind, zu viel Wert beigemessen wird.

Auch wenn eine solche individuelle Gestalt oder Bewegung mit dieser einigenden Kraft schließlich hervorgebracht werden könnte, würde es immer noch einer *vermittelnden Kraft* bedürfen zwischen der menschlichen Situation und einer Transzendenz, die sich gerade als solche der menschlichen Erfahrung entzieht. Die menschliche Situation mag in wechselseitiger Solidarität sich selbst scheinbar genügen, aber die Tatsache bleibt, daß sie, gefangen in ihren eigenen Grenzen, erstickt. Ihr Sakralcharakter verweist sie auf das Unendliche, auf die Ewigkeit, und wenn sie nicht unwiderruflich eingeschlossen sein will in den raumzeitlichen Koordinaten, wird sie eine Vermittlung zu einer übermenschlichen Erlösungsordnung finden müssen. Diese Vermittlung ist die traditionelle Funktion, die als »Priestertum« bekannt ist.

Diese drei vereinigten Kräfte wären unerläßlich, erstens um den Zeitgeist zu verkörpern oder in Richtung einer Gestaltung zu lenken, die nicht zu zersplitternd und dehumanisierend wäre; und zweitens, um eine Orientierung zu bieten für die neuen Generationen, die nicht mehr die Steppenluft einer »bäuerlichen Zivilisation« atmen können und noch nicht in der Lage sind, in der Welt der *Technokultur* ein voll menschliches Leben zu führen. In dem neuen Bezugssystem, das sich in Umrissen bereits abzeichnet, sind es nämlich nicht die Objektivität von Wissenschaft und Technologie oder die Bezüge zum sozialen Umfeld, die das wirklich Wichtige hervorgebracht haben, sondern ihre Subjektivität, die in den Menschen eindringt und ihn bis ins Innerste seines Wesens transformiert.

Genau an dieser Stelle und in diesem neuen und tiefen Sinn tritt das Phänomen des Atheismus in Erscheinung, das wir in seiner zeitgenössischen Dimension zu erfassen versuchen. Gerade der Atheismus stellt nämlich eines der deutlichsten Zeichen der von uns skizzierten anthropologischen Wandlung dar, wobei diese Bezeichnung in der gebührenden Tiefe und Ernsthaftigkeit zu verstehen ist, die der polemische Gebrauch durch Kritiker und Apologeten ihr manchmal raubt. Der Atheismus, den wir meinen, ist nicht derjenige der »Modernen«, die Gott für tot erklärten. Er meint auch nicht das in der Menschheitsgeschichte neue Faktum, daß eine wachsende Anzahl von Menschen einen praktischen Atheismus lebt. Dies ist sicherlich ein bedeutsames Phänomen, aber gerade deshalb wurde es bereits hinreichend untersucht, so daß ich hier nicht darauf einzugehen brauche[81]. Das Neue in der gegenwärtigen Bewegung des Westens besteht vielmehr darin, daß diejenigen, die sich als Gläubige bezeichnen, de facto nichtgläubig sind, da sie fast ohne jeden echten Bezug zu einer prägenden Transzendenz leben[82]. Bei anderer Gelegenheit hat die Menschheit hin und wieder erlebt, daß Gott verdrängt wurde, und dann erhoben die Traditionalisten ihr »Skandal!«- und »Atheismus!«-Geschrei. Aber in diesen Fällen wurde Gott bis zu einem gewissen Grad durch eine Reihe objektivierter und absoluter Werte ersetzt, auch wenn diese Werte von noch so

dünner Beschaffenheit waren und den Bezugspunkt auf die Erde und in den Menschen verlagerten.
Ohne die Vorstellung eines objektiven Rückhalts in irgend einem Absolutum, wie immer dieses konzipiert sein mag, würden die Menschen zu einem Nichts reduziert werden. Dies war immer das Hauptargument der Atheismusgegner: Die Menschen brauchen ein äußeres Ideal, das ihnen Rückhalt und einen Lebenszweck gibt. Es mache wenig aus, wenn dieses Ideal nicht mehr in der jenseitigen Welt gründet. Die fragliche Transzendenz könne ebenso gut auf die menschliche Ebene verlegt und auf abstrakte Ideen wie Vernunft, Humanität, Gesellschaft und Ähnliches übertragen werden, denn auch diese Begriffe transzendieren in der einen oder anderen Weise das Individuum und bieten dem Menschen ein objektiviertes Lebensmotiv, etwas, woran er glauben kann. Gewiß läßt sich nicht leugnen, daß die überwältigende Mehrheit der Menschen sich in ihrem Leben immer noch auf etwas »stützt«, das in seinen verschiedenen soziologischen Ausprägungen echten Atheisten wie ein verzweifelter Versuch erscheint, die menschliche Begrenztheit und Bedingtheit auszugleichen oder zu mildern. Meines Erachtens ist dies jedoch nicht der Schwerpunkt, den der Atheismus des neuen Stils setzt. Ohne ein objektiviertes Etwas außerhalb seiner selbst, nach dem der Mensch streben kann, besteht für den Menschen die Gefahr, nicht nur der Egozentrik zu verfallen, die zu unredlichem Umgang mit dem Nächsten führt, sondern auch einer Langeweile, die der Sinnlosigkeit eines bedingten, erstickende Grenzen setzenden Lebens entspringt. Der Mensch muß seine Augen zu einer Ebene erheben können, die über ihn selbst und seine eigene Geschichte hinausgeht. Bezeichnend für den neuen Atheismus erscheint mir vielmehr, daß sich in der zeitgenössischen Menschheit eine Tendenz anbahnt, sich ein Ideal zu schaffen, das seinem Wesen nach personell ist. Das heißt, jedes Individuum legt sich bewußt ein bestimmtes Ideal zu, welches das Bedürfnis nach einem Glauben erhalten kann[83].
Ein weiterer Grund für dieses Phänomen liegt darin, daß viele der traditionell von Gott erfüllten Funktionen jetzt von Menschen übernommen werden, mit Hilfe der Wissenschaft und der Effizienz der Technologie. Alles, was mit dem materiellen Aspekt des Daseins zu tun hat, ist heute in den Händen der modernen Menschheit, nicht nur hinsichtlich der körperlichen Gesundheit, indem wir weiterhin

gegen den Tod kämpfen, verschiedene Seuchen ausrotten und so fort, sondern auch im Bereich der Ökologie. Dürren und Überschwemmungen können heute unter eine gewisse menschliche Kontrolle gebracht werden. Es wird immer schwerer, einen Menschen zu finden, der sich um Heilung an Gott wendet statt an den Arzt[84], oder einen, der sich im Notfall, wenn der jahreszeitliche Regen ausfällt, nicht selbst um die Wasserversorgung kümmert. Die Entstehung der modernen Technologie hat die Menschen in die Lage versetzt, die früher einem Gott mehr oder weniger *ex machina* zugeteilte Rolle bewußt zu übernehmen. Folglich kann man die Religion, ebenso wie irgend eine Art Ideal, sogar Gott, durchaus beibehalten. Ja, sie sind sogar irgendwie nötig. Doch ihr innerer Sinn ist in einer tiefen Wandlung begriffen. Religion und die Verehrung eines persönlichen Gottes werden heute zu einer Privatangelegenheit[85]. Die Religion ist nicht mehr die treibende Kraft einer ganzen Kultur, einer ganzen Gesellschaft, noch ist sie der verantwortliche Faktor in der Bewahrung und Förderung des Daseins und des Lebensunterhalts[86].
Von einem praktischen Standpunkt ließe sich sagen, daß sich in der Menschheit heute etwas vollzieht, das die Triade Welt-Mensch-Gott auf ein einziges »Ding« konzentriert, das dem Menschen offensichtlich nähersteht als den anderen beiden Dimensionen der Wirklichkeit. Daher haben wir es genau genommen nicht mit dem »Tod Gottes« zu tun, sondern eher mit einer Art Assimilierung, einer Vereinnahmung Gottes durch den Menschen. Gott ist nicht tot. Der Mensch hat sich Gott einverleibt. Die Analogie ist treffend, denn das Phänomen ist zum Teil die Folge einer säkularisierten Entwicklung des wichtigsten christlichen kultischen Aktes. Die Menschheit hat ihren Gott in der Kommunion empfangen, sie hat ihn ein für allemal verschlungen. Dadurch hat Gott sich nicht in etwas Immanentes verwandelt; ich möchte diesen »atheistischen« Prozeß vielmehr als eine »Sublimation« Gottes darstellen in der chemischen Bedeutung des Wortes. Anders ausgedrückt: Gott im Sinn des anderen, als ewige Substanz, als Begründer von allem, auch als der Unerbittliche, das Sein, wird sublimiert und verflüchtigt sich. Er geht gleichsam in den gasförmigen Zustand von Funktion, Horizont, Ideal, Dimension des eigenen Selbst und der Mitmenschen über[87]. Die korrodierende Kraft des menschlichen Bewußtseins, besonders des Denkens, zerstört die Objektivierung

und daher die Substantialisierung jeglicher Transzendenz, bis sie die Subjektivität von innen her zersetzt.
Der atheistischen Religion des Buddhismus entspricht der religiöse Atheismus unserer Zeit. Ich nenne ihn religiös, obwohl ich mir der Ungenauigkeit des Wortes voll bewußt bin, weil ich die Tatsache unterstreichen möchte, daß wir es hier mit einer äußersten, radikalen Einstellung zu tun haben. Dies ist nicht einfach eine Frage der Philosophie oder der Ideologie, sondern es geht um jenes Phänomen, das seit der Ankunft des Christentums und unter der Vorherrschaft des mediterranen Geistes herkömmlicherweise »Religion« genannt wurde. So erlangte dieser abendländische Begriff Allgemeingültigkeit und wurde über Gebühr extrapoliert[88]. Es dürfte daher klar sein, daß mir, wenn ich diese Form des Atheismus »religiös« nenne, die Absicht fernliegt, ihn als eine theistische Religion einzuordnen nach dem allgemein üblichen Schema der »Religionen«[89]. Ich meine damit nur, daß dieser Atheismus die Menschen aus den Klauen der Transzendenz ebenso wie vom Treibsand der Immanenz »rettet«, daß er sie von der Unterdrückung durch den Aberglauben ebenso erlöst wie von der Wissenschaftsgläubigkeit. Das Vorrecht, das »Heil« zu sichern, was immer wir darunter verstehen, gebührt natürlich der sogenannten Religion. Dies ist ein Atheismus, der, indem er die Trugbilder der Vergangenheit und Zukunft zerschlägt, sich wieder vor der Gegenwart befindet und auf diese oder jene Weise genötigt ist, dieser Gegenwart genau so viel Konsistenz zu verleihen wie die »Eternalisten«, jedoch ohne sie zu substantialisieren, ohne sie in eine Ewigkeit, in ein »anderes«, einen Götzen umzukehren[90]. Wiederum bin ich also mit dem Annehmen der reinen Bedingtheit konfrontiert, obwohl ich mich diesmal einer solchen »Wahrheit« auf anderem Wege als dem der buddhistischen Intuition nähere, und daher entdecke ich andere Elemente[91]. Dies ist ein weiterer Aspekt einer fruchtbaren Begegnung mit dem Buddhismus.
Meine Hypothese, die ich nur als bescheidener Hermeneutiker der Gegenwart vorbringe, ist die folgende: Kern und Wesen dessen, was bisher Atheismus genannt wurde (der freilich umbenannt werden sollte, da er nicht die Bedeutung einer simplen Negation hat), ist nicht, wie der »Gläubige« bisher meinte, eine Art Reaktion gegen fadenscheinige Behauptungen über die Existenz eines Höchsten Wesens. Er ist kein Korrektiv des Theismus. Vielmehr stellt er eine neue Stufe auf dem Wege der Menschheit dar, einen neuen

Bewußtseinsstand, der sich nur mit jenem vergleichen läßt, der im Augenblick der großen Reform der Verinnerlichung des religiösen Geistes eintrat, wie wir gesehen haben: Es »gibt« keinen Gott, doch letztlich nur deshalb, weil es auch keinen Menschen »gibt«. Der Atheismus scheint im menschlichen Bewußtsein so etwas wie eine Mutation hervorzurufen, die nicht unbedingt sozialbiologisch oder als Wiederkehr des alten Mythos vom »Übermenschen« gedeutet werden muß[92]. Diese Veränderung, die nicht abgeschlossen ist, sich jedoch sporadisch manifestiert und vergeblich den rechten Ausdruck sucht, bedeutet weder, daß das Geschöpf nichts und Gott alles ist[93], noch daß das Geschöpf alles und Gott nichts wäre[94], noch daß es einen kleinen Hohlraum für das Geschaffene im Busen der Gottheit gebe[95]. Mit anderen Worten, weder Monismus noch Dualismus, weder Pantheismus, Atheismus noch Theismus haben eine Antwort auf die tiefe Erfahrung, die die Menschen unserer Zeit bewegt. Welt, Menschheit und Gott sind gleichsam unvereinbar als drei getrennte, unabhängige Entitäten[96]. Sie sind miteinander verflochten, denn eine Welt ohne Menschen ist sinnlos; ein Gott ohne Geschöpfe würde aufhören, Gott zu sein; der Mensch ohne Welt könnte nicht überleben, und ohne Gott wäre er nicht wahrhaft Mensch. Gott wird sublimiert, wie bereits gesagt, aber die Sublimation muß jetzt irgendwo kondensiert werden. Es ist das Innere des Menschen, das die Wände liefert, auf denen Gott sich im Menschen kristallisiert, jedoch nicht als separates Wesen, das gekommen ist, um in unserem Inneren Zuflucht zu nehmen, sondern als etwas, das rechtens uns gehört und nur vorübergehend entfernt wurde. Aber jede Metapher ist hier gefährlich, besonders dann, wenn sie substantialistisch ausgelegt wird. Vielleicht ist Gott wirklich gestorben; doch dann wäre die gegenwärtige Bewegung eine Auferstehung Gottes, zwar nicht als »Gott«, sondern als Mensch. Doch etwas Ähnliches sollte über den Menschen gesagt werden. Der Mensch ist nicht Gott, auch nicht der Mittelpunkt. Es gibt keinen Mittelpunkt.

Das heißt nicht nur, daß wir in der Praxis so leben sollten, *als ob* es Gott nicht gäbe[97], eine Anschauung, zu der buddhistische Mönche sich bereits von alters her bekannten und die später durch Zen verbreitet wurde[98]. Das heißt nicht nur, daß in der ethischen Ordnung der Gläubige sich nicht in ein detailliertes göttliches Gesetz flüchten kann oder sich von einem solchen Gesetz gebunden weiß[99]. Der neue Atheismus ist nicht darauf beschränkt. Genau genommen will

der neue Atheismus Gott weder bekämpfen, noch ihn eindeutig leugnen. Was der moderne Geist wirklich braucht, ist lediglich dies: daß Gott weder im traditionell theistischen Sinn[100] noch in der radikalen Position des totgesagten Gottes verabsolutiert wird[101].
An diesem Punkt wird jedoch nicht nur die alte substantialistische, sondern auch die neue Mentalität Vorsicht walten lassen: Ein Gott, der manipuliert[102], der eingeklammert[103] werden kann, ist nicht der wahre Gott. Ja, der Buddha würde sagen, daß der wahre Gott eben derjenige sei, der »nicht ist«[104]. Wenn es möglich ist, mit der Hypothese der Leugnung Gottes zu leben, dann gibt es in Wahrheit keinen solchen »Gott«. Als reine Hypothese ist diese entweder notwendig, und dann kommt man nicht um sie herum; das heißt, sie hört auf, eine Hypothese zu sein. Oder sie ist nicht notwendig, und dann hört Gott auf, Gott zu sein, weil Gott *per definitionem* derjenige ist, um den man nicht herumkommt[105]. Es kann sein, daß Gott keine *Hypostase* ist; doch in keinem Fall ist Gott eine bloße Hypothese.
Gibt es einen Ausweg aus dieser Sackgasse? Könnte es vielleicht eine Fusion – ohne Konfusion – mit dem Menschen auf tiefster Ebene geben, indem man über Gott in einem säkularen Modus spricht[106], der Gott den Nimbus der Verabsolutierung nehmen und ihn für diejenigen, die Gott anerkennen, in personalistischer Weise zu einem sinnvollen Faktor machen würde[107]? Dann verflüchtigte sich vielleicht der Schöpfergott, Herrscher aller Dinge, der auch für unser Dasein verantwortlich ist, vom Horizont des Menschen, um in der Person einer Ikone, eines *ishtadevatâ*, eines Erlösers oder einer Liebe wiederzukehren, deren man als Rückhalt auf der Lebensreise bedarf. Und damit sind wir wieder beim Buddhismus angelangt, der nicht die Gegenwart und den Beistand der Götter, der *devâ*, des Gottes der Erniedrigten leugnet, jedoch mit Sicherheit den Gott der Philosophen und Theologen[108]. Dies trifft vermutlich, was bestimmte neuere westliche Theologen mit dem Begriff »Gottes Tod« zum Ausdruck bringen wollten[109]. Es ließe sich noch besser formulieren, wenn man eine Haltung wie die des Buddhismus einnehmen könnte, so unterschiedlich dieser auch das Maß der Erfahrung erfaßte, so unterschiedlich die Mentalität ist, nach deren Parameter der Buddhismus lebte.
Daher ist es bezeichnend, daß gerade die führenden Persönlichkeiten in dieser modernen Theologie sich spontan einer Erforschung

der buddhistischen und allgemein der östlichen Spiritualität zuwandten[110]. Aber für unsere Zwecke reicht es, das Problem angesprochen zu haben[111].
Gehen wir nun zu einem anderen Merkmal unserer Zeit über. Ursache und Wirkung der großen wissenschaftlichen und technologischen Entwicklung ist das, was man »funktionelles Denken« nennen kann, im Gegensatz zum prädikativen, substantiellen Denken[112]. Die Wissenschaft behauptet nicht, uns sagen zu können, was die Dinge *sind*. Sie sagt uns nur, wie sie *funktionieren*[113]. Und nach dem Vorbild der Wissenschaft hat sich sogar die Philosophie gestattet, in diese Richtung einzuschwenken. Die moderne westliche Philosophie ist weitgehend funktionalistisch, und aus dieser Richtung gingen die neuen Schlüsselkonzepte des spekulativen Denkens hervor – die historische Dimension und der Evolutionsprozeß der Menschheit. Beide weisen in eine antisubstantialistische Richtung. Wenn die Menschen noch nicht das sind, worauf ihre Evolution abzielt, ist es sinnlos, sich über ihr hypothetisches Sein Gedanken zu machen, da sie sich ja noch in der Entwicklung befinden. Genau genommen heißt das: Der Mensch »ist nicht«. Dasselbe gilt für seinen künftigen Zustand, der vorläufig noch nicht besteht, und es läßt sich nicht voraussagen, allenfalls mutmaßen, welche Gestalt die Menschheit am Ende der Evolution annehmen wird, sofern es überhaupt sinnvoll ist, von einem »Ende« der Evolution zu sprechen.
Wenn das funktionalistische Denken an die Stelle des substantialistischen Denkens über die Welt und den Menschen tritt, dann gibt es keinen Grund, warum wir nicht auch das dritte Glied der Triade angreifen sollten: Gott[114]. Wie wir weiter unten sehen werden, hatte Gott als mächtige »feste Burg« viele Jahrhunderte lang Substanz und folglich Sein[115]. Weniger weise als der Buddha, begnügte der Funktionalismus sich anfangs nicht damit, über Dinge zu schweigen, die sich dem menschlichen Fassungsvermögen entziehen, zugunsten positiver und negativer Antworten[116], sondern er ging direkt dazu über, die Substantialität Gottes zu verneinen. Damit leugnete er die dritte Dimension überhaupt, was möglicherweise über seine ursprüngliche Intention hinausging. Sein und Substanz, selbst das Sein Gottes, waren so sehr gleichgesetzt worden, daß eine Verneinung von Gottes Substantialität als gleichbedeutend mit einer Verneinung von Gottes Sein und daher von Gottes Wirklichkeit

in jeglicher Form betrachtet wurde. Wirklichkeit aber wurde mit Wahrheit identifiziert[117].

Wir haben ein Gegenbeispiel dazu in dem berühmten Atheismusstreit, der im ausgehenden achtzehnten Jahrhundert in Europa, insbesondere in Deutschland, ausgetragen wurde. Die Auseinandersetzung drehte sich hauptsächlich um die Behauptung der idealistischen Philosophie, vor allem Fichtes, daß Gott keine Substanz sei[118]. Die Substantialität Gottes zu verneinen, bedeutete ipso facto die Verneinung Gottes überhaupt.

Der zweite, erfolgreichere Schritt des funktionalistischen Denkens bestand darin, das Problem einfach zu ignorieren, und statt die offenbar sinnlose Frage zu stellen, was Gott »ist«, sich darauf zu konzentrieren, Gottes Werke und Funktionen zu erkennen. Wie einst die Welt und dann der Mensch nur im Hinblick auf ihre *Funktion* einen rechtmäßigen Platz – nur zu ihrem eigenen Gebrauch[119] – einnahmen, so geschah es jetzt mit Gott: Die Gottheit braucht ihre Gegenwart nicht mehr damit zu rechtfertigen, was sie *ist*[120], sondern *wofür sie gut ist*. Die überlieferten Gottesbeweise hatten nun jegliche Relevanz verloren, so daß manche Apologeten zur Rechtfertigung des anhaltenden Bedürfnisses nach Gott genötigt waren, die klassischen Gottesbeweise mangels einer für die neue Situation angemessenen Sprache fallenzulassen und sich darauf zu beschränken, die Taten Gottes zu rechtfertigen und ihm damit einen Platz im zeitgenössischen Denken einzuräumen.

Der Versuch scheint nicht sehr erfolgreich gewesen zu sein. Die alten »Gottesbeweise« wurden entstellt, und nichts war bewiesen. Denn Gottes Präsenz kann nicht durch den Nachweis eines praktischen Bedürfnisses nach Gott »gerechtfertigt werden«[121]. Die Tatsache allein, daß Gott zur Diskussion gestellt werden kann, oder daß Apologeten Gott rechtfertigen müssen, bedeutet, daß dieser Gott aufgehört hat zu existieren, sogar für seine Verteidiger. Die beiden wichtigsten »Gottesbeweise« haben heute ihre Überzeugungskraft eingebüßt: Die göttliche Vorsehung hat nicht vermocht, die Menschheit vor dem Bösen und vor ihren eigenen Sünden zu bewahren; und die Hypothese »Gott« als Ursache bisher unbekannter Phänomene ist längst hinfällig geworden[122].

Die christliche Apologetik hat begriffen, was auf dem Spiel steht. Sie tut ihr Bestes, um Gott vor dem Bankrott aller Werte und zugleich vor jedem möglichen Fortschritt der Wissenschaft zu »retten«[123]. Die Verfechter Gottes haben die Lektion der Affäre Galilei beherzigt und Vorsorge getroffen, daß sie sich nicht wiederholt[124]. Das führte dazu, daß wir heute Zeugen eines ausgesprochenen »Entmythisierungswettlaufs« sind, um Gott von allem zu entlasten, was nicht strikt religiös ist, und ihn dadurch in so unzugängliche Höhen zu entrücken, daß keine zukünftige Wissenschaft ihn erreichen und herabzerren kann. So ist Gott, das Höchste Sein, wiederum gezwungen, sich in eine reine Transzendenz zurückzuziehen und die Welt dem Gezänk der Menschen zu überlassen[125]. Mit einem Wort, die Apologeten Gottes möchten ihm eine letzte Zuflucht bereithalten: den höchsten Gipfel der Seinspyramide, zu dem der Mensch nur durch den Glauben oder den Tod gelangen kann.

Dennoch versucht die moderne Mentalität, Gott auch aus diesem letzten Bollwerk zu vertreiben. Das geschieht mit gegensätzlichen Absichten, indem manche, die diesen letzten Angriff führen, dem »Mythos« Gott den Gnadenstoß versetzen und den Menschen dadurch ein für allemal von ihm »befreien« wollen, während es den anderen darum geht, Gott in der Tiefe zu »läutern«[126].

Manche moderne Menschen verbrannten Gott schließlich auf dem Scheiterhaufen. Sie übernahmen Gottes Funktionen, was das schlichte irdische Dasein anbelangt. Doch sehr bald merkten sie, daß ihr Dasein, ja vielleicht ihr »Sein« überhaupt, sich nicht in der Sphäre des rein Weltlichen erschöpfte. Die Steigerung der Lebensqualität, das Erreichen des Sichtbaren und Konkreten erscheint den Menschen oft als ungenügend für ein Leben der Fülle. Die Menschen brauchen noch eine andere »Erlösung«, die mit ihren Wurzeln tief in die unsichtbaren Dimensionen ihres Wesens hinabreicht.

Der Buddhismus jedoch hat Gott vom Weg der Erlösung ausgeschieden, indem er die Vorstellung der letzten Wirklichkeit radikal veränderte. Könnte der moderne Atheismus nicht hier anknüpfen[127]? Dies führt mich zu unserer nächsten Betrachtung.

9 Der ontologische Apophatismus

Die Haltung des Buddha

»Soll ich während der Meditation vermeiden, bei einer Idee zu verweilen?« fragte ein Schüler seinen Zen-Meister.
»Gib diese Idee auf«, antwortete der Meister.
»Welche Idee?« fragte der Schüler verwirrt.
»Du kannst deine Idee, keine Idee zu haben, behalten«, antwortete der Meister.[1]
»Es wird von Chao-chou, einem anderen Zen-Meister berichtet, daß er, als ein Mönch ihn einst fragte: »Was ist das letzte Wort über die Wahrheit?«, schlicht erwiderte: »Ja«, worauf der Schüler meinte, der Meister habe ihn nicht verstanden, und die Frage wiederholte. Chao-chou aber tat, als sei er zornig, und brüllte ihn an: »Hältst du mich denn für taub?!«[2]
Etwas Ähnliches vollzieht sich gegenwärtig in der modernen Zivilisation. Obgleich sie in diese Zivilisation hineingeboren und durch die Technologie konditioniert sind, verspüren die Menschen immer noch den Drang, die Frage nach den letzten Dingen zu stellen. Doch die von ihren traditionellen Lehrmeistern erteilten Antworten erscheinen so sinnlos, um nicht zu sagen, so ärgerlich wie die Fragen, welche die Schüler in den oben zitierten Epigraphen ihren Zen-Meistern stellten. Wir haben Vertrauen zu dem verloren, was gewöhnlich »Gott« genannt wird, und so finden wir es ärgerlich und sinnlos, uns selbst zuhören zu müssen, wenn wir immer wieder sagen, daß die endgültige Antwort sich auf eben diesen Gott bezieht. Denn wenn Gott, wie wir im vorhergehenden Abschnitt gesehen haben, nicht mehr die Macht hat, der Rückhalt für einen erheblichen Teil der modernen Menschheit zu bleiben, dann kann er uns auch nicht mehr als einzige Hilfe in jeder Notlage verordnet werden. Wir haben gelernt zu sagen: »Gott ist eine private, subjektive Angelegenheit.« Daher kann Gott auch kein »objektiv« ethisches Verhalten mehr als Gesetz vorschreiben.
Und dennoch, wäre es wirklich weise, mit einer religiösen Tradition zu brechen, die jahrhundertelang einem großen Teil der Menschheit immerhin eine wirksame Stütze gewesen ist? Haben wir in der Tat

nicht eingesehen, daß der im Verlauf der Geschichte mehrmals erprobte drastische Versuch, sich der Religion zu entledigen, offenbar wenig befriedigende Resultate gezeitigt hat? Im Gegenteil, es sieht fast so aus, als ob der Platz, den Gott geräumt hat, von nichts ausgefüllt wurde, und daß dieses »Nichts« sich vor einer nicht darauf gefaßten Menschheit mit einer Gewalt aufgetürmt hat, die sie entsetzt und zu verschlingen droht. Nur das Schweigen hat die von Gott hinterlassene Leere gefüllt. Gott ist jetzt fort, und das Schweigen scheint noch ernüchternder und unbegreiflicher zu sein als der Gott, den man fortgewünscht hat.

Ich werde noch darauf zurückkommen[3]. Mittlerweile erscheint es ratsam, wenn nicht sogar dringend erforderlich, die Tradition zu erneuern, anstatt sie aufzugeben – sie zu respektieren und fortzusetzen. Denn auch ein flüchtiger Blick auf die Geschichte zeigt, daß keine große, dauerhafte spirituelle Revolution jemals mit der Vergangenheit einfach gebrochen hat, nicht einmal jene große Umwälzung im sechsten Jahrhundert v.Chr. Eine reife, ausgewogene Lösung der Lebensprobleme entstand am häufigsten als Produkt eines weisen Ausgleichs der *nova et vetera*[4], die es in jeder Kultur gibt.

Wenn wir daher jetzt zur Botschaft des Buddha zurückkehren, die er vor fünfundzwanzig Jahrhunderten verkündete, so geschieht das nicht, weil wir uns an einen Anachronismus oder an irgend eine propagandistische, vorgefaßte Meinung klammern, sondern weil wir erkennen, daß diese Botschaft für die Spiritualität der modernen Menschheit etwas Wichtiges enthält. Beide Kulturen, die moderne Kultur westlicher Prägung und der Buddhismus, sind atheistisch. Ihre Einstellung gegenüber den letzten Fragen nach der Wirklichkeit ist apophatisch. Es ist allerdings so, daß der westliche Apophatismus (Unsagbarkeit) mehr epistemologischer Natur als sein buddhistisches Gegenstück ist, während das letztere, wie wir gesehen haben, seine volle Bedeutung nur auf der ontologischen Ebene entfaltet. Dennoch könnte ihre Gegenüberstellung und Verbindung sich für die Suche der heutigen Menschheit nach einer neuen Identität segensreich auswirken.

Tatsächlich könnte man die Haltung, die ich in den vorangegangenen Kapiteln als Grundeinstellung des Buddha zu den letzten Dingen dargelegt habe, als ontologischen Apophatismus bezeichnen. Wollte man jedoch die Botschaft des Buddha auf einen simplen philosophischen Apophatismus reduzieren, dann hätten wir freilich

nichts Neues zu einer Lösung der gegenwärtigen Problematik beizutragen. Wir brauchen den Buddha nicht, um uns zu sagen, daß die letzte Wirklichkeit unaussprechlich ist. Die Menschen können sich ihr nur annähern, sie aber nicht durchdringen, ihre »Quintessenz« nicht erlangen. Der Mensch ist außerstande, in angemessener Weise auszudrücken, was die Wirklichkeit ist, und darum erkennt er, daß das »Nichtwissen« als die höchste Erkenntnis zu betrachten ist. Kurz gesagt, der Gedanke, daß der Apophatismus die äußerste Möglichkeit des Menschen auf der epistemologischen Ebene sei, ist kaum das ausschließliche Eigentum des Buddhismus. Nahezu alle religiösen und philosophischen Überlieferungen machen dasselbe geltend, wenngleich in unterschiedlichen Graden[5]. Das Aufschlußreiche im Buddhismus liegt vielmehr darin, daß er diese Reduktion auf der ontologischen Ebene vollzieht, und zwar nicht nur hinsichtlich des Objekts der philosophischen Betrachtung, sondern auch hinsichtlich der philosophierenden Subjekte[6].
Fassen wir dieses Problem einmal in der klassischen Terminologie der philosophischen Systeme Indiens. Die philosophische Denkweise kann in zwei große Strömungen eingeteilt werden, die orthodoxen Systeme oder *astika* und die heterodoxen Systeme oder *nâstika*, entsprechend ihrer jeweiligen Einstellung zum Sein, woraus sich die verschiedenen Richtungen ihres Philosophierens ergeben. Die *astika* führen zur Suche nach einer als transzendent vorgestellten Wirklichkeit. Das heißt, sie begreifen die Wirklichkeit als das *Objekt* der Betrachtung. Im Verlauf ihrer Untersuchung gelingt es letztlich jedoch nicht, eine Formel zu finden, die diesem Sein genügen, die es umfassen und ausdrücken könnte. Letztendlich löst das Objekt sich in jenem Licht der Erkenntnis auf, dem die *astika* es unterwerfen. Entlang des Weges der *astika* offenbart das Sein sich als unaussprechlich, transzendent, unerkennbar, jenseits aller Festlegung; und so gelangen die orthodoxen Denksysteme zu der Überzeugung, daß der Gegenstand ihrer Untersuchung unterwegs verloren ging, und öffnen damit der von ihren Gegnern in Anschlag gebrachten Reformbewegung die Tür[7].
Die *nâstika*, vor allem die buddhistischen *nâstika*, gehen den entgegengesetzten Weg. Sie wenden sich der Immanenz zu. Insofern das Sein nicht in der Transzendenz zu finden ist, die sich allem Ausdruck entzieht, richten die *nâstika* ihre Betrachtung auf das Immanente – die konkrete, den Sinnen zugängliche Wirklichkeit des den-

kenden Subjekts. Doch die *nâstika* gelangen zum gegensätzlichen analogen Schluß: das *Subjekt* der Erkenntnis geht unterwegs verloren. Das heißt, daß selbst das immanente Sein, und daher auch der Mensch als ein Seiendes, keine Grundlage hat. Daher existiert auch der Mensch nicht als ein Seiendes, er hat keine Grundlage und bietet kein Substrat für die Vergänglichkeit. Auch er, ebenso wie jenes als Grundlage der Kontingenz angenommene transzendente Sein, »ist nicht«; auch das Subjekt entzieht sich jedem Anspruch, es unter irgend einem Aspekt dingfest zu machen. In seinem Versuch, die Grenze des Vergänglichen zu überspringen, ist das Subjekt »gefallen«... gleichsam ins Nirgendwo, in die Nichtigkeit. Genau genommen, kann man daher nicht sagen, daß der Mensch wirklich gefallen sei. Denn dazu müßte das denkende Subjekt aus sich herausgetreten sein und seinen Schatten übersprungen haben. Doch dies ist absolut unmöglich. Der Mensch – ein sterbliches, vergängliches »Seiendes« – gehört der Sphäre des Bedingten an, und folglich gehört auch alles, was der Mensch zu tun, zu denken, zu erreichen und selbst zu sein fähig ist, unwiderruflich zu diesem Bereich. Dieser kann, wenn überhaupt, nur ohne äußeren Bezugspunkt und ohne die geringsten Spuren zu hinterlassen, überwunden werden als ein Sprung in das Nichts.

Mit anderen Worten: dem *essentiellen* oder essentialistischen Verfahren der *astika*-Philosophen, welches untersucht, was die Dinge *sind*, und die gesamte philosophische Problematik auf diese Frage nach dem Sein konzentriert, entspricht das *existentielle* oder existentialistische Vorgehen der *nâstika*-Wege, das sich auf die Frage beschränkt, *wie* man das Endziel erreicht.

Natürlich werden die Essentialisten, da ihr Anliegen nun einmal die Untersuchung des Seins ist, die »existentialistische« Position schwerlich akzeptieren. Ja, sie werden nicht einmal verstehen, wie es möglich sei, den *Weg* zum Ziel zu weisen, ohne zuerst zu wissen, *was* das zu erreichende Ziel *ist*. Hier hat nun der Buddhismus die Antwort parat, daß das Bedürfnis nach dem Vorauswissen, auch wenn ein solches innerhalb der engen Sphäre innerweltlicher Spekulation gültig wäre, für das spirituelle Leben irrelevant ist.

Streng genommen, ist keiner dieser beiden Wege, derjenige der *astika* und derjenige der *nâstika*, unmittelbar evident. Ein jeder bleibt sozusagen den Beweis schuldig, ist doch der Anspruch, sich nur dann einem Ziel nähern zu können, wenn dieses Ziel vorher bekannt ist, ebenso willkürlich wie die Aufforderung des Buddha, einem Weg zu folgen, ohne zu wissen, wohin er führt. Zugunsten der buddhistischen Position spricht zumindest nicht nur die Vernunft – wie anhand der Pfeil-Parabel ersichtlich[8] –, sondern die schlichte Tatsache, daß die überwältigende Mehrheit der Menschen normalerweise in der Sphäre des Existentiellen, nicht des Essentiellen lebt. Außerdem sagt der Buddha, daß dieses Tun nicht von der Kontemplation abhängt oder aus dieser zu kommen braucht, nicht nur, weil dies in der Praxis die meisten Menschen davon ausschließen würde, das Ziel zu erreichen, sondern auch und vor allem deshalb, weil das Wissen um die Aussagen über das »Ziel« dieses auf die beschränkten Parameter des Innerweltlichen reduzieren würde und daher seiner Verwandlung in etwas Endliches, Begrenztes und Unvollkommenes gleichkäme. Wenn das Ziel erkennbar wäre, solange wir noch von ihm entfernt sind, solange wir in der Bedingtheit leben, würde dies für den Buddha bedeuten, daß das Ziel in diese Bedingtheit eingeht, so daß man, auch wenn es einem gelänge, das Ziel zu erreichen, über die Begrenztheit nicht hinauskäme. Doch wenn das Ziel wirklich »jenseits« ist, wie kann man es dann erkennen? Es läßt sich nicht festlegen, da man es ja noch nicht erreicht hat. Doch hat man es erreicht, ist nichts anderes mehr von Belang. Dem Erleuchteten geht es, wie wir gesehen haben, um die Tatsache, daß das *höchste* Ziel nicht erkannt werden kann, bevor man es erreicht hat.

Aber es geht noch um mehr. Der Buddhismus geht in der Tat weiter als die Funktionalisten. Zunächst ist die Unterscheidung zwischen der Anerkennung der Existenz und der Kenntnis der Essenz das Ergebnis einer bestimmten Metaphysik, die man entweder akzeptieren oder ablehnen kann und die auf alle Fälle für unseren Fall keine Gültigkeit besitzt. Auf den Einwand, daß es genüge zu wissen, daß ein Ziel *existiert*, ohne damit wissen zu müssen, was es *ist*[9], hat der Buddha die folgende überzeugende Antwort: Entweder unterscheidet sich die Essenz völlig von der Existenz, und dann würde die *Existenz* eines Zieles nicht bedeuten, daß dieses Ziel *ist* (in der buddhistischen Position könnte es durchaus nichts sein, was der Gegner freilich nicht akzeptieren würde); oder, wenn Essenz und Existenz nicht unterschieden werden können, würde die Behauptung, daß es genüge, von der Existenz eines Zieles zu wissen, ohne wissen zu müssen, worin dieses Ziel besteht, die Essenz »durch die

Hintertür einlassen«. Das heißt, jetzt geht aus der Aussage hervor, daß das Ziel nicht nur existiert, sondern daß es etwas ist, das nicht erkannt werden kann, bevor man es erreicht hat.

Aber, so könnte man einwenden, ein Objekt durch Erkenntnis zu erreichen und es in Wirklichkeit zu erlangen, sind zweierlei Dinge. Noch einmal sind Essenz und Existenz unterschieden. Daraufhin würde der Buddhismus angesichts dieser epistemologischen Blasphemie seine Kleider zerreißen und erwidern, daß eine nicht wirkliche Erkenntnis kein wahres Wissen genannt werden könne und daß die einzige Gewißheit aus der Erfahrung komme – in diesem Fall aus der Erfahrung, daß man das Ziel erreicht hat. Aber das Problem liegt weniger in der dialektischen Debatte als in der ursprünglichen religiösen Intuition der Wirklichkeit in diesen zwei verschiedenen Auffassungen.

Für den Buddhismus ist »sein« ein Verbum, kein Substantiv. Die Dinge *sind*, indem sie seiend sind, aber es gibt kein *esse* (Sein), das sie trägt und zu sein veranlaßt. Vom »Sein« als einem Substantiv zu reden hieße, es zu vernichten, insofern ein Seiendes, das nicht wäre, ein Seiendes, das nicht im Sein bliebe, ein Seiendes, das nicht weiter »sei«, kein Seiendes mehr ist. Es ist nicht, es ist versteinert, es ist tot; es »war«, es »ist gewesen«, aber es *ist* nicht mehr; es ist einfach ein *Gewesenes*. Sein heißt weiter seiend, vergänglich, flüchtig sein. Sein heißt in Wirklichkeit *werden*: fortzufahren zu sein, in diesem Augenblick ins Sein zu treten, nur um sogleich wieder aufzuhören zu sein, was das »Ding« einmal war, denn es muß weiter als Sein bestehen. Sein heißt *existieren*. Es gibt kein »Sein« im Sinne eines beliebigen Etwas. Die Dinge *sind*, aber sie sind nicht »Sein«. Sein ist kein Prädikat, aber es ist nicht einmal ein Subjekt. Es ist ein Verb, ein Zeitwort.

Zurückkehrend zu der klassischen Formel »A ist B«, behält die buddhistische Intuition die einfache Kopula bei. Wenn A B ist, dann determiniert B das A so fest (um wirklich B zu sein), daß A seine eigene Identität verliert und in B verwandelt wird. Das heißt, A wird aufhören müssen zu sein, was es »ist« (richtiger: was es war); es wird aufhören, A zu sein, um in B überzugehen. Aber es läßt sich auch nicht sagen, daß A einfach »ist«, denn dann wird A selbst die Wahrheit von »ist« als Verbum behindern. Wir können hinzufügen, daß es paradoxerweise sozusagen »kein solches Ding« wie ein A gibt, das ein »Ist« sein könnte. Denn das »Ist« hat weder

Subjekt noch Prädikat. Die Dinge *sind* insofern, als sie vergehen, verfallen und enden, insofern sie beginnen-und-aufhören zu »sein«, um weiterhin zu sein. Sein heißt, durch das Dasein hindurchgehen[10].

Bisher bewegen sich diese Ausführungen auf der Ebene der philosophischen Rede. Als solche mögen sie mehr oder weniger verständlich, vielleicht sogar akzeptabel sein. Das Skandalon zeigt sich dort, wo wir das berühren, was einige Traditionen für das Seiende schlechthin halten, nämlich Gott[11]. Diesem Problem werden wir nun den folgenden Abschnitt widmen.

Die gegenwärtige Problematik

Die Gleichsetzung von Gott und Sein kann nicht als ein universell anerkanntes Axiom gelten. Nicht nur wird Gott von einem gewissen zeitgenössischen Atheismus, der das Seinsmonopol Gottes nicht anerkennt, ohne damit das Sein zu verneinen, geleugnet; es gibt und gab außerdem eine große Anzahl von Religionen, die Gott zwar akzeptieren, ihn aber nicht mit dem Sein gleichsetzen. Daher müssen wir das Problem von zwei Seiten her angehen:

1. *Vergöttlichung des Seins* (der Gott des Seins)
2. *Deontologisierung Gottes* (das »Sein« Gottes)

Wir können das Problem auch nicht leichthin abtun, da von der Antwort das Schicksal nicht nur eines weiten Feldes des philosophischen Denkens, sondern auch, und in erster Linie, einer großen Anzahl von Religionen abhängt – vor allem des Christentums, das sich dieser Gleichung, für die es offenbar weitgehend verantwortlich ist, so tief verpflichtet hat[12].

Eines scheint keinem Zweifel zu unterliegen: Im Abendland kam das Problem mit dem Beginn des Philosophierens bei den Griechen im sechsten Jahrhundert v.Chr. auf. Sobald die ersten Philosophen nach der Grundlage, nach Anfang oder Ende der Wirklichkeit und nach einer möglichen Einheit jenseits der konkreten, vergänglichen Vielfalt zu fragen begannen, nahm das Abenteuer des Seins seinen Anfang – und geriet unverzüglich in Konflikt mit den bereits existierenden Gottheiten[13]. Die Geschichte des menschlichen Denkens scheint zu einer ausschließlichen Wahl zwischen der Vergöttlichung des Seins oder der Ontologisierung Gottes hinzuführen. Es sieht so aus, als könnten Gott und Sein in ihrer je eigenen Sphäre nicht das Höchste sein. Es scheint keine dritte Alternative zu geben, und der Kampf ist ein Kampf zum Tode. Entweder Gott und Sein werden gleichgesetzt, durch eine Vergöttlichung des Seins oder eine Ontologisierung Gottes, oder der eine erschlägt das andere, so daß nur ein Sein ohne Gott oder nur ein Gott ohne Sein übrigbleibt. Beide Lösungen jedoch setzen Gott und das Sein als den doppelten Angelpunkt unseres Wirklichkeitsverständnisses voraus. Will der Buddhismus uns vielleicht sagen, daß beides zerstört werden müsse – daß es kein Sein gibt, eben weil es keinen Gott gibt, und keinen Gott, weil es schlicht kein Sein gibt?

Wenden wir uns nun der Analyse der eben skizzierten Problematik zu.

Wenn wir vom *Logos* zum *Mythos* fortschreiten – das heißt, wenn wir »philosophisch« mit dem Sein beginnen –, werden wir früher oder später auf das stoßen, was die Religionen als Gott verehren. Die Metaphysik wird Gott einen Platz einräumen müssen. Doch Gott verträgt keine Herabsetzung auf einen sekundären Platz auf der Stufenleiter des Seins, so daß man auf diese oder jene Weise Gott einen *Weg* zum Sein bereiten muß.

Wenn wir analog dazu statt dessen vom *Mythos* zum *Logos* fortschreiten – das heißt, wenn wir mythisch, mit Gott, beginnen –, tritt das Seinsproblem in dem Augenblick auf, in dem dieser Gott zugleich mit der Welt gesehen wird. Jetzt wird eine Klärung des Verhältnisses von Gott zur Welt erfolgen müssen. Hier wird eine Gleichsetzung beider nicht so unmittelbar und dialektisch notwendig sein wie in der ersten Alternative. Doch auf diese oder jene Weise wird Gott wesensgemäß dazu neigen, über Lebewesen zu herrschen und sich gegen die Unterwerfung unter etwas, das nicht selbst göttlich ist, zu sträuben. Ein besonderer Gott kann der Gleichsetzung mit dem Sein entgehen, aber sobald eine göttliche Hierarchie und eine Stufenleiter des Seins errichtet sind, werden die beiden Spitzen unweigerlich eine so enge Beziehung eingehen, daß diese auf eine Gleichsetzung hinausläuft[14].

Dies war die Haltung des westlichen Denkens. Ontologie und Theologie, endlos ausgedehnt, fallen unweigerlich zusammen. Aber unser gegenwärtiges Zeitalter hat eben diese Gleichsetzung, die den Westen so viele Jahrhunderte spekulativen Denkens und des »Fort-

schritts« gekostet hat, allmählich in Zweifel gezogen. Das Mißtrauen gegenüber dem glorreichen Triumph kommt vom Westen selbst, ja sogar aus dem Vermächtnis jenes Christentums, dessen stolzeste Errungenschaft diese klare Konsolidierung der Vereinigung der doppelten Gipfel war[15].
Das war nicht immer so, nicht einmal im Denken der Griechen. Selbst eine so hochentwickelte Philosophie wie die des Platon kam ohne diese Gleichsetzung aus – ohne daß sie deshalb atheistisch genannt oder Platon als Atheist betrachtet wurde. Und so ist die Frage angebracht, ob es heute nicht möglich sei, einen Gott zuzulassen, der keine Affinität zum *organon* des Seins – dem Denken – hat; oder ob man wirklich nichts anderes tun kann, als einen Gott aufzugeben, der jahrhundertelang den Thron des Seins usurpiert hat[16]. Hier wird unser Denken eine in kultureller und religiöser Hinsicht pluralistische Haltung einnehmen müssen, wenn es hoffen will, Wege zur Lösung des Problems zu finden. Die Herausforderung des gegenwärtigen Zeitalters besteht in der Frage, ob es möglich sei, das Sein zu »ent-göttlichen« und Gott zu »deontologisieren«, ohne daß das eine oder andere Schaden leidet. Abgesehen von dieser Möglichkeit bleibt nur die Alternative übrig: Gleichsetzung oder Nihilismus.

Der Gott des Seins (Vergöttlichung des Seins)

Eine Gleichsetzung von Gott und Sein ist kaum von wesentlicher Bedeutung, wo es sich um einen Gott der Religion handelt. Denn nicht nur fällt es den sogenannten ethnischen oder Volksreligionen nicht im Traume ein, daß das Sein Gott sein könnte, sondern auch in der weitaus überwiegenden Anzahl der sogenannten höheren Religionen ist eine solche Gleichsetzung kein unentbehrliches, wesentliches Merkmal Gottes.
Es wäre faszinierend, den verschlungenen Weg zur Vergöttlichung des Seins zurückzuverfolgen, um zu sehen, wann und wie diese zustande kam[17]. Aber es ist nicht unsere Absicht, dieses Phänomen Schritt für Schritt zu rekonstruieren[18]. Wir werden uns daher damit begnügen, die größeren Etappen dieser Evolution als Drama in drei Aufzügen zusammenzufassen.

Ich sehe diese »Aufzüge« weder als historische Reihenfolge noch als aufeinanderfolgende Perioden in einer idealen Zeit, ebenso wenig als drei notwendige Momente in einem dialektischen Prozeß. Sie sind vielmehr der Ausdruck eines dreifachen Problems, das der Beziehung des Menschen zu Gott innewohnt. Die Lösung des Problems scheint in der Vereinigung und Verschmelzung aller drei Komponenten des Dramas zu liegen – vorausgesetzt, wir können alle drei Richtungen des menschlichen Denkens zu ihrem jeweiligen Schmelzpunkt bringen und so ihre harmonische Verbindung gewährleisten, ohne Widersprüche und ohne künstliche Synkretismen. Zum Schluß möchte ich noch anmerken, daß wir im Unterschied zum weiter oben dargelegten Schema jetzt eher philosophisch als historisch-religiös vorgehen werden[19]. Es kommt darauf an, die Aspekte der philosophischen und religiösen Erfahrung des Menschen, die am wichtigsten erscheinen, hervorzuheben. Da es sich mehr um Aspekte als um konkrete Entitäten handelt, wird der Inhalt dieser drei »Aufzüge« oft ein zeitgenössischer sein und des öfteren innerhalb ein und derselben Religion und im Wesen einer einzelnen Gottesvorstellung vorkommen.
Wenden wir uns nun dem Drama zu.

Anthropomorphismus

Im ersten Aufzug unseres Dramas sind die Beziehungen zwischen Gott und Mensch auf einer wechselseitigen Ähnlichkeit gegründet. Von Gott wird gesagt, daß er den Menschen nach seinem göttlichen Ebenbilde schuf[20]. Die Philosophie allerdings erklärt statt dessen, daß die Menschheit von Urzeiten an Gott im Bilde des Menschen dargestellt habe. Ein Grundzug des Gottes der Religion ist die Personalität[21]. Zuerst und vor allem anderen gilt, daß Gott immer ein *Jemand* ist. Gott kann die Personifizierung einer Naturkraft oder eines natürlichen Phänomens sein, er kann die Projektion einer menschlichen Eigenschaft oder einer eminenten, der Menschheit eigenen Tugend sein, aber immer und überall ist Gott *jemand* – jemand, der geliebt oder gefürchtet wird, jemand, der Belohnung oder Strafe zuteilt, der erschaffen (oder sich des Schaffens enthalten) kann, der anderen Göttern oder einem höheren Gesetz untertan (oder Herr über alle kosmischen Gesetze) sein kann, und so fort. Welche Merkmale er auch immer haben mag, Gott ist unweigerlich ein »Jemand«, der personale Beziehungen hervorruft, wie sie zum religiösen Leben gehören: Opfer, Gebet (in verschiedenen Formen als Anbetung, Lobpreis, Bitte, Anrufung usw.), Weihe und Liebe.

Ich wiederhole, daß ich die Bezeichnung »Anthropomorphismus« nicht so verwende, wie eine bestimmte Richtung der Religionsgeschichte es tut, nämlich als Beschreibung des Religionstyps, den sie für den primären hält, also der sogenannten ethnischen oder Volksreligionen. Ich verwende das Wort und den Begriff im strengen anthropologischen Sinn und weise daher nicht nur auf einen rein »physischen« Anthropomorphismus hin wie jenen, der den griechischen Göttern zugeschrieben wurde, oder nur auf einen »psychischen« Anthropomorphismus, wie den des Gottes von Israel, wenngleich ich andererseits diese beiden Aspekte nicht ausschließe. Ich verwende den Terminus »Anthropomorphismus« vielmehr, um den konstitutiven Charakter – »nach des Menschen Bilde« – zu unterstreichen, der notwendig nicht nur jedem menschlichen Begriff vom Göttlichen, sondern auch einem Gott eigen sein muß, der ein Gott der Menschen sein will. Ohne auf eine detaillierte Aufzählung von Fällen einzugehen, wollen wir nur daran erinnern, daß zu dieser Kategorie nicht nur sämtliche Gottheiten gehören, die von prähistorischer Zeit bis heute in Bildnissen dargestellt wurden[22], sondern auch die Gottheiten eines tieferen, weiter entwickelten »Grades« von Offenbarung, wie der Jahwe der prophetischen Reform[23] oder der hochidealisierte Prajâpati der Veden[24]. Diese sind eminent personale Götter. Sie sind Personen[25]. Ein Gott, zu dem man nicht beten, an den man sich nicht direkt oder indirekt wenden kann, ein Gott, der nicht in irgend einer Form in menschliche Verhältnisse eingreifen würde, wäre kein Gott. Gott – der Gott der Religion– ist immer ein Gott der Menschen und für Menschen[26]. Und wenn das Prestige Gottes noch so hoch ist, wenn die göttliche Vollkommenheiten und Attribute ins Grenzenlose gehoben werden, muß Gott doch immer eine Bindung zu den Menschen bewahren, um seine Funktion als Gott ausüben zu können. Mit einem Wort, Gott ist immer der Herr.

Der hauptsächliche Weg zu diesem Gott ist der Weg des Rituals und des Opfers. Er wird mit der Zeit sowie der Konsolidierung der Menschheit und ihrer Welt als etwas von Bedeutung zum Weg der

Tat und des Handelns. Das ist der *karma-mârga* der indischen Überlieferung – der existentielle, konkrete, menschliche, historische und persönliche Weg.
In diesem Akt unseres Dramas spielt die personale Gottheit eine aktive Rolle, auch wenn sie höher entwickelte theologische und philosophische Züge annimmt. Das heißt, sie gehört in diesen Akt auch dann, wenn sie ein göttlich-morphologisches Merkmal angenommen hat, das relativ spät in der Geschichte auftaucht: die Transzendenz gegenüber den Menschen und dem menschlichen Wesen – eine Transzendenz, die in diesem Grade Gottes Personhaftigkeit innewohnt und keiner Verteidigung oder theologischen Beweisführung bedarf.
Als letztes gehört diesem ersten Moment noch ein weiteres Merkmal an. Gewiß, es erscheint in der Geschichte zu einem späten Zeitpunkt und nur als die Frucht theologischer Reflexion. Ich beziehe mich auf das göttliche Anderssein. Gott ist essentiell das Andere, das »Außen«, das »Oben« und das »Jenseitige«. Gott ist unabhängig, das nicht mit anderen Vermengte, das Sakrale, Getrennte, »Heilige«, das in der Transzendenz wohnt, in der Herrschaft und in der Erhabenheit der numinosen Gefilde. Gott allein ist gut[27]; die Götter sind immer rein[28]. Gott ist in dem Maß Gott, wie wir Menschen sind: Unsere Beziehung zu Gott (durch Opfer und Werke, einschließlich sittlichen Handelns und Werken der Gnade) stellt den tiefsten, je erreichbaren Nexus dar. Gott stellt die komplementäre Beziehung zum Menschen schlechthin dar, denn Gott hat alles, was uns mangelt.
Anders ausgedrückt: Der Begriff oder die Erfahrung Gottes oder der Götter in diesem ersten Aufzug unseres Dramas entspricht einer geläuterten, (nach der jeweiligen Kultur in unterschiedlichen Graden) sublimierten Personalisierung dessen, was der Mensch ist, was er besitzt, was er begehrt, auch was ihm mangelt. Wir brauchen hier nicht auf den Ursprung der verschiedenen Merkmale Gottes oder auf ihre allmähliche Manifestation im menschlichen Bewußtsein im Verlauf der Geschichte einzugehen. An dieser Stelle interessiert nur, daß der persönliche Charakter in der einen oder anderen Form in jedem einzelnen der göttlichen Merkmale vorhanden ist[29]. In jedem Fall ist Gott der Herr des Menschen, Gott ist der Andere – der Schöpfer, der Beschirmer, der den Menschen beschenkt.

Die hier geschilderten Züge werden entsprechend dem Grad der philosophischen Unterscheidungskraft einer gegebenen Kultur natürlich noch verfeinert und geläutert werden. Aber im Grunde bleibt Gott der vergöttlichte Mensch. Ich möchte deutlich hervorheben, daß ich damit noch mehr meine, als daß die Menschen nicht umhin können, Gott anthropomorphisch darzustellen. Ich sage damit außerdem, daß die Gottheit selbst sich nicht anders als anthropomorphisch offenbaren kann, ungeachtet des Vollkommenheitsgrades, den eine bestimmte Spiritualität von seiten der Menschen erreichen mag. Der Anthropomorphismus ist eine radikale Notwendigkeit jeder menschlichen Erfahrung, selbst der Erfahrung des Göttlichen. Wenn der Bezugspunkt verlorengeht – wenn das Subjekt der Erfahrung verschwindet – verschwindet auch Gott[30]. Genau dies geschieht im Buddhismus. Aber greifen wir unserer Geschichte nicht vor.

Bedenken wir: Wo und auf welche Weise immer Menschen einen Begriff, eine Vorstellung, eine Erfahrung oder irgend einen Bezug zu Gott nötig haben, kann dieser Begriff, diese Erfahrung und dergleichen nur die Frucht einer menschlichen Tat sein. Auch wenn die Gottheit sich selbst offenbart, muß sie sich dem menschlichen »Gefäß« anbequemen. Und daher ist sie gezwungen, sich bis zu diesem oder jenem Grad anthropomorph darzustellen.

Der personale Charakter Gottes wird weiterhin dadurch akzentuiert, daß jede individuelle Gottheit unter einem Eigennamen verehrt und angerufen wird. Im klassischen Griechisch haben die Eigennamen der Götter – Zeus, Apollo, Herakles und so fort – den Kasus des Vokativ. Andererseits haben diese Substantiva keinen Plural und können auch keinen haben. Eigennamen stehen im Singular: jeder bezeichnet eine bestimmte Persönlichkeit, und die Persönlichkeit ist einmalig. *Theos*[31] ist im Altgriechischen ein gewöhnliches Substantiv, das eigentlich ein Ereignis, eine göttliche Tatsache bezeichnet[32]. Erst mit dem Auftreten und der Verbreitung des Christentums wurde der Gattungsname *theos*, *deus* – der seinen Ursprung im »Polytheismus« hat – herangezogen, um in der griechischen und lateinischen Übersetzung den Vater des Jesus von Nazaret zu bezeichnen. Dies ist von höchster Bedeutung. In der hebräischen Fassung wird Gott noch ein Eigenname gegeben – Jahwe, eine Bezeichnung mit personalistischer Bedeutung. Dagegen ist das Wort, das sich das Christentum aneignet, um den Vater

Jesu Christi zu benennen, nichts anderes als der Gattungsname »Gott« und betont damit die Universalität auf Kosten der Personalität (und Einheit?). Mit anderen Worten, der vom Christentum verwendete Name zur Bezeichnung Gottes unterstreicht in keiner Weise den wesenhaften, personalistischen Aspekt der Gottheit. Er stellt vielmehr die Dynamik des göttlichen Ereignisses in den Vordergrund. Allmählich wurde dieses göttliche Ereignis als so einzigartig[33] angesehen, daß es zur Erhöhung des gewöhnlichen Substantivs »Gott« zum Status eines Eigennamens führte, indem dieser Name Gott *per antonomasiam* bedeutete. Diese Erhöhung macht zum Teil das eigentümliche und heute problematische Wesen des Christentums aus. Der Gott des Christentums ist einerseits zu dem Gott der Religion geworden, der personalisiert wurde und daher eine vokative Anrufungsform bekam; andererseits ließ die akzeptierte Unbestimmtheit philosophische Einflüsse zu, die Gott langsam, aber sicher substantialisierten. In dieser Weise beschreitet das Christentum den Weg zu einer größeren ontologischen Konsistenz, aber vielleicht auch, von einem religiösen Standpunkt, zu einer größeren religiösen Schwäche, so daß Christus als personaler Vermittler zwischen Gott und der Menschheit erforderlich wird.

Ontomorphismus

Der Vorhang geht über unserem zweiten Akt auf. Hier finden wir verschiedene Überlieferungen der Menschheit vor. Dieses Moment in unserem Drama setzt, grob gesprochen, in demselben bemerkenswerten sechsten Jahrhundert v.Chr. ein und erreicht seinen Höhepunkt und seine vollständige Formulierung etwa um die Wende des ersten Jahrtausends unserer Zeitrechnung.

Der zweite Aufzug verdankt seine Herkunft dem eifrigen Bemühen des menschlichen Intellekts, den Gottesbegriff zu reinigen – Gott zu ent-anthropomorphisieren. Dieser Vorgang führt allmählich zur metaphysischen Kondensierung Gottes, die schließlich in einen Gottesbegriff mündet, der identisch mit dem Begriff des Seins ist. In dieser neuen intellektuellen Perspektive kann Gott, um seine Funktionen in göttlicher Weise wirklich wahrzunehmen, nicht mehr von außen, als der »andere« handeln, als ob Gott bloß ein weiteres menschliches Wesen wäre, wenngleich ein übergeordnetes, dem

man Gehorsam schuldet. Damit Gott wahrhaft Gott sein kann – so besagt diese neue anti-anthropomorphische Denkweise –, muß Gott aufhören, der »andere« zu sein. Er muß verinnerlicht werden, so daß jede Tat Gottes dem innersten Kern jedes Dinges entspricht. Indem Gott sich zur Immanenz hin entwickelt, wird er zum Sein transformiert. Wir sehen diesen Prozeß in hochentwickelter Form in den Upanishaden, die schließlich die überlieferte, anthropomorphische Religion der Veden zum höchsten Grad der Verfeinerung und Sublimierung des Göttlichen führen. Doch hier hat der Prozeß sich nicht auf die Bildung einer spezifischen Gleichsetzung von Gott mit dem Sein ausgewirkt, jener Gleichung, durch welche die westliche Säkularisation ausgelöst wurde. Da unser Anliegen der Entwicklung dieser Gleichung in bezug auf den typisch modernen Atheismus gilt, werden wir die indische Komponente nun beiseite lassen und uns auf das westliche Phänomen konzentrieren[34].
Wir haben dafür ein faszinierendes Beispiel in der aristotelischen Weiterführung von Platons Reinigung der Metaphysik und Verfeinerung der Idee des Guten (die nicht als »Gott« oder »Sein« zu betrachten ist)[35]. Aristoteles erhebt seine primären Substanzen zu Gottheiten[36] und öffnet damit einer Gleichsetzung von Gott und Sein die Tür[37]. Bekanntlich ist dies der Weg, den die Philosophen der neuen abendländischen Religionen, die diesen Prozeß in einer christlichen, dem Geist des Stagiriten nachgebildeten Scholastik zu seinem Höhepunkt führten, später einschlugen.
Einen Nachweis dafür, wie tief diese Einsicht des Gottes der Religion und des Gottes der Philosophie oder Urprinzips das Bewußtsein und die Denksysteme der christlichen Theologen prägte, finden wir in der metaphysischen Hermeneutik des Namens Jahwe. Ursprünglich stand der dem Moses offenbarte Name[38] an sich in keinem Zusammenhang mit dem Seinsbegriff der Philosophen[39]. Daher ist es bedeutsam, daß die Annäherung und sogar Gleichsetzung der beiden Gipfelbegriffe, Gott und Sein, allmählich im Namen Gottes als Eigenname vollzogen wurde: »Jahwe« wurde zur Bezeichnung des Seins[40]. Ungeachtet der Tatsache, daß andere Interpretationen des göttlichen Namens im Exodus-Text keineswegs die Gleichsetzung von Jahwe mit dem Sein bestätigen, hat keine abendländisch-christliche oder postchristliche Metaphysik diese Gleichsetzung übersehen können und muß sie offen akzeptieren, leugnen oder transzendieren. Heute ist die christliche Theologie

sich dessen bewußt[41]. Die ganze Problematik der sogenannten christlichen Philosophie hängt mit dieser Frage zusammen[42]. Daher ist es ebenso wichtig, daß die christliche Exegese in unserer Zeit nach anderen Wegen der Auslegung des Gottes der mosaischen Tradition sucht. Ein moderner Hermeneutiker sieht in der Exodus-Passage eine Offenbarung Gottes als Zukunft, als die absolute Zukunft: »Ich bin, der ich sein werde.« Gott *ist*-nicht, weil der Mensch noch-nicht-ist. Gott wird als Ergänzung des Menschen dargestellt, der die menschliche Natur zwar unendlich transzendiert, jedoch nicht als etwas Heterogenes oder außerhalb von ihr Stehendes[43]. Nach einer anderen, exegetisch etwas präziseren Deutung sollte eine richtige Übersetzung des göttlichen Namens nicht das *Sein*, sondern das *Handeln* Jahwes betonen. Hier wäre der Name nicht die Offenbarung des Seins Gottes, sondern seines (erlösenden) Handelns[44]. Wie wir sehen, schöpft jede Interpretation aus ihrem eigenen Brunnen, indem sie Elemente des offenbarten Namens, die ihre Theorie unterstützen, zu entziffern sucht. Wenn die vorherrschende Philosophie das Sein hervorhob, spiegelte der Gottesname natürlich das Sein Gottes. Heute ist die vorherrschende Philosophie eine Philosophie der Zukunft und des Handelns, und so tritt aus dem sakralen Text Gottes Zeitlichkeit und sein Handeln hervor. Doch die Entdeckung der im Namen Gottes innewohnenden Dynamik ist noch zu neu, um die eingefleischte Gewohnheit der Substantialisierung zu überwinden. Für gewöhnlich besteht weiterhin die Tendenz, die Zukunft als den Ort der Epiphanie eben des göttlichen Seins auszulegen und Handeln mit der Voraussetzung der Substanz zu begreifen[45]. Dann erinnern uns wiederum Stimmen aus dem buddhistischen Umfeld daran, daß die wahre Bedeutung des hebräischen Wortes *hâyâh* nicht »Sein«, sondern »Werden«, »Sich-Mühen«, ja, sogar »Geschehen« ist[46]. Es fehlt auch nicht an Interpreten, die unter dem Einfluß der apophatischen Einstellung einer bestimmten philosophischen Richtung der Gegenwart den Satz aus dem Buch Exodus so übersetzen: »Und was geht es euch an?«[47] Wieder andere behaupten, von unterschiedlichen Gesichtspunkten aus, Jahwe heiße »der, welcher das Sein verursacht«, und damit wird Gott im Grunde zur Ursache dessen, was ist[48].

Kehren wir jedoch von unserem Exkurs über das Schicksal des göttlichen Namens, wie es ihm von christlichen Interpreten zuteil wurde, zu unserer Untersuchung der Gleichung Sein = Gott zu-

rück. Bei allem gebührenden Respekt für die Reaktion, die sie in unseren Tagen ausgelöst hat, dürfen wir wohl sagen, daß diese Gleichung eine wahre intellektuelle Leistung, und nicht ein Verrat am Intellekt ist, wie manche uns heute einreden wollen. Die Ansprüche der menschlichen Reflexion sind in dieser Hinsicht vollkommen klar. Wenn Gott den Ansprüchen des menschlichen Geistes und Herzens gerecht werden soll, kann er nicht fortfahren, eine Art Meister oder Hausherr zu sein, der von außen alles beschließt und vorschreibt, was er hinsichtlich der Bestimmung des Menschen und anderer Dinge für tunlich hält. Vielmehr wird Gott derjenige sein müssen, der diese Wesen stützt und erhält, indem er sie mit einer Kraft aus ihrem tiefsten Inneren auflädt. Und wenn der reflexive, spekulative Geist den universellen und vollkommenen Seinsbegriff entdeckt hat, akzeptiert er die Folgerung: Nur als Sein kann Gott die göttlichen Funktionen, die der spekulative Geist dem Gott notwendigerweise zuschreiben muß, wirkungsvoll und redlich erfüllen. Der Gott des Intellekts wird daher die Quelle, der Ursprung, der Schöpfer, die Basis und Grundlage aller Dinge sein. Mit anderen Worten, Gott wird zum Sein schlechthin. Alles andere, auch der Mensch, wird in dem Maße »sein«, wie es aus Gott hervorgeht, an Gott teilhat, in Gott wächst und so fort. Hier ist Gott weniger der andere als der Eine, aus dem und in dem alle Dinge sind.
Die Vorteile dieser Auffassung sind mannigfach. Sie bereitet den Boden für die Überwindung zahlreicher Antinomien. Ein »außenstehender« Gott, und wäre er noch so barmherzig, kann immer zu einem mutwilligen Tyrannen oder zu einer überirdischen Gewalt werden, die sich um die Nöte des Menschen einfach nicht kümmert. Jetzt ist diese Gefahr abgewendet. Gott ist zu unserem Rückhalt geworden, denn schließlich kommen wir von Gott, sind in Gott und kehren zu Gott zurück. Auf diese Weise ist der Wille Gottes gleichsam »gezähmt«, unbeschadet der Ehrfurcht vor Gott, und ohne ihn in irgend einer Weise einzuschränken, weil Gott als das höchste Gesetz aller Dinge gedacht wird. Gott kann sich nicht »gegen Gott auflehnen«[49].
Eine weitere intellektuelle Schwierigkeit wird durch die Gleichsetzung von Gott und Sein umgangen: der radikale Dualismus zwischen Gott und Mensch, zwischen dem All-Einen und den Vielen. Die Totalität der Dinge ist bloß der Leib, die Schöpfung, die Mani-

festation, das Werk, der Ausdruck, usw. der Gottheit. Es gibt nichts außerhalb Gottes (und aus dem Nichts erschafft Gott alle Dinge). Außerdem ermöglicht nur eine solche Konzeption ein echtes Zusammenwirken von Religion, Theologie und Philosophie. Nur eine Gleichsetzung von Gott und Sein scheint den Verstand daran zu hindern, das religiöse Feld zu meiden. Nun aber kann der Intellektuelle seinen religiösen Glauben behalten[50].

In dieser Synthese geht es also darum zu zeigen, daß der Gott der Vernunft kein anderer ist als der Gott der Religion. Aber der Gott des denkenden Menschen kann nichts anderes sein als das Sein, und damit sind wir auf dem besten Wege, die Theologie zu einer Philosophie zu machen. Nun wird der »unbewegte Beweger« des Aristoteles in einen Gott der Christen verwandelt; nun ist Platons Idee des Guten nur ein anderer Name für die göttliche Vorsehung des Gottes der Religion, und Indra, Varuna und Shiva sind nur verschiedene Namen für die vielfältigen Manifestationen des einen *brahman*[51], und so fort. Es kann nicht zwei »Götter« geben, einen für den Glauben und einen anderen für die Vernunft. Gott ist das absolute Sein[52].

Die Vergöttlichung des Seins ist ein Prozeß von außerordentlicher Tragweite. Es löst nicht nur die Antinomien auf, die den menschlichen Geist bedrängen, sondern bewirkt auch eine Harmonisierung der existentiellen Spannungen des Menschen. Wenn Gott das Sein ist, dann ist auch das Gute das Sein, und nicht mehr kalte Pflichterfüllung. Wenn Gott das Sein ist, dann gewinnt die Wahrheit ihre ganze religiöse Heiligung, und das Skandalon der christlichen Philosophen des Mittelalters – daß einzelne Götter lügen oder sich unmoralisch verhalten wie die Götter der Griechen, oder launenhaft sein können wie der Gott des Alten Testaments – fällt weg. Noch mehr, denn die Wahrheit macht uns nicht nur frei und das Gute glücklich, sondern der Konflikt der klassischen griechischen Tragödie wird aufgehoben. Nie mehr kann es einen unversöhnlichen Konflikt zwischen Gott und dem Gesetz des Schicksals geben. Nun ist das Sein der höchste Gott, die Wirklichkeit ist eins, und die Welt ist ein *kosmos* – ein geordnetes, geregeltes Ganzes –, an dem der Mensch partnerschaftlichen Anteil hat. Der Wille Gottes ist der Ausdruck des inneren Seinsgesetzes.

Wenn Gott das Sein ist, besitzt die Religion den Schlüssel aller Probleme, der menschlichen wie der kosmischen. Es gibt keine sich von alleine um ihre Achse drehende Welt, während ihr Souverän über sie herrschen muß, um sie »auf ihrer Bahn« zu erhalten. Jetzt ist die Beziehung zwischen Gott und der Welt eine strenge, weil sie eine innerliche ist: Die Wesen sind nur deshalb wesenhaft, weil sie in der einen oder anderen Weise am Sein teilhaben, aus ihm hervorgehen, das Sein sind. Genau das will das christliche Dogma der »Schöpfung« zum Ausdruck bringen: die vollkommene Abhängigkeit aller seienden Wesen vom Sein, in einer neuen Vereinigung von Philosophie und Religion[53]. Gott als das absolute Sein ist der Gott des Paradieses, und im Paradies ist kein Platz für das Böse, das Häßliche, das Leiden und dergleichen.

Allmählich verwandelte die Theologie sich in Philosophie. Nach und nach wurde Gott von der Ontologie vereinnahmt. Der wahre Theologe ist der Philosoph und der Kontemplative. Die Kontemplation über die Welt des Seins bringt nicht nur höchstes Glück, sondern ist der eigentliche Zweck des menschlichen Lebens.

Derselbe Prozeß, der sich, wie wir gesehen haben, in der griechischen und danach in der christlichen Welt vollzog, fand auch in Indien statt, wo man den wahren religiösen Menschen im Wissenden, im Weisen erblickte; und der Weg, dem der Weise folgt, ist eben der Weg der Bewußtwerdung (*jñâna-mârga*). Wenn die Gleichsetzung auf andere Weise erfolgt, dann kommt die Entdekkung des *Brahman* als das Absolute, das gleichermaßen jenseits des Seins (*sat*) und des Nichtseins (*a-sat*) Stehende, ohne Zweifel aus der Forderung des Geistes nach einer Vereinigung der Entdeckungen der Vernunft mit den Erfordernissen der Religion[54]. Eine bestimmte christliche, hinduistische und muslimische Spiritualität beruht ganz auf dieser Prämisse, nämlich daß die Erkenntnis des Guten religiöse Erfüllung bedeutet. *Gnôsis, jñâna, al-hikmat* haben erlösende Kraft.

Wir besitzen aufschlußreiche Beispiele der ontomorphischen Position sowohl in der christlichen Diskussion eines als göttlich geltenden Naturgesetzes, weil es zur »Natur« gehört, als auch in den vedischen Abhandlungen über die erlösende Rolle der Erkenntnis, die gerade durch die Entdeckung der Wahrheit Wirklichkeit erlangt.

Das ontomorphische Rosenbett hat jedoch auch seine Dornen. Wenn Gott das Sein ist, dann werden viele beunruhigende Fragen des menschlichen Geistes aufgelöst. Doch wenn das Sein Gott ist, tauchen eine Reihe anderer Probleme auf, mit denen die Anhänger des anthropomorphen Moments sich nicht zu beschäftigen brauchten.

Erstens wird der personale Charakter Gottes durch seine ontologische Befrachtung einigermaßen verdunkelt. Es ist nicht so leicht, in ein personales Verhältnis zum Sein zu treten. Ein Merkmal des ontomorphischen Moments liegt denn auch in der Reinigung des Gottesdienstes und der fast gänzlichen Beseitigung des Opfers.

Doch ein weiteres Problem tritt auf, wenn Gott ontologisch wird, und zwar auf moralischem Gebiet. Gott muß jetzt sozusagen eine Reihe für das Sein offenbar notwendiger ethischer Forderungen übernehmen, obwohl dies für die Gottheit große Nachteile bringt. Neben dem Sein besitzt Gott automatisch die Attribute der Macht, der Vollkommenheit, der Güte, Schönheit, Allwissenheit usw. – alles Attribute, die den intellektuellen Anspruch an die Vollkommenheit erfüllen, jedoch Schwierigkeiten bereiten, wenn es darum geht, sie miteinander in Einklang zu bringen. Das klassische Problem ist das Problem des Bösen und des Leidens. Solange Gott und Sein getrennte Größen waren, stellte das Vorhandensein des Bösen und des Leidens kein Problem dar. Gott war der absolute, allmächtige Herr, der unangefochten über Leben und Tod seiner Geschöpfe waltete. Sie konnten nur zu Bittgebeten Zuflucht nehmen, um Gott zu besänftigen, den göttlichen Zorn abzuwenden und Gott umzustimmen[55]. Gott war nicht unbedingt gut, aber vielleicht gnädig[56]. Was die offensichtliche Unvollkommenheit der Welt angeht, so wurde oft ein anderer Urheber dafür verantwortlich gemacht, und Gott kam sozusagen unbehelligt davon. Gott war nicht verpflichtet, Rechenschaft für das Böse abzulegen, wie er es tun muß, wenn Gott und Sein gleichgesetzt werden – aufgrund seiner Allmacht, Allwissenheit, Güte oder Vollkommenheit[57]. Wenn Gott nicht das Sein ist, ist das Böse ein menschliches, nicht ein göttliches Problem. Gott kann sogar verantwortlich für das Böse sein, ohne dadurch in seiner Göttlichkeit im mindesten beeinträchtigt zu sein. Ja, eine solche Verantwortung kann sogar ein Zeichen göttlicher Macht sein[58].

Aber wenn Gott zum Sein, zum Absoluten wird, erlangt er auch alle übrigen Vollkommenheiten, und dann stellt das Vorhandensein des Bösen ein ungelöstes Problem dar: Entweder ist Gott nicht allmächtig (denn sonst hätte er das Böse und das Leiden abschaffen können), oder Gott ist nicht gut (denn wenn Gott gut wäre und fähig, das Böse und das Leiden abzuschaffen, hätte er es gewiß getan, und dieses Nichttun wird jetzt als »unmoralisch«, und nicht als Zeichen göttlicher Macht angesehen)[59]. Was den Versuch betrifft, Gott der Verantwortung für das Böse zu entheben, indem man dieses aus der Bosheit der Menschen, und nicht aus Gott ableitet, ist dazu zu sagen, daß diese Theodizee der Prämisse nicht gerecht wird, daß Gott das absolute Sein ist, weil auch die menschliche Bosheit nicht über Gottes »universeller Herrschaft« – seiner allmächtigen, vollkommenen Kontrolle – stehen dürfte.

Das Problem wird auch dann nicht gelöst, wenn man es aus einer rein philosophischen Perspektive angeht. Die geistreiche Antwort des heiligen Augustinus ist nur eine teilweise und provisorische Lösung. Das Böse, so erklärt Augustinus, sei ein Mangel an Sein, ein Nichtsein, und Gott könne für das, was »nicht-ist«, nicht verantwortlich gemacht werden. Doch dieser Kompromiß drückt sich um die Auseinandersetzung mit dem moralisch Bösen, nämlich daß der Mensch auch gegen und über den allmächtigen Willen eines unendlich gütigen Gottes hinaus einen negativen Willen behaupten kann. Außerdem ruft ein solcher Gedankengang eine ganz neue Problematik von Nichtsein und Nichts auf den Plan. Ein Gott-Sein, das in irgend einer Weise durch Nichtsein eingeschränkt, ein Gott, der in irgend einer Weise durch das Nichts beeinträchtigt werden kann, ist nicht mehr das von der Seinsphilosophie postulierte absolute Sein. Natürlich ist es lehrreich zu beobachten, daß das Problem des Bösen mit einem bestimmten Seinsbegriff auftaucht, nämlich dem des Aristoteles. Zwar stellt sich beim *brahman* und seiner Ontologisierung das Problem der Welt sehr ähnlich dar, aber hier ist nicht das Vorhandensein des Bösen der Stein des Anstoßes, sondern vielmehr das Vorhandensein der Vielheit, des Körperlichen und der Unwissenheit (*avidyâ*).

Wenn wir den philosophischen Prozeß weiter untersuchen, stellen wir fest, daß die einzige logische Antwort, die in irgend einer Weise die »Rechte« oder »Attribute« Gottes in ihrer Gesamtheit bewahren könnte, in der Aussage besteht, daß das Böse und das Leiden eine

Illusion seien. Sie sind nicht wirklich das Böse und das Leiden, sondern sie scheinen nur so. Denn wenn Gott sie zuläßt, *sind* sie im Grunde gut[60]. Damit diese »Lösung« einleuchtet, darf die von uns formulierte These nicht im Sinn einer bestimmten Spiritualität gedeutet werden, nämlich daß Gott das Böse zuläßt, damit Gutes daraus entstehe. Auch dies wäre unmoralisch im Hinblick auf die Hypothese von Gottes Allmacht. Nein, die These besagt genau genommen, daß das Böse und das Leiden nicht mit der Negativität belastet sind, die ihnen scheinbar anhaftet. Unsere Sicht der Wirklichkeit beruht auf einem Irrtum. Das Böse ist nicht böse, weil es nicht wirklich ist.

Die Schwierigkeit liegt hier darin, daß wenn das Böse nicht das Böse ist, auch die Menschen nicht Menschen sind. Es ist dieselbe Logik, denn das Böse ist ein untrennbarer Bestandteil der menschlichen Beschaffenheit. Die Vergöttlichung des Seins führt zur Vernichtung des Menschlichen. Wenn Gott das Sein ist, dann ist das Menschliche (noch) Nichtsein, (noch) nicht geschaffen, es ist im Werden, im Entstehen, es ist Schein, einfach ein Übergang – *mâyâ*, wie es im Vedânta heißt.

Es gibt auch noch andere Probleme in einer solchen Gleichsetzung. Eines liegt in der vorausgesetzten Nötigung der göttlichen Freiheit. Es ist durchaus nicht einsichtig, wie ein Gott des »reinen Seins« sich wie der Gott der Religion verhalten könnte. Ein vollkommener Gott muß »gütig«, unparteiisch und gerecht sein. Gott kann niemanden bevorzugen oder sich zu Taten des Zorns hinreißen lassen. Nach strenger Logik kann Gott die Gebete der Gläubigen daher nicht erhören, denn diese bestehen oft aus Bitten um persönliche Gefälligkeiten und Schutz. Doch dann wäre der Gott des Seins nicht fähig zu *lieben*. Außerdem scheint die Vollkommenheit eines solchen Gottes Unbeweglichkeit und Unwandelbarkeit zu erfordern, da in derselben Philosophie des Seins jede Veränderung die Abwesenheit des Noch-nicht-Gewesenen voraussetzt und daher Unvollkommenheit entweder des Ausgangspunkts oder des Terminus. Gott kann sich zu den Geschöpfen nicht »herablassen«, sich ihnen nicht zuneigen oder »nähern«. Und in der Tat fehlt dem »unbewegten Beweger« des Aristoteles, dem Höchsten Wesen eines so großen Teils der christlichen und vedântischen Scholastik, jede echte Beziehung zur Welt[61]. Wie sollte dann dieser mit dem Sein identische Gott imstande sein, die Schöpfung zu lieben?

Die Scholastik hat dieses Problem, trotz seiner entscheidenden Bedeutung für den christlichen Glauben, nie gelöst. Streng genommen, kann das vollkommene Sein die Seienden nicht lieben. Es nähert sich ihnen nicht und kümmert sich nicht darum, daß sie das Sein erreichen, um erlöst und vergöttlicht zu werden. Diese von den metaphysischen Prämissen des Seins abgeleiteten Ausdrücke haben keine Bedeutung mehr. Es ist sinnlos zu sagen, daß die unbewegte Vollkommenheit sich auf die Seienden »zubewegt«, und noch sinnloser, daß diese Seienden die unbewegte Vollkommenheit erreichen[62]. Es bedarf eines Vermittlers (Christus oder Îshvara oder auf jeden Fall *ishtadevatâ*), um eine Religion haben zu können. Dies aber bedeutet einen Bruch der göttlichen Selbstgenügsamkeit.

Letzten Endes gilt: Wenn Gott den Charakter des Seins annimmt, ist kein Platz mehr für das Seiende. Dann steht der Pantheismus oder Atheismus vor der Tür. Die Alternative ist eine ausschließliche: entweder Sein oder Seiende. Das Sein läßt keinen Plural zu; denn wenn das Sein vielfältig sein könnte, würde es sich seines Vorrechts, das Sein zu sein, entäußern. Die Seienden wiederum haben keinen Singular, denn wenn es nur ein Seiendes gäbe, so wäre dieses eine Seiende das Sein. Die beiden sind unvereinbar[63]. Theorien von Analogie und Teilhabe vermögen einige der Aporien, die wir festgestellt haben, zu retten, doch ihr zähes Ringen um die Erhaltung Gottes und die gleichzeitige Bewahrung des Seins ist vergeblich[64].

Außerdem bewegte die Philosophie sich von Anfang an noch in eine andere Richtung (ohne freilich die Ansprüche der Vernunft oder des Seins aufzuheben): Gott ist weder der Andere, Getrennte, Außenstehende, noch der Eine, Identische, Ungeteilte. Gott ist »keins von all dem«. Gott ist weder ganz transzendent noch vollkommen immanent. Weder der Dualismus noch der Monismus werden dem göttlichen Geheimnis gerecht. Die Ansprüche der Vernunft verlangen, daß Gott das Sein sei; doch die Ansprüche des Herzens, der Liebe, möchten Gott immer noch – oder wieder – als Person haben[65]. Daraus resultiert die Konzeption des personalen Seins und das Bemühen, das Sein sozusagen nicht durch seine ontologische Befrachtung, sondern seinen personalistischen Gehalt zu charakterisieren. Das göttliche Sein wäre demnach ein personales Sein: Intelligenz, aber auch Wille; Bewußtsein, aber auch Liebe.

Dies scheint eine glückliche Synthese zu sein. Sie ist viele Jahrhunderte alt und in traditionellen religiösen Kreisen immer noch lebendig. Nun haben wir weder den reinen Anthropomorphismus, der den Gott der Philosophen und die Ansprüche der Vernunft ganz außer Betracht läßt, noch den schlichten Ontomorphismus, der die Rechte des Herzens und das Bedürfnis nach liebevollem Dialog ignoriert. Statt dessen haben wir einen Personalismus; das heißt, wir schließen in den Begriff des Seins das Personale mit ein. Das Bemühen um Personalisierung leitet sich jetzt nicht mehr nur von natürlichen oder kosmischen Kräften her wie in der vorherigen Lösung[66], sondern auch und hauptsächlich vom Begriff des Seins selbst. Nicht die Götter werden vermenschlicht, sondern das Sein wird personalisiert. Das *sat* ist der *purusha*[67]. Das Sein ist menschlich, was in diesem Fall nur bedeuten kann, daß das vollkommene, absolute Sein nichts anderes ist als die absolute Person. Die Religion wird daher weder eine (durch Opfer symbolisierte) voluntaristische Unterwerfung noch eine rein intellektuelle Betrachtung sein (in der die Gottesverehrung durch Meditation ausgedrückt wird), sondern ein persönliches Zwiegespräch, ein liebender Austausch, eine wechselseitige Erkenntnis (in der rituellen Form der Anbetung, des Gebets und der Hymnologie). Dies ist *bhakti*, die liebevolle Hingabe an das göttliche Mysterium.
Doch auch der Begriff des personalen Seins hat seine Schwierigkeiten. Erstens hat dieses Sein, wie wir gesehen haben, wenn man seine Erfordernisse voll in Betracht zieht, keinen Plural und ist etwas Einmaliges. Eine Person jedoch kann nicht allein bestehen. Besonders dem substantialistischen Denken fällt es schwer zuzulassen, daß es Erkenntnis und Liebe geben könne ohne ein Objekt dieser Erkenntnis und Liebe. Denn die Person ist im Grunde eine Beziehung. Da dies so ist, müssen wir zugeben, daß das Sein einfach eine Beziehung ist ohne ein Subjekt als Substrat. Kann das jedoch noch Sein genannt werden?
Die Person kann nicht für sich allein bestehen. Im Grunde ist Person weder ein Singular noch ein Plural. Die trinitarische Erklärung ist ein Versuch, diese Schwierigkeit zu beheben, aber sie funktioniert nur dann, wenn sie außerhalb der substantialistischen Schemata interpretiert wird[68]. Der Beziehungsdualismus scheint die unvermeidliche Folge des Gottesbegriffs als Person zu sein. Für den Anthropomorphismus ist das kein ernsthaftes Problem, aber für den

Personalismus wird es in dem Augenblick zum Problem, als er die Erfordernisse des Seins zu bewahren sucht. Kann es eine metaphysische Versöhnung zwischen Person und Sein geben?

Wenn Gott Person ist, erheben sich andere Schwierigkeiten, sofern wir die Gleichsetzung von Gott und Sein beibehalten wollen. Es gibt sogar, wie wir hören, eine sogenannte »theologische Differenz« im Gegensatz zur »ontologischen Differenz«, sowohl im transzendenten wie im transzendentalen Sinn[69]. Die »theologische Differenz« sei der Unterschied zwischen Gott als höchstem Wesen und dem Sein an sich. Das heißt, es handelt sich um den Unterschied zwischen Wesen und Sein, was in unserem Fall zum Unterschied zwischen dem religiösen Gott und dem philosophischen Sein führt[70]. So ist Gott nicht mehr das Sein schlechthin, sondern nur noch das höchste Seiende: Gott ist nicht mehr *esse*, sondern *primum ens*[71].

Sieht es aber dann nicht so aus, als würde Gott sich der Universalität des Seins begeben[72]? Die Widerlegung unseres Einwands sei sehr einfach, hören wir. Wenn die Personhaftigkeit Gottes zu einer neuen Trennung führt, so läßt sich dagegen gar nichts sagen, denn auch in unserem früheren Schema waren Gott und Sein getrennt – in bezug auf uns. Mit anderen Worten: Bewahren wir Gott als Person, aber befreien wir Gott vom Sein.

Allerdings gibt es auch dann noch Schwierigkeiten. Wenn Gott Person, also Beziehung, aber nicht Substanz ist, wird es schwer sein, die Bindung zwischen diesem Gott und nichtpersonalen Wesen zu erklären. Außerdem – damit wir nicht zu unserem höchsten Begriffspaar zurückkehren müssen, in dem, wie wir gesehen haben, nicht beide Teile zugleich existieren können – wird die Tendenz bestehen, die metaphysische Kategorie der Substanz abzuschaffen, mit allen Nachteilen eines solchen Verfahrens (sofern man das ontologische Schema nicht völlig verändert). Aber noch mehr: Letztendlich wird Gott als reine Person nicht mehr in der Lage sein, die überlieferte Transzendenz gegenüber den Menschen, zu denen Gott in eine personale Beziehung tritt, zu bewahren. Denn es gibt hier keine Zweigleisigkeit: Hier werden »wirkliche Beziehungen« gesetzt, um die erwähnte Schwierigkeit zu umgehen; dort haben wir »bloß gedankliche Beziehungen« zwischen dem Schöpfer und den Geschöpfen, die damit aufhören, personale Beziehungen zu sein[73].

Heute versucht man, das Dilemma zu umgehen, indem man die Personifizierung des Seins auf die äußerste Spitze treibt. Mit Hilfe einer Kritik der in der abendländischen Philosophie überlieferten Definitionen (Boethius, Thomas von Aquin, Richard von Saint Victor, Alexander von Hales, Bonaventura, usw.), die auf einem verdinglichten Seinsbegriff beruhen und letztlich das personale Sein als eine Spezies der Gattung »Sein« begreifen, sucht die moderne Theologie das »dingliche Seinsverständnis« auf dem Wege eines wahrhaft personalistischen Begriffs des Seins an sich zu überwinden[74]. Viele Aporien, die den zeitgenössischen Geist auf die Folter spannen, verschwinden jetzt oder werden zumindest mit größerer Glaubwürdigkeit und Tiefe erklärt[75]. Gleichzeitig öffnet sich eine Tür für den religiösen Personalismus, der den Gläubigen vor der Zersetzung sowohl des Gottesbegriffs als auch des Gottesbeweises durch den Atheismus bewahren will. Wenn Gott nicht mehr »Ursache« ist, dann braucht man auch keinen »Beweis« Gottes mehr anzutreten. Nur eine »Ursache« kann gesucht werden, nur eine »Ursache« bedarf der »Beweise«. Gott als Person entzieht sich jedem Versuch, ihn nachzuweisen. Gott kann nicht nachgewiesen werden, weil man eine Person nicht »nachweisen«, sondern ihr nur *begegnen* kann. Wenn Gott Person schlechthin ist, wird man ihn nur im Sinne einer Begegnung erfahren können[76]. Gott verschwindet aus dem Gesichtskreis derer, denen diese unmittelbare Beziehung nicht zuteil wurde.
Aber auch diese Lösung erscheint nicht ganz zufriedenstellend. Wenn wir nicht einem totalen Solipsismus und einem verzweifelten individuellen Subjektivismus verfallen wollen, wird die Außenwelt, das für Bewußtsein und Liebe Undurchlässige, das Vorhandensein der Materie, weiterhin ein Problem sein. Um die Menschen mit ihrem Bedürfnis nach Liebe und vielleicht auch um Gott zu retten, mußten die Personalisten die Schöpfung Gottes opfern.
Das Problem geht also tiefer, als auf den ersten Blick ersichtlich ist. Natürlich müssen wir den Seinsbegriff läutern. Gewiß dürfen wir Gott und den Menschen nicht verdinglichen. Aber heute erscheint nicht einmal die differenzierteste personalistische Auffassung als ganz befriedigend[77]. Könnte es daran liegen, daß die Schwierigkeiten bei der Anwendung eines bestimmten Seinsbegriffs auf den Menschen ebenfalls, ja, vielleicht in noch höherem Maße, auftreten, wenn wir den Begriff der Person sowohl auf den Menschen als auch auf Gott anwenden wollen[78]?

Auf jeden Fall »stimmt« etwas nicht, wenn wir Gott und Sein gleichsetzen wollen. Der Personalismus bietet offenbar einen Mittelweg an, ist jedoch von einer Lösung weit entfernt. Die Person, die wir Gott nennen, ist nach wie vor problematisch. Gott steht am Kreuzweg einer neuen Anthropologie, Ontologie und Kosmologie. Der Weg, den wir verfolgt haben, verlief wie eine Spirale. Wir sind zwar nicht an unseren Ausgangspunkt zurückgekehrt, sind jedoch um nur eine »Kerbe« vorangekommen. Wenn alles stimmt, was ich gesagt habe, dann ist der Gott der Religion ein für allemal vom Seinsbegriff der Philosophie unterschieden, aber nach der jahrhundertelangen Gleichsetzung Gottes mit dem Sein ist die Möglichkeit, daß Gott in den anthropomorphischen Zustand zurückfallen könnte, für immer hinfällig geworden. Was wird aus Gott, wenn wir den Anthropomorphismus vermeiden und Gott vom Sein trennen wollen? Dies ist unser neues Problem.

Die Deontologisierung Gottes (das »Sein« Gottes)

Seit Aristoteles ist im Abendland das Sein in seinem vollen Wortsinn Substanz – das Subsistierende, aus sich selbst Bestehende. Unsichtbar und verborgen, gerade weil es Basis und Fundament alles übrigen ist, ist es deshalb nicht weniger wirklich. Im Gegenteil, als Grundlage von allem ist es noch »wirklicher«, wenn ich so sagen darf, als die auf ihm beruhenden Dinge. Sein ist Subjekt, *ousia*. Auch im Osten, angefangen mit den Upanishaden, ist das Subjekt wirklich. Das Subjekt ist die Grundlage, der *âtman*, im Gegensatz zur Welt des Vergänglichen.

Wenn das Sein substantiell ist, muß ein als »wirklich« betrachteter Gott unweigerlich mit dem Sein gleichgesetzt werden. So erscheint Gott *per antonomasiam* – Substanz, die Grundlage von allem – als das höchste Subjekt. Im philosophischen Sinn wird Gott daher zur ersten Ursache, zum unbewegten Beweger, zum höchsten Schöpfer, zum unendlich Guten, zur vollkommenen Idee, zur Vernunft in ihrer Fülle, mit einem Wort: zum höchsten Seienden.

Doch heute geht durch diese Gleichsetzung ein Riß aufgrund der bereits erörterten Schwierigkeiten, entweder von seiten des Seins oder von seiten Gottes.

Von seiten des Seins ist diese Gleichung nicht mehr stimmig, weil es triftige Gründe gibt, weshalb das substantialistische Denken nicht mehr so vorherrschend ist wie einst. Die Substanz hat ihre privilegierte ontische Position eingebüßt[79]. Heute gibt es zahlreiche Denksysteme, die in der Substanz keinen unentbehrlichen Begriff mehr sehen, sei es um sie zu verteidigen oder zu leugnen[80]. Selbst Probleme, die wesentlich auf Substanz bezogen sind, wie z.B. die sogenannte ontologische Differenz oder die klassische Unterscheidung zwischen Essenz und Existenz, werden von anderen Voraussetzungen als vom Primat der Substanz diskutiert[81].
Von seiten Gottes sind die Schwierigkeiten die wir bereits weiter oben erörterten.
Eine erste Annäherung – die jedoch bald aus zwingenden Gründen praktisch wieder aufgegeben wurde – ist die ehemals, wenn auch nur für einen kurzen Zeitraum gerühmte Wertphilosophie[82]. Gott ist nicht das Sein; Gott ist Wert. Gott ist-nicht; Gott gilt[83]. Allerdings stieß die Wertphilosophie sogleich auf eine philosophische Schwierigkeit. Die Ebene der Werte war nun unabhängig von der Sphäre des Seins, aber das Sein war *per definitionem* universell. Außerdem ist zu bedenken, daß die metaphysische Axiologie des Abendlandes gerade als ein letzter, verzweifelter Rettungsversuch einer Ontologie entstand, die den Seinsbegriff für einen Augenblick verloren hatte. Der Versuch scheiterte jedoch, nicht mangels angestrengter Bemühungen seitens des Intellekts, Gott auf einen Wert, den höchsten Wert und den Ursprung aller Werte, zu reduzieren, sondern hauptsächlich deshalb, weil das Ergebnis all dieser Bemühungen entweder auf eine einfache terminologische Transposition hinauslief, wobei der fragliche Inhalt immer noch der Seinsbegriff war, oder auf ein hilfloses Unvermögen, über die Funktion des Gottesbegriffs Rechenschaft abzulegen[84]. Gott hätte sich damit begnügen müssen, einfach ein Wert-an-sich zu sein, ein rohes axiologisches Modell, das den Zweck hatte, den Dingen Wert zu verleihen, ohne ihre Grundlage, ihr Prinzip, ihr Zweck und ihre letzte Ursache zu sein[85]. Dies bedeutete jedoch, daß der höchste Wert der Funktionen des überlieferten Gottes beraubt wurde. Der Platz Gottes war also leer. Die Verdienste der Wertphilosophie sind unbestritten, insbesondere im Hinblick auf ihre Bereicherung der regionalen Ontologien[86], sie kann jedoch nicht den Anspruch erheben, einen gültigen Ersatz für die Ontologie geschaffen zu haben.

Wir wollen nun versuchen, unser Problem auf zweierlei Weise, zuerst negativ und dann positiv, zu formulieren.
Die *negative* Formulierung könnte folgendermaßen lauten: Wie kann Gott der Ontologie entrinnen? Wie kann Gott vor den Beschränkungen der Ontologie so bewahrt werden, daß die Rechte beider erhalten bleiben? Eine friedliche Symbiose zwischen Sein und Gott gibt es nicht mehr. Trotzdem hat dieses Begriffspaar im Verlauf der gesamten Geschichte abendländischen Denkens auch dann, wenn eine Trennung erforderlich schien, stets ein gegenseitiges Einvernehmen erreicht, um eine Situation zu bewahren, die durch ihre Trennung kompromittiert worden wäre. Wenn die Ontologie in eine Sackgasse geriet, appellierte sie an Gott. Descartes mit seinem Bedürfnis nach göttlicher Wahrhaftigkeit zur Erhaltung seines Systems ist in diesem Zusammenhang kein Einzelfall. Und wenn Gott in die Enge getrieben wurde, nahm die Theologie mehr als einmal Zuflucht zur Ontologie mittels des Seinsbegriffes, dessen Zweck die Rettung einer hart bedrängten Apologetik war[87].
Das Problem der »göttlichen Gerechtigkeit« und die gängige Erlösungstheorie christlicher Kreise stehen der Protektion, die der Seinsbegriff dem Gott der Religion bietet, als Gegenbeispiele gegenüber[88].
Können Sein und Gott so auseinandergehalten werden, daß für Gott neben, über oder unter dem ontologischen Seinsbegriff noch Raum bleibt? Das Problem betrifft hier nicht so sehr das Sein als Gott, der von der Vormundschaft und Zuflucht der Metaphysik unabhängig sein sollte. Wie kann Gott der Kategorie des Seins entkommen?
Eine *positive* Formulierung unseres Problems stellt dagegen einfach die Frage nach dem Wesen von Gottes Beziehungen zum Sein. Man kann kaum fragen, zu welcher Seinskategorie Gott gehört oder welcher Platz ihm in der Universalität des Seins zukommt. Die Frage hat eine religiöse Zielrichtung: Wie können wir zu Gott gelangen, ohne mit dem Sein zu kollidieren? Der Gläubige möchte in eine Beziehung zu Gott treten, Gott erkennen, ohne alle möglichen philosophischen Zusammenhänge akzeptieren zu müssen. Mit anderen Worten, wie kann der Gläubige zu Gott gelangen, ohne mit dem Palastwächter, dem Sein, zusammenzuprallen? Wie kann der Gläubige das Geflecht des Seins durchdringen, mit dem Philosophen, Theologen und die gesamte abendländische Kultur Gott umgeben haben? Mit anderen Worten, ist es für die religiöse Haltung

möglich, die vom Denken ausgelegten Netze zu umgehen? Denn das Organ des Seins ist nun einmal das Denken. Von Parmenides an galt es immer als zulässig, die Beziehung zwischen Sein und Denken genau zu erforschen. Doch etwas blieb von dieser Fragestellung immer ausgenommen: Wenn Sein ist, offenbart es das Denken. Zumindest dies läßt sich über ihre Beziehung sagen, wenngleich sie eine noch viel engere sein kann[89]. Ist eine postkritische Stellungnahme möglich, die nicht einfach nicht-reflexiv oder bloß instinktiv, vital und vorbewußt wäre, die eine echte Beziehung zu Gott gewährleisten könnte, ohne genötigt zu sein, die Gefilde des Denkens zu betreten, ja, ohne die Sphäre des Seins unmittelbar zu berühren? Wir wissen sehr wohl, daß es ein Denken gibt, das auf Gott nicht Bezug nimmt[90]. Kann es aber einen Gott geben, der nicht auf unser Denken Bezug nimmt, ohne damit zum Anthropomorphismus zurückzukehren? Oder wenn es einen Gott geben kann, der uns jenseits unseres Denkvermögens mit seiner Selbstoffenbarung beschenkt, kann diese Situation statthaben, ohne dem menschlichen Denken entsprechende Grenzen zu setzen[91]? Denn wenn solche Grenzen nicht bestünden oder von außen aufgezwungen wären, würde das Denken durch nichts davon abgehalten, das Verbot zu unterlaufen und das Sein weiterhin jedem Bewußtsein, der höchsten Wirklichkeit aufzuerlegen.

Es ist schwer, auf die daraus entstehenden Fragen eine befriedigende Antwort zu geben. Die Geschichte vom Sein Gottes ist zum Großteil geschrieben worden. Die Geschichte von Gottes »Nichtsein«, der diese Fragen entspringen, ist jedoch nicht nur ungeschrieben, sondern sie muß von der modernen westlichen Welt erst durchlebt werden. Ich meine, daß hier, auf diesem noch vorausliegenden Weg, der *kairos* der Welt von heute liegt. Jede neue Reise auf unbekannten Pfaden ist eine mühevolle Aufgabe. Hier kann die Botschaft des Buddha, die von unserer Problematik nicht weit entfernt ist, uns eine große Hilfe sein.

Die zeitgenössische Kritik hat sich im allgemeinen damit beschäftigt, Gott zu deontologisieren. Diese Reaktion ist verständlich, wenngleich nicht immer sehr glücklich, wie in der voreiligen Verneinung Gottes ohne den vorherigen Schritt einer Reformierung des Gottesbegriffs.

Wiederum scheint sich das Drama, oder vielleicht besser gesagt: die Tragödie, in drei Aufzügen darzustellen. Im folgenden möchte ich versuchen, den positiven Prozeß, der jetzt im Gange ist, synthetisch und konstruktiv, in einer positiven Zusammenschau, zu beschreiben.

Die Verneinung des Seins: Atheismus

Zuerst kommt die Phase, die seit Hegel[92] und Nietzsche[93] mit der Wendung »Gott ist tot« Popularität erlangte[94]. Der Tod Gottes folgte unmittelbar auf den Untergang des Seins, mit dem Gott gleichgesetzt worden war. Dieses ontologische Sein war zumindest problematisch geworden, wenn es nicht bereits am Ende war. Der Tod Gottes bedeutet zunächst einmal die Ablehnung jeglicher *Meta*physik, die Verneinung jeder nicht durch unsere Sinne verbürgten Wirklichkeit[95]. Hier wäre der wahre Atheismus ein *Materialismus* oder der radikalste Empirismus bzw. »Sensismus«. Gott existiert nicht, weil nichts existiert, was unseren Sinnen nicht zugänglich ist. Es gibt keinen Gott, weil es keine Transzendenz in irgend einer Form gibt.
Außerdem gibt es auch deshalb keine Transzendenz, weil es nichts zu transzendieren gibt: Und damit haben wir den *Nihilismus*. Der Nihilismus besagt, daß es weder Sein noch Nichts gibt[96]. Es besteht ein radikaler Unterschied zwischen »Nichts *suchen*« – das heißt, die Wirklichkeit als Nichts, als nichtseiend zu betrachten, wobei das Subjekt, der Wille, das Begehren (das so heftig ist, daß es kein seinem Streben angemessenes Objekt findet und es deshalb als »Nichts« bezeichnet) bewahrt bleiben – und, »*Nichts* suchen«, nicht, weil es kein Objekt gibt oder weil es nichts ist, sondern weil das Subjekt sich nicht anmaßen kann, ein ausreichend sicheres Sprungbrett zu sein, um uns in das Sein zu katapultieren. In der letzten Alternative ist es das Subjekt, das scheitert. Der Mensch scheitert darin, sich als Subjekt zu qualifizieren. Dies wäre die buddhistische Position im Gegensatz zu einem aktiven, virulenten Nihilismus. Im Unterschied zum abendländischen Nihilismus, der das Objekt ablehnt, weil es ihm nicht gelingt, eines zu finden, lehnt der buddhistische Nihilismus das Subjekt ab, weil es unzulänglich ist.
Vielleicht ist Nietzsches poetischer und großartiger Ausspruch, daß die Menschen »Gott ermordet« haben, nicht die richtige Formulie-

rung. Vielleicht wäre es zutreffender, einfach zu sagen, daß Gott »gestorben« ist, gleichsam wie aus innerer Erschöpfung, oder weil ihm der Boden entzogen wurde, auf dem er stand. Denn diese Grundlage war das Sein, und dieses hat sich in Dunst aufgelöst[97]. Dieser Prozeß seiner Verflüchtigung wurde bereits so ausgiebig erforscht, daß wir dabei nicht zu verweilen brauchen[98].
Hier ist auch nicht der Ort, einen Überblick über die Frage des Atheismus in der modernen Welt zu geben. Das Spektrum der Positionen sowohl der Atheisten wie ihrer Kritiker ist sehr breit. Manche Forscher sehen im Atheismus etwas Positives, ohne sich ihm anzuschließen, und mahnen die Gläubigen, sich ihm gegenüber offener zu zeigen[99]. Andere studieren seine philosophische Entwicklung[100]. Es gibt sogar solche, die ihn in der gesamten postmittelalterlichen, modernen Philosophie latent erkennen[101]. Ich halte diese letzte These für nicht ganz unrichtig, allerdings würde ich ihre Geltung bis zu den Ursprüngen des abendländischen Denkens zurückführen und so erweitern, daß sie auch die verschiedenen »gläubigen« Philosophien umfaßt. Der Atheismus ist nicht zufällig ein abendländisches Phänomen[102]. Nicht nur ist der Theismus im modernen Atheismus mitenthalten, sondern in jedem Theismus steckt auch ein Atheismus[103]. In dem Augenblick, in dem Gott zu einem Objekt der philosophischen Reflexion wird, reicht kein Katalog von Warnungen aus, um die Verdinglichung oder zumindest die Objektivierung dieses Subjekts mitsamt der Entleerung seines Wesens als des lebendigen Gottes der Religion zu verhindern. Der Gott der Philosophie wird höchstens der Gott der Philosophen sein, identifizierbar mit dem lebendigen Gott der Religion, wenn überhaupt, nur als Resultat eines außerphilosophischen Postulats.
Statt dessen möchte ich die atheistische Dimension des Daseins beschreiben, das heißt, die im Unglauben enthaltene Dimension des Glaubens darlegen[104]. Ich sehe im Atheismus ein Moment, das die äußerste Problematik der menschlichen Existenz zu klären versucht, da es sich genau um dieses Problem handelt, wenn man vom »Sein« Gottes oder von der Struktur der Wirklichkeit oder des Menschen spricht.
Religionsgeschichtlich, also vom empirischen Standpunkt, läßt sich hinsichtlich des vorliegenden Problems fast dasselbe aussagen.
Die »Götter« im allgemeinen Wortsinn sind die ersten dem menschlichen Bewußtsein zugänglichen Realitäten, doch nicht im Sinn

eines Polytheismus, wie er im vergangenen Jahrhundert verstanden wurde, sondern in dem realistischen Sinn der lebendigen Religionen: als in festgelegten Symbolen konkretisierte, personale Wesenheiten, die eine bestimmte Funktion im Leben des Menschen ausüben. Dies widerspricht nicht der Erkenntnis, sobald die Frage nach der Einheit oder Vielheit der göttlichen Wesenheiten gestellt wird, daß diese verschiedenen Götter nur die unterschiedlichen Namen des einen Gottes sind. Aber ein Name ist mehr als ein *flatus vocis*. (Ist nicht vielleicht der wahre »Name« einer Person die Person selbst?) Mit dem Erwachen des Menschen zum Bewußtsein seiner selbst vertieft sich dieser Prozeß. Die ekstatische Unschuld, die auf jeden Fall nur die konkrete, festgelegte Theophanie anerkennt, die sich im Akt der Gottesverehrung gleichsam erschöpft und eben dadurch zur Theophanie gerät, wird reflexiv, tritt in Fühlungnahme zum Denken und erkennt damit, daß alle Theophanien im Grunde nur die Epiphanien des einen »*theos*« sind.
Mit anderen Worten, der Götterglaube wird allmählich von einer zweifachen Wirklichkeit ausgehöhlt. Auf der einen Seite führt die wachsende Reflexion zur Erkenntnis eines Gottes hinter jedem »Gott«. Auf der anderen Seite weckt die wachsende Reflexion die Neugier oder vielleicht das Bedürfnis nach einer Erklärung der Dinge und der Welt auf der Ebene des Denkens in Form plausibler Hypothesen. Das Streben nach universaler Gültigkeit und Einheit zerstört die Konkretheit »Gottes«, und Philosophie und Wissenschaft zerstören seinen schöpferischen und transzendenten Aspekt. Schon der Prozeß der Vereinigung der Götter stellt einen Verlust der ekstatischen Unschuld auf seiten des Menschen dar und bewirkt eine gewisse Ernüchterung: Die Verehrung der »Götter« nimmt die Hingabe des Gläubigen nicht völlig in Anspruch, sondern gibt dem menschlichen Geist die Freiheit, einen *Deus semper maior* zu »denken«, den sie mit dem Kult allein nicht erreichen[105]. Diejenigen, die sagen, daß Gott unerreichbar ist, *glauben* nicht mehr an Gott, sondern *denken* ihn nur noch und entdecken, daß ihr Denken Gott nicht erfassen, nicht umfangen, nicht *dingfest machen* kann. Sie meinen, daß sie ihren eigenen Glauben durch die Vorstellung eines viel »höheren« Gottes als den Gott der Gläubigen, die sich immer noch an viele Götter wenden, geläutert haben. Doch in Wirklichkeit hat derjenige, der ahnt, daß es »neben« dem Gott der Verehrung noch »mehr«, noch einen »anderen« Gott gibt, mit dem der aktuelle Gott

(des »Monotheisten«) zu identifizieren, aber nicht zu verwechseln ist, die innere Einheit der Götter zerrissen und zwei getrennte »Ebenen« des Göttlichen geschaffen: diejenige der Gottesverehrung und jene andere, die sich dem Verständnis entzieht. Derjenige, der sich an den Gott der Verehrung klammert und keinen Rest erkennt, der »reiner« wäre, hat entgegen dem Anschein eine Vorstellung des Göttlichen, die viel echter und einheitlicher ist als der andere. Der praktische »Polytheist« hat also eine Einstellung, die im Grunde »monotheistisch« ist, so daß der Polytheismus gewissermaßen den Monotheismus mitumfaßt, nicht aber umgekehrt.

Wie ich bereits bemerkt habe, ist es andererseits schwer, das Denken aufzuhalten, wenn es einmal in Gang gesetzt wurde. Aufgrund der Neigung des menschlichen Geistes, seine Objekte auf eine Einheit zurückzuführen[106], verwandelt die Reflexion die Götter in die unterschiedlichen Manifestationen eines einzigen Gottes. Genötigt durch eine andere Neigung, nämlich den Drang, nach einer Erklärung der Dinge zu suchen, entdeckt die Reflexion wiederum in dem nunmehr einsgewordenen Gott die plausible Ursache der Herkunft, des Wesens und Charakters der Dinge und Phänomene, die den Menschen umgeben und das menschliche Universum bilden. Gerade deshalb gerät die ins Gewand einer reineren und tieferen Spiritualität gehüllte Religion ins Wanken. Wenn die Götter als personale Wesen, die in das Leben und Schicksal des Menschen eingreifen, außerdem noch in eine Art philosophisches Faktotum verwandelt werden, treten im Gebäude der Religion Risse auf, die schließlich zu einer Krise führen können. Um ein Beispiel zu geben: Nehmen wir einmal an, daß es einen Zahnschmerzdämon gibt, der vom heiligen Antonius ausgetrieben werden kann, der aber auch auf Aspirin reagiert. Von hier ist es nur ein kleiner Schritt zur Leugnung der Existenz des Dämons oder der Macht des Heiligen. Indem wir Gott aus dem Kampf mit der Wissenschaft, dem er nicht gewachsen ist, heraushalten, können wir ihn zum Höchsten Sein sublimieren. Wir sind vom »Polytheismus« zum »Monotheismus« übergegangen. Doch dann geschieht etwas Schicksalhaftes. Der Mensch kann nicht umhin, mit den Göttern zu ringen, nicht aus Haß oder Eifersucht, sondern weil das offenbar zur menschlichen Dynamik überhaupt gehört, von der subatomaren, molekularen, bis zu der lebendigen und spirituellen Welt. Widerstreit, Spannung und Kampf sind Bestandteil des Lebens. Der Kampf kann sich mit den

Göttern abspielen, und die notwendige Spannung, die kosmische Dynamik, kann weiterbestehen. Sowohl die griechische wie auch die hinduistische Religion bieten uns großartige Beispiele dieser grundlegenden menschlichen Einstellung. Sogar in der Bibel muß Abraham mit Gott streiten[107], muß Jakob mit einer geheimnisvollen Theophanie ringen[108], und Moses muß beinahe die Rolle des Erpressers Jahwes spielen[109]. Aber gegen den einen Gott und das absolute Sein kann man nicht kämpfen. Das wäre nicht nur Blasphemie, sondern Selbstmord und außerdem sinnlos.
Wenn Menschen gegen Gott nichts ausrichten können, wenn es aus der geschlossenen, endlichen Welt der Menschen keinen Ausweg gibt, weil sich über ihnen nur das Himmelszelt eines vollkommenen und daher unwandelbaren Gottes wölbt, dann fällt die volle Verantwortung und Last des Daseins, des Bösen sowie der ungelösten und unlösbaren Probleme auf diese elenden Menschen zurück. Mit einem einzigen Gott, dem Höchsten Sein – ohne Götter, Engel und Dämonen – finden die Menschen sich alleine vor, abgeschnitten, entfremdet, niedergedrückt von der ganzen Last ihres Daseins angesichts eines Seins, das sich ihren Ansprüchen entzieht. Das Höchste Sein ist vollkommen. Es duldet keinen Widerspruch. Es ist unendlich weise, unfehlbar, und alle seine Taten sind recht und wohlgetan. Die Volksfrömmigkeit – dieser Prügelknabe der »Reinen« – weiß genau, daß es keine »Heiligen«, »Fürsprecher« und »Wunder« gibt, weil es in der Welt Bewegung, Ausnahmen, Vorrechte und Gnaden gibt: mit einem Wort, Freiheit. Allein, einem vollkommenen Gott gegenüber würgt der Mensch, ringt nach Atem angesichts dieser Vollkommenheit. Die einzige Reaktionsmöglichkeit ist, »Gott zu töten«, um sich selbst zu finden. Natürlich werden uns die theistischen Philosophen und Theologen sagen, daß diese Vorstellung von Gott falsch ist, und theoretisch werden sie immer recht haben. Doch was für gewöhnliche Menschen zählt, ist nicht der Begriff, den Spezialisten sich von Gott gemacht haben, sondern der lebendige Gott ihrer Anrufung, der volkstümliche Gott, der nahbare Gott des täglichen Umgangs. Außerdem erreichen die apologetischen, philosophischen und theologischen Rechtfertigungen, die einen immer vollkommeneren Gottesbegriff entwickeln[110], gerade die gegenteilige Wirkung: nun fällt alles, was die Menschen »allein« ertragen wollten, in den Schoß Gottes zurück und stellt seine Vollkommenheit in Frage.

Diesen letzten Punkt möchte ich betonen. Wenn Gott das absolute Sein ist, dann sind letztlich alle essentiellen und existentiellen Rätsel des menschlichen Lebens auf Gott übertragen. Letzten Endes muß Gott selbst das Problem des Bösen, des Leidens, des Todes, der zerbrochenen Leben und gescheiterten Existenzen lösen. Gott selbst muß die Bürde all dessen, was in der Welt geschieht, auf sich nehmen. Doch dies stellt einen Widerspruch dar, wie wir anhand der zitierten Beispiele gesehen haben. Gott ist glücklich, er ruht im Frieden und in ewiger Freude. Es sind die Menschen, die um ihr Überleben kämpfen, die leiden und scheitern. Welche Auswirkungen kann irgend etwas Menschliches auf einen unnahbaren, wandellosen und dennoch gütigen und allmächtigen Gott haben[111]? Es nimmt daher nicht wunder, daß die Menschen ohne Gott auszukommen wünschen. Gleichzeitig mit der abendländischen Frage nach Gott steht der Atheismus vor der Tür.

Mit der Beseitigung eines Gottes, der Substanz und Höchstes Sein ist, und mit dem Atheismus, der die Bühne betreten hat, ist die Situation kaum besser geworden. Ganz im Gegenteil. Vielleicht ist oder scheint Gott nicht mehr zu sein als eine handliche, bürgerliche Lösung für so viele Probleme des modernen Lebens. Doch stellte Gott wenigstens eine Hypothese dar, die, wenn man sie einmal akzeptierte, die Probleme wirklich löste. Sich selbst überlassen, ohne ihre Götter und ohne Gott, schaffen die Menschen es einfach nicht. Sie müssen sich allerlei Götzenbilder zurechtschmieden, um zu überleben. Der Atheismus ist mächtig, wenn es darum geht, eine bestimmte Gottesvorstellung zu zerschlagen, aber er gibt seine Ohnmacht zu erkennen, sobald er den Anspruch erhebt, eine Weltanschauung zu sein, die das Zerstörte ersetzen will. Jetzt ist die Kur schlimmer als die Krankheit.

Verweilen wir einen Augenblick bei diesem letzten Punkt. Was leugnet der Atheismus eigentlich?

Verlassen wir jetzt unseren religionsgeschichtlichen Blickpunkt und begeben wir uns mitten in den Atheismus hinein. Wenn wir nicht die Vorstellung von »Gott«, gegen die der Atheismus zu Felde zieht, im Auge behalten, sondern vielmehr jenes »Etwas«, das unter dem Namen »Gott« »intendiert« wird, können wir behaupten, daß der Atheismus kaum »das« verneinen kann, zu dessen Existenz der Theist sich bekennt. Wie könnte man verneinen, was per definitionem die Möglichkeit des Denkens ausmacht, was die Grundlage

sowohl des Prinzips des Nicht-Widerspruchs als auch des Menschen darstellt, der dieses Prinzip anwendet? Gewiß verneint der Atheist, daß »das« tatsächlich Gott sei. Wenn wir für den Augenblick jede »materielle« Gottesvorstellung beiseitelassen und uns nur dem »formalen« Gottesbegriff zuwenden (um uns der Terminologie der christlichen Scholastik zu bedienen), werden wir zustimmen müssen, daß der formale Gottesbegriff nicht das Sein – keine Substanz oder das Höchste Sein – ist, sondern daß er in etwas Allgemeinerem, Subtilerem, etwas mit weniger Inhalt besteht. Ja, wir werden sogar sehen, daß es möglich ist, eine Art *theologisches Argument* zu formulieren, nicht um die aktuelle »Existenz« Gottes zu beweisen, sondern lediglich um Gottes »Essenz«, den Raum Gottes im menschlichen Geist, zu bestimmen.
Der Ausgangspunkt unseres theologischen Arguments wird nicht die Definition Gottes eines Anselm von Canterbury sein: »etwas, zu dem nichts Größeres gedacht werden kann«, sondern wir werden einfach eine formale Beschreibung dessen entwickeln, was mit dem rohen Gottesbegriff gemeint ist, und von dem Inhalt absehen, den ein bestimmter »Denker« ihm verleihen mag[112]. Wenn wir »Gott« sagen, denken wir vielerlei, aber wir beziehen uns auf »etwas« (was nicht unbedingt als ein substantielles *quid* noch als ein »reales« Sein verdinglicht zu sein braucht), ohne das man weder sein noch denken kann. Dieser »Gott« ist der Ausdruck des Begehrens für einen, der begehrt, die Grundlage des Denkens für einen Denkenden, das Sein für das Seiende, das Personhafte für die Person, die Liebe für den Liebenden, das Eine für das Vielfältige, das Nichts für das bedingte Etwas, die Materie für die Materialisten, der Geist für Spiritualisten, der Staat, die Menschheit, das Absolute, das Absurde, die Nichtexistenz, das Böse oder was immer. Für Fische wäre dieser »Gott« einfach der Große Fisch, für Pflanzen das Leben und so fort. Mit Nachdruck wollen wir betonen, daß solche Vorstellungen keineswegs gleichwertig sind. Wir behaupten lediglich, daß sie sich alle auf »etwas« Einzigartiges beziehen, jenes unleugbare »Etwas«, auf das selbst die Verneinung gegründet ist, würde der Theist sagen, jenes »Etwas«, das nicht bejaht werden kann, weil es jede Bejahung, die notwendigerweise Begrenzung ist, vernichtet, würde der Atheist sagen. Doch der Theist und der Atheist müssen beide anerkennen, daß sie von ein und derselben »Sache« sprechen, wenn wir nicht in reiner Wortklauberei steckenbleiben wollen. Was der Theist

bejaht, ist eine bestimmte »Vorstellung« von diesem Etwas: daß es existiert oder daß es gut ist, daß es der Schöpfer ist und die Geschicke der Welt lenkt oder etwas Ähnliches. Was der Atheist verneint, sind lediglich jene Behauptungen. Weder *bejaht* der Theist etwas dieser Behauptung Vorausgesetztes, noch *leugnet* der Atheist das, was die Verneinung bedingt. Weil uns keine Terminologie zur Verfügung steht, mit deren Hilfe wir die Nacktheit dieses formalen »Etwas« ausdrücken könnten, kommt es uns vor, als stünden der Theist und der Atheist an den entgegengesetzten Enden einer ontischen Ebene, während ihr Streit in Wirklichkeit nur auf einer ontologischen Ebene stattfindet. Mit anderen Worten, das Diskutierte ist nicht das Subjekt der Diskussion, denn dann könnte es weder Dialog noch Verständigung, ja, nicht einmal Widerspruch geben, sondern nur das Prädikat des Satzes »Gott existiert«. Der Theist sagt: »Gott existiert«; der Atheist erwidert: »Gott existiert nicht«. Aber hinsichtlich des Subjekts – Gott – stimmen beide überein, daß es dieses ist, wovon sie reden. Und hier haben wir das, was ich das theologische Argument nenne.

Dieses Argument beweist nicht, daß Gott existiert. Es demonstriert lediglich, daß beide Parteien von derselben »Sache« reden, und das Entscheidende ist eben diese »selbe Sache«, auch wenn die Disputanten ihr ganz verschiedene Merkmale zuschreiben. Diese unterscheiden sich so sehr, daß nicht einmal gesagt werden kann, unsere Gesprächspartner handelten von »derselben« Sache. Und in der Tat, diese »Sache« ist-nicht.

Das theologische Argument zeigt, und darin liegt seine Stärke, daß das Subjekt (Gott) sich jenseits der Zuschreibung von Existenz oder Nicht-Existenz befindet – daß die Rede von einem »Etwas« ist, was der Theist Gott nennt, so zweifelhaft seine Existenz für den Atheist auch sein mag. Für das Subjekt – Gott – des theologischen Arguments macht sowohl der Satz »Gott existiert« als auch der Satz »Gott existiert nicht« einen Sinn.

Führen wir unser theologisches Argument auf seinen Kern zurück: Gott ist »das«, dessen Realität Theisten bejahen und Atheisten verneinen. In ihrer Diskussion geht es nicht darum, worin sein Wesen besteht. Als Begriff, als historische Kraft oder als psychologischer Faktor existiert Gott offensichtlich. Die Diskussion dreht sich um die Bejahung oder Verneinung von Gottes unabhängiger Wirklichkeit. Der Atheist ist immer der »Realist«. Darin liegt die Stärke des

Atheismus. Die Verlagerung des Schwerpunkts im Denken wie im Leben vom Transzendenten zum unmittelbaren Gegebenen ist das äußerste, gesunde Merkmal der atheistischen Position. Daher negiert der Atheist sowohl die Transzendenz als auch die Immanenz irgend eines »Etwas«, dessen Existenz die des konkreten, unmittelbaren Menschen zu ersetzen droht. Im Gegensatz dazu ist der Theist immer »Transzendentalist« in Vernunft, Gefühl, Glauben usw. Der Theist wird letztlich behaupten, daß es etwas »Höheres« und die gesicherten Daten der unmittelbaren Wahrnehmung daher Transzendierendes gebe. Die Stärke des Theismus liegt in der Anerkennung der anthropologischen Offenheit gegenüber dem Unendlichen. Das theologische Argument erhebt nicht den Anspruch, und ist auch nicht in der Lage dazu, die beiden Parteien der Debatte zu versöhnen. Es kann uns jedoch nicht nur zeigen, daß die betreffenden Sätze der Diskussion etwas bedeuten (weil beide Seiten »über dasselbe reden«), sondern auch, daß per definitionem die reale, diskutierte »Sache« (Gott) für die theistische Affirmation sowie für die atheistische Negierung sozusagen undurchlässig ist. Wenn es einen Gott »gibt«, so ist er kraft der Merkmale, die Gott morphologisch von allen anderen Gegenständen unserer Erfahrung unterscheiden, unabhängig von der epistemologischen Anerkennung, sei sie positiv oder negativ, seitens des Menschen. Weder die Affirmation noch die Negation berührt Gott in irgend einer Weise[113]. Wir dürfen auch nicht vergessen, daß von einem rein methodologischen Standpunkt die Gottesfrage sich nicht durch dasselbe Vorgehen erschließt wie innerweltliche Probleme.
Es obliegt uns hier jedoch nicht, das Problem des Atheismus in seiner ganzen Komplexität zu untersuchen. Es gibt natürlich zahlreiche Typen von Atheismus und mehr oder weniger vollständige Klassifikationen in Hülle und Fülle. Wir möchten unsere Überlegungen auf die zentrale Vorstellung beschränken, daß der Atheismus die Bejahung Gottes durch den Theismus und jedes andere System, das die Existenz Gottes behauptet, negiert.
Zweitens – ohne uns vorläufig auf eine Abhandlung über die möglichen Bedeutungen des Existenzbegriffs einzulassen – wollen wir außerdem als Grundmerkmal des Atheismus festhalten, daß er Gott das Sein als Merkmal seines Wesens abspricht. Gott »ist«- nicht aus dem einfachen Grund, daß Gott weder Sein ist, denn es gibt »keine solche Sache« (für die radikalen Atheisten), noch das

Höchste Sein (für die meisten Atheisten). Gott wird vom Thron des Seins gestürzt: daher scheidet Gott für manche aus; für andere bedeutet die Entthronung im Gegenteil sogar eine Läuterung des Gottesbegriffs.

Das theologische Argument bestimmt Gottes besonderen »Raum«: Gott ist das, was nicht negiert werden kann. Gott ist das besondere Subjekt jenseits aller Prädikate selbst des Seins und Nichtseins. Die Diskussion über Gott gehört der Ebene des menschlichen Streitgesprächs, nicht der Ebene Gottes an. Man kann darüber diskutieren, ob Gott eine einfache Idee unseres Verstandes, ein Postulat unserer Vernunft, eine Projektion unserer Wünsche sei; doch in jedem Fall sprechen wir von ein und demselben oder von etwas (das freilich auch als unwirklich betrachtet werden kann), das sich genau genommen der menschlichen Aussage entzieht, deren Funktion die begriffliche Klärung des Inhalts ist. Die Theisten würden sagen, daß »das« Gott ist. Die Atheisten sagen, daß »das« nicht Gott ist. Die Diskussion über Gott wird dann zu einer Diskussion über Gottes Attribute. Zum Schluß können wir noch hinzufügen, daß der Atheismus eine von der Negierung einer besonderen Präsenz gekennzeichnete Einstellung ist. Es gibt keine Prä-essenz; das heißt, es gibt keine präexistente Essenz, wie die Atheisten sagen. Der Mensch ist allein. Nirgends gibt es ein ihm übergeordnetes Wesen, denn der Mensch »ist« in dem Maße, wie er sich selbst zu dem macht, was er ist. Die Präsenz ist Entfremdung: Sie stützt sich auf etwas anderes. Die Präsenz ist ein Eingriff durch einen anderen. Weil es keinen Gott als übergeordnete Instanz an seiner statt gibt, befindet sich der Mensch allein, einsam, ohne Gesellschaft. Die Präsenz ist Feigheit, die Projektion der eigenen Ängste, die Negierung der menschlichen Befindlichkeit. Gott ist für den Atheisten der große Abwesende: Gott ist nirgends, Gott gibt es nicht. Damit sind wir nicht weit von der Mystik entfernt[114].

Die Verneinung des Nichtseins: Apophatismus

Lange bevor der Atheismus eine Reihe grundlegender Korrekturen an der Gottesidee vornahm, behauptete eine ganze, einem mystischen Apophatismus verpflichtete Denkrichtung, daß die beste Erkenntnis des Unbegreiflichen in dem Wissen bestehe, daß wir die-

ses Unbegreifliche weder erkennen noch zu erkennen vermögen[115]. Sie verteidigte sogar die Dimension der Abwesenheit Gottes als das fundamentalste Merkmal Gottes[116]. Gott ist der Abwesende, der stets Abwesende, so daß die göttliche Gegenwart, wenn Gott jemals wirklich erschiene, nicht die göttliche Essenz wäre, sondern nur eine Manifestation, ein Schleier, der bloße Schatten und Umriß von Gottes Sein, eine Prä-essenz[117]. Außerdem *ist* die wahre Essenz Gottes insofern nicht, als das Sein selbst Gottes erster Schleier ist – die erste Epiphanie Gottes, jedoch nicht Gott in sich selbst[118].
Gott »ist« nicht nur das Sein, sondern auch das Nichtsein, wie mehr als eine Überlieferung besagt. Genau genommen, ist Gott jenseits von Sein und Nichtsein, so widersprüchlich die Formulierung auch ist, wenn man sie positiv formuliert[119]. Daher ist das Schweigen der Träger par excellence dieses Geheimnisses. Ein Anhänger dieser Auffassung wird so weit gehen zu sagen, daß nur der Gott erschaut, der nicht Gott erschaut[120]. Die letzte Wirklichkeit ist absolut transzendent – das heißt, so transzendent, daß sie das Sein selbst transzendiert: Die letzte Wirklichkeit *ist* nicht einmal, wie manche mystischen Schulen immer wieder erklären. Es handelt sich nicht um die Transzendenz der beschränkten Formen des menschlichen Denkens und Seins, sondern um die absolute Transzendenz, so daß die letzte Wirklichkeit, indem sie die Transzendenz selbst transzendiert, aufhört, transzendent zu *sein*: Sie hört überhaupt auf, zu *sein*. »Gesegnet ist, wer die unendliche Unwissenheit erlangt hat.«[121]
Das »ontologische Argument« erklärt bekanntlich, daß Gott dasjenige ist, zu dem ein Größeres nicht gedacht werden kann. Wir haben außerdem ein *theologisches Argument* formuliert, nämlich daß Gott »das« ist, was nicht negiert werden kann. Dies bedeutet nicht, daß Gott existiert, sondern nur, daß die Diskussion zwischen Theisten und Atheisten sinnvoll ist. Aber es gibt auch noch ein *apophatisches Argument*, dessen kataphatische (bejahende) Übersetzung besagen würde, daß Gott so groß ist, daß seine Größe die Existenz und unsere Vorstellung einer göttlichen Essenz ausschließt, indem sie all unser Denken und alle unsere Formen, das Sein zu *denken*, und sogar alle Formen des *Seins* transzendiert[122].
Diese Auffassung, die eine mystische sowie eine agnostische oder wiederum eine bloß säkulare Form annehmen kann, läßt sich auf die Position reduzieren, daß über das Absolute keine Aussage gemacht werden kann – »man kann darüber nicht reden« –, und daß

jeder dahingehende Versuch eine Transmission, ein »Ausliefern«, nicht nur eine »Übersetzung« und Interpretation, sondern auch ein Verrat an jener Wirklichkeit, die selbst das Sein transzendiert, sei. Es wird sowohl negiert, daß Gott ist, sowie daß er nicht ist, insofern jede menschliche Affirmation gleichzeitig eine Zuschreibung des Nichtseins voraussetzt: Denn jede Affirmation ist zugleich eine Eingrenzung, insofern sie nur in Gegenüberstellung zu einem angenommenen Horizont möglich ist, gegen den eine solche Affirmation erfolgen kann. Wenn also alle unsere Affirmationen von Haus aus vom Nichtsein durchsättigt sind, können wir uns Gott nur über eine Negierung unserer ganzen radikalen Negativität annähern.
Eine moderne Formulierung aus alten, auch christlichen Wurzeln nähert sich dem Problem von Gottes Sein und Nichtsein durch die Vorstellung von Gott als Liebe[123]. Aus der subtilen Deutung eines christlichen Textes wird geschlossen, daß »Sein Liebe ist«[124]. In dieser Richtung, so hören wir, dürfen wir nicht mit der simplen Behauptung weitergehen, daß »das Sein Liebe ist« kraft eines billigen Syllogismus (Gott ist »Sein«[125], und Gott ist »Liebe«, daher ist Sein Liebe), sondern in voller Erkenntnis der Tatsache, daß Gott eben deshalb Liebe ist, weil er nicht das Sein ist: Gott ist Liebe, und Liebe ist weder Sein, noch ist Sein Liebe. Sein ist Selbstbehauptung; Liebe ist Selbsthingabe. In dieser Formulierung ist Gott die reine Liebe, jedoch keine in ihrer Substanz hypostasierte Liebe, die Grundlage aller Widersprüche, die man gegen *bhakti* geltend machen kann (zwischen zwei Lebewesen, die einander lieben, kann es das totale Einssein nie geben, daher setzt die Liebe zwangsläufig diesen Dualismus voraus), sondern eine Liebe ohne Stütze, ohne Substanz, ohne Seiende, die einander lieben, eine reine Liebe, eine Bewegung der Annäherung und Vereinigung, ein schlichter *habitus amorosus*, der liebende Akt aller Dinge, die dann nicht als eine bloße Dimension unter so vielen anderen erkannt wird, sondern als das eigentliche Wesen der Dinge. Die Dinge »sind« insofern, als sie lieben.
Die Problematik dieser Anschauung liegt in der Gefahr eines billigen Sentimentalismus, der das Göttliche auf eine schlichte, in den Dingen verdünnte Ergießung reduzieren würde. Auf diese Weise würde Gott in eine bloße psychologische Bewegung verwandelt werden, und statt eines radikalen Apophatismus hätten wir dann eine Art amorphen Pantheismus.

Ungeachtet seiner Vorzüge oder Nachteile handelt es sich hier um einen weiteren Versuch, das Sein Gottes zu deontologisieren, ohne Gott gänzlich aufzugeben[126].

Der Apophatismus gibt sich mit einer einfachen Transposition vom Sein zur Liebe nicht zufrieden. Es kennzeichnet jeden Apophatismus im Hinblick auf unser Problem, daß er jede Aussage über Gott negiert, da jede Aussage von uns endlichen, beschränkten Wesen im Grunde niemals eine echte Aussage ist, sondern eine einfache Eingrenzung gegenüber einem weiteren Horizont. Daher wird die bereits erwähnte Kategorie der Abwesenheit angewendet, um diesen inhaltlich am wenigsten faßbaren Stoff auszudrücken[127]. Nach diesem Konzept, in dem keine Worte ihrem »Objekt« gerecht werden können, ist Gott immer abwesend. Jede Gegenwart Gottes ist eben dies, eine Gegenwart und nichts als dies, ein Schleier, eine Manifestation und dadurch eine Entstellung oder bestenfalls eine Vorstellung. Ein Gott, der nicht abwesend ist, ist einfach ein Götze. *Resurrexit, non est hic*[128]! Gott ist immer der von den Toten Auferstandene und von den Lebenden Abwesende. Gott ist nicht überall; wie könnte er überall sein? Genau genommen ist Gott nirgendwo, an keinem Ort. Gott ist reine Abwesenheit, Nichtsein. Die Gegenwart Gottes dient nur dazu, um seine Abwesenheit, Gottes *ab-esse*, bemerkbar zu machen. Gott ist kein *esse-ad* – ein gegenwärtiges, den Dingen gegenüberstehendes Sein –, sondern ein *esse-ab*, ein Sein, von dem die seienden Wesen ihren Ursprung herleiten[129]. Daher ist die *Ekstase*, das Heraustreten aus sich selbst, der Verlust des Seins, die echte *ek-stasis*, der einzige Weg, auf dem man zu dem Abwesenden gelangen und die Vereinigung mit ihm vollziehen kann. So ihr nicht euer Leben verliert…[130]

Es sollte deutlich geworden sein, daß es sich nicht um eine strategische Abwesenheit, ein Sichverstecken Gottes handelt, um uns anzuziehen oder zu läutern. Es handelt sich nicht einfach darum, daß Gott sich vor den heimlichen Blicken der Menschen verbirgt, sondern um eine Abwesenheit des Seins, der Wesensessenz: ein wahres *ab-esse*, eine *Ab-wesenheit*, und nicht bloß eine *Nichtgegenwärtigkeit.* Jedoch darf diese Abwesenheit auch nicht mit dem »Nichts« des Atheisten oder Nihilisten verwechselt werden. Es ist eben eine Abwesenheit, die eine Präsenz erlaubt. Es ist eine Abwesenheit, die Suche, Wandlung und Grenzenlosigkeit ermöglicht. Abwesenheit ist-nicht; aber es ist das, was da-sein erlaubt; das, was es der Präsenz ermöglicht, zu erscheinen und tatsächlich da zu sein. Es liegt auf der Hand, daß ein Versuch, diese Haltung zu deuten, indem man sie sozusagen beim Kragen – nämlich dialektisch – packt, Gott in eine bloße Möglichkeit des Denkens und Seins auflösen würde: eine jeder ontologischen Dichte entleerte Möglichkeit, die gezwungen wäre, sich auf eine epistemologische Rechtfertigung oder auf das Recht auf logische Existenz zu berufen. Doch dies ist nicht das, was ich impliziere, indem ich den prä-ontologischen Aspekt der Abwesenheit Gottes unterstreiche. Am liebsten würde ich sagen, ohne das Paradox über Gebühr zu strapazieren, daß Gott gleichzeitig die stets gegenwärtige Abwesenheit und die stets abwesende Gegenwart ist. Gott »ist« nie das Gedachte oder das, was »ist«; und umgekehrt ist Gott immer das Gedachte, da er ja allem, was in irgend einer Weise »ist«[131], zugrundeliegt.

Eine weitere Kategorie, die uns zum Verständnis unseres Problems eine Hilfe sein könnte, ist die der *Vergebung*. Gott ist nicht das Sein, noch ist er seiend, denn jedes Seiende ist durch die bloße Tatsache seines Daseins Vergebung – Gabe oder Vergebung. Dasein ist das Geschenk (des Seins), dem vergeben wird (daß es ist). Sein – das heißt, dasein – ist ein *zu Vergebendes*. Das Sein ist nicht das Letzte. Besser gesagt, das Sein ist nur für uns Seiende das Letzte, insofern es jenseits der Grenze des Seienden kein Sein gibt. Das Sein ist daher etwas Entstandenes, Verliehenes, Vergebenes. Der Vergebende, der nicht-ist, aber vergibt (daß etwas seiend ist), ist Gott. Schöpfung bedeutet Vergebung – das Vergeben des Seins, die Vergebung für das Seiende, daß es ist.

Drücken wir dies auf eine andere Weise aus. Es steht geschrieben: »Dem wenig vergeben ist, der liebt wenig.«[132] Das heißt, mehr liebt, dem mehr vergeben wird: Denn derjenige, der mehr Vergebung empfangen hat, *ist* mehr. Das heißt, demjenigen, dem *mehr* zu sein gegeben ist, wird auch mehr vergeben; oder, je mehr Vergebung, desto mehr Sein. Existenz, Dasein, ist Vergebung, Verzeihung seitens des Nichtseins (Gott). Wenn Gott uns das Dasein »schenkt«, dann ist das, was er uns »schenkt«, nicht nichts; Gott vergibt uns einfach, daß wir nicht nicht-sind, daß wir nicht Gott sind. Gott kann das Sein nicht *schenken*; Gott kann nur das göttliche Selbst (in der Trinität) schenken, oder Gott kann vergeben, sich selbst noch-nicht (in der Schöpfung) als Sein geschenkt zu haben. Diese Vergebung ist, was wir Dasein nennen. Die Schöpfung, das Erschaffen von etwas, was nicht Gott ist, ist Gottes »Sünde«, Gottes Opfer[133]. Nicht-Gott ist Sündc, und wir sind seiend in dem Maße, wie wir nicht Gott sind. Und das ist Sünde. Das *simul justus et peccator* der christlichen Überlieferung, das so viele Kontroversen heraufbeschworen hat, gewinnt hier eine metatheologische Tiefe.

Gottes Vergebung geht Hand in Hand mit Gottes Gabe. Gott gibt mir »Dasein«: Gott vergibt mir, daß ich nicht Gott bin. Für den Menschen bedeutet Liebe nicht unbedingt die Rückerstattung dessen, was ihm geschenkt worden ist. Nein, je größer die Vergebung, desto größer die Liebe. Die Antwort auf Vergebung ist Liebe. Ich bin in dem Maße, wie ich liebe, denn ich liebe in dem Maße, wie mir vergeben wird. Es ist diese göttliche Vergebung, die mein Sein ausmacht. Ich bin göttliche Vergebung. Der Geist ist die vollkommene Gabe. Schöpfung ist Vergebung, das Geschenk Gottes für Gott. Die Sünde tritt dann ein, wenn die Gabe, die Ver-gebung nicht angenommen wird, d.h. wenn das Geschöpf sozusagen plündert, wenn es sich verschließt, wenn es die Rückerstattung verweigert, wenn es sich ein »Ich« zurechtmacht und dadurch sein Dasein als »Du« verliert. Schöpfung ist jene schlichte Vergebung, die, weil ihr vergeben wird, liebt. Sünde ist das Sichausschließen. Sünde ist verzerrte Liebe, »Unliebe«. Das Geschöpf hört auf, ek-statisch zu sein und wendet sich seinem Inneren zu. Der Sünde vergeben heißt, dem Dasein vergeben: sich selbst überlassen, ohne Rückhalt, ohne eine Hand, die es aus seinem Nichts herausholt, ist das Geschöpf verloren. Es irrt umher, kehrt nicht um, sündigt[134].

Damit mir aber vergeben wird, muß ich bereuen. Aber ich kann nicht bereuen, wenn ich an mein eigenes Sein als etwas Positives glaube[135]. Ich kann nur dann bereuen, wenn ich mein Nichtsein, nicht Gott zu sein, bereue, da ich immer noch ein »Ich« besitze, das mich hindert, aufzuhören zu sein; das mir nicht erlaubt, mich von den Grenzen meines Seins zu befreien[136]. Hier wird das Opfer Christi, indem er die »Sünde der Welt« tilgte, zum Weg der Sühne für die »Sünde« der Schöpfung[137].

Eine Parallele zu diesem Konzept ist die vedische Vorstellung des menschlichen Daseins als Schuld, die darin besteht, was der Mensch auf dieser Erde ist[138]. Daher ist es die Urpflicht des Menschen, diese Schuld gegenüber den Ahnen, den Devâ und anderen Menschen zu bezahlen oder auszulöschen.

Diese Deutung gibt auch dem Gleichnis vom Pharisäer und dem Zöllner seinen tieferen Sinn[139]. Die Botschaft ist unmißverständlich, denn unfehlbar hören diejenigen, sie sich selbst für gerecht erklären, auf, es zu sein. In gleicher Weise erlangen diejenigen, die sich selbst als Sünder bekennen, durch eben dieses Bekenntnis ihre Rechtfertigung. Deshalb können die Gerechten sich nicht als solche bekennen. Erst dann, wenn wir unser Sein bekennen oder uns seiner bewußt werden und gleichzeitig einsehen, daß Dasein an sich eine Schuld ist, durch die Gabe dessen, der es als einziger verleihen kann, erst dann überwinden wir die Schranke und erlangen Rechtfertigung. Umgekehrt bedeutet die Tatsache, daß der Sünder gerechtfertigt ist, nicht, daß das Bekenntnis seiner Sündhaftigkeit als solches nicht wahr sei. Dasein ist Sünde, und in seinem Eingeständnis, seiner Negierung, in dem Streben nach seiner Auslöschung (dem Auslöschen des Durstes, würde Shâkyamuni sagen), wird das Ziel der Pilgerschaft erreicht: die Aufhebung des Seins. Des Daseins bewußt sein heißt, uns als Schuldner erkennen. Sünde entsteht, wenn das Dasein zu einem Stillstand kommt, wenn es substantialisiert wird, wenn es sich Dichte oder Autonomie zuschreibt, einen *autos*, einen eigenen *âtman*; mit anderen Worten, wenn das Sein aufhört, ein transitives Verbum zu sein, das sich direkt auf sein Endziel zubewegt, und statt dessen in ein *esse*, in Substanz, verwandelt wird. Sünde ist die *-sistenz* des Seins, die der Spannung ihres Bestandteils *ek*-müde geworden ist und sich daher in eine (falsche) *Kon*-sistenz verwandelt hat[140].

Da dies so ist, da die Welt des Seins die Welt unserer Erfahrung ist, befindet sich der Gott der Religion jenseits unserer Erfahrung. Es ist nicht so, daß Gott nicht-ist und Nichtsein ist, sondern Gott steht lediglich am Ursprung des Seins. Diese Behauptung gilt jedoch nur, wenn wir unter Sein einen bloßen Mangel (*privatio*) verstehen, einen *Durst*, ein einfaches Noch-nicht, eine Vergebung[141]. Wenn das Sein etwas Positives wäre, dann wäre die Ursache, der Ursprung oder Urheber des Seins zwangsläufig ebenfalls ein Seiendes, denn man kann nicht geben, was man nicht besitzt. Gott kann sich nur dann jenseits des Seins befinden, wenn das Sein nicht als etwas Positives, sondern schlicht als Mangel erfahren wird. Und damit stehen wir wiederum in der Nähe des Buddhismus. Ohne uns auf eine weitere Erörterung des Apophatismus einzulassen oder seine Erscheinungsformen durch die Jahrhunderte zu analysieren[142], mitsamt den von ihm hervorgerufenen Reaktionen, oder bei der Universalität des Phänomens zu verweilen[143], können wir dennoch mit Gewißheit folgendes sagen: In unterschiedlichem Maß und in je verschiedener philosophischer und kultureller Einbettung war der Apophatismus immer in der einen oder anderen Weise bestrebt, alle Attribute Gottes, sogar das Sein, zu verneinen, um Gott nicht durch unsere Geschöpflichkeit zu verunreinigen[144].

Der morphologische Unterschied zwischen dem Apophatismus und dem Atheismus besteht darin, daß der Atheismus sich für unvereinbar mit allen theistischen, deistischen oder pantheistischen Aussagen erklärt, der Apophatismus dagegen die unterschiedlichsten Affirmationen über das Göttliche gelten läßt. Nur sollen diese Affirmationen nicht verabsolutiert und zu Götzen gemacht werden. Mit anderen Worten: Der Atheismus bezieht Stellung auf der kataphatischen (bejahenden) Ebene und entwickelt von dort her eine destruktive Kritik aller Affirmationen über Gott. Der Apophatismus dagegen steht auf dem vorhergehenden Standpunkt, von dem aus jede Affirmation oder Negation Gottes ihre absolute, definitive Bedeutung verliert – und nimmt daher seine Zuflucht zum Nichts[145], zur Leere[146] und zum Nichtsein[147].

Die radikale Relativität

Ein dritter Einstieg oder Versuch der Deontologisierung Gottes könnte als *radikale Relativität* oder *totale Reziprozität* bezeichnet werden. Sie beruht auf der Vorstellung einer grundlegenden Beziehung aller Dinge mit allem. Diese Anschauung darf auf keinen Fall mit einem reinen, einfachen *Relativismus* verwechselt werden, der einem bloßen Agnostizismus, einem voreiligen Verzicht auf jeden Versuch, gültige Aussagen zu machen, gleichkäme. Relativismus ist pessimistisch. Für ihn gibt es keine Möglichkeit, zu irgend welchen Kriterien der Wahrheit zu gelangen. Relativität dagegen weigert sich, solche Kriterien zu verabsolutieren, erkennt sie jedoch als legitim an.

Außerdem verwende ich lieber den Terminus »Relativität« als »Relation« (Beziehung), um zu betonen, daß es sich bei dem Begriff, den wir jetzt erörtern möchten, nicht um eine simple relationale Entität handelt, sondern um eine grundlegende Relativität des Gött-

lichen, die sich sowohl auf die Realität des Göttlichen *ad intra* sowie *ad extra* bezieht.
Da es um die Relativität der gesamten Wirklichkeit geht, nennen wir sie »radikal«[148]. Für »Relativität« haben wir auch »Reziprozität« gesagt. Vielleicht hätte der letztere Ausdruck sogar besser vermittelt, was wir meinen. Aber »Relativität« ist das geläufigere Wort und daher leichter zu handhaben und zu verstehen.
Unter »Relativität» verstehe ich nicht nur die jetzt als evident geltende Tatsache, daß die *Vorstellung* von Gott in einem relativen Verhältnis zu den unterschiedlichen Graden menschlicher Bewußtheit oder zu den unterschiedlichen Situationen steht, in denen die Menschen sich befinden. Ich möchte Relativität, auf Gott bezogen, so verstehen, daß Gott nicht als Sein, als Substanz, als das mehr oder weniger transzendente Absolute, sondern als eine »genitivische« Beziehung aufzufassen wäre. Die radikale Relativität betrachtet Gott als den Genitiv der Wirklichkeit, die Realität *der* Realität, die Wahrheit *der* Wahrheit. Gott ist eine so »wirkliche« Wirklichkeit, daß er nicht einmal als außerhalb oder unabhängig von den Dingen, für die Gott eben Gott ist, gedacht werden kann. So erscheint Gott wahrhaft als das innerste Wesen der Dinge selbst. Mit einem Wort, Gott wäre der grundlegende, wahrhaft »zeugende« Genitiv *von* allen Dingen: so daß, während die Dinge insofern *sind*, als sie *von* Gott sind, Gott seinerseits nichts anderes *ist* als der Gott *der* Dinge.
In gewissem Sinn von der apophatischen Position ausgehend, besagt die radikale Relativität oder Reziprozität außerdem, daß Gott letztlich deshalb nicht »seiend« ist, weil er kein »Ding«, nicht einmal das sublimste aller Dinge ist. Weder ist Gott, noch hat er Substanz. Gott ist reine Beziehung. Gott als solcher besteht nicht einmal aus und in der Göttlichkeit. Letztlich hat Gott keine »Selbstheit« zu verteidigen oder zu bewahren. Gott ist nicht der »andere«, aber er ist auch nicht »derselbe«: daher kann Gott in keiner Weise das Objekt menschlichen Denkens oder Wollens sein. Kein verdinglichendes Denken, keine intellektuelle Tätigkeit wird jemals das Geheimnis dieses Genitivs aller anderen Beziehungen entschlüsseln können. Diese genitivische Beziehung ist für sich unaussprechlich: die Beziehung der Beziehungen kann nicht außerhalb der Beziehungen selbst erklärt werden, und dennoch bleibt dieses Genitivische gerade außerhalb aller Beziehungen. Abermals beginnt die Ahnung zu dämmern, daß das Schweigen das am wenigsten unzulängliche Symbol dieser Wirklichkeit ist.

Halten wir jedoch fest, daß es zwei Kategorien von Schweigen gibt. Die erstere könnten wir das Schweigen des Ausgangs, die zweite das Schweigen der Ankunft nennen. Schweigen als Ausgangspunkt ist religiös. Durch dieses und in diesem Schweigen können Menschen Gott finden und ihn erleben. Das Schweigen als Ankunftspunkt dagegen ist die reife Frucht eines ganzen Annäherungsprozesses an das Essentielle, das im Bemühen des *logos*, sich alles Überflüssigen zu entledigen, zu erreichende Endziel. Das Schweigen der Ankunft ist das nach langem Diskurs erreichte Schweigen: Man weiß, daß der Augenblick gekommen ist, »*abermals* in das Schweigen einzutreten«. Im Unterschied zu seinem Gegenstück macht das Schweigen der Ankunft daher Gebrauch vom Wort, das seine Bezüge notwendigerweise vom Leben und der alltäglichen Erfahrung ableiten muß, um verständlich zu sein. So erklärt sich die Sackgasse, in welche die Religion durch die Philosophie – und die Theologie – geraten ist. Ihr Bedürfnis nach Analogie, nach Symbolen hat den sichtbaren »Leib« Gottes in ein vielfarbiges Gewand gekleidet.

Die Schwierigkeit der Vernunft liegt darin, daß die Vernunft substantivisch denkt. Wenn wir »Beziehung« denken, fällt es uns schwer, diese Beziehung anders als substantivisch zu verstehen: das heißt, wir denken entweder an ein *Etwas*, das zwei oder mehr Dinge verbindet, trennt, konditioniert – mit einem Wort, in Beziehung setzt; oder aber das gesamte Denkvermögen wird zu der Substantialität der Dinge hingezogen, die zueinander in Beziehung treten. Doch dieses Denken verfehlt gerade die »Relationalität«. Auch wenn wir durch irgend eine mentale Gymnastik imstande wären, von den Dingen einer Beziehung abzusehen, so daß die »reine« Relationalität übrig bliebe, so daß wir es nur mit einem einfachen grundlegenden Bezug *zwischen* zwei Dingen zu tun hätten, würden die *Dinge* immer noch als die Grundlage der Beziehung betrachtet werden. Denken wir statt dessen, was mit unserer Beziehung geschehen würde, wenn ihre beiden »Extreme« nicht nur eingeklammert, sondern außerhalb dieser festgelegten Bedingungen nicht wirklich existent wären, wenn sie also gar keine unabhängigen Entitäten wären. Unsere Beziehung würde sich dann in ein rein formales Konzept ohne irgend eine Konsistenz verwandeln, da sie nun nicht mehr von den »Dingen« abhängt, sondern die »Dinge« von der Beziehung abhängen[149].

Betrachten wir zum Beispiel die elterliche Beziehung. Stellen wir die Frage, was von einer solchen Beziehung übrig bliebe, wenn die Eltern *an sich* nicht einfach eingeklammert, sondern ausgeschaltet wären. Würde der Begriff der Elternschaft dadurch seine Bedeutung verlieren? Unsere Antwort müßte lauten: »Natürlich nicht. Sie würde diese Bedeutung gewinnen.« Eine Beziehung ist nicht »etwas«, das vorgegebene oder vorher existierende »andere« Dinge in Beziehung setzt; sie liegt vielmehr in der Natur der Dinge selbst. Ebenso wenig ist die radikale Relativität, Gott, ein »Etwas«, das zwischen vorgegebenen »anderen« Dingen besteht. Sie liegt eben in der Natur dieser »Dinge« als Dinge. Erinnern wir uns der buddhistischen Erkenntnis, daß die Dinge selbst nichts weiter als einfache Beziehungen sind.
Gehen wir nun von einem anderen Gesichtspunkt aus, um noch mehr Klarheit zu gewinnen. Beziehung wird für gewöhnlich als eine in der Substanz gegründete betrachtet, als eine Beziehung zwischen Dingen. In unserem Fall ist es jedoch umgekehrt: Statt in den Dingen die Grundlage von Beziehungen zu sehen, erkennen wir, daß Dinge Beziehungen *sind*. In dem vorhin genannten Beispiel, der elterlichen Beziehung, wären es nicht mehr die Eltern, auf die sich die Beziehung gründet; sondern es wäre die Elternschaft, die dafür sorgen würde, daß es Eltern »gibt«, und Kindschaft, daß es Nachkommen »gibt«. Außerdem »gibt es« weder Eltern noch Kinder unabhängig von Elternschaft und Kindschaft. Und dieses läßt sich von allem sagen: Es gibt nicht zuerst Substanzen, die dann zueinander in Beziehung treten, sondern was wir »Dinge« nennen, sind lediglich schlichte Beziehungen[150]. Die genannte Substanz in der aristotelischen Terminologie wäre also nichts weiter als eine kristallisierte Beziehung mit zertrennter Nabelschnur, um sie scheinbar unabhängig zu machen. In Wirklichkeit wäre eine solche »Substanz« tot. Streng genommen kann man nicht sagen, daß Beziehung die Grundlage der Dinge sei. Dies würde bedeuten, daß wir noch im substantialistischen Denkschema stecken. Vielmehr gibt es aus unserer Sicht keine »Dinge«, die auf einer Beziehung »beruhen«, damit es sie gebe; dies würde heißen, daß man Beziehung in Substanz verwandelt, und unser Gesichtspunkt hätte nichts weiter bewirkt als eine bloße Änderung der Terminologie. Nein, Dinge sind, wie wir gesagt haben, nichts als bloße Beziehungen[151]. Der Vater *ist* insofern, als dieses Individuum Vater-ist. Jedoch ein Wort der Warnung: Keine

Zweierbeziehung kann das beziehungshafte »Sein« erschöpfen. Beziehung ist immer polyvalent (mehrwertig) und polyedrisch (vielflächig). Der Vater in unserem Beispiel ist gleichzeitig Sohn, Freund, Ehemann, Kollege, Bürger und so fort. Aber dieses Individuum *ist* nichts anderes als radikale Relativität: *in sich* ist dieses Individuum nichts. Nicht nur ist diese Person ein Bürger hinsichtlich einer *civitas*, ein Geschöpf hinsichtlich des Schöpfers und so weiter, sondern auch sein Charakter, Hautfarbe, Intelligenz, Wille und so fort – lauter Zufälligkeiten, die dem Individuum als scheinbare »Substanz« eignen – sind in Wirklichkeit nichts als Beziehungen, die diese Person von anderen ähnlichen Gruppierungen von Attributen unterscheiden. Keines dieser Attribute hat »in sich« einen Sinn: Menschen sind intelligent in bezug auf Dinge, die sie verstehen; sie haben nur im Vergleich zu anderen eine bestimmte Hautfarbe; sie handeln aufgrund dessen, was sie begehren. Der Körper selbst ist nur ein Komplex von Beziehungen.

Diese »relationale« Mehrwertigkeit ist wichtig, um den dritten Aspekt der Deontologisierung Gottes zu verstehen. Wenn Beziehung nur etwas Zwiefaches wäre, würde sie immer sofort entstehen und eine unmittelbare Abhängigkeit bewirken[152]. Die Mutter in unserem Beispiel könnte es vor dieser mütterlichen Funktion nicht geben, wenn ihre Wirklichkeit sich in dieser Beziehung erschöpfte. Ihr Sein würde nur in ihrer Mutterschaft bestehen. Dasselbe läßt sich auf Gott anwenden. Wenn Gott in eine Zweierbeziehung zur Schöpfung gestellt wäre, so hieße das, Gott jede Unterscheidung von den Dingen vorzuenthalten. Gott würde in das bloße Ensemble existierender Dinge unter dem Aspekt ihrer Wechselbeziehung verwandelt werden. Doch dies wäre eine Entstellung der *radikalen* Relativität. Denn die Dinge können wechselseitige Beziehungen in einem wesenhaften Sinn nur angesichts einer tieferen Beziehung eingehen, die ein Transzendieren der Dualität dieser wesensmäßigen Beziehungen gestatten würde (und hier tun wir gut daran, uns zu erinnern, was wir über die buddhistische Erkenntnis von *pratîtyasamutpâda* gesagt haben)[153]. Die Relativität ist eben eine radikale. Keine Zweierbeziehung reicht aus, um sie zu erschöpfen oder um irgend ein Seiendes zu erklären. Ein einfacher Blick auf die Welt zeigt, daß die Beziehung zwischen Seienden nicht nur polyedrisch, sondern radikal ist. Kein »Seiendes« läßt sich durch eine beschränkte Anzahl von Beziehungen vollständig erklären. Hinter jeder Dualität bleibt immer ein »offener Raum«. Radikale Relativität ist die wesensmäßige Offenheit des gesamten Universums in all seinen Beziehungen.

Die radikale Relativität bietet eine Erklärung dafür, wie es einen Atheismus geben kann, der Gott als getrennte Substanz, als höchstes Seiendes, als Projektion unbefriedigten menschlichen Begehrens negiert. Die radikale Relativität versteht außerdem den Apophatismus und teilt sein Anliegen: die totale Unaussprechlichkeit des Absoluten und daher die Negierung alles Nichtseins, weil jede menschliche Affirmation eine Negation und eine Einschränkung, keine positive Aussage über irgend etwas ist[154].

In dieser dritten Auffassung *ist* Gott *nicht* (wie die Dinge sind, und ein anderes Kriterium haben wir nicht). Trotzdem *ist* Gott weder *nichts*, noch *ist* er *nicht nichts*, da die Negierung des Seins sich dieselbe Kritik zuzieht wie seine Affirmation: Jedes Nichtsein Gottes, das wir bejahen oder verneinen könnten, gehört notwendigerweise in die Sphäre unserer Erfahrung und kann als solche Gott weder positiv noch negativ berühren. Daher ist die radikale Relativität weder mit dem Atheismus noch mit dem Apophatismus unvereinbar.

Analog dazu läßt die radikale Relativität die drei positiven Positionen gelten, die wir bezüglich Gott als Sein beschrieben haben: Sie versteht den Anthropomorphismus, den Ontomorphismus und den Personalismus wie so viele andere menschliche Grundhaltungen, die man einnimmt, um das letzte Geheimnis oder wie man es nennen mag, auszudrücken. Andererseits würde sie nie eine Substantialisierung Gottes zulassen, die Gott vollkommen von der Welt trennen würde, oder eine Verabsolutierung des Göttlichen, die dieses Göttliche ebenfalls außerhalb der Dinge stellen würde, deren Gott es gerade zu sein beansprucht.

Die fundamentale Intuition der radikalen Relativität beginnt mit der positiven und aktuellen Erfahrung der göttlichen Radikalität als der tiefsten Erfahrung, die man überhaupt machen kann. Wie wir im mittleren Teil dieser Studie bereits gesehen haben, war diese Erfahrung und Intuition Ursprung und Höhepunkt der Erleuchtung des Buddha. Versuchen wir nun, diese Erfahrung von einem anderen Ausgangspunkt zu beschreiben, der schon vielfach untersucht wurde und der in der abendländischen Überlieferung als der Anfang einer jeden spirituellen Reise betrachtet wird. Wir sind gewohnt zu

hören, daß die Erfahrung der menschlichen Kontingenz, also der »Unzulänglichkeit«, Unbeständigkeit und folglich des Bedürfnisses, sich auf etwas anderes zu stützen, um leben zu können, der Anfang der Weisheit, Demut und Philosophie sei.
Wenn wir uns im folgenden der Innenschau oder mystischen Erfahrung zuwenden, so fallen uns zwei wichtige Beobachtungen ein. *Erstens* ist diese Erfahrung nicht positiv, sondern nur negativ. Nichts wird erfahren außer der Leere, der Abwesenheit dessen, was wir letztlich am meisten von allen Dingen begehren: des Seins, der Grundlage, des Subjekts. Die Erfahrung der Kontingenz erscheint als Erfahrung einer großen Enttäuschung. Das, von dem man – im geheimen? – »hoffte, es gäbe es«, gibt es nicht. Das wahre Sein rinnt einem durch die Finger. Wir fassen nicht die *ratio* unseres Daseins, wir erhalten uns nicht selbst am Leben, und so fort.
Die *zweite* Beobachtung ist die, daß wir erkennen, wie haltlos die Voraussetzung eines psychologischen oder individuellen Ichs (weiterer Unterscheidungen bedarf es nicht) war, eines Ichs, das wir für stark genug und ausreichend gerüstet hielten, um die höchste menschliche Erfahrung zu machen. Wenn wir daher feststellen, daß dieses Ich nicht die Beständigkeit besitzt, die wir ihm immer zugeschrieben haben, nimmt die Erfahrung der Bedingtheit eine negative, pessimistische, entfremdende Form an und wird zum Ausgangspunkt für den Sprung in die Arme des »anderen«.
Die Etymologie des Wortes »Kontingenz« (Bedingtheit) erhellt diese Vorstellung. Es ist vom lateinischen *cum-tang-ere* abgeleitet, und das bedeutet Kontakt haben, sich gegenseitig berühren, voneinander abhängen, sich aufeinander stützen. Das Bedingte ist daher dasjenige, das sich nicht auf sich selbst stützt, sondern auf... worauf? Auf das andere, wird jemand sagen in dem Bestreben, die Vertikalität und Transzendenz gebührend zu betonen. Auf sich selbst, wird eine andere Auffassung meinen, den profunden Kern der göttlichen Immanenz unterstreichend. Auf ihre eigene Individualität, besagt die dritte Position aus einem tiefen Mißtrauen gegen jegliche Art imaginärer Projektion. Auf das Aufeinander in seiner Totalität, erklärte der Buddha, und verkündete die totale Solidarität aller Wesen untereinander.
Ich beschreibe hier die Erfahrung der radikalen Relativität, ausgehend vom Bedingten, weil sie trotz ihrer negativen axiologischen Einfärbung und ihres metaphysisch-substantialistischen Anstrichs

im Grunde, sofern die Erfahrung echt ist, eine tatsächliche Erfahrung der radikalen Relativität ist, wie immer man diese ausdrücken mag. Wenn es dem Menschen gelingt, die Erfahrung seiner Bedingtheit in positiver Form zu machen, dann erlebt er nicht bloß ein Defizit, den inneren Mangel einer Raison d'être, sondern den äußersten Grund und Rückhalt seines Daseins, der das Normalbewußtsein so restlos transzendiert, daß er sein psychologisches Ich vollkommen hinter sich läßt. Aus diesem Grunde nenne ich diese Erfahrung gerne eine Intuition der *radikalen Relativität* des menschlichen Daseins, da sie die *Relativität* oder *göttliche Radikalität* des Seins aufdeckt.

Mit anderen Worten, wenn der Mensch tief »in sich hineinhorcht«, entdeckt er bald das, was wir »negative Bedingtheit« genannt haben. Das heißt, er bemerkt, daß das »Ich«, dem wir alle unsere Handlungen zuschreiben, nicht genügend Bestand hat, als daß es der letzte Grund dieses Handelns sein könnte, denn dieses selbe »Ich« wird jetzt als so flüchtig, vergänglich und zerbrechlich wahrgenommen wie alles, was auf ihm beruht[155]. Und das ist noch nicht alles. Jetzt entdeckt der Mensch, daß dieses Ich auf einem anderen, wahren Ich beruht, für welches das »Ego« nur das »Du« des anderen Ichs ist. Diese Intuition läßt sich auch mit der spanischen Wendung *»Yo soy tuyo«* (»ich bin dein«) ausdrücken, wobei das *»tu-yo«* im Sinne von »dein Ich« – »Ich bin dein Ich« – zu verstehen ist[156]. Ich möchte mich hier jedoch nicht weiter metaphysisch ergehen, sondern nur beschreiben, was mir für unsere Sache als relevant erscheint.

Um es möglichst einfach auszudrücken: Der Mensch entdeckt in seinem tiefsten Inneren einen »grundlosen Grund«, der »ist«, was er eigentlich ist, und der gleichzeitig undifferenzierbar ist mit dem, was jeder »andere« Mensch ebenfalls erfahren kann. Es ist der Grund, der das tiefste Wesen jedes Menschen ausmacht, wie jeder bezeugen kann, der diese Erfahrung gemacht hat; außerdem dieselbe Tiefe, die als die eine Quelle aller Dinge erlebt, wahrgenommen und intuitiv erkannt wird und die sich in keinem von ihnen je erschöpft[157].

Ich habe diese Erfahrung eine Intuition der göttlichen Radikalität genannt. Sie entspricht der Entdeckung einer letzten Wurzel in den tiefsten Schichten unseres Seins als der echteste und tiefgründigste Teil dessen, was wir sind. Diese Radikalität transzendiert die Individualität und selbst die menschliche Persönlichkeit, um zu einer gemeinsamen Wurzel, einem einzigen Grund, einem letzten Fundament zu gelangen. Diese Erfahrung kann sich in vielfache Gestalten kleiden und sich in noch zahlreicheren Formen ausdrücken. Dem widerspricht jedoch nicht, daß es im Grunde die Erfahrung der äußersten wesensmäßigen Relativität jedes Seins ist: »Es gibt« ein höchstes, zugleich immanentes und transzendentes »Etwas«, das wir wirklich »sind«. Dieses »Etwas« unterscheidet sich nicht von mir, es ist mein tiefstes Ich. Und dennoch kann ich wahrheitsgemäß nicht sagen, daß es »ist«, was ich »bin«. Dieses »Etwas« existiert nicht getrennt von mir, noch ist es eine Art gemeinsamer Nenner, an dem alle Dinge teilhaben. Vielleicht ist es der »Teil« jedes Seienden, der am meisten sein »eigener« ist, so daß je mehr »ich bin«, oder vielmehr »nicht bin«, desto näher stehe ich dieser letzten Wurzel von allem. Auch dies trifft die Sache nicht genau, aber wir können sie mit keinen anderen Worten ausdrücken[158].

Wenn wir das Adjektiv »göttlich« auf diese Radikalität angewandt haben, dann geschah dies aus zwei Gründen. Erstens haben wir es mit einem Etwas zu tun, welches das bloße Individuum transzendiert, das nicht mit dem Individuum zu verwechseln ist und doch auf jedes Individuum angewendet werden kann. Deshalb erscheint, phänomenologisch betrachtet, die Beziehung »göttlich« als angemessen. Zweitens haben auch die heterogensten Überlieferungen dieses »Etwas« als ultimativ und definitiv wahrgenommen, als das, was in der gemeinsamen Terminologie der westlichen Sprachen gewöhnlich Gott genannt wird.

Wenn wir diese fundamentale Einsicht in andere Ausdrucksweisen übersetzen, können wir das Göttliche als jene einmalige Radikalität bezeichnen, die allen Dingen innewohnt und bewirkt, daß jedes Seiende ist, was es ist. Und was ist nun jedes Seiende? Eine Beziehung unter seienden Wesen, von der wir, für sich betrachtet, jedoch nicht sagen können, daß sie *ist*, noch daß sie nicht ist, denn gerade in ihr wurzelt alles Seiende. Diese Radikalität ist die einzige Dimension der Göttlichkeit, von der man sprechen kann, und sie besteht in der reinen Relativität. Wir handeln nicht von einem Sein, das als mehr oder weniger willkommener Gast oder Fremdling in den tiefsten Tiefen jedes Seienden »wohnt«. Damit würden wir der Frage ausweichen: Wir würden damit nur sagen, daß jedes Seiende ein Individuum und daß Gott der »andere« ist, der es erhält. Nein, die betreffende Erkenntnis besagt, daß jedes Seiende ist, was es ist, gerade weil es ein Geflecht von Beziehungen ist und mit anderen Seienden in eine innige, konstitutive Beziehung tritt. Diese Beziehung ist so beschaffen, daß sie eine radikale Einheit bildet, welche die Dinge nicht gleichschaltet, sondern im Gegenteil ihre Vielfalt gewährleistet. Daher ist Einheit, und nicht das Gegenteil, die fundamentale Tatsache. Diese radikale Einheit der Relativität steckt in allen Dingen, und dennoch ist sie gleichzeitig transzendent, insofern kein Ding, auch nicht alle Dinge zusammen, sie wirklich erschöpft. Die Relativität der Dinge ist nicht bloß ihre Summe.

Vielleicht wird dies leichter verständlich, wenn man sich die unumgängliche Umkehrung des rationalen Standpunkts vorstellt, der für die Kultur des Westens charakteristisch ist. Unter westlichem Standpunkt verstehe ich die dynamische Perspektive im Unterschied zu derjenigen, die ich nicht einfach statisch, sondern »einheitlich« nennen möchte. Dynamik beginnt mit Vielfalt und fühlt sich zu einem Ziel getrieben, das man für vollkommener als den Ausgangspunkt hält. Die dynamische Schau stellt den aufsteigenden Weg der Dinge zu ihrem Ziel dar: Gott ist das Ziel, das die Welt asymptotisch im Unendlichen erreicht, ob dieser »Gott« als Sein, Macht, Person, Zukunft, soziale Perfektion, oder wie auch immer aufgefaßt wird. Der Weg ist Eroberung, und das Mittel dazu der Fortschritt.

Die andere Mentalität, die einheitliche Sicht, ist das genaue Gegenteil. Hier ist der Weg die Wiedereroberung – die Erlösung, wenn man so will – und das Mittel dazu ist die Rückkehr. Einheit ist das Primäre, und Vielheit ist etwas Abgeleitetes. Gott ist Ursprung, nicht Ende, und die Dinge treten aus dem Göttlichen hervor, statt sich zu ihm hinzubewegen. Der Weg der Rückkehr ist ein wirkliches Zurückkehren; daher besteht Vollkommenheit nicht in der Fülle des Daseins, nicht im Werden dessen, was man (noch) nicht-ist, sondern in der Entleerung des Daseins, im Aufhören, das zu sein, was man (noch) ist.

Dies läßt sich noch auf eine andere Weise ausdrücken. Die erste Anschauung der Welt kann man vom Standpunkt der Vielfalt betrachten, und dann haben wir die »Vielheit« der Dinge, die notwendigerweise als Substanzen gelten, das heißt, als gesetzmäßig geregelte Operationszentren mit zentrifugalen und zentripetalen Tendenzen, denn das Wirkliche ist das Individuelle und Konkrete.

Oder man macht sich die entgegengesetzte Anschauung zu eigen, in der das Wirkliche das Universelle, die Totalität ist. Dann erweist sich die Welt in ihrer Gesamtheit als wahrhaft konsistent. Individuen werden somit einfach als Bruchstücke gesehen, die lediglich Beziehungen eines Ganzen sind. Stellen Addition und Multiplikation die mentalen Operationen der ersten Position dar, so kennzeichnen Subtraktion und Division die intellektuelle Form der zweiten[159].

Wenn wir mit christlichem Vokabular ausdrücken sollten, was wir in mehr oder weniger phänomenologischer Weise zu beschreiben versucht haben, würde es etwa so lauten: Ohne zu übersehen, wie viel, und wie viel Positives, die authentische christliche Gottesidee dem jüdischen Begriff Jahwe und der griechischen Seinsspekulation verdankt, so birgt sie doch Möglichkeiten, die noch nicht gebührend ausgeschöpft wurden.

Der Schlüsselbegriff des Christentums ist mit Sicherheit das Dogma der Trinität, das wir hier für unsere Zwecke von seinen vielfältigen theologischen Auslegungen unterscheiden möchten[160]. Allein die Vorstellung der Trinität müßte genügen, um jede substantialistische Interpretation des Göttlichen auszuschalten, denn diese wäre gleichbedeutend mit einem Tritheismus (den der Islam dem Christentum auch vorwirft). Wenn der Vater Sein ist, der Sohn Sein und der Heilige Geist Sein, dann gibt es entweder drei seiende Wesen und daher drei Götter – Tritheismus –, oder der eine Gott ist eine einzige, absolute Wesenheit, von der Vater, Sohn und Geist nur verschiedene Manifestationen sind. Dies wäre Modalismus, der entgegengesetzte Irrtum. In der Tat besagt die traditionellste trinitarische Theologie, daß die »göttlichen Personen« nur Beziehungen sind: Jede besteht gänzlich in ihrer Relativität in bezug auf die anderen, so daß jede die beiden anderen wechselseitig beinhaltet und umfaßt, ohne dabei diese anderen zu sein. Die von der orthodoxen christlichen Lehre im Laufe der ersten christlichen Jahrhunderte so geduldig und hartnäckig erläuterten beiden Schlüsselbegriffe – »Natur« und »Person« – wurden gerade deshalb entwickelt, um das Abgleiten in einen der beiden oben erwähnten Extreme, Tritheismus und Modalismus, zu vermeiden. Da dies so ist, darf ich im Licht meiner Interpretation von Göttlichkeit sagen, daß die Trinität die radikale Relativität schlechthin ist.

Ein zweiter, ebenfalls traditioneller Punkt der christlichen Theologie ergibt sich aus der göttlichen Einfalt, nämlich daß der Akt, durch den der Vater den Sohn »zeugt«, derselbe sein muß, durch den der Vater alle Geschöpfe »erschafft«[161] und sich selbst erkennt[162]. Im Lichte des Gesagten kann man nunmehr geltend machen, daß Gottes radikale Relativität *ad extra* ein Spiegelbild derselben Radikalität *ad intra* ist[163]. Das bedeutet, daß das ganze Universum, als Abbild oder »Gewand« der Trinität, mit dem trinitarischen Charakter der radikalen Relativität begabt ist. Die Dinge »sind« in dem Maße, wie sie zu sein aufhören, um sich anderen Dingen hinzugeben. Die Dinge sind nichts als wechselseitige, wesenhafte Beziehungen. Es gibt keine fensterlosen Monaden. Die radikale Relativität ist nicht nur eine vertikale, sondern auch eine horizontale. Um der reinsten christlichen Terminologie einen weiteren Terminus zu entlehnen: der innertrinitarischen *circumincessio* entspricht eine außertrinitarische *perichôresis*[164].

Die christliche Schrift enthält ein Hapaxlegomenon (d.h. ein nur an einer einzigen Stelle erscheinendes Wort), das in Verbform die für Christen bezeichnende Spannung ausdrückt, aus der sie sich mit beinahe physischer Kraft, wie in einem sportlichen Wettkampf, auf etwas werfen, was vor ihnen, jenseits von ihnen, liegt. Ich beziehe mich auf dic autobiographische Äußerung von Paulus: »Ich vergesse, was hinter mir liegt, und dränge (*epekteinomenos*) hin zu dem, was vor mir liegt.«[165] Ich lasse alles fallen, was mich in irgend einer Weise niederdrückt: jede Substantialität, jedes Eigentum, jede spirituelle oder auch nur ontologische Errungenschaft – mit einem Wort – alles, was ich bin und strebe, strecke mich aus, neige mich hin zu etwas, das immer vor mir, immer jenseits von mir, immer unerreichbar und unfaßbar ist, nicht nur in dieser Welt, sondern auch im endgültigen Leben. Denn das eigentlichste Wesen der Wirklichkeit ist weder statisch noch dynamisch, sondern *epekstatisch.* Es ist reine Spannung, einfache Transzendenz, Übersteigung, nicht im Sinne einer geradlinigen Wandlung noch eines Kreislaufs, sondern eher wie ein spiralförmiges Fortschreiten, das immer wieder begonnen wird und dennoch stets neu und ursprünglich ist. Befindet sich nicht das Universum des Seins selbst in einem Ausdehnungsprozeß? Die Gottesschau besteht also genau darin, daß man Gott als unsichtbar »sieht«[166], als einen, dessen Existenz darin gründet, daß er keine besitzt[167]. So wie wir nach einer bestimmten metaphysischen Auffassung noch nicht seiend sind und uns dem Sein asymptotisch nähern, ebenso ist Gott auf der anderen Seite der Seinsgrenze und zieht sich grenzenlos von ihr zurück. Das Sein ist ein Abgrenzungsbegriff sowohl für das Geschöpf wie auch für den Schöpfer, wenngleich unter gegensätzlichen Vorzeichen: Das erstere hat seinen Standort vor dieser Grenze, letzterer jenseits davon. Das Sein ist ein mentaler Katalysator, der es uns ermöglicht, das Inkommensurable in Beziehung zu setzen, ja, vom Unaussprechlichen überhaupt zu reden. Sobald es als Kategorie des Denkens, als »Achse des Zylinders unseres intellektuellen Kolbens« ausgedient hat, muß es abgelegt werden, damit es, vom vitalen Denkprozeß ausgeschlossen, nicht gerinnt und dadurch zum größten Hindernis dessen wird, was es gerade fördern wollte.

Diese Erklärung, mit der ich die buddhistische Position in einem anderen Kontext auszudrücken versucht habe, wurde von Gregor von Nyssa angeregt, dem Urheber des Konzepts der *epektasis*[168]. Der Bischof von Kappadokien geht mit dem Substantiv zwar sehr sparsam um[169], was der Buddhist ohne weiteres verstehen würde, aber er gebraucht diesen suggestiven Terminus[170] in verbaler Form zur Beschreibung eines zentralen Motivs seiner mystischen Auffassung[171]. Es ist höchst aufschlußreich, daß dieser außerhalb gelehrter Kreise kaum je Verwendung fand[172], wie seine Abwesenheit in den gebräuchlicheren theologischen und biblischen Handbüchern beweist[173].

Die Bedeutung von *epektasis* – die nicht dasselbe ist wie »Ekstase«, die bei Gregor von Nyssa noch kein Terminus technicus ist[174] –, liegt offenbar in der Synthese einer statischen, substantialistischen Wirklichkeitsschau mit deren dynamischem, zeitlichem Begriff. Die *epektasis* scheint der mittlere Weg zwischen dem substantialistischen »Schraubstock« und dem dynamischen »Kolben« zu sein, ein Weg, den Gregor im wahrsten Sinne des Wortes das größte Paradox (*to paradoxoteron*) nennt[175]. *Epektasis* bedeutet Fortschritt und ist daher mehr als eine einfache Veränderung oder Bewegung[176]. Gleichzeitig drückt sie nicht nur ein Merkmal unserer Erkenntnisweise aus[177], sondern geht meines Erachtens noch viel weiter, indem sie eine Aussage über das Wesen der höchsten Wirklichkeit selbst macht. Hier könnte eine unbefangene und fruchtbare Begegnung mit dem Buddhismus stattfinden. Sehen wir uns einige Beispiele an.

»Echte Erkenntnis... und echte Vision bestehen in der Einsicht, daß ›Gott‹ unsichtbar ist.«[178] Denn, streng genommen, gibt es nichts zu sehen[179].

»Denn, was über Gott zu wissen nötig ist, besteht in dem Wissen, daß die Erkenntnis ›Gottes‹ nichts anderes ist als die Einsicht, daß nichts von dem, was der menschliche Geist zu erkennen vermag, eine Erkenntnis Gottes ist.«[180] Daher »gewährt die göttliche Stimme das von ihr Erbetene eben durch das, was sie vorenthält.«[181]

Epektasis beschreibt nicht nur genau die menschliche Befindlichkeit[182], sondern symbolisiert gleichzeitig die Struktur der höchsten Wirklichkeit. Wir brauchen nicht aus uns heraus in eine transzendente Ekstase zu treten, um zur höchsten Wirklichkeit zu gelangen. Es genügt, diese Haltung beständiger Spannung ohne Ankunft einzunehmen, immer uns selbst transzendierend, jedoch nicht kraft einer einfachen Dynamik in Richtung eines fernen, zwar vorhandenen, doch unerreichbaren Zieles, sondern als eine wesensmäßige, auf das Jenseits ausgerichtete Spannung, die »gerade wegen der eigenen Unbeweglichkeit vorankommt«[183]. Denn das Ende, Gott, das Höchste, ist eben jener Ungrund, dessen Bewegung nie aufhört, der von »Anbeginn zu Anbeginn, oder besser: von Prinzip zu Prinzip (*archê ex archês*) – durch Prinzipien (Anbeginne) ohne Ende« fortschreitet[184].

Das Prinzip, die Grundlage, *archê*[185], *agra*[186], besteht darin, immer wieder von neuem zu beginnen, steter Neuanfang zu sein[187], nichts zurückzulassen, in unaufhörlichem Aufbruch zu sein, ohne an sich festzuhalten, ohne sich je umzusehen[188], keine Reichtümer irgend welcher Art anzuhäufen[189] (also absolute ontische Armut zu üben – es ist der Geist selbst, der den Armen auferlegt wurde[190]), und »seiend« nur in dem Maße zu sein, in dem man vorwärtsgeht, weitermacht, lebt, »von nirgendwo nirgendwohin flüchtet« in einer »unbeweglichen Flucht«[191]. Die göttliche Transzendenz ist eine göttliche Seinstranszendenz. »Wenn jemand meint, etwas erkannt zu haben, so hat er noch nicht erkannt«[192], sagt die Heilige Schrift und bestätigt damit nicht nur eine sokratische, sondern auch eine östliche Weisheit[193]. Gregor erläutert[194], warum »das Finden Gottes darin besteht, Gott unaufhörlich zu suchen«[195]:

Die Kontemplation von Gottes Angesicht besteht darin, unaufhörlich unterwegs zu sein zu Gott, im beständigen Vorwärtsschreiten in endloser Nachfolge des Wortes[196].

Nur auf dem Wege, nur auf der Suche ist Gott zu finden. Schon das Wort »Gott finden« ist angetan, uns zu verwirren. Es verführt uns zu denken, daß Gott »gefunden« werden könne, daß man ihn wie jedes andere Objekt ergreifen und sich aneignen könne, während Gott doch nichts anderes ist als der Ungrund jenseits des Seins und deshalb jenseits jeder auch nur theoretischen Möglichkeit des Zugriffs[197]. Unterwegs sein bedeutet, unseren Ballast und unsere Schlacken fallenzulassen[198]. Deshalb steht Gregor nicht an, jede Darstellung des Göttlichen nichts anderes als ein »Götzenbild« zu nennen[199].
Mit diesem kleinen Exkurs wollte ich zeigen, daß es bedeutende Berührungspunkte zwischen Buddhismus und Christentum geben könnte und damit die Möglichkeit einer gegenseitigen Befruchtung. Wir brauchen diese Punkte lediglich in der Tiefe zueinander in Beziehung zu setzen.

Gott und die Seienden

Ich möchte noch einige Überlegungen hinzufügen, nicht, um damit unsere Frage zu einem Abschluß zu bringen, denn sie bleibt nach wie vor offen, ja, sie ist bis hierher noch kaum gestellt worden, sondern weil ich als Anhang und Synopse bestimmte Überzeugungen darlegen möchte, die uns in das letzte Stadium der Untersuchung führen, deren Absicht es war, der Welt von heute einen zentralen Aspekt der Botschaft des Buddha vorzustellen.
In der *ersten Überlegung*, die gewissermaßen alles bisher Gesagte umfaßt, geht es darum, daß die zeitgenössische Mentalität – nicht aus Rebellion oder Trotz, sondern aus einer tieferen Erfahrung und Bewußtheit des »menschlichen Seins« – alles andere als geneigt ist, die Verflüchtigungen des konkret Seienden zugunsten einer Eschatologie, einer Religion, eines Gottes, oder was sonst noch zur Welt des Außermenschlichen gehören mag, hinzunehmen. Die göttliche Wirklichkeit ist nicht dazu da, die Seienden zu »vereinnahmen«, sondern sie gleichsam von innen her zu »potenzieren«. Was den herkömmlichen Gottesbegriff in die Krise geführt hat, sind nicht so sehr theologische oder philosophische Argumente, sondern Taten und eine lebendige Erfahrung des Zwiespalts zwischen Gott und den Seienden. Der traditionelle Gottesbegriff, der die Menschen

letztlich nur zu beschützen, zu trösten und zu gründen suchte, schränkte nunmehr die Freiheit des Menschen ein, oder zumindest sein Bestreben, die innerweltlichen Angelegenheiten in die Hand zu nehmen, sowie den Selbstbehauptungswillen dieser Freiheit[200]. Die traditionelle Auffassung von Religion verhieß, wie schon gesagt, der Menschheit eine andere Welt im Austausch gegen den Verzicht auf die irdische; sie wollte das irdische Verlangen nach Glück mit der Verheißung eines künftigen Paradieses, in dem alle Frustrationen der Gegenwart überwunden wären, stillen.

Heute sind viele Kräfte am Werk, die das Selbstbewußtsein der Menschheit stärken. Wenn kein Gott gefunden werden kann, der dieses Selbstbewußtsein bestätigt, wird die Menschheit sich für den Atheismus entscheiden. Die moderne Mentalität neigt weiterhin dazu, zwischen Gott und den Seienden eine Unvereinbarkeit wahrzunehmen. In der Vergangenheit bestand das Problem darin, die »Ontonomie« der Dinge gegenüber Gott zu retten, den »Schein zu wahren«. Heute stellt sich die Frage jedoch umgekehrt, und es geht nun darum, Gott auf eine Weise zuzulassen, daß die Seienden nicht zu Schaden kommen, also »Gott zu retten«. Letztlich geht es um die Frage, *wozu* Gott gut ist und welchen Nutzen er für *uns* hat[201]. Daher sperren sich so manche Anhänger der traditionellen Religion heftig gegen die Problemstellung als solche. Wenn Gott existiert, so mahnt uns die Überlieferung, dann hat Gott absoluten Vorrang. Darauf erwidern die neuen Gläubigen, daß wir, wenn man von der etwas krüden Form absieht,in der das Problem manchmal dargestellt wird, nicht übersehen dürfen, daß das Gottesproblem nicht nur vom methodologischen, sondern auch vom ontologischen Gesichtspunkt ein anthropologisches Problem ist. In der Tat kann keine Offenbarung, kein Aspekt des Göttlichen sich über das menschliche Selbstbewußtsein hinwegsetzen, denn dieses weiß zutiefst, daß die Frage nach Gott, so erhaben und transzendent sie auch ist, nicht nur durch menschliche Strukturen hindurch passiert, sondern letztlich auch das anthropologische Problem selbst lösen muß. Denn das Gottesproblem stellt sich überhaupt erst im Hinblick auf das anthropologische Problem[202]. Dies ist die äußerste Frage des Menschen.

Letzten Endes läßt das Gottesproblem im zeitgenössischen Denken sich nicht mehr mit dem biblischen Ruf: »Rede, Herr, denn dein Diener hört«[203], auf den Nenner bringen, sondern es nimmt die Form der Bitte an: »Tu mir doch deinen Namen kund!«[204].

Die *zweite Überlegung* handelt wiederum von dem Problem der Unzulänglichkeit der sechs Antworten, entsprechend den verschiedenen Positionen hinsichtlich des Gottesproblems[205]. Keine dieser »Antworten« scheint zu überzeugen, und dennoch kann keine von ihnen als völlig falsch bezeichnet werden. Jede der sechs »Lösungen« läßt sich ohne weiteres wieder im Rahmen der sechs gültigen Aspekte des Göttlichen, unseres Gottesbegriffs, deuten – nur daß keine dieser sechs, bei aller Verschiedenheit auf theoretischer Ebene, die Gültigkeit der anderen ganz ausschalten kann. Die Reflexion unserer Zeit über das Gottesproblem kann von Rechts wegen nicht als vorsätzlicher Angriff auf den lebendigen Gott oder als eine unzulässige a-priori-Verteidigung des Gottes der Religion betrachtet werden. Diese Reflexion ist vielmehr ein bescheidener und aufrichtiger Versuch, dem, was von alters her Gott genannt wurde, einen Platz zu schaffen, in Absehung der verschiedenen Funktionen, die mit unterschiedlichem Legitimationsgrad Gott zugeschrieben wurden. Es kann aber auch nicht gesagt werden, daß Gott eine Synthese der verschiedenen, von uns erörterten Konzepte ist: erstens, weil Gott einfach, nicht eine Kombination von Attributen ist, und sodann, weil unser Gottesbegriff dieselbe Einfachheit besitzen sollte, wenn er sich der Wahrheit annähern soll[206].
Als *dritte Überlegung* möchte ich den zwiespältigen Charakter von Identität und Unterschied in der Realität Gottes hervorheben. Einerseits ist Gott das, was mit jedem einzelnen Ding am meisten identisch ist, ihm am meisten innewohnt. Gott ist letztlich das, was alle Dinge »sind«. Andererseits ist Gott das, was von allem Seienden am meisten unterschieden und von ihm so weit entfernt ist, daß wenn die Seienden wirklich *sind*, Gott nicht das Sein sein kann. Wenn die Seienden *wirklich* sind, kann Gott nicht *wirklich* sein; wenn die Dinge existieren, hat Gott keine Existenz, und so fort. Das auf Gott gerichtete Denken transzendiert daher alle Kategorien, die dem Menschen helfen, sich in dieser Welt zurechtzufinden. Das Reden von Gott hat keine vergleichenden Maßstäbe. Es ist per definitionem einzigartig und daher ohne Vergleich[207]. Noch einmal sind wir zum Schweigen gerufen.
Trotz allem scheinen aus der Analyse der heutigen Situation gewisse *Überzeugungen* hervorzugehen. *Erstens* ist das Gottesproblem in der einen oder anderen Weise allgegenwärtig. Der Theismus und der Atheismus sind nicht die einzigen Formen, in denen das Pro-

blem sich darstellt: Jede Ideologie und jede Kosmologie sind nichts anderes als Versuche, in je besonderer Weise eine Antwort auf die Frage nach der letztgültigen Wirklichkeit zu finden. So oder so stößt jedes philosophische Problem einmal an die Grenzen des Philosophierens an sich und muß sich mit dem Gottesproblem auseinandersetzen.

Eine *zweite* Überzeugung scheint mir ebenso unbestreitbar zu sein: nämlich die Unzulänglichkeit der überlieferten Antworten. Die erste Bestätigung dieser Tatsache liefern gerade die Anstrengungen derer, die diese Antworten noch für gültig genug halten, um sie neu auszulegen, zu übersetzen und der heutigen Mentalität anzupassen. Dies zeigt nur, daß die traditionellen Antworten sich zwar auf die wirkliche Problematik beziehen und ohne Zweifel ein beträchtliches Stück Wahrheit enthalten, in ihrer gegenwärtigen Form jedoch untauglich sind, die Menschheit zu überzeugen.

Eine *dritte* Überzeugung von offenbar universeller Gültigkeit betrifft das Bedürfnis nach einer Reinigung und »Konversion« (*metanoia*) des Gottesbegriffs. Vielleicht sollte dieses Wort selbst durch ein anderes ersetzt werden. Ich gebrauche es hier, weil ich vermeiden möchte, eine endlose Reihe von Synonymen und Äquivalenten einzuführen. Nun, eine Neuinterpretation der Gottesidee wird nicht nur eine Art Modernisierung und Anpassung, sondern eine radikale Revolution sein müssen, die wir nur als eine weitere Bewußtseinswandlung des Menschen beschreiben können, wie sie in der menschlichen Geschichte vielleicht nur selten vorgekommen ist. Könnte es nicht sein, daß die Menschheit den Baum des Lebens noch einmal erblickt und nunmehr das flammende Schwert des ihn bewachenden Engels herausfordert, um von ihm zu essen und ewig zu leben[208]? Der Gott der Religionen, wie diese ihn uns darstellen, genügt nicht. Auch das Absolute der Philosophen genügt nicht, ebenso wenig wie die unendliche Grenze der Wissenschaftler oder der unbeschreibliche Gesichtskreis der Dichter. Weder Materie noch Geist, weder Menschheit noch Kosmos befriedigt. Das heutige Unbehagen und der gegenwärtige Mangel an Glauben an das Heilige und Transzendente sind ein anhaltendes und positives Zeichen dieser neuen Suche nach dem ewig unbekannten Gott.

Versuchen wir, die Topographie des Geländes darzustellen, auf dem die Menschen von heute sich in dieser Suche bewegen.

Erstens ist Gott weder transzendent noch immanent. Gott ist weder wir selbst, in immanenter Identität mit uns verharrend, noch ein »anderes« Wesen, irgendwo »draußen« in olympischer Ferne. Gott ist weder dasselbe wie die Welt, noch von ihr unterschieden. Gott kann weder mit dem Menschen gleichgesetzt, noch von ihm getrennt werden. Mit einem Wort und ohne Umschweife: Weder existiert Gott, noch existiert er nicht. Dies bedeutet nicht, die Realität aufzugeben oder der Welt entfliehen zu wollen, indem man Gott über das Streitgespräch des Menschen stellt. Im Gegenteil, dies zu sagen heißt, daß man Gott in das Innerste alles Menschlichen stellt. Freilich hat unser Zeitalter noch nicht das nötige Rüstzeug, um diese seine tiefste intuitive Erkenntnis auszudrücken. Und dennoch hat jedes Individuum, das in diese Welt geboren wird, an diesem Licht Anteil.

Nec cum te, nec sine te, wie der lateinische Dichter sagt. Die Gegenwart Gottes ist ein Ärgernis; die Abwesenheit Gottes ist eine Qual. Die Sprache der Überlieferung überzeugt uns nicht; die modernen Formulierungen ihrerseits greifen offensichtlich nicht mehr. Vielleicht könnte man sagen, daß eine Überzeugung der heutigen Menschheit einen Schimmer der intuitiven mystischen Erkenntnis birgt, nämlich daß Gott kein Hauptwort als Subjekt eines Satzes sein kann. Denn Gott ist kein Subjekt, aber auch kein Objekt irgend eines Prädikats, weil gerade dies die Verdinglichung und Zerstörung von Gottes Wesen bedeuten würde[209]. Die westliche und christliche Mentalität steht heute im Begriff, diesen Sachverhalt wiederzuentdecken[210] – ganz allmählich[211].

10 Das Schweigen des Buddha

Das Wagnis des Schweigens

Skulpturen des Buddha, die bekanntlich erst mit der Befruchtung des indischen Geistes durch den Hellenismus auftreten (wäre der Buddhismus ikonographisch wohl stumm geblieben ohne diese Zwitterbildung?), tragen eine gelassene, lächelnde Miene zur Schau, als könnten sie sehen, ohne zu schauen, als würden sie die ängstlichen Fragen der zu ihnen aufblickenden Menschen in Nichts auflösen. Sie geben keine Antwort, sie vermitteln nur die Einsicht, daß die Frage selbst sinnlos ist – nicht weil sie schlecht formuliert ist, sondern weil sie jeder Grundlage in der Wirklichkeit entbehrt. Die buddhistische Ikonographie scheint alle Dinge mit einer Atmosphäre der Irrelevanz zu umgeben[1] und damit den Schmerz jeder Problematik einfach auszulöschen. Nicht nur hüllt der Buddha sich selbst in Schweigen, er bringt auch jede Angst und jede Verwirrung zum Verstummen, indem er ihre Nichtigkeit offenbart[2]. Wir nähern uns Gautama, dem Buddha, voll Ehrfurcht... und dann ist es plötzlich, als wären wir nicht da und könnten all diese schrecklichen, uns quälenden Probleme nicht stellen.

Der Buddha erteilt nicht einfach eine schweigende Antwort, während die Antworten so vieler anderer lebhaft und wortreich sind. Es handelt sich um etwas völlig anderes. Der Buddha gibt keine Antwort, weil er die Frage beseitigt. Es ist nicht so, daß er nicht antwortet auf das, was gefragt wird. Vielmehr wird, genau genommen, gar keine Frage gestellt. Der Buddha bringt unsere Ängste zum Schweigen – das Verlangen des Menschen zu erkennen, zu gehen, »anzukommen«, zu besitzen, fähig zu sein, zu – sein. Der Buddha möchte, daß wir uns bescheiden[3].

Manche Leser werden erstaunt gewesen sein über die hartherzige Reaktion des Erleuchteten, wenn einer seiner Schüler das Schicksal des Menschen zu erkennen, das Geheimnis des Lebens zu ergründen suchte. Die Haltung des Buddha scheint der anthropologischen Norm, der axiomatischen Fragestellung zu widersprechen, die in Europa sowie im vor- oder außerbuddhistischen Indien nicht nur als zwingend, sondern als etwas Positives und für das wahre menschliche Leben Notwendiges erachtet wurde[4]. Von Platon bis Kant – auch davor und danach [5] – war es immer ein besonderer Zug der abendländischen Menschheit gewesen, in der Frage nach den letzten Dingen, nach dem Sinn des Daseins ein Zeichen von Kultur, einer »humanen« Stufe der Zivilisation zu sehen. Die Religion galt als Quelle der Antwort auf solche Fragen, damit das Leben im vollen Sinne menschlich wurde[6]. Wie können wir unseren täglichen Handlungen Sinn verleihen, wenn wir über die letzte Tragweite dieser Handlungen nicht Bescheid wissen? Wie könnten wir uns an etwas hingeben, was uns wirklich transzendiert, wenn wir nicht einmal wissen, woher wir kommen, wohin wir gehen und worin unser Auftrag auf Erden besteht? Im Grunde beruht die ganze Diskussion, nicht nur über die Gottesbeweise, sondern die ganze Gottesfrage, auf dieser grundlegenden und unumstößlichen Voraussetzung: Gott ist derjenige, der dem Dasein, dem Menschen, der Gesellschaft und der Welt einen persönlichen oder historischen und kosmischen Sinn verleiht. Ohne Vorsehung, ohne Gegründetsein, ohne Ziel, ohne einen Schöpfer oder Herrn brechen die Menschen zusammen, die Gesellschaft zerstört sich selbst, und der Kosmos stürzt ein.

In den zitierten Texten haben wir unter anderem die Haltung der »heiligen Gleichgültigkeit« des Buddha kennengelernt, nicht gegenüber geringfügigen Dingen, sondern gegenüber dem, was die Menschen immer als das Wichtigste und Transzendenteste in ihrem Leben betrachteten. Die erste diesbezügliche Lektion des Buddha ist einfach eine Sache des gesunden Menschenverstandes: Wenn die Frage nach der Existenz Gottes oder nach dem außerirdischen Leben oder dergleichen wirklich die ihr zugeschriebene Bedeutung hätte, würde sie keine Rätsel aufgeben. Die Antwort wäre für alle Menschen klar erkennbar und völlig unkompliziert. Die Luft ist für das Leben des Menschen notwendig, und es liegt auf der Hand, daß wir entweder Luft haben und atmen können oder durch Ersticken zugrundegehen. Wenn analog dazu diese Fragen so wichtig wären, wie man uns glauben macht, wäre es unmöglich, ohne ihre Beantwortung zu leben. Doch die Geschichte, wie auch die tägliche Erfahrung, lehren uns, daß sehr wenige Menschen den Anspruch erheben können, genaue Antworten auf solche Probleme zu wissen. Und siehe da, die übrigen sterben nicht einen langsamen Erstikkungstod.

Erstens entrichten auch die ersteren, die nach den »Antworten« suchen, dem Tod ihren Tribut. Zweitens besitzen wir kein objektives Kriterium, mit dem wir den Tod der anderen als einen Erstikkungstod diagnostizieren könnten. Nicht nur wäre die schiere Vielfalt der Meinungen skandalös, denn wie kann Gott in einer für uns lebenswichtigen Angelegenheit ein so großes Chaos zulassen? Diese Vielfalt sollte auch ein Zeichen für uns sein, daß das Problem schließlich nicht so entscheidend sein kann, da es so viele verschiedene Antworten zuläßt[7].

Daher will der Buddha sich dieser »fundamentalen« Fragen überhaupt enthalten. Ja, er weigert sich standhaft, sich auf solche Debatten überhaupt einzulassen.

Nun kommt der moderne Atheismus und will zeigen, daß es theoretisch und praktisch durchaus möglich ist, ein sinnvolles und ethisches Leben zu führen ohne die Hypothese eines »Gottes« als letzten Rückhalt des kosmischen und menschlichen Gebäudes. Doch obwohl dieser Gedanke des zeitgenössischen Atheismus faszinierend ist, wie die Zustimmung eines so großen Teiles der Menschheit bezeugt, hat seine Anwendung auf philosophischem oder politischem Gebiet oft Wirkungen hervorgebracht, die den Pessimismus derer, die weiterhin an der »theistischen« Tradition festhalten, offenbar bestätigen. Ohne einen äußeren, »transzendenten« Rückhalt kommt die Menschheit nicht aus. Sie verfällt dem Chaos, der Niedergeschlagenheit oder der existentiellen Verzweiflung, und betreibt die totalitäre Ausbeutung des Menschen durch den Menschen[8]. Denn die Kontingenz, auch wenn man sie in ihrem positiven Aspekt und ihrer wesensmäßigen Radikalität betrachtet, ist immer flüchtig, schweifend, ohne festen Grund – eben »bedingt«. Auf sie bauen, sie verfestigen wollen, kann nur zu einem Zusammenbruch führen. Und dies ist das Angebot des Buddha aufgrund der Radikalität seiner Erkenntnis: diese Bedingtheit auszuschalten, ohne sie von einem wie immer beschaffenen Gott wieder »aufsaugen« zu lassen.

Der Buddha packt das Problem an der Wurzel, aber nicht über eine direkte, kompromißlose Verneinung Gottes, noch über eine Harmonisierung der verschiedenen Wege, sondern indem er zeigt, wie *überflüssig* die Frage nach Gott oder einer überirdischen Welt in Wirklichkeit ist. Im Buddha erkennen wir die *Leere* jeder möglichen Antwort aufgrund der *Nichtigkeit* der ganzen Fragestellung.

Dennoch brauchen wir der Erlösung und Befreiung nicht zu entsagen. Das Argument des Buddha – wenn wir es so nennen dürfen – entfaltet sich folgendermaßen:
Zunächst zur *Überflüssigkeit* der Frage: Die Botschaft des Erleuchteten beruft sich auf die alltägliche Erfahrung, daß die Beschäftigung mit diesen Problemen häufig weder zu ihrer Lösung noch zu einem besseren Leben führt. In der Tat ist die Sorge um solche Fragen eine Ursache des Bösen auf der Erde. Die Unzufriedenheit stürzt die Menschheit in einen Dauerzustand des Unbehagens. Die Menschen verausgaben ihre ganze Kraft für die Frage nach dem Jenseits und verewigen damit ihre Malaise. Zerschlagen, sorgenvoll, nervös sind sie immer auf der Suche nach einer »Antwort«, die sich nicht so recht finden läßt. Dann meinen sie, sie hätten sie gefunden, aber ihre Beruhigung ist nur von kurzer Dauer, denn plötzlich treffen sie jemanden, der ebenfalls behauptet, sie gefunden zu haben, aber seine Lösung ist ganz unvereinbar mit der ihren. Und so stürzen sie sich wieder in die Brandung, von neuen Zweifeln erfüllt.
Zur *Leere* jeglicher Antwort: Der Buddha lehrt, daß jede »Antwort« weniger deshalb sinnlos und leer sein muß, weil die Antworten so zahlreich sind wie die Menschen, die die Erde bevölkern, sondern weil die Antwort unweigerlich von der Frage konditioniert ist. Da die Frage notwendigerweise innerhalb des bedingten, von Menschen – und ihrem Intellekt – bewohnten Raumes gestellt wird, muß die Antwort ebenso bedingt sein wie die Frage. Aber man sucht ja gerade die letzte Antwort, die uns aller Bedingtheit entrückt. Der Tathâgata weist darauf hin, daß keine Antwort auf eine bedingte Frage je über die Bedingtheit hinausgelangen kann. Angenommen, man würde, wenngleich nur aus Liebe zur Diskussion und ohne den Wunsch, den letzten Sinn des Daseins zu ergründen, eine Antwort transzendenter Ordnung gewinnen können, so wäre eine solche Antwort für die Frage nicht mehr relevant. Außerdem wäre sie wegen ihrer Transzendenz unverständlich.
Der logische Einwand gegen diese Argumentation wäre freilich der, daß sie in einer bestimmten, keineswegs allgemeingültigen Metaphysik gründet. Ein solcher Einwand würde einen Buddhisten kaum beunruhigen. Für den Buddhisten sind sämtliche Schulen der Metaphysik ein Tappen im Dunkeln. Die Antwort, die wir formuliert haben, wäre allerdings nicht die des Buddha, sondern nur die

eines Schülers von ihm – jenes Schweigen, das nicht eine andere Form der Antwort ist, sondern jede Antwort transzendiert. Welchen anderen Schluß könnten wir aus seiner diskreten Aufforderung, die Frage selbst zu eliminieren, ziehen? Denn er ruft uns dazu auf, die radikale Inkommensurabilität zwischen der Wurzel unserer Frage – Ungenügen und Bedingtheit – und der einzig möglichen adäquaten Antwort hinzunehmen, da die Antwort notgedrungen von eben der Ordnung sein muß, der die Frage niemals angehören kann.

Dies offenbart augenblicklich die Nichtigkeit jeder Frage nach etwas, das von seinem Wesen her das Relative transzendiert. Aber Vorsicht ist geboten. Ich habe bereits darauf hingewiesen, daß der Buddha kein Agnostiker ist[9]. Bei ihm handelt es sich nicht darum, aus einer negativen Askese auf die Kenntnis der Antwort zu verzichten. Diese Askese beruht ihrerseits nicht auf einem Fideismus, der uns veranlaßt, uns ausgerechnet dessen zu enthalten, was uns das Wichtigste im Leben ist. Es geht vielmehr um die Feststellung, daß jede Aussage über das Problem in Raum und Zeit unweigerlich an diesen begrenzten Koordinaten hängenbleibt. Die Menschen sind von unsteter, bedingter Beschaffenheit. Sie können nicht über ihren Schatten springen, daher gibt es auf ihre Frage keine befriedigende Antwort. Doch wenn eine Antwort gefunden werden könnte, wäre der letztere Zustand schlimmer als der erste: Die Antwort würde die Verabsolutierung der Bedingtheit bedeuten, die Verstrickung des Absoluten im Netz der Geschöpflichkeit.

Geht es also nicht darum, die völlige Transzendenz Gottes oder des Absoluten über jeden Intellektualismus oder Voluntarismus zu akzeptieren? Die Idee Gottes ist nicht Gott[10]. Nach Gott zu fragen, wenn Gott – angenommen, er existierte – *per definitionem* das ist, was die Frage ermöglicht, würde bedeuten, sich in einen *circulus vitiosus* zu stürzen. Gleichzeitig wäre es sinnlos, aus dem Schweigen Gottes seine Nichtexistenz ableiten zu wollen. Daß ich auf meine Frage nach Gott keine Antwort erhalte, beweist keineswegs, daß Gott nicht existiert. Weder die Bejahung noch die Verneinung Gottes kann als »Antwort« irgend eine Bedeutung haben, da beide gleichermaßen ungültig sind.

Der Buddha möchte uns klarmachen, daß die sogenannte letzte Frage unbegründet und irrelevant ist. Er möchte uns zu der Einsicht führen, daß die Frage selbst einer verkehrten Annahme entspringt, nämlich der Illusion, daß das Geschöpf in der Lage sein müsse, über seinen Schatten zu springen. Das ist es, was der Buddha mit seiner unermüdlichen Verweigerung einer Antwort sagen will. Laut Überlieferung antwortete Gautama, als ein gewisser Mönch ihn nach dem Sinn von *nirvâna* befragte: »O Radha, diese Frage kennt ihre eigenen Grenzen nicht!«[11]

Damit wollte er andeuten, daß die Frage in sich unverständlich ist. Der Betreffende weiß nicht, was er fragt. Wie könnte er dann die Antwort begreifen? Im Text heißt es weiter: »*Nirvâna* ist sein eigener Sinn; *nirvâna* ist sein eigenes Ziel.«[12] Mehr ist darüber nicht zu sagen.

Trotzdem kann dem Buddhismus nicht vorgeworfen werden, daß er einen methodologischen Nihilismus verkünde. Wenige Religionen der Welt haben sich größere Mühe gegeben, die Vielzahl der anthropologischen Züge darzulegen, deren der Mensch bedarf, um sein wirkliches Ziel zu erreichen. Ohne Zweifel war der Buddha nüchterner als seine Schüler und dabei nicht weniger klar. Seine *via media* ist ein echter und wirklicher *Weg*, weil er genau dies sein soll – ein Weg, ein Pfad, eine Verwirklichung, nicht bloß ein theoretisches Bemühen. Er ist nicht nur der mittlere zwischen den zwei äußersten Punkten einer Horizontale. Er liegt nicht nur »zwischen« den gegensätzlichen Polen zweier kontrastierender Meinungen, sondern er ist der »mittlere«, weil er in aller Besonnenheit »auf halbem Wege« stehenbleibt. Er gibt nicht vor, uns »den ganzen Weg« zu weisen. Er ist daher auch vertikal der »mittlere«, denn er hat die Weisheit innezuhalten, bevor der Weg je »existieren« könnte, sonst entstünde ein innerer Widerspruch. Es gibt einen Weg, solange er irgendwohin führt, solange man unterwegs ist zu einem Ziel. Doch laß diesen Weg über das »reine Land« (*Amida*) hinausgehen, so wird er wie jede andere Reise stracks aus dem Paradies hinausführen:

»Es gibt ein *nirvâna* und einen Pfad, der dich zum *nirvâna* führt; und ich bin hier als einer, der den *Pfad* weist. O Brahmane Moggâlana, unter den Schülern, die ich unterweise und lehre, sind einige, die das höchste Ziel, *nirvâna* erreichen werden; und andere werden es nicht erreichen. Der Tathâgata, o Brahmane, beschränkt sich darauf, den Weg zu weisen«[13].

Der buddhistische »mittlere Weg« besteht daher in der Weigerung, in irgend ein Extrem zu gehen, irgend etwas bis ans Ende zu verfolgen. Es wäre Abgötterei und jede Abgötterei, selbst die des Denkens, ist ein Irrtum[14]. Die Wahrheit ausschöpfen, jede Folge ableiten zu wollen, ist nicht nur hochmütige Einbildung; für Shâkyamuni ist dies außerdem ein frevelhafter Rationalismus, der die Vernunft umdrehen will. Wie ein umgedrehter Oktopus verliert er das Leben[15]. Allerdings wäre es ebenso verkehrt, das Denken herabzusetzen und den Widerspruch in Mißachtung der Vernunft zu befürworten. Immer wieder predigte der Buddha:

»Die Welt klammert sich an die Existenz und dann an die Nichtexistenz: Alles existiert (das eine Extrem), nichts existiert (das andere Extrem). Aber diejenigen, die die rechte Anschauung der Dinge haben, wie sie wirklich sind, behaupten nicht, daß die Dinge nicht existieren, da sie doch entstanden sind, oder daß sie existieren, da sie sich doch verändern. Auf diese Weise lehrte der Tathâgata, indem er Extreme vermied, den mittleren Weg… Wer die rechte Anschauung hat, ist kein Gefangener seines eigenen Denkens wie die weltlichen Menschen. Wer keinen Denksystemen oder einem rein spekulativen Forschen anhängt, sagt nicht: Dies ist mein *âtman*, sondern er sagt sich: Alles Erscheinende ist nichts als Leiden. Solche sind frei von Zweifel und Unruhe.«[16]

Es ist das alte Lied: Die große religiöse Sünde besteht darin, nach Substanz und Endgültigkeit zu streben (Pascal würde *»faire l'ange«* sagen[17]), alles und jedes in dieser Welt verabsolutieren zu wollen[18]. Der Buddha lehrt nicht, indem er uns Lösungen nahelegt, sondern uns auffordert, das Problem selbst durch die Einsicht seiner Unzulänglichkeit aufzulösen. Ich selbst bin der aktuelle Grund, warum es falsch ist, das Problem überhaupt zu stellen.

Gautama Siddhârtha weiß genau, was er verkündet. Und er weiß auch, daß die Folgen seiner Aussage revolutionär sind. Mit vollem Bewußtsein setzt er das Rad des Gesetzes (*dharmacakra*) und die Kenntnis dieses Gesetzes in Gang, wenn er in seiner Lehrrede von Sârnâth verkündet[19]:

»Ich habe diese Lehre durchdrungen, die tiefgründig, schwer zu erkennen und zu verstehen ist, die dem Herzen Ruhe bringt, die erhaben, der Vernunft unerreichbar, dunkel und nur dem Weisen begreiflich ist. Dieses Volk dagegen gibt dem Begehren nach, es strebt nach Begierde und ergötzt sich an der Begierde. Daher wird diesem Volk, das dem Begehren nachgibt, nach Begierde strebt und sich an der Begierde ergötzt, das Gesetz der Kausalität und die Kette der Verursachung schwer verständlich sein; sehr schwer zu verstehen wird für es außerdem die Auslöschung aller *samskhâra*-

samatta sein, das Loswerden aller Substrate (*upâdi*) des Daseins, die Vernichtung des Begehrens, die Abwesenheit von Leidenschaft, Ruhe des Herzens, *nirvâna*.«[20]
Fast alle Religionen – auch diejenigen, die die Bhagavad Gîtâ[21] oder das Evangelium[22] vertreten – teilen den Glauben, daß sehr wenige Menschen befähigt sind, den Weg der Erlösung zu verstehen, und noch weniger, ihm zu folgen. Die Position des Buddha ist erstaunlich modern. Er behauptet nicht, daß Religionen mit Lösungen aufwarten können, sondern er will den Menschen von seinem Wunsch abbringen, einen kleinen Gott zu spielen, eine Rolle darzustellen, für die er nicht geschaffen ist. Der Buddha verlangt schlicht und einfach, daß die Menschen die Vergänglichkeit alles Seienden, einschließlich ihrer selbst, begreifen, daß sie nicht auf eine »Antwort« bauen. Das heißt, er fordert den vollkommenen Glaubensakt, den totalen, bedingungslosen Sprung. Wir haben nicht einmal die Gewißheit, daß das Subjekt diesen Sprung vollziehen wird, da er es völlig transzendiert[23]. Ohne Worte teilt der Buddha denjenigen mit, die Ohren haben zu hören und das Gehörte zu deuten, daß wir den Mut haben müssen, in das Schweigen einzutreten, daß wir bereit sein müssen, unser Leben ganz zu verlieren, daß wir gewillt sein müssen, von jedwedem Objekt abzusehen und uns sogar des Subjekts zu entledigen. Siddhârtha fordert uns nicht auf, vor unseren Glauben ein Objekt zu setzen und dieses damit zu objektivieren, zu verdinglichen und auf diese Weise zu zerstören.
Obwohl der Glaube natürlich eine vernunftmäßige Dimension besitzt, ist er im Grunde kein intellektueller Akt, sondern ein Akt der gesamten Person[24]. Die vollkommene und universelle Formel des Glaubens lautet nicht: »Ich glaube an Gott«, sondern: »Ich glaube«, als Ausdruck der vollkommenen Selbsthingabe, die in der Antwort des von Geburt an Blinden im Evangelium aufleuchtet: »Herr, ich glaube«[25]. Glaube ist ein Akt der reinen Offenheit. Jede Einengung auf ein Objekt trocknet ihn aus. Weder der Buddha noch der Prophet, noch Christus können an der Seite des Gläubigen bleiben, ohne für den Glaubenssprung dieses Menschen ein gefährliches Hindernis zu sein:
»Töte alles, was dir im Wege steht. Wenn du den Buddha triffst, töte den Buddha. Wenn du die Patriarchen triffst, töte die Patriarchen. Wenn du dem Arhat auf deinem Wege begegnest, töte auch sie.«[26]

Der Buddha verkündet seinen endgültigen Eintritt ins *nirvâna*, damit wir nicht träge werden, wenn er bei uns bleibt. Jeder muß nach dem Weg ins *nirvâna* streben und ihm folgen:
»Von dem Augenblick an, wenn der Tathâgata verkündet, daß er in das *nirvâna* eingetreten sei, werden die Menschen sich auf den Weg machen; wenn der Erhabene bliebe, würden die Menschen träge werden.«[27]
Um seinen Anhängern zu helfen und sie anzuleiten, hinterläßt er ihnen *dharma* und *samgha*. Eine ähnliche Haltung ist vom Christen gefordert: Wenn du Christus auf dem Wege begegnest, verleibe ihn dir ein! Der Lehrer von Nazaret verkündet selbst, daß es am besten ist, wenn er fortgeht, denn sonst kann der *Paraklet*, der heilige Geist, der aus dem Inneren handelt, nicht kommen[28]. Den übrigen hinterläßt er die kirchliche Gemeinde mit der Eucharistie zur Aufbewahrung seiner Botschaft[29].
Wir wissen, daß es in der buddhistischen Tradition, wie in so vielen anderen mystischen Überlieferungen, auf der Ebene der Praxis drei Typen des Schweigens gibt: das Schweigen des Körpers, das Schweigen der Stimme und das Schweigen des Denkens[30]. Alle drei sind wichtig und für die Askese notwendig. Doch eines zählt am meisten und überragt an Bedeutung die anderen beiden: das Schweigen des Denkens. Außerdem ist es von den dreien am schwersten zu erreichen. Um in dieses Schweigen eintreten zu können, müssen wir seine Tiefen in unserem eigenen Gemüt ausloten und alle inwendigen Geräusche unseres Denkvermögens zum Schweigen bringen[31].
Dasselbe gilt auch hier. Man wird nur dann verstehen, was wir sagen und was wir im letzten Teil dieses Buches noch sagen möchten, wenn man in die echte Stille des Geistes eintritt. Das ganze Bemühen des Buddha geht dahin, diese Stille zu erreichen; und wie der gesamte Buddhismus nach ihm, macht er nicht die Spekulation oder eine Doktrin zur Bedingung, in dieses Schweigen eintreten zu können, sondern die Meditation, die Kontemplation, die Stille des Geistes, das inwendige Schweigen:
»Pflegt die Sammlung, o Bikkhu, denn der Bikkhu mit einem gesammelten Geist erkennt die Dinge, wie sie wirklich sind.«[32]
In einem gewissen Sinn könnte man sagen, daß der Buddhismus einfach eine Schule des Gebets sei. Gebet ist in diesem Fall nicht im Sinne eines vokalen Betens zu verstehen, sondern als innere

Versenkung. Jeder Ausspruch des Buddha gewinnt an Bedeutung und Schönheit, wenn wir ihn vom Standpunkt der Kontemplation betrachten. Wenn wir das Gebetsleben und die Meditation beiseitelassen oder uns ihrer enthalten, gleiten wir in reine Dialektik und subtile Gedankenspiele ab. Dann werden wir alles, was der Erleuchtete gesagt hat, nicht nur nicht voll verstehen können, sondern nicht einmal mehr eine Ahnung davon haben. Wenn wir das inwendige, kontemplative Schweigen nicht üben, wird die Botschaft des Buddha »bei einem Ohr hinein- und beim anderen wieder hinausgehen«, und wir werden nichts von dem verstehen, was es uns lehren wollte:

»Deshalb, Ânanda, ist ein Mensch, der *dhyâna* (Meditation) zu praktizieren sucht, ohne zuerst seinen Geist unter Kontrolle gebracht zu haben, wie einer, der Brot backen will mit einem Teig aus Sand.«[33]

Vom Buddhismus kann nicht wirklich »gesprochen« werden; er muß »gebetet« werden[34]. Dieser Hinweis auf Gebet und Ritual im allgemeinen ist von großer Bedeutung. Er kann uns außerdem helfen, die Funktion des buddhistischen Schweigens vom Standpunkt der religiösen Phänomenologie zu erfassen. Das Schweigen nimmt bekanntlich in jedem Ritual eine wichtige Stellung ein. Neben der Aktion steht die Kontemplation; neben den Worten das Schweigen[35]. Selten jedoch wurde der Bedeutung des Schweigens und ihrer ausdrücklichen Entfaltung mehr minutiöse Aufmerksamkeit zuteil als in der vedischen Liturgie. Da der Buddhismus aus dem vedischen Umfeld hervorging, dürfte ein kleiner Exkurs darüber an dieser Stelle von Interesse sein[36].

Im vedischen Kult unterscheiden sich die Formeln, die von den Priestern und Zelebranten laut rezitiert oder gesungen werden, von den kaum hörbar gemurmelten Worten des Priesters. Diese wiederum unterscheiden sich von den Formeln, die nur im Geist (*manas*) des Zelebranten »gedacht« werden. Schließlich gibt es das eigentliche Schweigen, wenn bestimmte Handlungen »schweigend« (*tûshnîm*) ausgeführt werden.

In vielen Fällen wendet sich die schweigend ausgeführte Handlung an Prajâpati. Das Schweigen ist das Kennzeichen Prajâpatis[37], und durch das Schweigen wird er gnädig gestimmt[38]. Aber Prajâpati ist das Opfer par excellence[39]. Er personifiziert den Akt der Verehrung[40]. Es gibt einen Punkt, wo das Schweigen und Prajâpati so

»verschmelzen«, daß die stille Handlung, indem zum Beispiel ein Antilopenfell ausgebreitet wird – eine typische rituelle Handlung –, als das Opfer selbst gilt. Denn »das Opfer ist Prajâpati, und Prajâpati ist das Unaussprechliche«[41].

Andererseits scheint das Schweigen in einer späteren Entwicklung zu einem Bestandteil des Rituals geworden zu sein. Die vedische Literatur fühlt sich genötigt, die Einführung des Schweigens durch einen Mythos zu rechtfertigen. Im Opferritual für Prajâpati, der das Opfer selbst verkörpert, fehlt das Wort aus dem Grunde, weil das Wort (*vâc*), wie berichtet wird, »zurückschlägt«. Prajâpati entschied in früheren Zeiten den Streit zwischen Wort und Geist dahingehend, daß er dem Geist den Vorrang gab[42]. Es wäre daher nicht undenkbar, daß die Einführung des Schweigens in das Opferritual seinen Ursprung einem halb offiziellen mystischen Element im brahmanischen Kult selbst verdankt[43]. Denn eben das Zurückhalten des Wortes als kultische Handlung wird zum Angelpunkt, an dem das Opferritual sich von der physischen Durchführung zur Sublimierung einer inneren Askese verlagert[44]. Indem das Wort zurückgehalten wird, geht das Opfer mit seiner Kraft in das Innere des Individuums über. Das Individuum macht im Schweigen die Kasteiung durch[45], die schließlich zu der Erkenntnis führt, daß der Akt des Opfers im Schweigen gültig vollzogen wird. »Wenn man schweigt, verschlingt der Atem das Wort.«[46]

Das rituelle Schweigen ist von ungeheurem Wert. Es vereint uns mit der Gottheit. Es besitzt eine eigene Kraft. Es ist das Auge und die Wurzel des Opfers[47]. Es macht das Opfer sichtbar[48].

Das Darbringen einer stummen Opfergabe bedeutet das Transzendieren von Unterscheidungen. Es gewinnt die göttliche Herrlichkeit in dem Maße, daß es dem Göttlichen Herrlichkeit verleiht[49]. Das schweigende Opfer besiegt die Totalität[50], erobert das Grenzenlose[51] und Unaussprechliche[52] – »denn was durch das Wort nicht zu erreichen ist, wird durch das Schweigen erlangt.«[53] Wir haben die wesentliche Verbindung zwischen Denken und Schweigen gesehen. Es gibt Fälle, wo das Schweigen die Kraft besitzt, die Opferhandlung zu vollziehen[54]. Vielleicht gilt das Schweigen aus diesem Grunde für besonders angemessen in Bestattungsriten[55] und Sühneritualen[56], da hier bestimmte dunkle Mächte ins Spiel kommen[57].

Daher ist das liturgische Schweigen letztlich mehr als ein Ritus und mehr als ein Mittel zum Zweck. Es ist das durch Schweigen erreichte Ziel[58]. Daher kann keine Religion ohne Schweigen auskommen. Selbst in der jüdisch-christlichen Tradition, in dem das Ritual so oft vom Gotteslob beherrscht wird, ist das Schweigen im Angesicht Gottes unverzichtbar[59]. Das Symbol des kontemplativen Lebens schlechthin ist das Schweigen, das nicht nur Worte, sondern vor allem auch das Denken stillt[60]. Das Schweigen und das Mysterium gehören zusammen[61].

Die vier edlen Wahrheiten

Wenn ich jetzt den folgenden Text darbiete und kommentiere, mache ich damit nicht nur eine persönliche Aussage. Ich meine, daß gerade auf diesem Wege der religiöse Geist unserer Zeit angesprochen werden kann. Die meisten religiösen Überlieferungen künden von einer »Befreiung« der Welt und des Menschen, wenngleich von sehr unterschiedlichem Blickpunkt. Das tut auch der Buddhismus. Die »Befreiung« im Buddhismus bedeutet die Aufhebung des Leidens – eine von ihrer Grundaussage her negative Anschauung, in der sich jedoch etwas Positives verbirgt. Dieses Positive möchte ich nun mit der folgenden, für unsere Zeit neu formulierten Botschaft des Buddha auszudrücken versuchen[62]:

Text

Es gibt zwei Extreme, die der Mensch von heute vermeiden soll, um ein wahrhaft menschliches Leben zu erlangen, um den Frieden und die Freude zu gewinnen, die er erstrebt. Welches sind diese Extreme? Das eine ist die Suche nach dem eigenen Selbst – die Selbstsucht, das Streben nach Vergnügen, Bequemlichkeit und Selbstbefriedigung unter Mißachtung der übrigen Menschen. Das andere zu meidende Extrem ist die Selbstentfremdung – die Welt oder Gott zu erobern, andere zu unterwerfen, Äußerlichkeit und Tüchtigkeit zu gewinnen, Macht, Prestige und Ruhm zu erlangen, sei es im Diesseits oder im Jenseits. Beide Extreme führen zu Leiden, Scheitern, Enttäuschung, Krieg, Verzweiflung und Zerstörung der Menschheit.

Im Gegensatz dazu umgeht der mittlere Pfad des Erhabenen diese beiden Extreme. Er weist einen leuchtenden, heiteren, persönlichen und konkreten Weg, der von jedem Pilger beschritten werden kann und der zu Frieden, Freude, Erfüllung und Verwirklichung führt. Welcher Weg ist es nun, ihr Menschen von heute, der zu Frieden, Freude, menschlicher Erfüllung und Verwirklichung führt?
Dies ist der mittlere Pfad, ihr Menschen von heute, und er enthält in sich den Frieden und die Fülle, die er verkündet.
Dies ist *die edle Wahrheit der Freude*. Jeder Mensch möchte glücklich sein. Was der Mensch sucht und begehrt, ist das Glück. Wenn Menschen etwas ins Werk setzen, eine Tat ausführen oder etwas Beliebiges begehren, dann erstreben sie nichts anderes als das Glück. Alle ihre Beweggründe des Handelns werden vom Stern des Glücks geleitet.
Dies, o Menschen von heute, ist *die edle Wahrheit des Entstehens der Freude*: zu *glauben*, daß es Freude gibt und daß sie möglich ist. Die Menschen kommen aus der Freude, sind nur für Freude empfänglich, setzen sich nur in Bewegung, um glücklich zu sein, und sind nur dann glücklich, wenn sie das wahre Leben erreicht haben. Ihr tiefes Begehren, ihr existentielles Gewicht und ihr Schwerpunkt gehen alle aus einer Mitte hervor, die reine Freude, ungetrübtes Glück, vollkommene Herrlichkeit ist. Die Menschen würden nicht in dieser Weise nach Glück streben, wenn das Glück nicht der Mittelpunkt ihres Lebens wäre.
Dies, o Menschen von heute, ist *die edle Wahrheit der Erlangung von Freude*: die *Hoffnung*, sie zu erreichen, die wahre Hoffnung auf Glück, die uns mahnt, daß der Weg nur ein Weg ist und daß, solange wir unterwegs nicht anhalten und den Weg – auch nur in Gedanken – in einen Zweck verkehren, er einfach als Weg Freude bringt. Mit der Verwirklichung des Guten, Wahren und Schönen trinken die Menschen aus der Quelle des lebendigen Wassers, das ihren Durst in jedem Augenblick entlang des Weges löscht.
Dies, o Menschen von heute, ist *der Weg, der zur Freude führt*: der einfache, *edle Pfad der Liebe* zu allen Dingen, ohne sich in ihrem Netz zu verstricken. Der edle Pfad der Liebe aber ist die restlose Selbsthingabe. Diese Hingabe kann kein Ende haben, denn sie ist unerschöpflich.
Erst wenn die dreifache Intuition von *Glaube, Hoffnung und Liebe* durch die *vier edlen Wahrheiten* geläutert ist, werden die Menschen

mit ihren Leidenschaften, ihrem Groll, ihren Machinationen, Gesellschaften, Ideen und Errungenschaften die Erleuchtung erlangen, die ihnen Frieden, Freude und wahre Freiheit bringt. *Itivuttaka!*

Die Folgen
Die Frage des Glücks

Der unmittelbare Unterschied zwischen diesem Text und der überlieferten buddhistischen Position ist zunächst der, daß letztere vor allem das Leiden im Blick hat als Merkmal der auszumerzenden Bedingtheit. Hier wird hingegen die Freude, das Merkmal der zu erlangenden Wirklichkeit betont. Das gemeinsame Element ist die konkrete Wirklichkeit, nach der wir fragen, und unsere Zuversicht, daß wir eine befriedigende Lösung finden werden. Der Unterschied besteht darin, daß das eine Vorgehen negativ ist (das Ausmerzen des jeder Bedingtheit innewohnenden Leidens) und das andere positiv (das Erlangen der freudigen Wirklichkeit, nachdem diese von den Mängeln der Bedingtheit gereinigt ist). Beide Texte ergänzen einander: sie sind komplementär. Der Unterschied spiegelt sich aber in der Formulierung der Frage selbst, und dies weist uns darauf hin, wie wichtig die Fragestellung ist. Die Art und Weise, wie wir die Frage stellen, bestimmt die Art der Antwort, die ihr zuteil wird. Die Frage ist die Felsmasse, in welche die Antwort gemeißelt wird. So vollständig enthält jede Frage ontisch gesehen ihre Antwort, daß die Antwort wiederum nur die ontologische Manifestation der Frage sein kann[63].

Aus der traditionellen buddhistischen Perspektive ist die Frage nach Gott oder dem Sein Gottes bestenfalls müßig. Auf sie gibt es nur drei Antworten: eine bejahende, eine negative und eine skeptische. Doch der Buddha verweist auf die Tatsache, daß die Frage mit ihren drei Antworten nicht Gott, sondern sich selbst ausschöpft. Von Gott her gibt es einfach keine Frage des Seins oder Nichtseins, noch Unwissenheit unsererseits, sondern es geht hier um »etwas«, das im Rahmen dieser oder jener von uns gestellten Frage nicht beschrieben werden kann. Daher will die Botschaft des Buddha uns von der Frage nach Gott »ablenken« und unser Augenmerk statt dessen auf das unmittelbare Problem des Leidens und seiner Aufhebung richten. Diese Botschaft setzt weder einen Theismus noch einen Atheismus, noch einen Agnostizismus voraus. Um diese Frage geht es nicht, und Gautama weigert sich immer wieder, sich auf dieses Spiel einzulassen. Die vom Buddha erkannte Problematik beruht nicht auf einer rationalen Erklärung, sondern auf einer Intuition über das menschliche Dasein als anthropologische Aufgabe. In dieser Aufgabe ist Gott weder das Objekt des Denkens noch des Willens, noch weniger der Predigt oder der Verkündigung.

Daher weigerte Siddhârtha sich immer entschieden, sich vom dialektischen »Netz« seiner Zeit einfangen zu lassen, und hielt sich statt dessen unmittelbar an die praktische Ebene des Daseins und dessen Aufhebung. Er verläßt sich lieber auf eine Bewußtmachung des Leidens und die Notwendigkeit seiner Aufhebung, statt sich auf das menschlichere Streben nach Freude zu konzentrieren. Mâra der Versucher spricht:

»Die Freude eines Vaters sind seine Kinder, wie die Herden die Freude ihres Besitzers sind – der Mensch ruht in dieser Freude. So hat doch der keine Freude, dessen Leben von nichts abhängt.«

Und der Erleuchtete erwidert:

»Von seinen Kindern kommt das Leid des Vaters, ebenso wie von seinen Herden das Leid des Besitzers kommt. Doch kein Leid befällt den, dessen Leben von Nichts abhängt[64].

Doch wenn wir uns klarmachen, daß wahre Freude nicht im ephemären Genuß zeitlichen Vergnügens besteht, ist das Streben nach Glückseligkeit ebenso ein Merkmal des Buddhismus wie die Aufhebung des Leidens.«[65]

Wenige Religionen zeigen ein lächelnderes, optimistischeres, heitereres Gesicht als der Buddhismus, wenigstens in der Mehrzahl seiner Ausformungen.

Wenn wir uns daher in dieser Neuformulierung der Lehrrede von den Vier Edlen Wahrheiten erlaubt haben, das »Vorzeichen« des menschlichen Strebens nach Verwirklichung zu ändern, so sind wir vom Geist der buddhistischen Anschauung nicht abgewichen. Gleichzeitig haben wir ein Terrain betreten, auf dem der zeitgenössische Geist sich wesentlich wohler fühlt. Denn beide, das Leiden wie die Freude, sind universelle Faktoren und haben den Charakter des Endgültigen. Gewiß hat jeder seine eigenen konkreten Vorstellungen vom Begriff der Freude und dem praktischen Weg, sie zu erlangen[66].

Die Urfreude

Es ist bezeichnend für die religiöse Überlieferung, daß sie die Wurzel der menschlichen Befindlichkeit in einer ursprünglichen Reinheit sieht, deren Urmerkmal nicht das Leiden, sondern die Freude ist[67]. Das Leiden stellt sich daher als eine Art Überbau dar, der dem Menschen fremd ist und von dem er befreit werden muß. Der eigentliche Grund ist die Freude[68]. Wenn also der Buddha sagt, daß die Befreiung des Menschen durch die Aufhebung des leidhaften Überbaus, von dem die Bedingtheit durchtränkt ist, zu erlangen sei, obgleich er zögert, dies »Freude« zu nennen[69], meint er im Grunde dies. Die spätere Überlieferung hat das noch weiter ausgeführt, und *nirvâna* selbst wird die »höchste Glückseligkeit« (*nibbânan paramam sukham*) genannt:
»Gesundheit ist der größte Besitz. Zufriedenheit ist der größte Schatz. Vertrauen ist der größte Freund. *Nibbâna* ist die größte Freude[70].«
Wenn die Freude als Anfangs-, nicht als Endzustand, nicht als ein zu erreichendes Ziel gesehen wird, dann kann die Methode, um sie zu erreichen, nur der negative Weg der »Entkleidung« sein. Wenn Freude als der ursprüngliche Naturzustand des Menschen betrachtet wird, braucht man nicht zu wissen, worin sie besteht, noch nach ihr zu streben, noch irgend etwas zu unserer Befindlichkeit hinzuzufügen. Wir brauchen nichts weiter zu »tun«, als uns des leidvollen Überbaus zu entledigen – alles auszuschalten, was das Leben im Laufe des Daseins angehäuft hat. Mit einem Wort, wir müssen nur die Bedingtheit zerstören, so daß die Freude und ursprüngliche Herrlichkeit ungehindert erstrahlen können. Dazu brauchen wir kein Vorauswissen, das uns den rechten Weg oder die Richtung weist oder das Ziel, das wir ansteuern müssen. Der praktische Weg, den der Buddha vorschlägt, steht uns in jedem Erfahrungsbereich offen, denn er liegt innerhalb unserer Grenzen: die Aufhebung des Leidens und die Zerstörung der Bedingtheit, die wir »sind«, damit die ursprüngliche Herrlichkeit leuchten möge[71].
»Der Erleuchtete sagte selbst einmal, als einst der geliebte Jünger Ânanda zum Meister sprach: Das Ziel des heiligen Pfades, o Herr, besteht in der Freundschaft mit den Liebenswürdigen, in der Gemeinschaft mit den Liebenswürdigen. Der Meister antwortete: Nein, so ist es nicht, durchaus nicht, o Ânanda. Dies ist nicht das Ziel, sondern die Ganzheit des heiligen Pfades.«[72]

Unser Dasein ist durchdrungen vom doppelten »Durst«: dem konkreten, objektivierten, ewig ungestillten Begehren nach einem beliebigen endlichen Gut neben dem Durst nach dem ewigen Leben[73]. Der erste Durst bleibt für immer ungelöscht. Jedes Stillen läuft letztlich darauf hinaus, daß er gar nicht gestillt wurde. Dies ist die Hauptursache des Gefühls der Langenweile, das unser Zeitalter so eindringlich erlebt.

Der zweite Durst ist das heilige Begehren, auf dessen Stimulus wir nicht verzichten können, weil wir es selbst sind[74]. Ich nenne es den Hauch (*aspiration*), der den Kern des Menschen ausmacht. Jedoch bleibt auch dieser Hauch unbefriedigt, solange wir noch in diesem Leben sind. Denn die Erlösung ist unendlich, wir aber sind endlich. Dieser letztere Hauch ist so sehr Bestandteil der Botschaft der Erlösung, daß diese nicht mehr authentisch wäre, wenn dieses Streben auf unserer Suche nach Erfüllung abstumpfen würde[75]. Damit Hoffnung blühen kann, muß dieser Hauch vorhanden sein. Wir können ihn als die unendliche Sehnsucht nach der Unendlichkeit definieren[76]. Oder aber als den Geist, der uns durchweht und in uns als Menschen blüht.

Beim näheren Zusehen erkennen wir, daß dieser Hauch einen positiven Aspekt hat. Er ist ein Begehren nach Befreiung, eine Sehnsucht nach Vollendung. Er ist ein Ansporn zu unserer Vervollkommnung, wie immer diese aussehen mag, ohne daß unbedingt ein »Gott« oder ein anderes Objekt als Bezugspunkt nötig wäre[77]. Er ist einfach ein Begehren, ein Durst nach Vollkommenheit. Er ist das Fenster der menschlichen Endlichkeit in die Unendlichkeit[78]. Er ist ein Begehren, das uns über unsere Bedingtheit hinaushebt. Er nötigt uns unerbittlich, uns selbst zu überwinden und dadurch in unsere Fülle zu kommen. Dieser Durst nach Gerechtigkeit wird uns gerade deshalb zum Segen, weil diese Gerechtigkeit auf Erden unerreichbar ist[79].

Und dennoch bleibt ein Zweifel zurück. Ist es wirklich das, was der Buddha mit seiner wiederholten Mahnung, uns eifrig um die Erlösung zu bemühen, meint?[80] Ist es nicht vielmehr so, daß jeder Durst, auch der, den man als den vollkommensten betrachten könnte – der Durst nach Erlösung – als unrein und für das Ziel nicht förderlich gebrandmarkt werden muß?[81] Will der Buddha das Begehren nicht überhaupt beschwichtigen, sei es als Durst nach der Quelle oder nach irgend einer Art lebendigen Wassers?[82] Hat er denn nicht gezeigt, daß der Durst ein Unbehagen erzeugt, weil er einen durch das Objekt, in das er sich kleidet, ständig betrügt? Selbst das Dürsten nach dem lebendigen Wasser hält diese Unruhe nur fest, die jetzt eine verinnerlichte ist. Auch dieser Durst scheint also ein Hindernis für die restlose Befriedigung jeglichen Durstes zu sein[83]. Der Lehrmeister von Nazaret hat selbst auf die Anomalie eines unstillbaren Durstes hingewiesen und sprach von der Löschung dieses Durstes[84]. Nach der Überlieferung soll der Quell des lebendigen Wassers kein anderer sein als der Mensch selbst[85].

Der Verlust der Kontingenz

Im Abenteuer der Freude geht es um Leben und Tod. Unser ganzes Leben steht auf dem Spiel. Hier triumphiert der, der sein Leben verliert. Der Buddha spricht sich ganz klar über diesen Punkt aus. Es sagt ausdrücklich, daß die Aufhebung des Leidens das Ausmerzen all dessen bedeutet, was uns am engsten an unsere Geschöpflichkeit als Menschen bindet. Für den Buddha wird die Erlösung durch den vollständigen Verlust des Lebens erlangt (um ein ungenaues Wort zu gebrauchen, da es sich um ein Fortschreiten nicht im Sinne eines »Erlangens«, sondern einer »Entkleidung« handelt), indem wir Raum und Zeit überspringen, die kosmologischen Bande sprengen und *samsâra* auf jede erdenkliche Weise transzendieren. Das heißt, wir transzendieren unsere Geschöpflichkeit und Bedingtheit. Für den Buddha kann nichts, absolut nichts dessen, was zu dieser Welt gehört, am anderen Ufer, im Bereich des Absoluten, des Nichtzeitlichen – *nirvâna* – stehen. Von niemandem kann in Wahrheit gesagt werden: »Dieser hat *nirvâna* erlangt.« Denn »wer« könnte dieser sein, da jeder, der endlich über das Dasein hinausgelangt ist, aufgehört hat zu existieren?[86] Man kann die Bedingtheit nicht bewahren – wem gelingt dies schon? – und gleichzeitig behaupten, daß das Endziel der Geschöpfe das Absolute sei.
Ebenso deutlich spricht sich in diesem Punkt Christus, der Gesalbte des Herrn, mit seinen wiederholten Mahnungen aus, das Leben zu lassen[87]. Im Abenteuer der Freude geht es um Leben und Tod, und wenn es wahr ist, daß die Hinweise auf den Tod Christi fast alle von der Verkündigung der Auferstehung begleitet sind, dann ist es eben-

so wahr, daß im aktuellen Lebensvollzug die Auferstehung uns nichts mehr angeht und wir nicht wissen können, wie sie uns verliehen und welche Form sie annehmen wird. Es wäre kein wirklicher Tod, wenn wir von der Auferstehung schon wüßten. Daß wir das Leben verlieren müssen, ist keine bloße Metapher. Durch die Botschaft des Buddha besinnen wir uns darauf, daß der Schwerpunkt der evangelischen Ermahnungen auf dem zweiten Glied, dem Verlust des Lebens, nicht auf der Belohnung durch die Auferstehung liegt. Diese entzieht sich unserem Willen.

Man muß also den Mut haben, der Bedingtheit, dem Sein in jeder möglichen Sinngebung, zu entsagen. In Gott ist für einen Nicht-Gott kein Raum[88]. Trotz entgegengesetzten Stimmen, selbst in der *bhakti*-Spiritualität, gibt es in der endgültigen Umarmung keinen Raum für ein Zweites. Trennung ist nicht mehr möglich. In der Liebe, in der Freude, in der Umarmung, in der Vereinigung, im Liebesvollzug ist nicht Platz für zwei. Die zwei *waren* zwei, jedoch um eines, oder vielmehr nicht-zwei, zu werden. In dem Augenblick, in dem das Reich der Verschiedenheit, *regio dissimilitudinis* (um eine schöne mittelalterliche Wendung zu gebrauchen)[89], zu Ende geht, muß jede Vorstellung von Unähnlichkeit verschwinden, muß ganz und gar aufgehoben sein[90]. Aber ohne Verschiedenheit gibt es natürlich weder Bedingtheit noch Schöpfung. Schöpfung »ist gewesen«, Schöpfung »war«. Doch wenn das Ziel erreicht ist, wird der Makel der Zeitlichkeit ein für allemal geheilt sein[91].

Das heißt auch, daß die Welt von heute erkennt – so sehr sie sich bemüht, in der Freude das letzte Ziel des menschlichen Abenteuers zu sehen –, daß es kein vollkommenes Glück geben kann, solange ein Rest von Bedingtheit übrigbleibt. Dieser muß verbrannt werden. Die Rückstände des Geschöpflichen müssen aufgezehrt werden. Ja, das menschliche Individuum kann mit einem Wassertropfen verglichen werden, der mit unzähligen anderen Wassertropfen – um einen in der Überlieferung der Upanishaden beliebten Vergleich heranzuziehen[92] – am Ende seines zeitlichen Daseins in das Meer des Göttlichen mündet[93]. Und doch hat die Angst vor dem Verlust der »eigenen« Individualität die christliche Philosophie und Theologie oft veranlaßt, das Überleben des Individuums zu verteidigen – was nicht dasselbe ist wie das wahre Leben der Person.

Alles hängt davon ab, wo für uns die wahren Werte liegen: im Endlichen oder im Unendlichen[94]. Wenn die wahren Werte in der menschlichen Individualität liegen – in der Oberfläche des Wassertropfens, die ihn begrenzt und ihm zugleich erlaubt, ein Wassertropfen zu sein –, dann geht dieser Wert offensichtlich verloren, sobald wir in den unermeßlichen Ozean der Gottheit eintauchen (was immer man sich darunter vorstellen mag). Wenn andererseits der wahre Wert in der Wesensessenz jener Personhaftigkeit liegt, die ein Bild, ein Funke des Alls, eine Teilhabe am All ist (am Göttlichen, werden manche sagen; am Humanen, am Sozialen, sagen andere; am kollektiven Unbewußten, wieder andere; am Nichts, sagt der Buddha), wenn, mit einem Wort, die Essenz das Wasser ist, und nicht seine Begrenzug in der Gestalt eines Tropfens, wie könnte man dann von dem ins Meer zurückkehrenden Wassertropfen sagen, er habe seinem Wesen als Wasser entsagt? Das Essentielle hat er nicht verloren. Sind wir also der *Tropfen* im Wasser oder das *Wasser* des Tropfens? Jede Mystik spricht von Selbstentleerung, vom Verschwinden des eigenen Ichs als Voraussetzung für die Gewinnung des Absoluten, Gottes, des anderen Ufers – *nirvâna*[95].

Der soziale oder kollektiv-menschliche Aspekt

Obwohl die oben gezogene Schlußfolgerung von einem bestimmten »spirituellen« Gesichtspunkt aus gültig ist, erzeugt sie bei vielen ein gewisses Unbehagen. Die neuen Propheten unserer Zeit sehen im Dienst am Nächsten das edelste und letztgültige Ziel des Menschen. Wenn das spirituelle Ziel des Menschen im Verlust des Selbst liegt, so wird man einwenden, sollten wir dann nicht den Gedanken oder Wunsch haben, daß alle anderen Menschen gleichfalls zu »Nichtigkeit« würden? Wenn aber die Menschen und die Welt in sich »Nichtigkeit« sind, warum brauchen wir uns dann um sie zu bekümmern? Mit anderen Worten, wenn es das menschliche Ideal sein soll, »heiligmäßig«, ein Arhat (der sich vom Kampf der Welt zurückzieht), ein Samnyâsin (der »Entsagende«) und so fort zu sein, hätten jene Apostel einer leidenden Menschheit nicht recht, wenn sie diese Errungenschaft für »selbstsüchtig« und die Philosophie dahinter für falsch hielten?

Können andererseits die wahren Repräsentanten so vieler Überlieferungen wirklich der Selbstsucht bezichtigt werden? Offensichtlich nicht. Das Evangelium des Lehrmeisters von Nazaret bezieht sich weitgehend auf den Dienst am Nächsten[96]. Das Gleichnis vom barmherzigen Samariter[97] gilt als dasjenige, das den Geist des Christentums am reinsten wiedergibt. Aber der Lehrmeister läßt sich auf keine Spekulationen ein, weder über das Wesen Gottes noch des Menschen. Er stellt lediglich ein konkretes Paradigma auf für das Verhalten seiner Anhänger zugunsten einer als bedürftig erkannten Menschheit[98]. Die gesamte christliche Überlieferung hat von Anfang an nichts anderes getan, als die wiederholten Anweisungen an die Apostel im Evangelium[99] in bezug auf ihre Tätigkeit für den Nächsten zu verstärken und zu unterstreichen. Diese Überlieferung wiederholte unermüdlich die evangelische Botschaft, daß die Liebe zu Gott und die Liebe zum Nächsten im Grunde eins sind, da ihr Objekt ein und dasselbe ist[100].

Der Hinduismus besagt in dieser Hinsicht nichts anderes, desgleichen der Buddhismus[101]. Einer, der die Erleuchtung erlangt hat, und noch mehr der Bodhisattva, zeichnet sich vor allem durch *mahâkarunâ*, durch »großes Mitleid« oder Nächstenliebe aus. Im Mahâyâna-Buddhismus wird dieser Haltung gegenüber dem Erlangen des *nirvâna* selbst sogar offen der Vorzug gegeben[102]. Außerdem gelten Barmherzigkeit und Mitleid sogar als wichtige Aspekte der Askese. Die vier spirituellen Übungen (*brahmavihâra*), wie die Überlieferung sie empfiehlt, bestehen aus Barmherzigkeit (*mettâ*), Mitleid (*karunâ*), Freude (*muditâ*) und Gleichmut (*upekkhâ*)[103]. Auch der Tathâgata selbst ließ sich herab, einem Leidenden seine konkreten Dienste anzubieten. Die Überlieferung berichtet, daß der Erleuchtete eines Tages in einem der Klöster verweilte, wo seine Mönche zu wohnen pflegten, und einen Bikshu fand, der in seinem eigenen Kot lag, das Opfer eines tödlichen Darmleidens. Es ging mit dem Kranken auf das Ende zu, und es war nichts mehr zu machen. Dennoch wusch Shâkyamuni den Armen mit eigener Hand, ließ seine Pritsche entfernen und legte ihn in sein eigenes Bett. Dann wandte er sich an die anderen Bhikshu und sprach:

»O ihr Bettelmönche, ihr habt weder Vater noch Mutter, die euch versorgen; wenn ihr nicht gegenseitig für euch sorgt, wer wird es dann tun? Wer sich meiner annehmen will, soll sich um die Kranken annehmen.«[104]

Die Tat des Buddha ist ganz unvoreingenommen, nicht nur, was ihn selbst, sondern auch was den leidenden Mönch betrifft, den er nicht um seiner Heilung willen pflegt, sondern damit er mit Würde sterben kann. Das *karunâ* des Buddha liegt also in der Überfülle seines

Zustands der »Gnade«. Wenn man den Zustand der Buddhaschaft erreicht hat – wenn man in völliger Gemütsruhe jegliches Begehren, auch nach der Erlösung, und alle Gefühle abgelegt hat –, dann tritt *karunâ* oder Nächstenliebe als Folge der Befreiung des neuen Buddha ein und wird zu einem Wesensbestandteil dieser »verwirklichten« Person.
In diese Begriffe eingebettet, läßt sich das *karunâ* des Buddha mit dem göttlichen Beweggrund der Schöpfung vergleichen: Als konkrete »Veräußerung« der Überfülle einer inwendigen Liebe. Daselbe gilt für das Verhältnis des spirituellen Menschen zu seinem Nächsten: Eine überreiche Liebe ergießt sich auf die Mitmenschen, ohne etwas anderes zu beabsichtigen als das Wohl dieser Menschen und die Linderung der Bürde ihrer irdischen Pilgerfahrt[105]. Darin liegt nicht die leiseste Spur von Selbstsucht oder herablassender Fürsorglichkeit – jenen unvermeidlichen Mängeln jeder bewußten »guten Tat«[106].

Das Schweigen Gottes

Wie wir gesehen haben, sind es hauptsächlich drei Fragen, die den Menschen vom Augenblick seiner Bewußtwerdung ständig bedrängen: das Gottesproblem, das Weltproblem und das Menschenproblem, insbesondere die Frage nach dem Fortleben nach dem Tod. Jeder suchte im Rahmen seiner eigenen Kultur nach einer Antwort. Um der Kürze und Klarheit willen möchten wir die verschiedenen Antworten in drei generelle Kategorien einteilen: 1. die Haltung des kosmischen Vertrauens, das mehr den Osten auszeichnet; 2. die kritische Haltung, die mehr den Westen kennzeichnet; und 3. die anthropozentrische Position, die heute die vorherrschende zu sein scheint.
In der *ersten* Haltung ist die am weitesten verbreitete Einstellung die folgende: Jeder Sinn, den Gott und die Welt haben könnten, ist von meinem Wissen unabhängig. Das bedeutet gewiß nicht das Aufgeben des Intellekts oder den Verzicht auf das Philosophieren. Trotzdem hat die daraus hervorgehende Haltung die Tendenz, die echte Erkenntnis der letzten Wirklichkeit jenseits des bewußten Begreifens zu stellen. Diese Position findet ihren treffenden Aus-

druck in dem Aphorismus: »Wer redet, weiß nicht; wer weiß, redet nicht.«[107] Man vertraut der Wirklichkeit.
Die *zweite* Antwort ist die Kehrseite der ersten. Wenn Gott und die Welt einen Sinn haben, dann müßte ich ihn sicher kennen. Erkenne ich ihn nicht, dann bin ich entweder selbst dran schuld[108], oder ein solcher Sinn existiert nicht: Dann ist Gott oder die Welt (je nachdem, was man betonen will) nicht wirklich. Hier, wie im ersten Fall, ist der Zusammenhang zwischen Denken und Sein beinahe vollkommen. Wenn ich denkend das Sein nicht erreichen kann, dann ist entweder mein Denken schuldhaft unzulänglich, oder ein solches Sein existiert nicht. In der Gnosis liegt die Erlösung.
Die *dritte* Antwort besagt, daß Gott und die Welt einen Sinn haben, den der Mensch ihnen verleiht. Nichts existiert unabhängig vom Menschen. Gott tritt nur für diejenigen wirklich in kraft, die an ihn glauben. Für diejenigen, die Gott nicht anerkennen, ist Gott vollkommen tot[109]. Diese Position, die nicht unbedingt mit dem Subjektivismus gleichzusetzen ist, versucht den eigenen Schwerpunkt zu verlagern, und das ist typisch für den heutigen Menschen. Im Mittelpunkt des Universums steht der Mensch.
Der Ausspruch »Gott schweigt« ist heute in Mode gekommen. Er hat jedoch eine ganz andere Bedeutung als die von den Religionen überlieferte, wenn diese vom Schweigen Gottes sprachen. In der Überlieferung schweigt Gott, weil Gott seinem Wesen nach verborgen ist[110]. Gott sucht das Dunkel[111]. So verstanden, zeigt das Schweigen die wichtigste Wesenseigenschaft Gottes an: das Geheimnis. Ein Gott, der nicht »geheimnisvoll« ist, würde *eo ipso* aufhören, Gott zu sein. Ein solcher Gott wäre eine philosophische Aussage, ein Ziel des Denkens, höchstens eine erste Ursache, aber nicht Gott im echten Sinn. Diejenigen, die Gott »begriffen« haben, bekannten, daß nur das Schweigen Gott beschreiben[112] und ausdrücken[113] kann. Das Schweigen allein ist das höchste Gotteslob[114]. Auf jeden Fall muß der Intellekt vor dem göttlichen Geheimnis verstummen und es durch Schweigen ehren. Jedes vom Geist des Menschen erdachte Zeugnis wäre untauglich, Gott auszudrücken oder zu definieren[115]. Auch die Theologie, vor allem in Indien, kann Gott auf keine angemessenere Weise fassen als durch das Schweigen – ein von allen Manifestationen unterschiedenes, jedoch nicht getrenntes Schweigen. So finden wir Texte wie den folgenden:

»Am Anfang (*agre*) war nur Prajâpati; sein Wort (*vâc*) war bei ihm; das Wort war sein Zweites. Er gab sich der Versenkung hin: Ich will das Wort sprechen, und es wird alles [*diese Welt*]. So sprach er das Wort, und es brachte dies alles [*die Welt*] hervor.«[116]

Schließlich gelangte die Philosophie der Upanishaden zur Unterscheidung eines Brahman, das »Klang« oder »Wort« (*shabda-brahman*) bedeutet, von einem anderen, noch höheren Brahman (*param brahman*), dem höchsten, nicht manifestierten, »schweigenden« Brahman, dem geräusch- und klanglosen[117], dem »seinsentleerten« Brahman[118].

Die christliche Theologie hat ihre eigenen Bezeichnungen, gelangt jedoch zu analogen Schlüssen. Der Trinitätsbegriff ist gewissermaßen ein Versuch, dieselbe Intuition auszudrücken: das, was ist, was man erfahren kann, was gleichsam ausgesprochen werden kann, ist der Logos, und nicht der Vater[119]. Christus ist der Logos, der aus dem Schweigen hervorgeht[120]. Selbst seine Geburt aus der Jungfrau Maria wurde als das Hervorgehen des Sohnes aus dem Leib der Stille interpretiert[121]. Der Vater ist Schweigen schlechthin. Niemand hat den Vater je gesehen[122]. Sein Wort ist nicht er selbst, der Vater, sondern sein Logos, das *Verbum*, die Zweite Person – oder sein wahrhaftiger Sohn[123], der gekommen ist, dem »verschwiegenen Geheimnis seit Anbeginn« Macht und Gestalt zu verleihen[124].

Das von modernen Menschen erlebte Schweigen ist ein ganz anderes. Ein schweigender, weil geheimnisvoller Gott »sagt« dem modernen Gemüt wenig. Mit der einsetzenden naturwissenschaftlichen Denkweise nahmen die Menschen nur noch das als wahr hin, was sie mit dem Verstand verifizieren konnten und dessen Funktionen ihnen verständlich waren. Von diesem Augenblick an entfernten sie das Wort »Mysterium« praktisch aus ihrer Welt. In Wirklichkeit jedoch erschrecken sie immer noch vor dem Mysteriium, und deshalb suchen sie es auszuschalten, so gut sie können. Anschaulich ausgedrückt, möchten sie alles in das hörbare, mitteilbare Wort verwandeln. Die Tatsache, daß Gott nicht auf ihrer Wellenlänge zu ihnen spricht, stürzt sie in Verwirrung. Sie werden skeptisch, und dann erschrecken sie[125]. Sie erklären das Schweigen Gottes auf rationalem Wege, denn nur so können sie Gott dingfest machen. Auf diese Weise, so trösten sie sich, können sie nicht durch ein unerwartetes, ungewohntes Wort erschreckt werden[126]. Die Religion wird

daher als ein bequemes Mittel betrachtet, die Masse in ihrer Verblendung zu belassen. Sie hält sie auf Distanz von dem Einzigen, was für ihr Wohlergehen wichtig ist – ihrem menschlichen Bewußtsein, in einem im Grunde politischen Sinn. Es ist bezeichnend, daß dieses Bild sich langsam verändert, nicht so sehr durch das Denken der Philosophen als durch das Rechnen der Wissenschaftler. Die moderne Naturwissenschaft stößt heute an ihre Grenzen, und so begegnet sie dem Mysterium wieder.
Ungeachtet aller Erklärungen und Rechtfertigungen, um den Schrecken loszuwerden, mit dem sie durch das Schweigen des verborgenen Gottes geschlagen sind[127], ist es unseren Zeitgenossen nicht gelungen, sich die negative psychologische Wirkung dieses Schweigens vom Leibe zu halten. Es hüllt sie vollkommen ein. Es erschreckt sie genau so sehr wie zuvor. Jetzt haben sie die Gestalt des geheimnisvollen Gottes, der sie durch sein undurchdringliches Schweigen so bestürzt hat, aus ihrem Inneren vertrieben. Doch nun finden sie sich von einem absoluten Schweigen ohne jede Möglichkeit der Erlösung, ohne Unterbrechung oder Manifestation umgeben. Jetzt ist es das Schweigen der Abwesenheit, und dies ist ein umso fürchterlicheres und erschreckenderes Schweigen[128]. Unsere Zeitgenossen vermögen es nicht mehr auszutreiben, indem sie harmonisch in das Schweigen einstimmen. So werden sie bedrängt vom Schweigen der Welt, gequält von ihrem eigenen Schweigen, das sie nicht mehr ertragen können, und verwirrt vom Schweigen der Gesellschaft[129]. Die Unendlichkeit des astralen Raums erschreckt und bestürzt sie[130]. Die Krankheit der heutigen Menschheit ist die »Sigêphobie«, die Angst vor der Stille. Das Schweigen trifft sie nicht mehr mit der Furcht vor einem Gott, der sie bestrafen könnte. Das Schweigen ist ihr Beweis, daß es keinen Gott gibt. Und jetzt, ohne einen Gott – den man zwar fürchten muß, den man aber auch um Rat fragen kann, dem man sich anheimgeben und dem man sein Schicksal anvertrauen kann (bis zur Sinngebung) – ohne diesen unbequemen, aber nützlichen Rückhalt in einem Gott fühlen sich die Menschen in ihrer Einsamkeit hilflos. Sie entdecken die erschreckende Bedeutung – der Freiheit![131] Daher rührt der Schmerz der modernen Menschheit, aber auch ihre Langeweile. Diese Art von Einsamkeit bietet keine andere Alternative zum schwindelerregenden Schrecken des Nichts als die Langeweile einer für immer verlorenen Gemeinschaft[132]. Dies ist vielleicht der Grund, warum

moderne Menschen es nicht ertragen können, allein zu sein, und das Schweigen nicht mehr aushalten. Ein hektisches Leben, selbst die zeitgenössische Architektur,[133] binden die moderne Menschheit an eine ungeheure Einsamkeit. Aufgewühlt rennen die Menschen der Menge nach und hoffen, ihr Grauen zu betäuben, indem sie sich in Lärm, Getöse, Wirrwar stürzen[134].

Der Buddha rät zum Schweigen. Es wird berichtet, daß der Erhabene einmal eine Gruppe von Mönchen antraf, die sich unterhielten und über dies und jenes schwatzten. Er blieb stehen und sprach zu ihnen:

»Wenn die Bettelmönche (Bikkhu) zusammenkommen, sollen sie eines von zwei Dingen tun: über den Dharma sprechen oder edles Schweigen bewahren.«[135]

Physische Stille ist der erste Schritt zu einem Verständnis des kosmischen Schweigens. Nicht umsonst konnte Candrakîrti als guter Schüler des Erleuchteten sagen: »Die edelste der Wahrheiten ist das Schweigen.«[136] Schweigen ist die Grundlage der gesamten Botschaft des Buddha, vom Schweigen der Meditation bis zum Schweigen des *nirvâna*. Das heißt nicht, daß Schweigen leicht zu ertragen ist oder daß die menschliche Natur nicht versucht, die vom Schweigen verursachte, furchtbare Leere mit Worten zu füllen. Noch einmal äußert sich Candrakîrti zu diesem Thema und verweist uns auf eine Passage des *Âryatathâgataguhya*:

»An dem Abend, o Shântamati, als dem Buddha die höchste Erleuchtung zuteil wurde, an dem Abend, als er im Begriff stand, in das endgültige *nirvâna* einzugehen, sprach der Buddha nicht eine einzige Silbe; er sprach nicht, er spricht nicht, er wird nicht sprechen. Doch weil es lebende Wesen gibt, die aufgrund der Glut ihres Eifers mit verschiedenen Wesenszügen und verschiedenen Zielsetzungen erscheinen, meinen sie, daß der Buddha eine große Vielfalt von Reden bei vielfältigen Anlässen bevorzugte.«[137]

Es gibt noch eine andere Art des Schweigens, das die vorliegende Arbeit inspiriert hat: das philosophische Schweigen, das dort herrscht, wo es um die großen, uns bedrängenden Fragen geht, insbesondere das Schweigen der Philosophie über Gott. Was Gott betrifft, verliert der Buddha kein Wort. Wie ich bereits bemerkt habe, teilt uns der Buddha einen Schimmer seiner Erkenntnis mit, daß es letztlich »nichts« über Gott zu sagen gibt, eben weil Gott dieses Nichts »ist«. Mit anderen Worten, das göttliche Schweigen entspricht der göttlichen Abwesenheit vom Sein. Vielleicht ist dieses »Nichts« das Gespenst, das die modernen Gemüter erschreckt. Durch ihren Wunsch, sich von der herablassenden Fürsorge Gottes zu befreien, verweigern sie diesem Gott das Existenzrecht und stürzen kopfüber in die Leere[138]. Aber der Buddha versichert uns, daß es nichts zu fürchten gibt! Der schwindelerregende Sprung in die metaphysische Leere erfüllt das Herz mit Grauen; er kann aber auch erhebend sein. Wir müssen jedoch langsam auf ihn zugehen, gefaßt auf den Sprung in die Finsternis, und das Schweigen erreichen, indem wir still sind und uns des Sprechens enthalten[139].

Wie der Buddha gezeigt hat, läßt sich über das Schweigen allerdings nicht reden. Wenn wir es hier getan haben, dann nur in vollem Bewußtsein, daß Übersetzung Verrat bedeutet. Was wir vermittteln möchten, kann in der Tat nur in der Tiefe erfahren werden, durch die Meditation, die den Aufruhr der Gedanken zu stillen vermag. Gautama Siddhârtha entsagte jedoch seinem *mahâparinirvâna* – seinem eigenen Schweigen, um andere zu retten[140]. Dazu gebrauchte er Worte, um das Rad der Weisheit in Gang zu setzen[141]. Vielleicht ist es daher am besten, sich des Wortes zu bedienen, wissend, daß dieses Wort aus dem Schweigen kommt und daß darin seine ganze Bedeutung und Einsichtigkeit liegt[142].

Ich möchte nun versuchen, diese Meditation über das Schweigen Gottes zu entfalten. Dieses Schweigen geht in drei verschiedene Richtungen. Es wendet sich 1. an den Menschen, 2. an Gott und 3. an beide zusammen.

Das Schweigen Gottes im Menschen

Es ist heute ein Gemeinplatz geworden zu sagen, daß Gott seine göttliche Stimme nicht vernehmen lasse, daß Gott nicht zum Menschen spreche, daß Gott verschwunden sei[143]. Die Enttäuschung darüber ist ungeheuer groß. Doch warum solche Erwartungen hegen?[144] Was erwarten wir denn von Gott? Daß er soziale Mißstände beseitigen, Ungerechtigkeiten ausgleichen soll? Was wäre dann aber dieser so glühend herbeigesehnte Gott? Wir würden Gott noch einmal in unseren menschlichen Schmerz zerren. Nur wäre Gott diesmal nicht verantwortlich für die menschliche Bosheit im allgemeinen, sondern er würde unsere individuelle und kollektive

Selbstsucht verteidigen[145], und dies wäre noch viel schlimmer[146]. Der Überlieferung nach sagte der Buddha einmal heftig: [Wenn man Gott in die menschlichen Angelegenheiten hineinbringen würde] »wären die Menschen Verbrecher, Wegelagerer, Wüstlinge und Lügner; sie wären der Gier, der Eifersucht, dem Irrtum und allem nur Denkbaren verfallen, aufgrund des schöpferischen Willens Gottes!«[147] Im Grunde kommt die Klage des modernen Menschen aus seiner zunehmenden Selbstsucht. Zur Rechtfertigung ihrer Weigerung, Gott zu hören, reden die Modernen sich lieber ein, daß Gott nicht spricht oder daß es einfach keinen Gott gibt. Letzten Endes enthüllt die Behauptung, daß Gott verschwunden sei, eine noch (oder wieder) ptolemäisch-anthropozentrische Dimension des Problems: Die Menschen reden von der Gottesfinsternis, wenn sie sich selbst dunkel werden.
Das Schweigen Gottes bedeutet vor allem, daß jeder Anspruch auf vollständiges Begreifen aufgegeben werden muß. Zweitens könnte man sagen, daß Gott, seitdem er sein Schweigen am Anfang der Zeiten brach, sich einzig und allein seinen Logos voll ausgesprochen hat[148]. Aber wir können ihn nicht verstehen, bevor wir nicht unsererseits vollkommener Logos geworden sind. Denn wir sind nur eine einzelne Tonart dieses allumfassenden Wortes. Ja, vielleicht sind gerade wir gewissermaßen das Verschwinden Gottes.
Es liegt auf der Hand, daß der Augenblick gekommen ist, das Problem neu zu stellen. Die Zeit ist gekommen, den Anthropozentrismus aufzugeben und eine ebenso notwendige wie nachdrückliche Bekehrung zu vollziehen. Es ist Zeit festzustellen, daß Gott und Welt letztlich nicht so scharf zu trennen sind. Solange die Trennung besteht, wird das zweite Glied der Dichotomie nach einem Weg suchen, um diese Trennung zu überwinden, und die historische Erfahrung lehrt uns, daß der kürzeste Weg dahin das Verschwinden einer der beiden Pole ist. Eine gewisse mystische Richtung vertritt den Standpunkt, daß es der Mensch ist, der verschwinden sollte. Da aber der Mensch selbst seine unmittelbarste Wirklichkeit ist, wird es auf längere Sicht einfacher sein, Gott verschwinden zu lassen. Doch wie wir gesehen haben, zieht das Verschwinden Gottes wie durch Zauberei auch das Verschwinden des Menschen nach sich.
Alle »Religionen« (ob wir die Ableitung des Wortes von *religare* geltenlassen oder nicht) haben sich immer darum bemüht, die Diskrepanz zwischen Gott und der Welt, insbesondere dem Menschen,

zu überwinden, ohne die Wirklichkeit des einen oder anderen einzubüßen.
Im Christentum stellt die Anwesenheit des Logos in der Trinität und seine Vergöttlichung einen Versuch dar, das Dilemma zu lösen, indem – in der inneren Wirklichkeit Gottes – die völlige Identität und die völlige Unterscheidung von Vater und Sohn bewahrt bleiben. Gleichzeitig ist der Sohn das Haupt des mystischen Leibes, das Haupt des kosmischen Christus[149]. Der Sohn als Logos ist der Bruch des Schweigens auf seiten des Vaters, der Ausdruck des Vaters. Er ist eins mit dem Vater und identisch mit ihm, und ihm dennoch unendlich fern, so fern wie der Ursprung dem aus der Quelle Entfließenden. In diesem Rahmen kann der individuelle Mensch nur eine Tonart dieses allumfassenden Wortes sein, ein unvollständiger Laut, eine Projektion Gottes in Raum und Zeit, der Lehrling Gottes. Der Mensch führt seinen eigenen Sturz herbei, er wird zum Widerspruch in sich, wenn er sein Wesen als Pilger auf dem Wege zur Fülle des Wortes verkennt. Das heißt, das Individuum hat gerade durch seine Teilhabe am Logos teil an Gott. In Umkehrung der Art und Weise, wie man sich gewöhnlich an Gott wendet – unmittelbar, wie an ein Du –, wird das menschliche Individuum schlicht zum *Du* Gottes. Mein *Das* kann nur das Du von Gottes *Ich* sein. In dieser theologischen Beschreibung ist Gott das einzige Ich, und das Geschöpf ist nur das Du. Der Beter wird sagen: »Ich bin dein (dein Ich).«[150] Der Denker wird sagen: »Ich bin sein (sein Ich).«[151]
Gott manifestiert sich mir heute weniger im Widerspruch[152], sondern ich selbst bin der Widerspruch Gottes. Doch der Philanthrop (im etymologischen Sinn des Wortes) muß gegen diese Schlußfolgerung Einspruch erheben. Das menschliche Wesen ist weder bereit noch imstande, seine eigene Vernichtung – oder zumidest Entwürdigung – zugunsten von Gottes Ich hinzunehmen. Deshalb ist der Atheismus so kompromißlos. Im Wettstreit zwischen einem transzendenten Gott und einem immanenten Menschen begreifen die Atheisten die Gefahr ihrer eigenen Vernichtung, und so verneinen sie Gott, bevor die Religion den Menschen verneinen kann. Denn wenn die Religion zu dem Schluß gekommen ist, daß der Mensch der »Widerspruch Gottes« ist, der »Nicht-Gott auf dem Wege der Gottwerdung«, ist die Vernichtung des Menschen eine bedrohende Tatsache.

Es gibt keinen Ausweg. Wenn Gott abgeschafft wird, dann wird automatisch auch der Mensch abgeschafft. Das Schweigen der Abwesenheit Gottes bringt zwangsläufig das Schweigen der Abwesenheit des Menschen mit sich. Hier stimmt die Botschaft des Buddha mit den Aussagen der modernen Philosophien bis zu einem gewissen Punkt überein. Wenn man einmal angefangen hat, Gott zu verneinen, muß man früher oder später auch die Verneinung des Menschen zugeben. Die Aufhebung Gottes als Rückhalt des Menschen zieht die Aufhebung des Menschen nach sich. Die Buddhisten setzen immerhin ihr Leben ein für ihre heitere Gelassenheit angesichts des Nichts. Ohne Gott gibt es auch keinen Menschen. Wie wir weiter oben gesehen haben, lautete die Botschaft, von der der Buddha die Menschheit überzeugen wollte, daß auch sie keine Grundlage, keine Basis, keinen Rückhalt in irgend etwas hat, kein höchstes Sub-jekt, das allen Dingen ihren Wert verleihen könnte[153]. Es gibt nur einen vorläufigen Rückhalt: die drei Kleinode – Buddha, Dharma, Samgha. Und diese sind ihrerseits nur Symbole, eine Pilgergemeinschaft und eine Verhaltensweise. Alles auf dieser Erde ist das »Vorletzte«. Über die letzten Dinge kann nichts ausgesagt werden, ohne sie dadurch wieder zu einem »Vorletzten« zu machen. Im Grunde ist der Begriff eines »Letztendlichen«, auf ein Objekt bezogen, ein Widerspruch. Eine solche »Letztendlichkeit« ist in sich weniger der Begriff einer Grenze, als die Grenze eines Begriffs[154]. Doch auch der Satz »Alles ist vor-letztlich« kann nicht bejaht werden, ohne sich in einen Widerspruch zu verwickeln. Daher das Schweigen – das Schweigen in Gott.

Das Schweigen Gottes in Gott

Halten wir fest, daß alles, was ich gesagt habe, nur ein Teil der Bemühung des menschlichen Intellekts ist, das Geheimnis Gottes zu ergründen. Haben wir die Botschaft des Buddha verraten, indem wir versucht haben, sie durch Worte und Begriffe verständlich zu machen? Hätten wir ihr Schweigen respektieren müssen, statt zu versuchen, ihre Bedeutung auf rationaler Ebene zu deuten? Doch die Suspendierung des Intellekts bringt das Risiko mit sich, dem entgegengesetzten Extrem, einem irrationalen Pietismus, zu verfallen. Der Buddha, ich wiederhole, erklärt sich für gleich weit entfernt von beiden Extremen. Der gänzliche Verzicht auf die Philosophie, weil sie zu schwach ist, uns ans Ziel zu bringen, ist ein ebenso verhängnisvolles Extrem wie der Anspruch, alles verstehen zu wollen. *Credo quia absurdum* ist durchaus kein seltener Ausdruck einer Einstellung seitens der Religionen oder Gläubigen. Sie finden oft keinen anderen Weg, die »Existenz« Gottes zu akzeptieren.

Der mittlere Weg des Tathâgata ist ebenso weit entfernt vom Anspruch eines Intellekts, der sich für mächtig genug hält, alles begreifen zu können – Gott, den Menschen, die Welt, ihre wechselseitigen Beziehungen – wie von der Herabwürdigung des Intellekts als zu schwach, um überhaupt etwas zu begreifen. Dieser mittlere Weg ist kein Abdanken der Vernunft, sondern ihre Einsicht, daß sie keine zulänglichen Antworten auf die brennendsten Fragen des Lebens, insbesondere auf die Frage nach Gott, zu finden vermag. Er trifft daher genau ins Herz der Fragestellung, doch still und leise, und an der Wurzel verstummt die Frage[155]. Das Schweigen, das der Buddha für seine Jünger wünscht, ist kein philosophisches Schweigen, sondern eine mystische Haltung, eine innere Erfahrung. Das Schweigen des Buddha ist keine Niederlage, sondern ein Sieg. Er weigert sich, den *âtman* zu ergründen oder *nirvâna* definieren zu wollen. Er verzichtet auf eine Beantwortung der vierzehn Grundfragen, die für die Befriedigung des Intellekts scheinbar so wichtig sind. Das einzige philosophische Argument, auf das er sich einläßt, betrifft die Vergänglichkeit alles Seienden, einschließlich des Menschen.

Aber auch Gott ist Schweigen. Ich meine, daß der Buddha uns gerade dieses »sagen« wollte. Unsere Denkweise bewegt sich im Sein, und wir haben gesehen, welche Schwierigkeiten aus einer Gleichsetzung Gottes mit dem Sein entstehen. Gott ist die Abwesenheit des Seins. Gott ist Gott nur für die Geschöpfe: *In sich* ist Gott gar nichts, am wenigsten Gott. In der Formulierung der christlichen Theologie bezeichnet der Name Gottes eine Macht, nicht eine Eigenschaft[156]. Oder, ebenfalls christlich gesprochen: Der Vater *ist nicht*, denn was der Vater *ist*, ist der Sohn, und was in der Welt existiert, sind Dinge. Wenn Gott sowohl Ursache als auch Sein ist, wäre er *causa sui*, und wie wäre das möglich? Dann wäre Gott ein Widerspruch: gleichzeitig Ursache und Verursachter[157]. So könnte man Gott vielleicht als dasjenige definieren, das Sein verleiht, insofern »für Gott das Sein im Verleihen des Seins besteht«[158]. Auf

jeden Fall kommt der klassische, überlieferte Begriff der »Tat« der äußersten Intuition der göttlichen Wirklichkeit näher als die Begriffe von Sein, Substanz oder Existenz.
Was ich hier betonen möchte und was der Buddha auf andere Weise ausgedrückt hat, ist nicht, daß Gott Schweigen »ist« – daß sein Wesen Schweigen wäre –, sondern daß Gottes Schweigen ein Schweigen des Seins ist. Vielleicht sollten wir einfach sagen, daß das Schweigen der Ort Gottes ist. Dieser »Ort« – freilich ein leerer Ort – ist, wenn man so will, der »Abgrund des Abgrunds« des Psalmisten[159], das mitternächtliche Schweigen im Augenblick vor der Schöpfung[160], das Schweigen jenseits des Seins[161], das Schweigen, das über die Leere gebietet, die weder ist noch nicht ist[162], das Schweigen, dem kraft seines gewaltigen Geistes und seiner inneren schöpferischen Wärme und Glut[163] mehreren Überlieferungen nach die Wirklichkeit entspringt[164]. Hiermit wird der Unterschied zwischen dem Mysterium, und dem, was die christliche Theologie die »Schöpfungsordnung« nennt, nicht geleugnet[165]. Das Geschöpf setzt einen zeitlichen Prozeß in Gang, aber die Zeit erschöpft die Wirklichkeit nicht[166]. Die Beziehung zwischen dem Zeitlichen und Unzeitlichen bleibt außerdem dieselbe. Alles ist von der Ewigkeit gleich weit entfernt.
Das Schweigen des Buddha ist, wie wir schon sagten, nicht nur ein liturgisches Schweigen oder einfach der Vollzug eines mystischen Weges. Diese sind in keiner Weise auszuschließen, und es gibt zahlreiche Religionen und spirituelle Richtungen, die dem Buddha darin beipflichten[167]. Es gibt in der Tat verschiedene Formen des Schweigens, das man im Angesicht des Numinosen bewahren kann[168]. Dies scheint mir jedoch nicht der spezifische, entscheidende Punkt der Intuition des Erleuchteten zu sein. Für den Buddha gibt es keinen Zweifel, daß Abwesenheit des Denkens und Schweigen des Geistes notwendige Voraussetzungen sind, um zu »Gott« zu kommen, eben weil es in Gott nichts zu denken gibt[169]. Der Buddha ergeht sich nicht in Theorien über das Schweigen. Er sagt uns nicht wie Proklos, daß der Logos das Schweigen zum Ausruhen braucht, ein Schweigen, das »vor« ihm sein muß[170]. Nein, dieses Schweigen kann keine neue Hypostase sein[171]. Der Buddha lenkt die Denktätigkeit der Menschen einfach auf ihre vordringliche, ihre einzige Aufgabe – die Erlösung vom Leiden. Der Buddha gestattet niemandem, über das *anakkhâtam*, das Unaussprechliche, zu spekulie-

ren[172]. Es geht dem Erleuchteten einzig und allein darum, uns behilflich zu sein, unser Schweigen zu erlangen – das Schweigen des Geschöpfes, die Vernichtung der Geschöpflichkeit[173]. Der Rest geht uns nichts an, weil er grundsätzlich außer uns steht.

Im Herzen seiner »Offenbarung« steht die Anweisung des Buddha, sich nicht nur der Gottsuche zu enthalten, die herausfinden möchte, »wie Gott beschaffen ist«, sondern *Gott* selbst als Rückhalt auf dem Weg des Menschen zu entsagen. In der intellektuellen oder mystischen Suche nach Gott sind alle Kräfte des Menschen nach außen gerichtet. Wir setzen unsere Kräfte für eine Aufgabe ein, die uns von unserem echten Auftrag, der Auflösung unserer Bedingtheit, ablenkt. Es gibt keinen Gott auf den Pfaden unserer Reise. Wenn die Mahâyâna-Tradition[174] (in demselben Geist wie so viele spätere mystische Traditionen auf der ganzen Welt[175], einschließlich der jüdischen[176] und christlichen[177]) dem Buddha den Verzicht auf *nirvâna* zur Rettung seiner Mitmenschen in den Mund legt, so geschieht das in einem mystischen Geist[178]. Denn wenn wir hören, daß wir Gott um Gottes willen entsagen müssen, so ist das nur eine Redensart, um die Skrupel derjenigen zu beschwichtigen, die nicht bereit sind, auf Gott zu verzichten, die um ihrer Erlösung willen an Gott festhalten, um der eigenen Anstrengung enthoben zu sein. Gott kann nicht eine Art Katalysator sein, der nach der Reaktion noch intakt ist. Gott zu entsagen, ist keine methodologische Operation oder intellektuelle Übung. Gott zu entsagen bedeutet, auf jeglichen Rückhalt, auch den sozialen, menschlichen, wissenschaftlichen oder ideologischen, zu verzichten. Mit einem Wort, dieser Verzicht ist ein Sprung ans andere Ufer, der tödliche Sprung, in dem kein Stein auf dem anderen bleibt und das Leben als Individuum aufhört.

Man sage nicht, daß dies zu viel verlangt sei. Wir sehen, wie viele moderne Atheisten zu demselben Schluß gekommen sind. Doch für viele von ihnen ist der Nihilismus und der Verlust eines »ewigen« Lebens oder des Fortlebens der Seele eine Schlußfolgerung, die ihnen das bewußte Ausschalten Gottes aus ihrem Gesichtskreis aufdrängte. Für den Buddhisten ist gerade die Aufhebung des Daseins, des Leidens und der Bedingtheit des Menschen das Ziel und Betätigungsfeld der religiösen Gesinnung.

So kommen wir nun zum dritten und letzten Teil unserer Betrachtung. Ich möchte aber einen bezeichnenden Text voranstellen:

»Wenn *prajñâpâramitâ* [der Inbegriff der Befreiung in Weisheit] nicht erreicht oder praktiziert werden kann, warum strebt der Asket danach?«
Dies ist die letzte Frage des umfangreichen, Nâgârjuna zugeschriebenen Werkes, das im Sanskrit-Urtext verlorenging und in einer chinesischen handschriftlichen Überlieferung enthalten ist[179]:
»Antwort: die nicht erreichbaren Dinge sind von zweierlei Art: erstens und insbesondere sind die Freuden dieser Welt unerreichbar; man kann sie erstreben, doch erfüllen sie nie unsere Erwartungen; zweitens ist das wahre Wesen der *dharma* unerreichbar, deren charakteristische Eigenschaften jede Wahrnehmung übersteigen. Wenn es ein Dasein gibt, mehren sich Verdienst und Weisheit, und die Wurzeln des Guten wachsen. Weltliche Menschen, die in menschliche Angelegenheiten verstrickt sind, gehen ihrem Broterwerb nach usw., und dasselbe gilt für alle guten Eigenschaften. Aber von Errungenschaften zu sprechen, ist bezeichnend für den Geist der Welt. Gemäß dem Geist des Buddha wird nichts errungen.«[180]

Befreiung

So weit unsere Hermeneutik. Shâkyamuni ist diskreter, stimmiger und klüger. Er hat sich nicht in unserer Terminologie ausgedrückt. Er hat überhaupt nicht von Gott gesprochen, ja, er hat nicht einmal gesagt, daß Gott dem Schweigen entspreche oder daß Gott der unergründliche Abgrund des Nichts sei. Statt dessen sprach Shâkyamuni vom Menschen. *Von* Gott zu sprechen, wenn auch nur, um seine Existenz zu leugnen, heißt, Gott in die Ordnung der Geschöpfe zu »transformieren« und ihn damit zu zerstören. Alles, was der Buddha gesagt hat, sein ganzes Streben bezieht sich auf den Menschen. Wenn wir unsererseits versucht haben, sein Schweigen durch eine Auseinandersetzung mit dem Gottesproblem zu deuten, dann geschah es deshalb, weil unser Standort in der Geschichte Jahrhunderte und Jahrtausende nach dem seinen liegt. Es ist uns nicht mehr möglich, die Unschuld der Unwissenheit zu bewahren, die der Genius eines Siddhârtha uns gewünscht hätte. Stand nicht jahrhundertelang das Gottesproblem ständig im Mittelpunkt, nicht nur des Lebens, sondern auch des Denkens der verschiedenen Völker? Eine Weigerung, Gott beim Namen zu nennen, wäre für mich zumindest

verdächtig. Daher sprach ich vom Schweigen und nahm es auf mich, dieses als Schweigen von und in Gott zu bezeichnen.
Der Tathâgata hätte von einem Schweigen des Menschen, einem menschlichen Schweigen, gesprochen. Mit seiner Weigerung, sich in philosophische und theologische Debatten einzulassen, will der Erleuchtete uns in das Schweigen einführen. Er möchte, daß wir still werden, und dadurch möchte er uns zur Erkenntnis der Bedingtheit des menschlichen Wesens leiten. Diese Befindlichkeit ist geprägt vom unaufhörlichen Leiden als tiefste und menschlichste Erfahrung. Der Buddha möchte uns nach und nach zu einer Aufhebung des Leidens führen, in das wir mit jedem Schritt unseres Lebensweges gestürzt werden. Das Mitleid mit Menschen, die im Leiden befangen sind, lenkt den Blick des Erleuchteten auf den Weg, wie sie aus dem Leiden herauszuführen sind. Wenn die Menschen sich der Praxis zuwenden, der unmittelbaren Aufgabe der Befreiung von der Ursache ihrer Leiden, werden sie sich selbst vergessen. Sie werden ihren eigenen *âtman* vergessen. Sie werden sogar vergessen, die Frage nach Gott zu stellen. Wenn sie dann im Prozeß der Aufhebung des Leidens – der konkret sogar die positive Form der Konzentration auf eine körperliche Heilung von Krankheiten annehmen kann[181] – erkennen, daß sie letzten Endes ihre Bedingtheit und daher ihre Natur selbst aufheben müssen, wird der Buddha sich darüber nur freuen. Denn diese Vorstellung, daß man ein Subjekt, ein *âtman*, ein konkretes, unsterbliches Individuum mit einem unsterblichen Schicksal sei, ist es ja gerade, was der Existenz und Fortdauer des Leidens Vorschub leistet.
Es geht daher nicht um »Gott« im klassischen Sinn, sondern um einen Weg, der zur Befreiung führt. Letzten Endes liegt unser Schicksal auch in unserer eigenen Hand. Wir müssen uns von dem Leiden befreien, das uns von allen Seiten bedrängt. Der einzige Ausweg ist das Vertrauen auf die Erfahrung des Buddha und der Klostergemeinschaft seiner Anhänger im Üben des rechten Handelns. Das versteht die Überlieferung unter der Zuflucht zum dreifachen Kleinod: Buddha, Dharma und Samgha. Nichts anderes sollte unser Anliegen sein. Nicht einmal *nirvâna* sollte Gegenstand unserer Sorge oder unserer Nachforschungen sein. Aber, so wird der Erleuchtete oft gefragt, gibt es denn kein *nirvâna*? Gibt es überhaupt nichts? Keineswegs, entgegnet der Buddha, das meine ich überhaupt nicht. Jetzt gerät der Fragende in große Verwirrung. Wie

können diese Dinge etwas anderes als der legitime Gegenstand unserer Sorge und Nachforschung sein, und dennoch nicht-sein? Die Antwort Gautamas lautet: Weil die Praxis des Dharma nicht steril ist[182]. Zu guter Letzt spielt weder die *Orthodoxie* noch die *Orthopoiesis* eine Rolle. Die Rettung liegt in der Weigerung, irgend eine Philosophie zu einer Ideologie zu machen, die gewissermaßen Gott zum Mittelpunkt hat. Das wahrhaft Wertvolle, das uns über das nähere Ufer hinausführt, ist die *Orthopraxis*. Jetzt sind wir wirklich »angekommen«, doch ohne uns einer manipulierbaren Transzendenz zu verschreiben, die nur das Produkt unserer unerfüllten Sehnsüchte ist. Der Dharma ist nicht unfruchtbar; er ist sein eigener Zweck. Es genügt, ihm zu folgen; es ist nicht nötig, sich reflektierend und wollend mit ihm zu beschäftigen. Man braucht sich nur auf den Buddha, der den Weg gewiesen hat, und auf die Gemeinschaft, also auf ihre Solidarität, zu verlassen.

Der Buddha hat Gott nicht bejaht, aber er hat ihn auch nicht geleugnet. Im Gegenteil, wie wir gesehen haben, verwahrte er sich gegen den letzteren Vorwurf nachdrücklicher als gegen den ersten[183]. Aber es kümmert ihn nicht, ob wir unsere spekulative Suche befriedigen oder nicht. Er möchte unserem Wunsch wehren, uns über Gott Gedanken zu machen, nicht weil wir uns an ephemären Dingen berauschen und dann aufhören, uns zu Gott hinwenden zu wollen, sondern weil wir im Bemühen um die Auslöschung des Leidens unser ganzes Wesen zum Schweigen gebracht und sein Nichts erkannt haben.

Die Hoffnung des Buddha, seine Anhänger zum Schweigen zu führen, ist nicht der Wunsch, sie zu zerstören. Im Gegenteil, der Buddha hat die Absicht, sie zu »befreien«. Er bringt sie zur Erkenntnis ihrer Nichtigkeit. Er tut dies nicht mittels einer philosophischen Abhandlung, sondern durch die konkrete Erfahrung. Dadurch erlöst er sie von jedem äußeren Joch und Einfluß. Der Buddha heißt sie schweigen, nicht nur, um sie vom inneren und äußeren Lärm zu befreien, sondern auch um sie zu beruhigen und sie mit allen Faktoren auszusöhnen, die sie aus dem inneren Lot bringen.

Der Buddha schweigt sich über Gott aus. So stillt er unsere Ungeduld und unsere Neugier über das »Ding«, das uns wirklich Grauen einflößt. Gott kann keine Bedrohung, keine Gefahr für uns sein. Gott ist nicht unser Feind. Im Grunde erschrecken wir vor Gott, weil er trotz all unserem Bemühen, ganz zu ihm zu gelangen und ihn rational zu verstehen, dunkel, unbekannt, unbegreiflich und geheimnisvoll bleibt. Auf dem Weg seiner Erlösung enthält Shâkyamuni sich Gottes. Damit öffnet er die Tür zur Freiheit, die zu allererst eine Freiheit von Angst und zugleich eine Freiheit von allen Grenzen ist. Und dies bedeutet sogar die Freiheit von der Begrenzung unseres Selbst.

Wie oft hat unsere humanistische Reaktion auf eine gewisse göttliche *Heteronomie*, die uns mit einer falschen Gottesfurcht belastete, uns veranlaßt, in einem Versuch der Selbsterlösung dem anderen Extrem zu verfallen: einer vorgeblichen *Autonomie* des Menschen, einer »Autonomie«, die diesen Menschen zu seinem eigenen Sklaven macht, einem Opfer des exaltierten Begriffs, den wir uns von uns selbst gemacht haben. Statt dessen schlägt der Buddha den mittleren Pfad vor, den ich den *ontonomischen* nenne. Der ontonomische, dritte Weg will sowohl von der Apotheose eines äußeren Gottes wie auch von der Vergöttlichung des menschlichen Elements befreien. Der mittlere Pfad gestattet weder die Relativierung des Absoluten noch die Verabsolutierung des Relativen. Daraus entspringt das Gefühl von Freiheit in der Botschaft des Buddha.

»›Und worin, o Frau, liegt das Gegenteil der Unwissenheit?‹

›Im Wissen, o Freund Visakha, liegt das Gegenteil der Unwissenheit.‹

›Und worin, o Frau, liegt das Gegenteil des Wissens?‹

›In der Freiheit, o Freund Visakha, liegt das Gegenteil des Wissens.‹

›Und worin, o Frau, liegt das Gegenteil der Freiheit?‹

›In *nibbâna*, o Freund, liegt das Gegenteil der Freiheit.‹«[184]

Der Erleuchtete sagt uns jedoch nicht, daß wir »frei sind *für*...«. Er ordnet die menschliche Freiheit keinem Zweck unter. Er stellt sie nicht in den Dienst eines höheren Ideals, das die menschliche Freiheit augenblicklich unterdrücken würde. Die Verkündigung des Buddha möchte uns frei machen *von*... allem: frei von einem verdinglichten Gott, frei von einer idealisierten Menschlichkeit, frei von einer programmierten Gesellschaft, frei von einer Wissenschaft der Tagträume. Die Verkündigung des Buddha verweist auf eine tiefe Freiheit, die keinerlei Willkür oder Ausschweifung bedeutet. Die Lehre des Buddha gilt einer totalen Befreiung, einer Erlösung von äußeren Zwängen sowie vom innneren Wollen.

Mir scheint, daß die Konsequenzen dieser Botschaft – nicht nur ihre religiöse und mystische Bedeutung, sondern auch die sozialen und ebenso die anderen praktischen Folgen, die sich daraus ergeben – jetzt innerhalb unserer Reichweite liegen. Und so lasse ich diese Schlußfolgerungen offen, um das tiefe und weise Schweigen des Erleuchteten nicht zu verraten. So wollen wir denn noch einmal in das Schweigen eintreten.

»Darauf sprach der Erhabene zu den Mönchen:

›... Vielleicht, ihr Mönche, hat einer von euch Zweifel oder ist verwirrt über den Buddha oder den rechten Lebenswandel. Fragt, was ihr wollt, o Mönche, damit es euch später nicht reut, wenn ihr euch sagen müßt: Unser Lehrer war bei uns, aber wir haben versäumt, ihm alle unsere Fragen zu stellen...‹

Nachdem er also gesprochen hatte, schwiegen die Mönche.

Und der Erhabene sprach zum zweiten und zum dritten Mal zu den Mönchen:

›... Vielleicht, ihr Mönche, hat einer von euch Zweifel oder ist verwirrt über den Buddha oder den rechten Lebenswandel. Fragt, was ihr wollt, o Mönche, damit es euch später nicht reut, wenn ihr euch sagen müßt: Unser Lehrer war bei uns, aber wir haben versäumt, ihm alle unsere Fragen zu stellen...‹

Und die Mönche schwiegen zum dritten Mal.

Darauf sprach der Erhabene zu den Mönchen:

›Vielleicht, ihr Mönche, stellt ihr aus Ehrfurcht vor dem Lehrer keine Fragen. So soll ein jeder mit seinem Freunde sprechen.‹

Nachdem er also gesprochen hatte, verharrten die Mönche im Schweigen.«[185]

Anhang

Anmerkungen

Epigraph-Vorwort-Einführung

1 Ein Jahrzent nach der Niederschrift dieser einführenden Verse fand ich ein Gedicht des kürzlich verstorbenen spanischen Dichters Ricardo Molina, »Respuestas« (»Antworten«), das in deutscher Übersetzung folgendermaßen lautet:
Was wäre, wenn
die Frage selbst die Antwort bärge?
Was wäre, wenn
im göttlichen Schweigen die himmlische Einwilligung läge?
Was wäre, wenn
das Fragen selbst unsere Erlösung wäre?
(Zitiert von Gerardo Diego, *ABC*, Madrid, Januar 1968)

2 »Verehrung dem Gesegneten, dem Heiligen, dem Vollkommenen, dem völlig Erleuchteten« – die traditionelle Anrufung des Buddha im Pâli-Schrifttum.

3 »Vermeide die Sünde, tue das Gute, reinige den Geist: dies ist die Botschaft des Buddha« – das berühmte, in so vielen Dokumenten zitierte Distichon, z.B. *Dhammapada*, XIV,5 (183); *Dîgha-nikâya*, II,49. Wenn nicht anders angegeben, richten die Übersetzungen der Pâli-Texte sich nach den Ausgaben der Pâli Text Society, London.

4 *L'ateismo contemporaneo*, 4 Bde. hrsg. von der Philosopischen Fakultät der Päpstlichen Universität der Salesianer in Rom unter der Leitung von Giulio Girardi, Turin 1967-1970.

5 Ibid., IV:449-476.

6 Siehe Mt X,39; XVI,25; Mk VIII,35; Lk IX,24; XVII,33; Joh XII,25. Diese Passagen sind nicht im Sinne einer »Präventivtherapie« oder einer »Lebensversicherung« zu verstehen, sondern einfach als ein Echo auf Apg XX,24 und insbesondere auf Joh XV,13.

7 Meine Anmerkungen und Literaturverweise haben lediglich den Zweck, die Kommunion mit der Überlieferung und die Kommunikation mit den Lesern zu

fördern. Fast der gesamte Text wurde ohne Anmerkungen und Literaturverweise niedergeschrieben. In den Anmerkungen werden meistens nur Kurztitel zitiert. Die genauen bibliographischen Angaben sind im Literaturverzeichnis zu finden. Im Zusammenspiel von Anmerkungsapparat und Literaturverzeichnis wird auf jene Quellen verwiesen, aus denen wörtliche Zitate und/oder Grundlagen für eigene Übersetzungen und Belege entnommen wurden. Die meisten Quellen übersetze ich in die modernen Sprachen selbst, oder mindestens korrigiere ich die mir vorliegenden Übersetzungen nach meinem Verständnis der zitierten Quellen. Wo nicht anders vermerkt, wird aus PTS [The Pali Text Society], hrsg. v. T.W. Rhys Davids, 1966 zitiert.

8 »Der *âtman* ist nicht der *âtman*«, oder im Kontext: »Ein und dieselbe Person ist nicht sie selbst« (gehört nicht ihr selbst) – *Dhammapada,* V,3, (62) das dem Narren gewidmete Kapitel (*bâlavaggo*).

1 Ein Vergehen von »lèse humanité«

1 *Si vobis dixero non credetis*: »Sage ich's euch, so glaubt ihr's nicht« (Lk XXII,67; siehe auch Joh III,12; Weish IX,16).

2 Siehe Schrader, *Stand*; das monumentale Werk von Paul Mus, *Barabudur*; Schayer, »Prehinayastic Buddhism«; idem, »New Contributions«; sowie, in jüngerer Zeit, den ersten Abschnitt des Buches von Edward Conze, *Buddhist Thought*.

3 Siehe die kritische Untersuchung der Theorien von Hermann Oldenberg, T. W. Rhys Davids u.a., sowie den Versuch, die verschiedenen Texte der klassischen Sammlungen zu stratifizieren, von Govind Chandra Pande, *Studies*.

4 Siehe W. C. Smith, *Meaning*, Kap.2, insbesondere seine Analyse der willkürlichen Verwendung des Wortes »Religion«.

5 Lamotte, *Histoire*, S.57.

6 Bloch, *Inscriptions*, S.154.

7 Siehe die Zitate und Literaturverweise in Lamotte, *Histoire*, 1:58. Vgl. genau dieselbe Auffassung, sogar mit denselben Worten, von Christus und den Christen in den Schriften der Kirchenväter, z.B. Justin, *Apologia*, Buch 2, Kap.13 (PG, 6, col.465: *hosa oun para pasi kalôs eirêtai hêmon tôn christianôn estin*: »Jede Wahrheit, wer immer sie ausspricht, gehört uns Christen«). Siehe auch 1 Kor III,22. Diese Haltung ist die Grundlage, einst und jetzt, der Fähigkeit der christlichen Lehre, andere Lehren zu assimilieren.

8 Siehe Lamotte, *Lo spirito*, der diese Einheit unterstreicht.

9 Der Buddhismus wird »ohne Zweifel die bedeutendste spirituelle Tatsache der ganzen Geschichte« (Henri de Lubac, *Aspects*, S.8) genannt. Romano Guardini schrieb: »Vielleicht wird Buddha der Letzte sein, mit dem das Christentum sich auseinanderzusetzen hat«, und sofort hinzufügte: »Was er christlich bedeutet, hat noch keiner gesagt« (*Der Herr,* S.360) – trotz einer immensen Bibliographie zu diesem Thema.

10 Siehe Lubac, *Rencontre*, der zahlreiche Beispiele für das Quidproquo gibt, auf das ich anspiele.

11 Charles Couturier, *Religions*, S.6, hält das Jahr 1925 für die Trennungslinie zwischen den missiologischen Bemühungen mit negativer bzw. positiver Ausrichtung.
12 Siehe mein Buch *Mâyâ*, S.99-130.
13 Ich leugne nicht die Oberflächlichkeit zahlreicher »östlicher« Bewegungen, wie sie im Westen anzutreffen sind, doch dies rechtfertigt kaum die gleichermaßen oberflächliche Kritik eines Theologen vom Rang eines Hans Urs von Balthasar, *Meditation als Verrat*. Diesselbe Unkenntnis verrät die Schrift des Kardinals Ratzinger »*Schreiben an die Bischöfe der katholischen Kirche über einige Aspekte der christlichen Meditation*« (Verlautbarungen des Apostolischen Stuhls Nr. 95 vom 15.10.1989), vgl. die Reaktion von Arul M. Arokiasamy SJ, *Leere und Fülle. Zen aus Indien in christlicher Praxis*, München 1991, 143-154 (engl.: *Can a Christian practice Zen, Yoga or TM*, in: *Vidyajyoti Journal of Theological Reflexion*, Delhi, März 1990); Bede Griffiths, *Leben im christlichen Ashram*, 58f.; ders. in: Christ in der Gegenwart, Nr. 21 vom 27. Mai 1990.
14 Vgl. Kap.3, Anm.40.
15 Siehe eine kurze Behandlung des Themas in meinem Buch *Religionen*, S.10-18.
16 Siehe meinen Beitrag *Relation*, S.303-48, insbes. 324-25; nachgedruckt in *Cross Currents*, 22 (1972), S.281-308. Vgl. auch Puthanangady, 1988, wo einige Beiträge diese meine These endlich bekräftigen.
17 Siehe Cuttat, »Fait«, S.19.
18 Siehe z.B. Winternitz, *History*, Bd.2, S.415, desgleichen viele in der Bibliographie zitierte Werke, z.B. Garbe, *Contributions*, S.509-63.
19 Siehe den markanten und profunden Ausspruch von Cuttat in seinem Kommentar zu dem herausragenden Werk Romano Guardinis, daß »die Echtheit und Tiefe der Begegnung der christlichen Innerlichkeit mit der buddhistischen vom Grad unseres eigenen Eintretens in die Existentialität Christi... bestimmt wird« (*Innerlichkeit*, S.469).

2 Meinungen im Überfluß

1 Man betrachte z.B. die Vielfalt von Meinungen über einen so wichtigen Punkt wie den Dharma. Während für einige (z.B. Otton Ottonovich Rosenberg, Th. Stcherbatsky) die Theorie des Dharma zentral für den Buddhismus war, war sie für andere (wie z.B. A. B. Keith, S. Schayer) beinahe ein Fremdkörper. Siehe v. Glasenapp, *Geschichte*, S.111-24.
2 Suzuki macht das Gegenteil geltend in *Essence*, S.64.
3 Z.B. zahlreiche Formen des Mahâyâna-Buddhismus; vgl. B. Bhattacharyya, *Pantheon*, S.518-36.
4 Vgl. Regamey, *Buddhismus*, S.261-64.
5 Dies ist die in bestimmten Kreisen am weitesten verbreitete Vorstellung. Sie entspricht der traditionellen Einteilung indischer Weisheit in *astika* und *nâstika*, die sich auf die Anerkennung bzw. Ablehnung der Veden bezieht und den Glauben an die Transzendenz oder ihre Ablehnung nach sich zieht. Vgl. Murti, *Philosophy*, S.3-103.

6 »Der Buddhismus ist atheistisch – daran ist nicht zu zweifeln«, stellt Junjirô Takakusu in *Essentials*, S.45, fest. Haridas Bhattacharyya äußert: »Der ursprüngliche Buddhismus ist daher in einem doppelten Sinne atheistisch – im indischen Sinn, da er die Autorität der Veden negiert, und im westlichen Sinn, indem er sich weigert, über die Notwendigkeit und das Wesen Gottes zu diskutieren« (*Foundations*, S.109). Siehe außerdem die wichtige Monographie von Glasenapp, *Buddhismus und Gottesidee*, in welcher er die These vertritt, daß der Buddhismus eine atheistische Religion sei.

7 Vgl. Keith, *Philosophy*, S.63. Diese Einstellung ist offenbar auch diejenige von L. de la Vallée-Poussin, die von Stcherbatsky in *Conception*, S.21, kritisiert wird.

8 Als Vertreterin dieser Interpretation könnte Caroline Augusta Foley Rhys Davids genannt werden, aufgrund ihrer zahlreichen Werke und ihrer Übersetzungen buddhistischer Texte.

9 Vgl. Fatone, *Nihilismo*, ein Werk, das verschiedene Aspekte der Frage umreißt; sowie E. J. Thomas, *History*, S.128. Der letztere stellt diese Interpretation, die er u.a. Oldenberg zuschreibt, in Frage. Henri de Lubac, *Rencontre*, verneint seinerseits, daß der Buddhismus ein »atheistischer Nihilismus« (S.161) oder eine »Religion des Nichts« (S.265) sei.

10 Vgl. Coomaraswamy, *Hinduism*, S.79-80, der außerdem bemerkt (S.154), daß die Bezeichnung »Tathâgata« aus demselben Grund auf Buddha, den Dharma und den Samgha anwendbar ist.

11 Vgl. Coomaraswamy, *Elements*.

12 Siehe Mus, *Barabudur* (Kap.1, Anm.2, oben). Über den tantrischen Buddhismus siehe S. B. Dasgupta, *Introduction*.

13 »Es findet sich zwar keine Bezugnahme auf Gott, doch ebenso wenig enthalten die vier edlen Wahrheiten – und dies ist zu beachten – irgend einen Hinweis auf einen Atheismus« (Graham, *Zen*, S.14).

14 G. van der Leeuw, *Phänomenologie*, S.194, nennt den Buddhismus einen »religiösen Atheismus«. In jüngerer Zeit äußerte W.C. Smith, *Religious Atheism?*, S.7: »Wenn dies Atheismus war, dann war es ein religiöser Atheismus.«

15 Siehe z.B. W. Schmidt, *Ursprung*, S.4, aufgrund seiner Interpretation des Wesens der Religion als einer persönlichen *religatio* oder Bindung an eine übermenschliche Macht.

16 Bekanntlich betrachtete Schopenhauer, wie Kant, den Buddhismus als eindeutig atheistisch, wobei der erstere den Theismus als eine Spezies der Gattung »Religion« deutete, in der auch der Atheismus einen Platz hatte. Siehe die entsprechenden Zitate in Glasenapp, *Buddhismus*, S.8.

17 Auf die Klassifizierung von Jacques Maritain, *Signification*, zurückgreifend, teilt man den Atheismus in einen »praktischen«, einen »absoluten« und einen »Pseudo-« ein. Fernando (*Truths*, S.83-84) ordnet den Buddhismus als einen Pseudo-Atheismus der letzten Kategorie zu. Das heißt, der Buddhismus würde Gott praktisch anerkennen, den Gottesbegriff jedoch verneinen.

18 »Obwohl hundert Jahre vergangen sind, seitdem das wissenschaftliche Studium des Buddhismus in Europa begründet wurde, befinden wir uns hinsichtlich der grundlegenden Lehren dieser Religion und ihrer Philosophie immer noch im Dunkeln«, schrieb Stcherbatsky 1927 (*Conception*, S.1). Murti kommen-

tierte eine Generation später, daß Stcherbatskys Feststellung »heute ebenso zutrifft« (*Philosophie*, S.vii).

19 Vgl. das lateinische Diktum: *Quae non sunt, simulo; quae sunt, dissimulo*: »Was nicht ist, gebe ich vor zu sein; was ist, gebe ich vor, nicht zu sein.«

20 Wir kennen eine ähnliche Haltung seitens des Rabbi von Nazaret, der eine »philosophische« oder theoretische Frage nie direkt beantwortete. Siehe Anm.56, unten.

21 Vgl. Hopkins, *Religions*, S.321-22.

22 Vgl. Welbon, *Understanding*, S.314, der den möglichen Ursprung einer solchen Auffassung erklärt.

23 *Âcâryamusti* oder *âcâryamutthi* war ein alter, noch nicht ganz vernachlässigter Brauch, nach dem der Vater kurz vor seinem Tod dem Sohn, oder der Guru seinem Lieblingsschüler, die authentische, wichtigste Botschaft anzuvertrauen pflegte. Vgl. *Milindapañha* IV,2,4 (Ausgabe Trenckner, 144).

24 Vgl. *Mahâparinibbâna-sutta*, II,25.

25 Christus nimmt eine ähnliche Haltung ein, wenn er sagt, daß er seinen Jüngern alles kundgetan habe, was er von seinem Vater gehört hat (Joh XV,15; vgl. Joh XVI,25, XVIII,20).

26 Vgl. z.B. Rosenberg, *Probleme*, S.155-56. Rosenberg bezieht sich auf Vasubandhus *Abhidharmakosha* und chinesische Kommentare. Der Verweis auf die abhidharmische Schule ist schwer verständlich, weil sie die Position eines epistemologischen Realismus zu begünstigen scheint. Vgl. Murti, *Philosophy*, S.41-44.

27 Barthélemy Saint-Hilaire (*Nirvâna*, S.321- 24) ist natürlich bestrebt, seine eigene Deutung zu sichern, und behauptet, daß der Buddhismus für Buddhisten letztlich auf einen totalen Nihilismus hinauslaufe.

28 Siehe das klassische Werk von Bernouf, *Introduction*, und die Synthese seiner Position in Welbon, *Understanding*, S.307ff.

29 Siehe die verschiedenen Texte im zweiten Teil dieses Buches.

30 Dies ist die These, die durch die zahlreichen Werke und Übersetzungen von Caroline Augusta Foley Rhys Davids, vor allem nach dem Tode ihres Mannes, verbreitet wurde. Siehe die Texte in Welbon, *Understanding*, S.317, und eine scharfe Kritik in Murti, *Philosophy*, S.20ff.

31 Siehe Keith, *Philosophy*, S.45 und passim; de la Vallée Poussin (Anm.7, oben); Monier-Williams, *Buddhism*, S.119.

32 Zu den Vertretern dieser Position zählt C. G. Jung. Zur Frage nach dem Wesen von *karman* war er der Ansicht, daß der Buddha sie offen gelassen hatte und selbst nicht mit Sicherheit wußte, was *karman* war (*Erinnerungen*, S.320).

33 Er hatte sie eben die vier Edlen Wahrheiten gelehrt; vgl. *Samyutta-nikâya*, V,S.437 (*saccasamyutta*, 31). Man beachte die Parallele zu Christus (Joh XVI,12), obwohl die Motivation eine andere ist: Die Jünger »können es jetzt nicht ertragen«, während für den Buddha zur Erreichung des Lebensziels nichts anderes von Nutzen ist.

34 Siehe Anm. 23, oben. Vgl. den merkwürdigen Kommentar von C.G. Jung in seiner Autobiographie: *Erinnerungen*, S.320 »Buddha hat es (über den Karma-Gedanken) offen gelassen, und ich möchte annehmen, er habe es nicht mit Sicherheit gewußt.«

35 Siehe Hiriyanna, *Outlines*, S.137 und passim. Vgl. eine intelligente und neue Darstellung des Pragmatismus in: Fontinell, *Self*, auch wenn ohne Bezug auf den Buddha.

36 Man vergleiche dazu die Einstellung Christi, der »keine Theorie über den Ursprung des Bösen aufstellte, noch eine Erklärung für die Tatsache der Erbsünde und die Umstände ihres Auftretens lieferte, sondern für uns zur Sünde wurde (2 Kor V,21)« (Roustang, *Une initiation*, S.52).

37 Dies wäre beispielsweise die Position von T. W. Davids: siehe Welbon, *Understanding*, S.312.

38 Zum Beispiel von Glasenapp.

39 Vgl. *Majjhima-nikâya*, I, 426-27 (63), sowie *Anguttara-nikâya*, IV,67-68. Es handelt sich um das *cûla-mâlunkya-sutta.*

40 Tatsächlich wies der Buddha den Nihilismus (*ucchedavâda*) häufiger zurück als den sogenannten Eternalismus (*shâshvatavâda*).

41 *Majjhima-nikâya*, I,139.

42 Vasubandhu (*Abhidharmakosha*, V,22) berichtet, daß es eine dialektische Regel zur Zeit des Buddha war, auf eine falsch gestellte Frage mit Schweigen zu antworten – z.B. alle Fragen über die Eigenschaften eines nichtexistierenden Dinges. Professor Oldenberg bemerkt zurecht bei anderer Gelegenheit (*Lehre*, S.133: »Upanishaden«): »Die eigenste Sprache dieser Mystik, wie aller Mystik, ist Schweigen« (Stcherbatsky, *Conception*, S.22, Anm.). Pande (*Studies*, S.506) meint, daß ein Schweigen aus reiner Etikette nicht in Frage komme.

43 Vgl. Organ, *Silence*, S.125-140. Wenn die Lösung von Organ richtig wäre, würde er den Buddha in der Tat in eine sehr schwache philosophische Position drängen. Der Tathâgata würde dann sowohl die natürliche Neigung des Menschen zum Philosophieren als auch die Tatsache ignorieren, daß jede Einstellung, wie pragmatisch und anti-intellektuell sie auch sein mag, zumindest eine implizite Philosophie voraussetzt.

44 Siehe z.B. die Texte von S.122, 127f.

45 Ich meine, daß ich als Beispiele dieser Interpretation für die vergangenen Generationen die Position von Louis de la Vallée Poussin und für heute die von Edward Conze zitieren darf.

46 *Samyutta-nikâya*, IV,398. Siehe außerdem den auf S.42 weiter oben zitierten Text.

47 Vgl. die bekannten Äußerungen von Wittgenstein, Heidegger, Gabriel Marcel, Simone Weil u.a.

48 *Samyutta-nikâya*, III,138.

49 Dies scheint T. Watsujis Position zu sein. »Daß der Buddha auf metaphysische Fragen dieser Art keine Antwort gab, bedeutet nicht gleich, daß er die Gültigkeit philosophischen oder systematischen Denkens verneinte. Im Gegenteil, es ließe sich leicht geltend machen, daß eine solche Haltung (des Schweigens) das wesentliche Merkmal einer Philosophie darstelle (*Practical Philosophy*, S.133-134; auf englisch zitiert von Nagao, *Silence*, S.137- 151).

50 Siehe Murti, *Philosophy*, S.47-48.

51 Das trifft für das Werk der beiden japanischen Philosophen, T. Watsuji und H. Ui, zu. Eine Zusammenfassung ihres Denkens gibt Takeuchi in *Schweigen.*

52 Siehe z.B. S. Radhakrishnan, *Indian Philosophy*, S.682-83.

53 Siehe z.B. eine charakteristische Passage aus der *Bhagavad Gîtâ* (VII,28) über die Erlösung von der Täuschung der polaren Gegensätze. Man könnte ein ganzes System konstruieren aus der Dialektik 1. der Anerkennung der Wirklichkeit des Negativen (Irrtum, Leiden etc.), 2. der Entdeckung des einseitigen Charakters des Positiven (Wahrheit, Freude etc.), 3. einer Synthese beider Gesichtspunkte, und 4. einer echten, beide transzendierenden Einheit beider.

54 Es ist sattsam bekannt, daß *Theravâda* von dieser Lösung viel weiter entfernt ist als *Mahâyâna*.

55 Siehe mein Buch *Mâyâ*, S.99-130, wo diese »Prätension« des *Mâdhyamika* eingehend behandelt und einer Kritik unterzogen wird.

56 »Wir meinen jedoch, daß der *Madhyamâ Pratipad* des Buddha den Gegensatz von Sein und Nichtsein aufheben wollte, nicht durch eine Synthese der beiden Kategorien, sondern indem beide transzendiert werden« (Pande, *Studies*, S.420f.).

57 Ein antonomastischer Ehrentitel des Buddha, der bekanntlich einen Menschen bezeichnet, der die Wahrheit erlangt hat, der die Wahrheit schließlich »verwirklicht« hat.

58 Daß der »Buchstabe tötet« (vgl. 2 Kor III,6; Röm II,29, VII,6), trifft in so hohem Maße zu, daß die Vorsehung es sich angelegen sein ließ, die christliche Heilige Schrift nur in Übersetzung zu bewahren. Vgl. die wunderschönen *rationes*, die der Hl. Thomas angibt, weshalb Christus keine eigene Schrift hinterlassen hat, in: *Summ. Theol.* III, 2.42, a.4. Vgl. auch I-II, 2.106,a.1. Thomas zitiert auch Pythagoras und Sokrates. Die Gründe, die Thomas angibt sind: 1. »Wegen seiner [Christi] Würde«: er spricht in die Herzen hinein; 2. »Wegen der Würde seiner Lehre«: sie läßt sich in Lehrsätzen nicht erfassen; 3. so daß er allen die Botschaft bringen konnte: durch lebendige Gesandte.

59 Siehe die Interpretation von Takeuchi in *Schweigen*, S.18, bezüglich *Buddha* von Beckh. Auch Nagao scheint in seinem oben zitierten Artikel (Anm.49) dieselbe Linie zu verfolgen.

60 »Man kennt Buddha nicht, solange man ihn nach dem beurteilt, was er geredet hat«, behauptet Beckh in *Buddha*, S.113, und fährt fort, von der »Macht des Schweigens« zu sprechen: »Die Bedeutung dieses Schweigens richtig zu erfassen, ist für das ganze Verständnis des Buddhismus von größter Wichtigkeit« (ibid.). Auch Nagao zitiert diese Äußerung Beckhs.

61 »Das Schweigen des Buddha deutet auf seine Überzeugung hin, daß bestimmte Wahrheiten des spirituellen Lebens unaussprechlich sind. Das bedeutet nicht, daß er negative Ansichten hatte und daß ihm der Mut fehlte, diese auszusprechen« (Radhakrishnan, *Teaching*, S.352).

62 Um dies in buddhistischer Sprache auszudrücken, wollen wir uns eine Anekdote in Erinnerung rufen. Ein Konfuzianer suchte einst Bodhidharma, den achtundzwanzigsten buddhistischen Patriarchen, auf um seines »Seelenfriedens« willen. Der Patriarch sprach zu ihm: »Zeig mir deine Seele, und ich werde sie befrieden.« Der Konfuzianer erwiderte: »Das ist ja eben mein Kummer, daß ich sie nicht finden kann.« Worauf Bodhidharma ihm sagte: »Dein Wunsch ist erfüllt worden.« Der Konfuzianer verstand und ging in Frieden fort. (Nacherzählt von Suzuki, *Zen*, S.13).

63 Wir müssen außerdem den Unterschied zwischen dem *Mahâyâna*-Buddhis-

mus, der zu einer metaphysischen Deutung des Schweigens des Buddha neigt, und dem *Theravâda* Buddhismus bedenken, der die Tendenz hat, sich jeden Hinweises auf Metaphysik zu enthalten.

64 Vgl. weiter unten, S.x.

65 Siehe meinen Aufsatz *Bild*, S.6.

66 Man merkt den Unterschied, wenn er z.B. über *karma* Auskunft verweigert. Siehe *Anguttara-nikâya*,II, 80; *Dîgha-nikâya*,III, 138; *Samyutta-nikâya*, III,103.

67 Siehe *appasaddakâmo*, im *Dîgha-nikâya*, I,208.

68 Siehe die Texte in Pande, *Studies*, S.391ff.; C.A.F. Rhys Davids, *Sakya*, S.185.

69 Vgl. z.B. *Majjhima-nikâya* I,524, *Mahâ-sakuludâyi-sutta* 77; *Dîgha-nikâya*, I, 60; etc. in Pande, *Studies*, S.391ff.

70 Vgl. *Majjhima-nikâya*, I, 161; *Samyutta-nikâya*, I, 60; etc. in Pande, *Studies*, S.391ff. und S.285, Anm.472.

71 Vgl. das bekannte biblische *sedere et tacere* aus den Klageliedern des Jeremias III,28, den klassischen Ort des christlichen monastischen Schweigens; sowie den folgenden, aus tausend ähnlichen beliebig ausgewählten, Text: *Juge quippe silentium et ab omni strepitu saecularium perpetua quies cogit caelestia meditare*; »Beständiges Schweigen, fortwährende Stille, fern von allem Getriebe und Lärm, zwingt einen dazu, über die Dinge des Himmels zu meditieren.« (Hl. Bernhard, *Briefe*, 78, 4;PL, 182, 193).

72 *Sarvajña*, »Ein Punkt einhelliger Übereinstimmung in der buddhistischen Tradition« (Pande, *Studies*, S.383).

73 Vgl. *Lalita-vistara*, XXV,S.287. Vgl. auch C. A. F. Rhys Davids, *Gospel*.

74 Vgl. Dutt, *Aspects*, S.100.

75 »Caelius pries in seinem *Octavius* (XIII,1) die Klugheit Sokrates'. Über himmlische Dinge befragt, antwortete er: Wie können wir wissen, was über uns ist? *Quod supra nos, nihil ad nos*« – Was über uns ist, steht uns nicht zu (Festugière, *Idéal*, S.34). Siehe die Ausgabe von Gronovius von 1709 (Lugduni Batavorum), S.128, die Lactantius, Buch III, Kap.19, zitiert, und Girolamus, *In Apolog. adv. Rufinum*, Kap. 8, sowie Xenophon, Buch 1, fol.710, und andere antike Autoren, die das Diktum des Sokrates *quod supra nos, nihil ad nos* kommentierten.

76 In einer anderen Tradition siehe Joh I,18, 1 Joh IV,12; sowie andere Passagen des NT.

77 In der jüdischen Tradition siehe Ex XXXIII,20 und ähnliche Texte des AT.

78 Vgl. z.B. *yato vâco nivartante, Taittirîya Upanishad* II,4,1 (bzw. II,9), und andere Stellen.

79 Es seien hier zumindest die Namen bedeutender Gelehrter wie Walpole Rahula, André Bareau, Erich Frauwallner, Etienne Lamotte, Guiseppe Tucci, Jean Przyluski, Robert Caesar Childers, Christian Lassen, sowie zahlreicher anderer angedeutet, einschließlich derjenigen, die bereits erwähnt wurden oder im weiteren Verlauf dieses Buches noch zitiert werden.

3 Buddhismus – eine atheistische Religion

1 »Der Atheismus ist ein grausames, unermüdliches Unterfangen«: Jean-Paul Sartre (*Les Mots*) – zitiert von S. Paniker in *Sartre*, 109: »Aber jemanden an ein Ziel zu führen, was immer dieses sei, ist ein Glaubensbekenntnis.« Vgl. auch: »Der Atheismus wurde in den Rang eines Ersatzes für dic Religion mit ihren Göttern erhoben« (Nishitani, *Sartre*, S.68).

2 Siehe unten, S.148 ff.

3 »Atheistische Religion« scheint mir eine genauere Beschreibung des Buddhismus zu sein als van der Leeuws Bezeichnung »religiöser Atheismus«, den er in seiner *Phänomenologie*, S.194, sowohl auf den Buddhismus wie auf den Brahmanismus anwendet.

4 »Das Wesen der Religion besteht nicht in einer bestimmten rational zu erfassenden statischen Vorstellung des Göttlichen, sondern in einem dynamischen Umgang mit dem Heiligen: Religion ist nicht ein bloßes Denken an oder über transzendente Objekte, sondern ein Handeln,... Religion ist keine theoretische, sondern eine höchst praktische Angelegenheit... Religion ist... Anbetung des Mysteriums und Hingabe an dieses« (Heiler, *Erscheinungsformen*, S.561-562).

5 *Majjhima-nikâya*, II, 263.

6 Vgl. oben die Anm. 39, S.268

7 Vgl. 1 Kor VII,29 (und Röm XIII,11).

8 Vgl. Eph V,16; Kol IV,5.

9 Kol II,8; V,6.

10 Vgl. 1 Joh II,15.

11 Vgl. 1 Kor VII,31.

12 *Ariya-saccâni* (in Sanskr. *ârya-satyâni*), weshalb manche »arische Wahrheiten« übersetzen.

13 Wie wir wissen, erscheint dieselbe Vorstellung in nicht- buddhistischen Texten, z.B. in *Yogabhâshya*, II, 15; *Nyâyabhâshya*, 1, E, 1, etc., und ernste Zweifel an der ursprünglichen Echtheit von *ariya-saccâni* haben sich erhoben. Siehe ein Resümee der Kontroverse in: Pande, *Studies*, S.397ff. Zusammenfassend können wir sagen, daß der Text der ersten Lehrrede von Vârânâsî zwar eine spätere Bearbeitung der Mönche zu sein scheint, in Geist und Vorstellungen jedoch der echten Botschaft des Buddha entspricht.

14 Die Parallele zwischen der vierfachen buddhistischen Einteilung und der vierfachen medizinischen Betrachtungsweise ist bedeutsam, wie mehrere Forscher bemerkt haben. Sie stellt eine weitere Verbindung zwischen dem Buddha und dem wissenschaftlichen, säkularen Geist dar. Siehe den Kommentar zum *Yoga-sûtra*, II,15, der in der Überlieferung Vedavyâsa zugeschrieben wird: »So wie das medizinische System vierfach unterteilt ist – in Krankheiten, Ursache der Erkrankungen, Gesundheit und Arzneien –, stellt dieses System gleichzeitig vier Momente dar: den Kreislauf der Wiedergeburt, die Ursache des Kreislaufs der Widergeburt, die Befreiung und den Weg zur Befreiung.«

15 Hier haben wir das berühmte *iti vuttaka*, mit dem so viele dem Buddha zugeschriebenen Äußerungen eingeleitet werden. Siehe außerdem die traditionelle buddhistische Redensart: *evam mâyâ shrutam ekasmin samaye* (»Einst ver-

nahm ich…«) und den monumentalen Kommentar der ersten beiden Kapitel des *Mahâprajñâpâramitâshâstra*, das in der sorgfältig dokumentierten Übersetzung von Lamotte Nâgârjuna zugeschrieben wird, I, S.56-114.

16 Siehe einen weiteren Text, der die Tatsache voll berücksichtigt, daß die erste Lehrrede von Vârânâsî die ganze »Offenbarung« keimhaft enthält und im Grunde die gesamte Mission des Buddha wiedergibt, die nicht nur das »Rad des Daseins« in Bewegung setzt (*Majjhima-nikâya*, I,171), sondern außerdem eine religiöse Bedeutung im strengen Sinn hat, nämlich einen authentischen persönlichen Theismus: »In diesem Tierpark von Vârânâsî setzte der Entdecker der Wahrheit, der Heilige (*arahant*) und Erleuchtete das erhabene Rad des *dhamma* in Bewegung, das niemand jemals zurückdrehen kann, weder ein Büßer noch ein Brahmane, Gott, Mâra, Brahmâ selbst, noch irgend jemand im Universum: nämlich die Verkündigung der vier edlen Wahrheiten, die Lehre, die Erklärung und Einrichtung dieser vier edlen Wahrheiten, samt ihrer Verbreitung, Darlegung und Verwirklichung« (*Majjhima-nikâya*, III,248).

17 Die in der vorhergehenden Anmerkung zitierte Passage aus dem *Majjhima-nikâya* bringt das klassische Resümee der vier Wahrheiten: »Leiden, den Ursprung des Leidens, das Aufhören des Leidens und den zum Aufhören des Leidens führenden Pfad.«

18 Die Wurzel *dush-* bedeutet »verschwenden, sich selbst verschleudern«, daher Sünde und Unreinheit begehen, unrecht haben, verletzt werden, untergehen, etc. *Duhkha* kommt von *dush-* und *stha-*, in der ursprünglichen Bedeutung von übel (oder unbehaglich, unbequem etc.), unglücklich, arm, elend etc. sein.

19 *Dukkha* in Pâli und *duhkha* in Sanskrit. »Alle Seienden sind Leiden« (*sabbe samkhârâ dukkhâ*)« – »Alle geschaffenen Dinge sind leidvoll«, wie S. Radhkrishnan im *Dhammapada*, S.146 übersetzt. Der Text fährt fort: »Wenn ich die Weisheit durchquere, wird (dieses) entdeckt, dann wird man nicht vom Leiden berührt; dies ist der Weg zur Reinheit« (*Dhammapada*, XX,6 [278]). Die berühmte Übersetzung von Karl Eugen Neumann (1896-1957) lautet: »Das ganze Sein ist flammend Leid. Wer dies mit weisem Sinne sieht, wird bald des Leidelebens satt: Das ist der Weg zur Läuterung.«

20 Die fünf *khandha* (Seinsgruppen, Aggregatzustände), die das psychische Ich konstituieren und im Sinne des Buddhismus (vgl. *Visuddhi-magga*, XVIII, in Warren, *Buddhism, Translations*, S.132ff.), aufgedeckt werden müssen, um die Substanzlosigkeit des Subjekts ans Licht zu bringen, sind die folgenden: die Formen, die Empfindungen (welche auch die »Gefühle« einschließen können), die Wahrnehmungen (einschließlich der Neigungen des Willens), die psychischen Anlagen (und außerdem die Eindrücke) und das (verstandesmäßige) Bewußtsein. Genau genommen, haben wir es mit Wahrnehmungsgruppen zu tun, *upâdânaskandha* (in Pâli *upâdânakkhandha*) oder, wie Lamotte in seiner *Histoire*, I,S.28, der Übersetzung seines Mentors Alfred Foucher folgend, übersetzt: »Insgesamt sind die fünf Arten von Objektverhaftungen Leiden.« Lamotte (ibid., S.1:30) erläutert auf der Basis des *Samyutta-nikâya* (III, 59-61; III, 47, 86-87) die fünf Aggregatzustände folgendermaßen: 1. Körperlichkeit (*rûpa*), d.h. die vier Elemente: Erde, Wasser, Feuer, Wind, und die von diesen abgeleitete Materie. 2. Empfindungen (*vedanâ*), die sich aus der Berührung mit Ohr, Auge, Nase, Zunge, Körper und Geist ergeben. 3. Die Vorstellung (*samjñâ*) der

Farben, Geräusche, Gerüche, Geschmäcker, handgreiflicher Dinge und geistiger Bilder. 4. Wille (*samskâra*) in bezug auf Farben, Geräusche, Gerüche, Geschmäcker, handgreifliche Dinge und gedankliche Gegenstände. 5. Wahrnehmungsvermögen (*vijñâna*) von Ohr, Auge, Nase, Zunge, Körper und Geist.

21 Manche Autoren übersetzen »Ursache des Leidens«.

22 Es ist allgemein üblich, »Begierde« oder »Begehren« zu übersetzen, aber die wörtliche, korrekte Übersetzung von *tanhâ* (*trishnâ* in Sanskrit) ist »Durst«. Zu diesem wichtigen Konzept siehe *Anguttara-nikâya*, III,416; IV,400, *Samyutta-nikâya*, I,1; I,8; *Majjhima-nikâya*, I,6; II,256; *Ittivutaka*, 30,50,58,105,etc. Siehe außerdem Pande, *Studies*, S.434 440. Außer *tanhâ* siehe *icchâ*, *kâma* etc. Eine philosophisch-theologische Monographie über die Reihe der Begriffe, die in der gegenwärtigen anthropologischen Dynamik eine Rolle spielen, samt einer Darlegung ihrer ethischen und metaphysischen Bedeutung und einem Vergleich mit der westlichen, insbesondere der scholastischen Anthropologie, ist gewiß unverzichtbar. Ich pflege, einen Unterschied zwischen »desire«, Wunsch, Begierde, Sehnsucht, Verlangen, und »aspiration«, Bestrebung, Seinsdynamik, zu setzen. Das erste ist zielgerichtet, ein Objekt des Willens, ein Zweck; das zweite entspricht dem inneren Akt des Seins, dem ontischen Dynamismus unseres Daseins.

23 Auch hier nehmen die Forscher sich in der Übersetzung eine gewisse Freiheit. Es handelt sich um einen dreifachen anthropologischen Durst: einen Durst nach Bejahung, einen Durst, bejaht zu werden, und einen Durst nach Verneinung – das heißt, eine Begierde nach Lust (*kâma*, Liebe, Wonne), nach Dasein (*bhava*, »sein«) und nach Nichtsein (*vibhava*, »nicht sein«). Vergessen wir nicht, daß weder Sein noch Nichtsein in seiner innerweltlichen Bedeutung aufgeht, wie wir anhand der klassischen tibetischen Übersetzungen ersehen. J. Filliozat macht hinsichtlich dieses typischen Durstes die ausgezeichnete Bemerkung: »Das Erste versteht sich von selbst: Begierden sind Ursachen des Leidens, weil sie nicht grenzenlos befriedigt werden können und weil sie außerdem an schmerzhafte Existenzen gebunden sind. Das Zweite betrifft das unmittelbare Begehren nach diesen Existenzen. Das Dritte ist ein Begehren nach dem Nichts, das, unbeschadet seines Gegenstandes, nicht weniger ein Begehren ist, und folglich ein Akt, der Existenz hervorbringt: Selbstmord führt zu Wiedergeburt« (Renou und Filliozat, *Inde*, II, § 2247).

24 *Nirodha* kommt aus der Wurzel *rudh-*, »hindern«. Mit der Partikel *ni* gewinnt sie die Bedeutung von einsperren, unterdrücken, zerstören, kontrollieren, zurückhalten, anhalten usw. Siehe *Yoga-sûtra*, I,2: *yogash cittavritti nirodha* (»Yoga ist die Stille der mentalen Funktionen«).

25 Es ist praktisch unmöglich, die Begriffe des achtfachen Pfades mit einzelnen Wörtern zu übersetzen. Sogar die Adjektive »richtig« oder »recht«, treffen nicht genau die Bedeutung von *sammâ*, ein Wort, das außerdem »vollkommen, ausgeglichen, vollständig« bedeutet. Ich hätte ebenfalls übersetzen können: »vollkommenes Abwägen, vollkommenes Denken, vollkommenes Wort, vollkommenes Handeln, vollkommene Zucht, vollkommene Klarheit, vollkommene Spiritualität«. Vgl. eine spanische Übersetzung: *correcta opinión, correcto pensamiento, correcta palabra, correcta acción, correcto género de vida, correcto esfuerzo, correcta autoconciencia, correcta concentración*

(»rechte Meinung, rechtes Denken, rechtes Wort, rechtes Handeln, rechte Lebensweise, rechtes Bemühen, rechte Bewußtheit, rechte Konzentration«) (*Dhammapada*, Dragonetti, S.61). Da es sich um einen so grundlegenden Text handelt, betrachten wir noch eine weitere Übersetzung, diejenige von A. Foucher, die Lamotte in seiner *Histoire*, S.28, verwendet: »*C'est le chemin sacré, à huit branches, qui s'appelle foi pure, volonté pure, langage pure, action pure, moyens d'existence pures, application pure, mémoire pure, méditation pure* (»Dies ist der heilige achtgliedrige Pfad: reiner Glaube, reiner Wille, reine Rede, reine Tat, reine Lebensweise, reine Bemühung, reines Gedächtnis, reine Meditation«).

26 Vgl. *Samyutta-nikâya*, XXII,90 (Warren, *Buddhism*, S.165).

27 Siehe unten, S.109 f.

28 Mâra ist dem »Fürst dieser Welt«, dem Dämon des Bösen im Christentum, zu vergleichen. Siehe Windisch, *Mâra*; weitere bibliographische Hinweise finden sich bei Glasenapp, *Buddhismus*, S.19.

29 *Brahmâ*, wenngleich der wichtigste Gott des buddhistischen Pantheons, hat keine Ähnlichkeit mit dem *brahman* der upanishadischen Spekulation. Der Gott *Brahmâ* ist nicht allwissend (*Dîgha-nikâya*, II, 81 [I, 221]). Obwohl er als eine Art *Îshvara* oder »allmächtiger Schöpfer und Herr der Erde, Vater alles Gewesenen und Künftigen« (*Dîgha-nikâya*, I, 2,5, 18), gehört er trotzdem auch zu *samsâra*, dem brahminischen *brahmaloka* und kann daher nach der buddhistischen Lehre in keiner Weise mit *nirvâna* gleichgesetzt werden. Es gibt sogar Texte, die *Brahmâ* als den ergebenen Verehrer des Buddha darstellen.

30 *Samyutta-nikâya*, V, 420ff. Eine feine deutsche Übersetzung findet sich bei Neumann (1965) I, 1032-1036. Dort steht als die Rede 141 oder XIV, 11: »Der Wahrheit Abzeichen«. Es entspricht dem XII, 2 oder »The Foundation of the Kingdom of the Norm« in der Übersetzung von Woodword (1956) V,356-360.

31 Ein ausführlicher wissenschaftlicher Kommentar findet sich bei Lamotte, *Histoire*, I,S.28-52.

32 »Es wäre anmaßend, über die Tiefe der in diesen Aussagen enthüllten Einsicht eine Bemerkung zu machen. Sie haben meines Wissens keine Parallele in der religiösen Literatur des Abendlandes« (Graham, *Zen*, S.14).

33 Wie Eriugena richtig sagt, »weiß Gott nicht, was er ist, da er kein Was ist« (vgl. das buddhistische *âkiñcañña*). Es sind nur Gottes Möglichkeiten der Manifestation, die zu einem »Was« werden, von denen es ein Wissen oder eine Allwissenheit gibt (Coomaraswamy, *Recollection*, S.13).

34 Es wäre interessant, diese buddhistischen Prinzipien Freuds psychoanalytischen gegenüberzustellen, insofern Freud das Verlangen nach Lust und die Sorge zur Vermeidung des Leidens ins Zentrum des menschlichen Wesens stellt. Siehe Brown, *Life*; das Werk enthält jedoch keinen Hinweis auf den Buddhismus.

35 Vgl. Lk XXIV;7. 26.

36 Vgl. Röm VIII,32.

37 Vgl. Joh III,16; 1 Joh IV,9.

38 Vgl. Joh IV,34, V,30; Mt XXVI,42; Lk XXII,42; Heb V,7; X,9; etc.

39 Vgl. 1 Pet IV,13; Röm VIII,17; Apg V,41; etc. Siehe auch die Haltung von Heiligen wie Franz von Assisi.

40 Ein Irrtum rechtfertigt nicht einen weiteren. Die Verehrung des gekreuzigten Christus als »sadistischen Impuls eines psychisch geschädigten Gehirns« hinzustellen wie Daisetz Teitaro Suzuki (*Mysticism*, S.136) wäre ein Beispiel eines Irrtums auf buddhistischer Seite. Derselbe Autor stellt in demselben Kapitel, »Crucifixion and Enlightenment«, diese beiden Geisteshaltungen einander gegenüber und beschreibt sie, doch diesmal in ihrer Tiefe: »Im Buddhismus geht es um Erleuchtung, weder um Kreuzigung noch um Auferstehung. Eine Auferstehung ist wohl sehr dramatisch und menschlich, doch haftet an ihr immer noch der Geruch des Körperlichen. In der Erleuchtung ist etwas Himmlisches und ein echtes Gefühl von Transzendenz. Die irdischen Dinge machen eine Erneuerung und eine erfrischende Wandlung durch. Eine neue Sonne steigt über dem Horizont auf und offenbart das gesamte Universum« (ibid., S.132-33).

41 Vgl. z.B. die großartige Schilderung des »wahren Gnostikers« bei Clemens von Alexandrien – z.B. in dem ganzen Buch VII der *Stromata* (PG, IX,401ff.). Oder ein Beispiel aus dem vorhergehenden Buch (*Stromata*, VI, IX, PG, 9:205a): Der Gnostiker »begehrt nicht (*oude zeloi*), da ihm nichts zu seiner Vereinigung mit Ihm, der das Gute und Schöne ist, fehlt. Er liebt niemanden mit einer gewöhnlichen Liebe (*oude ara philei tina tên koinên tauten philian*), sondern er liebt den Schöpfer durch die Geschöpfe (*alla agapa ton ktistên dia ton ktismaton*). Er erliegt keinem Begehren (*epithumia*) und keiner Lust (*orexei*), denn ihm mangelt kein Gut der Seele, da er in freier Liebe mit dem Freund vereinigt ist, dem er in freier Wahl angehört.... Wenn der Gnostiker kein Begehren hat, so werden die Widersacher einwenden, wie kann er dann lieben? Doch diese kennen nicht das göttliche Wesen der Liebe (*to theion tês agapês*). Denn Liebe ist nicht eine Neigung (*orexis*) des Liebenden, sondern eine liebende Innigkeit (*sterktike de oikeiosis – benevola conjunctio*), die den Gnostiker in die Einheit des Glaubens versetzt, ohne der Zeit und des Raumes zu bedürfen.« (*Non est enim utique caritas eius qui diligit appetitio, sed est benevola conjunctio, in unitatem fidei restituens eum qui est gnosticus, locu et tempore minime indigentem*, wie es in Mignes lateinischer Fassung heißt. Christus ist die *gnosis* Gottes, sagt Ignatius von Antiochien, *Ad Ephesios*, XVII).

42 1 Kor VII,29-32.

43 *Samyutta-nikâya*, XXII, 90 (in Warren, *Buddhism*, S.165). Dieser Text wurde von Nâgârjuna herangezogen und kommentiert, um die Wahrheit (*dhamma*) seiner *doctrina media*, den *mâdhyamika*, darzulegen. Vgl. *Mâdhyamika-kârikâ*, XV, 7 (in der Ausgabe von L. de la Vallée Poussin), sowie den weiter oben, in Anm. 30, zitierten Text.

44 Vgl. die folgenden Sätze der christlichen Tradition: *En agnôsia tên peri autou ktômetha gnôsin* (»In Unwissenheit laßt uns Kenntnis von ihm erwerben«), Pseudo-Dionysios, *De Divinis Nominibus*, in Hl. Maximinus, *Scholia in Lib. II de Divinis Nominibus*, PG, 4:216; *Agnosia gar gineta gnostos ho theos* (»Denn Gott wird durch Unwissenheit erkannt«), Pseudo-Dionysios, *De Divinis Nominibus*, VII, 3 (PG, 3:872). Der Hl. Thomas bekennt sich zu derselben Tradition, wenn er wiederholtermaßen äußert, daß Gott *cognoscitur tamquam ignotus* (»gibt sich gleichsam als Unbekannter zu erkennen«), *In Boethii De Trinitate, Proemium*; q. 1, a. 2, ad 1; *Hoc ipsum est Deum cognoscere, quod*

nos scimus ignorare de Deo quid sit (»Gotteserkenntnis besteht eben darin zu wissen, daß wir nicht wissen, wer Gott sei«), *Commentarium in Dionysium*, VII, 14; oder auch: *Illud est ultimum cognitionis humanae de Deo quod sciat se Deum nescire* (»Der höchste Grad menschlicher Gotteserkenntnis ist zu wissen, daß man Gott nicht erkennt«), *De Potentia*, q. 7, a. 5, ad 14; etc.

45 *Samyutta-nikâya*, XXII, 90. Vgl. Mensching, *Geisteswelt*, S.82.

46 »Arbeite mit Sorgfalt auf deine Erlösung hin«, lautet die Übersetzung von Coomaraswamy in *Buddha*, S.75, die der klassischen Fassung von T. W. Rhys Davids folgt: »Als der Gesegnete zu den Jüngern sprach und sagte: Seht nun, ihr Brüder, ich ermahne euch und sage: Der Verfall wohnt allen zusammengesetzten Dingen inne. Arbeitet mit Sorgfalt auf eure Erlösung hin!, war dies das letzte Wort des Tathâgata!« (*Mahâparinibbâna-sutta*, VI, 10, in *Buddhist Suttas*, XI,114; vgl. *Mahâparinibbâna-sutta*, III, 66. »Strebt wachsam vorwärts«, lesen wir in C.A.F. Rhys Davids' Übersetzung von *Dîgha-nikâya*, II,156. »Strebt sorgfältig«, ist die Übersetzung von Radhakrishnan, *Dhammapada*, S.32. *Appamâdena sampâdetha*, lauten die Worte in der Überlieferung. Dem gesamten Text gehen die Worte voraus: *vayadhammâ samkhârâ*, für gewöhnlich übersetzt: mit »Alle zusammengesetzten Dinge sind dem Verfall unterworfen«. Zweifel wurden angemeldet bezüglich der Echtheit des *Mahâparinibbâna- sutta*. Silburn (*Instant*, S.170) vergleicht diese Passage (*En verité, ô disciples, toutes les énergies constructrices sont impermanentes. Travaillez, efficacement sans relâche... Soyez d'intention bien concentrée. Surveillez la pensée* – »In Wahrheit, ihr Jünger, alle aufbauenden Energien sind vergänglich; bemüht euch, wirkungsvoll und ohne Unterlaß... Eure Absicht sei gesammelt. Überwacht eure Gedanken.«) mit den feierlichen Worten Indras, als der Buddha ins *nibbâna* einging: »Vergänglich sind fürwahr die aufbauenden Energien (*samkhâra*) hinter dem Entstehen und sodann dem Vergehen. So wie sie geboren werden, so sterben sie; ihr Ende ist ihr Wohl« (oder Glückseligkeit, *sukha*): *Dîgha- nikâya*, II (S.157 der Ausgabe der Pali Text Society, 1889). Siehe oben, Anm.19, S.272.

47 Daher die nachdrückliche Betonung von *kiriyâ* und *akiriyâ*, »was getan werden soll« und »was nicht getan werden soll«. Siehe z.B. *Vinaya*, I, 235; *Anguttara-nikâya*, I, 62; *Samyutta-nikâya*, III, 208; etc.

48 Man vergleiche hier das Wort des Paulus »Müht euch um euer Heil mit Furcht und Zittern« (*sotêrian katergazesthe*) (Phil II,12). Sorgfalt, Beständigkeit, Geduld – mit einem Wort, das Verbum *hupomenô*, das, wie seine Zusammensetzung andeutet, Standhaftigkeit, eine ausdauernde Spannung, bedeutet – ist ein Schlüsselbegriff für das Verständnis einer parallelen Geisteshaltung im NT. »Wenn ihr standhaft bleibt, werdet ihr das Leben gewinnen« (Lk XXI,19); »Dulden wir, so werden wir mit ihm herrschen« (2 Tim II,12); siehe auch Mt XXIV,13, Mk XIII,13, etc. Dieselbe erwartungsvolle Standhaftigkeit spielt in der Spiritualität der frühen Kirchenväter eine große Rolle: siehe den Index von Kraft, *Clavis*, S.440 unter *hupomenô*. Eine theologische Entwicklung des Duldens findet sich in meinem Beitrag »Pluralismus«, S.118ff. Gewiß müssen wir aber den unterschiedlichen Blickwinkel der buddhistischen und christlichen Position beachten.

49 Siehe z.B. *Majjhima-nikâya*, I, 486, unter vielen anderen Texten.

50 Im Buddhismus ist *mâdhyamika* das charakteristischeste Beispiel dieser Mentalität.

51 Siehe z.B. Glasenapp, »Buddha« S.38-46; siehe außerdem Glasenapps Diskussion mit Edgerton, »Buddha« S.81-85. Glasenapp meint, er könne behaupten, daß »der Buddha genauso wie die anderen Lehrer seiner Zeit ein bestimmtes metaphysisches System gelehrt hat« (S.46). Edgerton leugnet dies, obwohl er zugibt, daß sich in der Auffassung des Buddha »Prämissen« einer metaphysischen Ordnung finden lassen. Das Gefährliche in beiden Studien scheint mir die Art, wie sie zu ihren Schlußfolgerungen gelangen. Die von ihnen gesuchte Antwort auf die Aporien des berühmten *avyâkrita vastûni* ist eine rationale, keine rationalistische.

52 Als Beispiel für dieses praktisch endlose scholastische Thema siehe das vielbändige Werk von Ramirez, *Beatitudine.*

53 Vgl. das Verständnis der mittelalterlichen Scholastik von *existere: ex aliquo esse habere* (»Sein haben von irgend jemandem/etwas«). Siehe z.B. Richard von Saint Victor, *De Trinitate*, IV, 12 und 19 (PL, 196:938, 942).

54 Wir finden denselben Gedanken in der christlichen Überlieferung: *Hoc enim ipsum nomen, existentia, quasi extrastantia indicat* (»Eben dieses Wort Existenz bedeutet so etwas wie ein Herausstehen«), Meister Eckhart, *Liber Parabolorum Geneseos*, XXIX, 11, zitiert von Vladimir Lossky, *Théologie négative*, S.124.

55 Das Vorgehen des Buddha gegen das Opferwesen und das Kastensystem ist vielleicht mehr auf die Notwendigkeit zurückzuführen, den schöpferischen Akt und den *Status* der Bewahrung der Schöpfung mit der Wurzel auszureißen, als auf das Motiv der Gewaltlosigkeit (*ahimsâ*) oder sozialen Gerechtigkeit. Siehe Vesci, »Heat«, wo gemäß der brahmanischen Spekulation der Ursprung des Leidens auf den Schmerz zurückzuführen ist, der in den schöpferischen Akt, das Opfer, einfließt.

56 Ich kann nicht umhin, *in extenso*, jedoch ohne Kommentar, die »vier edlen Wahrheiten« des Heiligen Johannes vom Kreuz (Aufstieg zum Berge Karmel) zu zitieren:

Der Weg, ALLES zu erlangen
Um zu erlangen, was du nicht kennst,
mußt du gehen, wo du nichts kennst.
Um zu erlangen, was du nicht genießt,
mußt du gehen, wo du nichts genießt.
Um zu erlangen, was du nicht besitzt,
mußt du gehen, wo du nichts besitzt.
Um zu erlangen, was du nicht bist,
mußt du gehen, wo du nichts bist.

Der Weg, ALLES zu behalten
Wenn du alles wissen willst,
wolle nichts von etwas wissen.
Wenn du alles genießen willst,
wolle nichts von etwas genießen.
Wenn du alles besitzen willst,
wolle nichts von etwas besitzen.

Wenn du alles sein willst,
wolle nichts von etwas sein.

Der Weg, das ALLES nicht zu hindern
Wenn du bei etwas Einzelnem haltmachst,
verlierst du deinen Drang zum Alles.
Denn um letztlich alles zu erlangen,
mußt du letztlich alles lassen.
Und wenn du erreicht hast, Alles zu sein,
mußt du es halten, indem du nichts begehrst.
Denn wenn du versuchst, irgendetwas zu haben,
hast du deinen einzigen Schatz nicht in Gott.

Das Zeichen, daß man im ALLES lebt
In dieser Nacktheit findet der Geist Ruhe und Stille,
denn weil er nichts begehrt, treibt nichts ihn
aufwärts, zwingt nichts ihn abwärts:
er ruht in der Mitte seiner Demut.
Denn wonach er begehrt, darin ermüdet er.
Nichts, nichts, nichts, nichts, nichts.
Und auch auf dem Berg: nichts.
Dort gibt es keine Wege mehr – denn es gibt kein
Gesetz für den Gerechten.

57 Vgl. Mt X,39, XVI,25; Mk VIII,35; Lk IX,24, XVII,33; Joh XII,25; etc.

58 »Die *anicca*-Idee verleugnet jedoch nicht die Existenz der Dinge, sondern nur ihre Dauer, und in gleicher Weise proklamiert die *anatta*-Idee nicht, daß es kein unveränderlich-dauerndes Selbst gibt, das als eine separate Einheit ewig fortdauert. In Wirklichkeit ist es gerade die *anatta*-Idee, welche die Möglichkeit der Entwicklung und des Wachstums des Individuums garantiert« (Govinda, *Die psychologische Haltung der frühbuddhistischen Philosophie*, S.188).

59 Vgl. *Anguttara-nikâya*, IV, 36 (gegen die Existenz Gottes), und *Udâna*, VIII, 1 und 3 mit *Itivuttaka*, 43 (gegen das »Ungeschaffene«).

Einführung zu Teil II

1 »Einer, der kein Bedürfnis mehr hat nach Glauben (*assaddho*), der das Wissen um das Nicht-Gemachte (das Ungeschaffene, *akata*) erlangt hat, der jede Bindung zerrissen hat, der jede Gelegenheit zum Guten oder Bösen zerstört hat, der jedes innere Begehren aufgegeben hat – ein solcher ist wahrhaftig ein höherer (*poriso*) Mensch« (*Dhammapada*, VII, 8 a) (97). Im Unterschied zu den Upanishaden, wo die Vokabel *purusha* außerdem eine ursprünglichere Bedeutung hat, verwenden die *nikâya-Texte* selten das Substantiv *purisa* (siehe jedoch z.B. *Samyutta- nikâya*, IV, 380). Vgl. Pande, *Studies*, S.489.

2 Aus Gründen von Platz, Zeit und Einfachheit bin ich gezwungen, nicht nur eine große Anzahl von Texten, sondern auch eine ganze Reihe von Konzepten auszulassen, wie z.B. *dharma*, *shûnya*, *prajñâ* etc., die an sich hätten aufge-

nommen werden müssen. Ich kann dem Leser jedoch versichern, daß ihre Aufnahme meine Schlußfolgerungen nicht verändert hätte.

3 »Der erste Teil des Kanons (basiert gänzlich auf der mündlichen Tradition) besteht aus *Sutta* und *Vinaya* (d.h., eine Sammlung von Paragraphen zum Auswendiglernen und die Regel der Ordnung).« (Pâli-English Dictionary, S.457).

4 Die vier ersten heißen auch Âgamo, und sind im Sanskrit erwähnt: *Dîrghâgama, Madhyamâgama, Samyuktâgama, Ekottarikâgama.*

4 Nairâtmyavâda

1 Siehe oben, Kap.2, Anm. 27, 29, 30.

2 Z.B. T. Stcherbatsky, V. Bhattacharyya, T. R. V. Murti u.a. Eine Einführung in die verschiedenen Schulen der zeitgenössischen Buddhologie findet sich bei Regamey, »Buddhismus«, III,244-50.

3 Z.B: C. A. F. Rhys Davids, L. de la Vallée Poussin u.a. Siehe eine Kritik dieser Position bei Murti, *Philosophy*, S.20- 35.

4 Dies scheint Nâgârjunas Interpretation (*Madhyamaka-kârikâ*, XVIII, 6) dieser Zweideutigkeit des Buddha zu sein.

5 So meint z.B. Frauwallner (*Geschichte*, I,225), wie auch andere, daß die Frage des »Ich« deshalb ignoriert wird, weil sie von der Erlösung als Ziel ablenkt, und daß die »Seele« nicht verneint, sondern nur als jenseits aller Begrifflichkeit betrachtet wird.

6 Siehe Kap.XII des *Dhammapada*. In vielen Versen ist *attan (âtman)* ganz einfach das Reflexivpronomen.

7 Siehe Glasenapp, *Vedânta*, S.10.

8 Siehe ibid.

9 Siehe Frauwallner, *Geschichte*, II,220.

10 Die dieser deutschen Fassung zugrundeliegende Übersetzung aus dem Englischen (»self«) ist die maßgebliche in Werken englischer Sprache. Sie hat den Vorteil, daß sie die grammatische Doppeldeutigkeit des Sanskrit-Pronomens/Substantivs bewahrt.

11 Siehe die Übersicht über die Meinungen der Gelehrten in Pande, *Studies*, S.482ff.

12 Siehe Murti, *Philosophy*, S.10ff.

13 Vgl. z.B. die Texte, die ich sogleich wiedergeben werde, in denen die Schwierigkeit dieser Frage und die Kontroverse darüber von Anfang an unmittelbar zu Tage treten.

14 Siehe das Kolloquium, das Ostern 1965 am Wooster College, Ohio, über das Thema »Das Selbst im östlichen und westlichen Denken« abgehalten wurde. Siehe außerdem den Bericht über dieses Kolloquium von B. Burkel und W. Norris Clarke in *International Philosophical Quarterly*, März 1966, S.101-109. Vgl. die *Gifford-Lectures* (1986) von Paul Ricoeur (1990), die das Problem neu aufrollen, ohne aber die buddhistische und die hinduistische Problematik zu berücksichtigen, nicht einmal zu erwähnen.

15 Siehe Silburn, *Instant*, S.127ff.

16 Vgl. einen typischen Text aus *Mundaka Upanishad*, III, 2, 2, in dem *kritâtman* (die Errichtung, der Aufbau des *âtman*) der Ausdruck der Vollkommenheit zu sein scheint, die eben darin besteht, daß man den eigenen *âtman* erfüllt hat, obgleich dieser *âtman* dann mit dem *brahman* identifiziert wird. Natürlich könnte der Ausdruck auch einfach mit »Selbstbesitz« übersetzt werden, in Absehung aller metaphysischen Ansprüche.

17 Eine Folge, deren – für unsere Debatte zwar nur marginale – Bedeutung an sich erheblich ist. Für den Westen, der in dieser Hinsicht das Erbe des Parmenides angetreten hat, besteht Vollkommenheit darin, vollständig, »perfekt« (*perfectum*), zum äußersten, reich zu sein. Man muß sich Tugend, Wissen, »Vollkommenheiten« *zulegen*, selbst Christus. Im Gegensatz dazu findet die typisch buddhistische Auffassung das Positive und Erhabene in der Einfachheit, der Vereinfachung, der »Entäußerung«. Dies ist eine wichtige Beobachtung angesichts der naiven Ansicht einiger Leute, die eine kulturelle Begegnung auf der Basis der Voraussetzungen einer technischen Weltanschauung vorschlagen. Siehe mein Buch *Der neue religiöse Weg*, Kap.6.

18 Vgl. z.B. Shankaras Kommentar zum *neti neti* der Upanishaden (*Brihadâranyaka Upanishad*) in seinem *Gîtâbhâshya* XIII, 12 und andere Texte in Piantelli, Shankara, S.121ff.

19 *Mangalâcaranam* zu Beginn seiner *Kârikâ*, wie es uns von Candrakîrti überliefert ist (*Prasannapadâ*, XI, 13-16).

20 *Samyutta-nikâya*, III, 66-90.

21 *Dîgha-nikâya*, II, 64ff.

22 Dies ist natürlich der griechische König Menander, der in der Mitte des 2.Jh. v.Chr. über Südindien herrschte. Der Legende nach war es Nâgasena, der ihn zum Buddhismus bekehrte. Obwohl der Text aus späterer Zeit stammt, datiert der Inhalt höchstwahrscheinlich aus der vorchristlichen Epoche.

23 Der Begriff *puggala* bedeutet offenbar das Subjekt der Handlung, obwohl, wie T. W. Rhys Davids bemerkt, er vielleicht noch nicht alle seine späteren Bedeutungen angenommen hat. Zum Ursprung von *puggalavâda* siehe Pande, *Studies*, S.490ff.

24 *Milindapañha*, II, 1, 1ff. (oder 25l in der Ausgabe von Trenckner, S.25ff.)

25 *Milindapañha*, II, 2, 1 (S.40 in der Ausgabe von Trenckner).

26 *Milindapañha*, III, 5, X, 5 (Trenckner, S.71).

27 Vgl. z.B. *Visuddhi-magga*, XVIII; *Samyutta-nikâya*, III, 108ff. (XXII, 85) IV, 54 (XXXXV, 84).

5 Nirvâna

1 Außer den in der Bibliographie angegebenen Werken siehe Glasenapp, *Unsterblichkeit*, Obermiller, *Nirvâna*, S.211-257; Thomas, *Nirvâna*, S.294ff.; Quiles, *Nirvâna*, S.263-268; Altizer, *Nirvâna*, S.151ff.; siehe auch Miyamoto, *Nirvâna and the Limit of the Questioning*, S.503-528.

2 Stcherbatsky gibt in *Conception*, S.27, die folgende Zusammenfassung: Für

die frühen buddhistischen Schulen, sowie für den *vaibhâshika*, sind *samsâra* und *nirvâna* beide wirklich; für den *mâdhyamika* sind *samsâra* und *nirvâna* getrennt voneinander unwirklich; für den *sautântrika* ist *samsâra* wirklich und *nirvâna* unwirklich; für den *yogâcâra* oder *vijñânavâda* ist *samsâra* unwirklich und *nirvâna* wirklich. Andererseits mangelt es nicht an Autoren, die diese Aufstellung in Zweifel ziehen: Dutt, *Aspects*, S.154ff.; Murti, *Philosophy*, S.272ff. Diese Autoren sind ausdrücklich der Meinung, daß der Buddha die Existenz von *nirvâna* behauptete und seine Wirklichkeit nicht bezweifelte.

3 Für B. Saint-Hilaire, Pischel u.a. Vernichtung; für Max Müller Unsterblichkeit; für T. W. Rhys Davids Heiligkeit; für Coomaraswamy transzendente Wiedergeburt; für Keith Zustand der Abwesenheit, ohne Sein, Nichts; für de la Vallée Poussin (nach dessen Meinung die Mehrzahl der buddhistischen Schulen eine nicht-nihilistische Auffassung von *nirvâna* haben), vollkommener Agnostizismus. Siehe de la Vallée Poussin, *Nirvana,* S.81, Anm.34; Filliozat, *Inde*, § 2294-2296; Mus, *Barabudur*, S.201-208; Law, »Nirvâna«, S.547- 558. Siehe außerdem Slater, *Paradox.*

4 Siehe z.B. II, 72; VI, 15.

5 Siehe z.B. XIV, 543.

6 Siehe *Majjhima-nikâya*, I, 4, 6.

7 Siehe z.B. *Dîgha-nikâya*, I, 2, 19ff.

8 Siehe Bareau, *Date*, S.27-62; Dahlman, *Nirvâna.* Tsukamoto, *Materials.*

9 *Nirvâno'vâte*, nach der Pânini-Grammatik (VIII, 2, 50). *Vâta* bedeutet »Wind« (vgl. lat. *ventus*), und die Wurzel *va* bedeutet »wehen«. Vgl. z.B.: *nirvâno'gnir vâtena*, »vom Winde ausgelöschtes Feuer«, und *nirvânah pradipo vâtena*, »eine vom Winde ausgelöschte Lampe«. Siehe jedoch noch eine andere Deutung in Anm.14, unten.

10 »Durch das Auslöschen unseres Feuers erlangen wir Frieden«, sagt Coomaraswamy, *Hinduism*, S.63, in seinem Kommentar dazu. Siehe auch Anm.13, unten.

11 Siehe Anm.9, oben. Dasselbe kann durch lat. *spiritus* und gr. *pneuma* ausgedrückt werden. Siehe Anm.13, unten.

12 Siehe *nirvâna* im Sanskrit-Wörterbuch, hrsg. von Monier-Williams.

13 Wäre *nirvâna* dann der Wind des Geistes, der weht, wo er will, und man weiß nicht, woher er kommt und wohin er geht (vgl. Joh III,8), der die Geschöpflichkeit verzehrt, der die Umkehrung der Schöpfungstat erfüllt – nicht einer Schöpfung aus dem Nichts, sondern einer Schöpfung, die von Gott kommt und daher vergöttlicht zu Gott zurückkehrt? Coomaraswamy übersetzt *nirvâna* wörtlich mit »expiration« (»Ausatmen, Verscheiden«) aus *nir* (mit der Bedeutung von lat. *ex*) und *vâna*, »ausatmen, wehen«. In den von mir zitierten Texten der Gîtâ übersetzt er mit »despiration in God« (*Hinduism*, S.63). Siehe ebendort Hinweise in den Anmerkungen zu S.80. Siehe auch Campbell, *Hero*, S.163.

14 Siehe *Pali Text Society Dictionary*, 362a. Die entsprechende Sanskritwurzel wäre *vri*, mit der Bedeutung von »bedecken«. Buddhaghosa (*Visuddhi-magga*, S.293) verbindet das Wort mit der Wurzel *vri*, »bedecken«, und gelangt zu derselben Deutung. Siehe Surama Dasgupta, *Development*, S.185.

15 Siehe Kap.3, Anm.20, oben.

16 Siehe Rahula, *Buddha*, S.41.

17 *Samyutta-nikâya*, IV, 251-252 (38,1). S.94.)

18 Etymologisch ist das a nicht privativ, sondern steht für das lateinische ad. Wenn man aber bedenkt, daß *nada* von *nacer*, geboren werden, stammt (*res nata*), nähert sich *anonadamiento* dem *ad-nonada*, *ad non- natum*, im Sanskrit *ajâta*, nicht geboren sein: Das Zurückführen zu einer vorgebürtigen Situation, vor der Entstehung des *Kosmos*, der Wirklichkeit. Teresa von Avila spricht von *nadería* und Jorge Manique im 15. Jahrhundert von *anonadar*. Vgl. Corominas (1985) IV, 201ff.

19 *Samyutta-nikâya*, I, 136.

20 Ibid., I, 210.

21 Ibid., I, 39.

22 Haß, Gier, Unordnung: *Samyutta-nikâya*, IV, 359 (43, 1, 2).

23 Ein typisch buddhistischer Ausdruck. Siehe z.B. die Einführung zum *Vairacchedika-sutra (Prajñâ-pâramitâ-sûtra*, IX, in Goddard, *Bible*, S.86 (obgleich die Übersetzung von E. Conze in meinen Augen die beste ist). Siehe auch *Anguttara-nikâya*, II, 24; IV, 13; IV, 160; *Itivuttaka*, 69; *Samyutta-nikâya*, IV, 175.

24 Vgl. z.B. *Châdogya Upanishad*, VII, 26, 2; *Katha Upanishad*, II, 11; *Mundaka Upanishad*, II, 2, 6; *Prashna Upanishad*, VI, 8; *Maitrî Upanishad*, VI, 21, 28, 30, etc.

25 *Samyutta-nikâya, IV, 251-252.*

26 Diese beiden Wörter symbolisieren das ganze Spannungsverhältnis zwischen Buddhismus und Hinduismus. Zusammen stellen sie zwei Tendenzen des menschlichen Wesens dar. Das Vollkommene, Perfekte ist, wie lat. *perfectum* und gr. *teleios* andeuten, das Hergestellte, Geschaffene, Erreichte, Erbaute, Entwickelte, *samskrita*, besagt die eine Tendenz. Das zu erreichende Ziel ist das Nichterbaute, Ungeschaffene, Nichtgemachte, Nichthergestellte, Nichtentwickelte, *akrita*, sagen die anderen. Die soziologischen Folgen sind in meinen Augen bis in unsere Zeit ungeheuer groß. Siehe auch Kap.3, Anm.46, und Kap.4, Anm.17, oben.

27 Vgl. *Dhammapada*, XXVI, 1 (383), wo dasselbe *akataññû* (das Nichtgemachte, Ungeschaffene) auftaucht, wie z.B. in VII, 8 (97).

28 Vgl. z.B. Mt XI,15, XIII,9.43; Mk IV,9.23; Lk VIII,8; XIV,35, etc. Wie wir sehen, handelt es sich nicht um eine einzelne, isolierte Stelle, und die betreffende Aussage könnte erstaunlich tiefe Bedeutungen gewinnen, wenn man sie im Lichte des Buddhismus betrachtete. Schließlich äußerte auch der Meister von Nazaret sich unklar über seinen Vater und sprach den Namen dieses Vaters, trotz der Aussage in Joh XVII,6, niemals wirklich aus.

29 Vgl. im Christentum Joh I,1, Heb I,2, etc. im Gegensatz zu Gen I,1 in der hebräischen Überlieferung.

30 Dies ist z.B. auch die zentrale Vorstellung der Askese des Hl. Johannes vom Kreuz.

31 Siehe *Dhammapada*, XXV, 9 (368).

32 Es ist nicht meine Aufgabe, eine christliche Hermeneutik dieser ganzen Problematik zu versuchen – obwohl ich dadurch eine viel tiefere und bisher ungeahnte Bedeutung herausholen könnte – oder zu erörtern, ob das »unentdeckte Paradox der Nichtjuden« (de Lubac, *Surnaturel*, S.155-77) in einer

Theologie zu transzendieren wäre, die den buddhistischen Überlegungen Rechnung trägt.

33 Die Vielfalt der Meinungen unter den verschiedenen buddhistischen Schulen bezüglich *asamkhata* ist sprichwörtlich und reicht von der Anerkennung von nur Einem im Theravâda z.B. bis zu den neun »nichtgestalteten« *asamkhata* in der Lehre des Mahâsânghika usw. Ein guter Überblick über diese Frage findet sich in Bareau, *Absolu*, S.260. Unzweifelhaft erkennen alle Schulen *nirvâna* als *asamskrita* par excellence an.

34 Siehe mein Buch *Myth*, Kap.II und III, wo das Problem mit passenden Zitaten dargelegt wird.

35 Siehe Vesci, *Heat*.

36 Zur christlichen Spiritualität siehe Louis Bouyer, *Le sens de la vie monastique*, sowie das Sammelwerk *Théologie de la vie monastique*. Siehe außerdem mein Buch *Den Mönch in sich entdecken*.

37 Vgl. eine Aussage Karl Rahners, die zwar nicht in einem buddhistischen Kontext steht, der buddhistischen Intuition jedoch sehr nahe kommt: »Denn was sagt das Christentum eigentlich? Doch nichts anderes als: das Geheimnis bleibt ewig Geheimnis. Dieses Geheimnis will sich aber als das Unendliche, als das Unaussagbare, Gott genannt, als sich schenkende Nähe in absoluter Selbstmitteilung dem menschlichen Geist mitten in der Erfahrung seiner endlichen Leere mitteilen;...« (»Über die Möglichkeit des Glaubens heute«, S.14-15). Siehe außerdem unten, Kap.10, Anm.209.

38 Vgl. z.B. Heb IX,11ff.

39 Es ist bezeichnend, daß diese im patristischen Schrifttum so gebräuchliche und häufig vorkommende – und für einen Dialog zwischen dem Christentum und anderen Religionen so fruchtbare – Idee aus Furcht vor dem Pantheismus so oft im Schatten blieb. Vgl. z.B.: »Gottes Logos ist Mensch geworden, damit die Menschheit erfassen möge, wie sie zu Gott werden könne« (Clemens von Alexandrien, *Protrepticos*, I, 9). (Es ist aufschlußreich, sich daran zu erinnern, daß das Wort *theopoiein*, »vergöttlichen«, das in der christlichen Überlieferung zum ersten Mal von Clemens verwendet wurde, im klassischen Griechisch die »Herstellung von Idolen« bedeutete und in manchen Fällen »Apotheose«.) In dem Ausdruck »Vergöttlichung des Menschen« (*theopoô anthrôpon – Protrep.*, XI), den die christliche Lehre gebraucht, klingt der biblische Satz an: »Ich habe gesagt: Ihr seid Götter« (Joh X,34, der wiederum aus Ps 82,6 kommt), den Clemens wörtlich zitiert (*Stromata*, XIV, 146). Mit dem Hl. Irenäus wird der Gedanke beinahe zum Leitmotiv: »Der Grund, warum das Wort Gottes Mensch wurde und der Sohn Gottes zum Menschensohn, liegt darin, daß der Mensch, vereinigt mit dem Wort Gottes, die Gotteskindschaft empfing und dadurch zum Sohn Gottes wurde« (Irenäus, *Adversus Haereses*, III, 19[PG, 7,939]). Die auf Textkritik beruhende Übersetzung von Sagnard in *Sources Chrétiennes*, Bd.34, lautet: *pour que l'homme entre en communion avec le Verbe de Dieu* (»auf daß der Mensch in Kommunion mit dem Wort Gottes trete«); vgl. Irenäus, *Adversus Haereses*, Vorwort (PG, 7,1120), sowie Buch 3, Kap.18, Abs.1 (PG, 7,937), etc. Der Heilige Gregor, der Kirchenlehrer, fand eine genaue und kühne Formulierung: *Hina ginomai tosouton theos, hoson ekeinos anthrôpos* – »auf daß ich Gott werde in dem Maße, wie Gott Mensch

wurde« (Gregor von Nazianz, *Oratio theologica*, III, 19 (PG, 36,100). Maximus Confessor nennt diese Formulierung »die schöne Umkehrung (*kalê apotrophê*), daß der Mensch vergöttlicht und Gott vermenschlicht werde« (*anthrôpêsis*). Vgl. schließlich: »Das Wort wurde Mensch, damit wir göttlich werden« (Athanasius, *De Incarnatione Verbi*, 54 – PG, 25,192); »Gott wurde Mensch, auf daß der Mensch Gott werde« (Augustinus, *Sermo 128* (PG, 39,1997); etc. Diese und andere Texte siehe bei Lemarié, *Manifestation*, S.145- 60; Bouyer, *Spiritualité*, S.334 u. passim; Hausherr, *Direction*, S.306 u.passim; Gross, *Divinisation*, passim; etc.

40 Siehe mein Buch *Mystère*.

41 Siehe oben, S.42f.

42 Einige Autoren haben vor kurzem eine Art systematisches Inventar der verschiedenen Theorien von *nirvâna* aufgestellt. Pande (*Studies*, S.443-540) gelangt zu dem Schluß, daß die vorherrschende moderne Ansicht sowohl der agnostischen wie auch der nihilistischen Postion widerspricht (S.456). Auch Welbon (*Understanding*, 300-326) ist geneigt, die Theorie des totalen Nihilismus abzulehnen (S.322).

43 »Das wäre aber eine große Häresie, wenn man das *nirvâna* mit dem Nichts gleichsetzen wollte; keine Sekte behauptet das« (Regamey, *Buddhismus*, S.275).

44 Siehe die Reihe von Arbeiten von de la Vallée Poussin über *nirvâna* aus den Jahren 1917, 1924 (25ff.), 1925, 1929, 1932,1 (127ff.); 1932,2 (329ff.). Stcherbatsky schrieb sein Werk, als er erkannte, daß er sich nicht damit zufriedengeben konnte, einfach nur das Buch *Nirvâna* von de la Vallée Poussin vom Jahre 1925 zu rezensieren.

45 *Visuddhi-magga*, XVI.

46 *Anupâdisesâya nibbânadhâtuyâ*.

47 *Milindapañha*, III, 5, 10 (S.73 in der Trenckner-Ausgabe).

48 *Itivuttaka*, 43 – oder II, 6, entsprechend der anderen Zählung – (nach der Übers. von J. H. Moore, S.56). Siehe denselben Anfangstext in *Udâna*, VIII, 3.

49 *Udâna,* VIII, 1.

50 *Itivuttaka*, 44 (oder II, 7) (nach der Übers. von J. H. Moore, S.57).

51 Der *Mâdhiyamika*, die Quelle des hier zitierten Textes, kann nicht den Anspruch erheben, die höchsteigenen Worte des Buddha wiederzugeben. Ich zitiere ihn dennoch, weil er vielleicht zu den klarsten gehört, die das total Andere des *nirvâna* behaupten (s.u. Anm. 56).

52 Oder: Wenn die Dinge *seiend* sind, dann gibt es keinen Übergang vom Nichtsein zum Sein oder umgekehrt. Ein solcher Übergang würde bedeuten, daß die Dinge nicht seiend sind kraft des Prinzips des Nicht-Widerspruchs, insofern das Sein ist, und das Nichtsein nicht ist. Das Argument setzt sich *in infinitum* fort.

53 Siehe fast dieselben Worte im *Lankâvatâra-sûtra*, 96ff.

54 Hier beginnt der Text das klassische Schema des *Mâdhiyamika* mit seinen vier dialektischen Möglichkeiten anzuwenden, die auf dem berühmten *catushkoti* der systematischen negativen Antworten des Buddha auf die vier, die Fragestellung erschöpfenden Typen von Fragen beruhen.

55 Siehe Anm.32, S.288.

56 *Madhyamaka-kârikâ* (Nâgârjunas), XXV, 1-24. Siehe (nach der Übers. von K. Inada, S.154ff.) Candrakîrtis Kommentar, *Prasannapadâ*, übers. und annot. von Stcherbatsky, *Conception*, S.183-212. Eine gute Studie für unsere Zwecke (die Ansicht, daß das Schweigen des Buddha in Nâgârjunas *shûnya* gipfelt) ist die von G. M. Nagao, *The Silence of the Buddha and Its Madhyamic Interpretation*. Vgl. auch Conze, (Hrsg.), *Buddhist wisdom Books*, S.110ff.

57 Die Gelehrten stimmen überein, daß das verloren gegangene Sanskrit-Original des *Lankâvatâra-sûtra* aus dem ersten Jahrhundert n.Chr. stammen muß, obwohl die erste chinesische Übersetzung erst aus dem fünften Jahrhundert stammt. Hier verwende ich, leicht gekürzt, den von Goddard in *A Buddhist Bible*, S.351ff., rekonstruierten Text, nach der englischen Übersetzung aus dem Chinesischen von Suzuki, *Lankâvatâra*.

58 Ich gebe diesen Text so ausführlich wieder, weil er eine substantielle Zusammenfassung einer beträchtlichen Anzahl philosophischer Schulen darstellt und das buddhistische Konzept eines stets nicht-bedingten *nirvâna* demonstriert.

59 *Lankâvatâra-sûtra*, 12 (das Kapitel über *nirvâna*), nach dem von Goddard zitierten Text, in *Bible*, S.351ff., nach Suzuki.

60 Ich kann zwar keine Textanthologie der unzähligen buddhistischen Schulen bieten, gebe jedoch hier den chinesischen Text des berühmten Hui-Neng oder Wei-lang wieder, des sechsten *Ch'an*-Patriarchen, der höchstwahrscheinlich im siebten Jahrhundert lebte. (Als der Mönch Bodhidharma, der später als der achtundzwanzigste Patriarch nach Shâkyamuni galt, aus Südindien nach China kam, wurde er dort der erste der chinesischen Patriarchen der Richtung des *Ch'an*-Buddhismus, der später große Bedeutung erlangte.)

61 »Das Sûtra des Sechsten Patriarchen«, nach der englischen Fassung von Wong-Mou-Lam in Goddard, *Bible*, S.544-547. Siehe außerdem die (sehr eigenwillige) Übersetzung von P. F. und G. D. Fung, *The Sûtra of the Sixth Patriarch on the Pristine Orthodox Dharma*. Die am meisten zu empfehlende englische Übersetzung ist die von Wing-Tsit-Chan, *The Platform Scripture*, die deutsche Übersetzung: U. Jaraud, *Das Podium-Sûtra des sechsten Patriarchen*, München 1989.

6 *Pratîtyasamutpâda*

1 *Dîgha-nikâya*, II (*Mahâpadâna-sutta*); *Samyutta- nikâya* I, 6, und das bekannte *bodhikathâ* im *Mahâvagga*, I, 1, 1-3; etc. Andere Passagen siehe bei Pande, *Studies*, S.413.

2 Siehe jede der zahlreichen Biographien des Buddha oder das Resümee von Lamotte, *Histoire*, S.17.

3 *Majjhima-nikâya*, I, 190-91; ein Satz, der in der buddhistischen Literatur oft zitiert wird. Siehe z.B. Candrakîrti, *Mâdhyamika-kârikâ-vritti*, S.160. Der Text lautet: *yo paticcasamuppâdam passati so dhammam passati, yo dhammam passati so paticcasamuppâdam passatîti*.

4 *Shâlistamba-sûtra*, zitiert von Prajñâkaramati, in *Bodhicaryâvatârapañjikâ* (Ausg. Bib. Ind.), in Murti, *Philosophy*, S.7.

5 Vgl. Murti, *Philosophy*, S.7.

6 Außer anderen zu erwähnenden Werken siehe Oltramare, *Formule*; Barua, *Pratîtyasamutpâda*; Law, *Formulation*; de la Vallée Poussin, *Bouddhisme*.

7 Der Überlieferung folgend, nennt Nâgârjuna sie *pratîtyasamutpannadharmanirdeshakushala*, »die fähig sind, die wechselseitig bedingte Entstehung zu lehren« (Nâgârjuna, *Mahâprajñâpâramitâshâstra*, X, 14 (in Lamotte, *Histoire*, S.349).

8 Eine kurze Beschreibung siehe bei Pande, *Studies*, S.407ff.

9 Candrakîrti, *Madhyamaka-kârikâ-vritti*, IV 3, in Murti, *Philosophy*, S.7.

10 Einige Beispiele: »production en dépendence« (Lamotte, *Histoire*, S.36, etc., und Silburn *Instant*, S.197, etc.); »production en consécution« (Filliozat, *Inde*, § 2283); »entstehen in Abhängigkeit« (v. Glasenapp, *Religionen*, S.79); »Kausalnexus des abhängigen Entstehens« (idem, *Buddhismus*); »interdependent coexistence« (Casey, *Aspects*, S.2 u. passim); »conditioned genesis« (Rahula, *Buddha*, 53); »generación condicionada« (Dragonetti, *Dhammapada*, S.98); »dependently-coordinated-existence (of the elements)« (Stcherbatsky, *Conception*, S.42); »dependent co-origination« (S.N. Dasgupta, *History*, I,92, etc.); »Lehrsatz von abhängigem Entstehen« (Frauwallner, *Philosophie*, S.27ff.).

11 T. W. Rhys Davids u.a., einschließlich Coomaraswamy, sind der Meinung, daß es sich hierbei um die erste Formulierung des Gesetzes der Kausalität handelt. Aus Gründen, die wohl jedem Buddhismusforscher einleuchten werden, könnte diese Deutung eine *metabasis eis allo genos* darstellen. Auf jeden Fall haben wir es sicher nicht mit einer substantialistischen Kausalität zu tun, noch mit einer »Ursache« des Seins, sondern mit einer Konzeption, die sich vom Begriff der Kausalität wesentlich unterscheidet.

12 Siehe Miyamoto, *Re-Appraisal*.

13 *Pratîtyasamutpâda* ist von *pratîtya* und *samutpâda* abgeleitet. *Pratîtya* kommt von *prati + i + ya*: von einem Präfix, das Dynamik, Bewegung, Nähe, »zu« oder »hin zu«, »wieder«, in Erscheinung treten, etc. bedeutet (vgl. gr. *pros*); dann aus der Wortwurzel von »gehen«, *ire*; und der Endung des Gerundiums. Die wörtliche Bedeutung wäre daher: »zugehend auf«, »gehend zum Zweck von«. N.S. Dasgupta übersetzt »after getting« (*History*, I,93) und Silburn »allant en fonction de« (*Instant*, S.197). – Auch *samutpâda* ist eine Zusammensetzung, aus *sam + ut + pâda* - einem Präfix, das Konvergenz, Verbindung, Einheit, Intensität, Vollständigkeit bedeutet (vgl. gr. *syn-* und lat. *cum*, *con-*), dann aus der Partikel *ud*, in der Bedeutung von »Herausragen«, »oben«, »über und jenseits« etc., die zusammen mit der Wurzel *pad* des Verbums für »gehen« (»fallen«, »teilnehmen«) die Bedeutung von »hervorbringen«, »entstehen lassen«, »gebären«, »hervortreten«, »erscheinen«, »sichtbar werden«, »verursachen« etc. hat. Die wörtliche Bedeutung wäre also: »zusammenlaufende (konvergente) Entstehung«, »harmonisches Hervortreten«, »bedingte Geburt«, »verbundene Erscheinung«, »gegenseitiges Entstehen«, »gemeinsames Erzeugen« etc. Dürfen wir sagen »Epiphanie«? – *Pratîtyasamutpâda* bedeutet also so etwas wie »gemeinsames Entstehen verwirklicht in Hinsicht auf«, »harmonisches Werden«, der »Weg des gemeinsamen Hervortretens«, »Erscheinen aufgrund von« etc. Halten wir einfach die Bedeutung von gehen, fortschreiten

fest – die beiden Wurzelbedeutungen – und die dynamische Kraft der Präfixe. Ich darf dies also »die Epiphanie des Zusammenwirkens der Totalität«, »die globale Manifestation der Dynamik aller Dinge« oder einfach »die universelle Verflechtung« nennen.

14 Das gebräuchliche Wort zur Benennung des Systems der verschiedenen Bedingtheiten, das manchmal auch die Theorie der zwölf Ursachen genannt wird, lautet *nidâna*: Verbindung, Bindeglied, Band, Bindung. *Nidâna* kommt von *ni* + *dâna*, und *dâna* stammt aus der Wurzel *da* oder *di*, »binden«. Das Wort ist alten vedischen Ursprungs; siehe Renou, *Connection*. Es ist sattsam bekannt, daß der Buddha dem Begriff von *nidâna* seine charakteristische Bedeutungsnuance verlieh und auf den Rückgriff der Upanishaden auf die *pratishthâ* verzichtete.

15 Tokurû Yamaguchi führt drei grundlegende Unterschiede zwischen dem Konzept von *pratîtyasamutpâda* und dem »westlichen Kausalitätsbegriff« an: 1. Die Kausalität operiert immer von außen, über das *ex*, während das buddhistische Konzept über das *per* operiert. (Ein Kind wird von einer Mutter geboren; etwas ist rechts, kraft dessen, daß etwas links ist, und umgekehrt.) 2. Die Kausalität geht der Wirkung immer voraus, während die Beziehung von *pratîtyasamutpâda* immer etwas Gleichzeitiges ist. 3. Ursache und Wirkung sind irreversibel, während die buddhistische Verkettung gegenseitig und wechselweise ist. Siehe Yamaguchi, *Problems*, S.7.

16 *Samskâra*, ebenso wie *dharma*, »sind die Wörter, die am unangenehmsten zu übersetzen sind«, sagt Silburn (*Instant*, S.171) und geht so weit zu behaupten, daß »die meisten Irrtümer, die über den Buddhismus begangen wurden, darauf zurückgehen, daß das Verbum *samskri* nicht in seinem ganzen Bedeutungsradius verstanden wurde« (ibid., S.200).

17 *Sabbe samkhârâ aniccâ.*

18 *Udâna Varga*, XIII, 5, 8.

19 *Mahâvagga Vinayapitaka,* I, 6, 29.

20 Hier ist es angebracht, die Stelle zu zitieren aus dem *Ägypterevangelium* nach Clemens von Alexandrien (*Stromata*, Buch 3, Kap.9, Abs. 1[452]): »Weshalb, als das Wort von der Erfüllung [der Zeiten] gesprochen hatte, Salome mit Recht fragte: Wie lange sterben die Menschen? Worauf der Herr bedächtig und besonnen erwiderte: Solange die Frauen gebären – das heißt, solange die Begierden am Werk sind... Denn aufgrund der natürlichen Notwendigkeit des göttlichen Haushalts folgt der Tod auf die Zeugung, und dem Zusammenschluß von Körper und Seele folgt deren Auflösung.« Natürlich sind das Leben und die Schöpfung an sich nicht böse; es ist nur der Lauf der Natur, daß auf die Geburt unweigerlich der Tod folgt. Siehe die interessante Argumentation in Buch 3, Kap.9 (452-454), die einen ganz neuen Sinn bekommt, wenn man sie in diesem buddhistischen Geist betrachtet.

21 Man betrachte im Gegensatz dazu die Denkweise einer bestimmten christlichen Spiritualität, die das Wesen des Menschen über den Wert von anderen Dingen erhebt – siehe die heutigen Umweltkatastrophen.

22 Eine vergleichende Studie über die Erfahrung des Buddha und des heiligen Benedikt, der die ganze Welt in der Form einer einzelnen, geschlossenen Kugel sah (vgl. Gregor der Große, *Vita Sancti Benedicti, Lib. II Dialogorum*), würde

sicher reiches und verheißungsvolles Material für eine Monographie abgeben. Über den Hl. Benedikt siehe A. Stoltz, *Theologie der Mystik.*

23 Ein weiteres lohnendes Thema wäre die Gegenüberstellung des Schlüsselbegriffs der Hierarchie in der kosmischen Schau des Pseudo-Areopagiten (vgl. *Hierarchia Caelestis*, PG 1:164-165) mit der universellen Verkettung des Buddhismus.

24 Eine vergleichende Studie der Hauptbegriffe des Weltbilds der modernen Physik und der buddhistischen Kosmologie steckt noch in ihren Anfängen. Siehe z.B. Capra, *Tao.*

25 Bezeichnenderweise weist die *Chândogya Upanishad* (VII 24,2) die Ansicht zurück, daß ein Ding sich bloß in einer undifferenzierten Kreisförmigkeit auf ein anderes stützt, weil dies die Schlußfolgerung des Buddha ausschließen würde: »Ich spreche nicht so, weil ein Ding sonst auf einem anderen beruhen würde (*anyo hy anyasmin pratishthita iti*).« Die Dinge bedingen sich wechselweise, doch die totale Bedingtheit kann nichts Endliches sein. *Pratishthita*, worauf die Dinge sich gründen, worauf sie beruhen, kann in keinem anderen Ding sein, weder im Linearen noch Kreisförmigen, denn dies würde ad infinitum weitergehen ohne jedes Resultat.

26 Siehe bestimmte Passagen: *Itivuttaka*, 43; *Udâna*, I,10; VIII, 1-4; I, 480; *Majjhima-nikaya*, II, 173; III, 70; III, 145; etc.

27 Siehe oben, S.87-89, und unten, Anm.32.

28 Es ist ein kulturelles Merkmal Indiens, daß es einen Pluralismus von Wahrheiten einem Monismus der Wirklichkeit gegenüberstellt. Im Gegensatz dazu ist die abendländische Kultur auf einen Pluralismus von Wirklichkeiten gegründet, der vom Monismus einer Wahrheit »korrigiert« wird. Siehe mein Buch *Mystère*, S.37ff. In diesem Sinne ist die Behauptung von Streng (*Emptiness*, S.21, Anm.) zu verstehen, die besagt, daß Nâgârjunas Ausdruck »höchste Wirklichkeit« mit »höchste Wahrheit« zu übersetzen sei.

29 Vgl. *Samyutta-nikâya*, II, 48.

30 Silburns These (*Instant*, S.193ff.), daß *pratîtyasamutpâda* auf derselben Linie liege wie die Opfer der *Brâhmana*, ist bedenkenswert.

31 Wie Glasenapp bemerkt, trifft die Bezeichnung des Absoluten als »das ganz Andere« mehr auf das *nirvâna* zu als auf den christlichen Gott (vgl. Glasenapp, *Buddhismus*, S.104). Genau genommen, müßten wir jedoch sagen, daß weder der christliche Gott noch *nirvâna* mit den Kategorien von Gleichheit und Unterschiedlichkeit zu fassen und zu verstehen ist. Gott ist nicht das Andere, ebenso wenig wie *nirvâna*. Es bleibt uns nichts anderes übrig als das ontologische Schweigen.

32 Siehe den berühmten Vers *na samsârasya nirvânât kimcid asti visheshanam* (»Zwischen *samsâra* und *nirvâna* gibt es keinen Unterschied«): in Nâgârjuna, *Mâdhyamaka-kârikâ*, XXV, 19, oben zitiert, S. 87-89.

33 *Majjhima-nikâya*, II, 32 (*Cûla-sakuludâyi-sutta*, 79). Vgl. fast dieselben Worte in *Samyutta-nikâya*, II, 28 und 65, sowie im *pratîtyasamutpâda-sûtra*. Es handelt sich hierbei um das, was H. Ui in Anknüpfung an die Überlieferung *idampratyayatâ* nennt, in einem Versuch, das *pratîtyasamutpâda* zu entmythifizieren und es in eine Erklärung allen Werdens und jedes Daseins zu verwandeln. Siehe Takeuchi, *Schweigen*, S.12ff.

34 *Dîgha-nikâya*, II, 55; *Samyutta-nikâya*, II, 92 (XII, 60 [*Nidâna Vagga*]).

35 Basham, *Sources*, S.103, stellt fest, daß der Buddhismus das Kastensystem theoretisch zwar nicht anerkennt, daß man aber trotzdem eine bestimmte Kastenmentalität in einer Textstelle wie dieser wahrnehmen kann, wo der Mönch, der die Botschaft des Buddha nicht zu begreifen vermag, sich in einer niedrigeren Stellung befindet.

36 *Majjhima-nikâya*, I, 256ff. (*Mahâtanhâsankhaya-sutta 38*).

37 *Visuddhi-magga*, XVII.

38 Es folgt keine wörtliche Übersetzung eines Textes, sondern eine Synthese der zwölf Bindungen, wie sie gewöhnlich dargestellt werden. Es ist allgemein bekannt, daß sogar die Beschreibungen im Pâli-Kanon wichtige Varianten enthalten. So führt z.B. das *Mahânidâna-sutta* (*Dîgha-nikâya*, XV, 1ff.) einen Katalog von nur neun Bindungen auf, aber es gibt andere Texte mit sechs, sieben, zehn oder elf. Die grundlegenden Texte sind: *Vinayapitaka*, I, 1; *Majjhima-nikâya*, III, 63; siehe *Samyutta-nikâya*, II, 1-4, zur Etymologie von *nidâna*. Siehe außerdem Williams, *Translation*.

39 Zu diesem wie auch zu anderen Punkten siehe die wichtigen Aspekte, die Lamotte in *Histoire*, S.39ff., gegenübersteIlt.

40 Mit typisch deutscher Prägnanz übersetzt und erläutert Glasenapp in *Die nichtchristlichen Religionen*, S.79: »Karma-gestaltende Triebkräfte, die das Schicksal der nächsten Existenz bestimmen werden.«

41 *Saddâyâtana*, »the six dominations« (»die sechs Herrschaften«), in Dragonettis Übersetzung (S.100); »bases« (»Grundlagen«), in der von Lamotte, *Histoire*, I,39ff.

42 Filliozat übersetzt mit Finesse: »la prise de contact« (»Fühlungnahme«), *Inde*, § 2284.

43 Lamotte, ibid.

44 Es hat sich als klassisch eingebürgert, die zwölf Bedingtheiten in drei zeitliche Kategorien einzuteilen: Vergangenheit (1 und 2), Gegenwart (3-10) und Zukunft (11 und 12). »Geburt« bezieht sich offensichtlich auf die künftige Geburt derer, die von der Daseinskette noch nicht erlöst wurden.

45 *Anguttara-nikâya*, III, 60.

46 Deutsche Übersetzung und Anmerkungen bei Frauwallner, *Philosophie*, S.39ff., 409.

47 Siehe Tucci, *Fragment*, und die deutsche Übersetzung bei Frauwallner, *Philosophie*, S.48ff.

48 Siehe de la Vallée Poussin, *Théorie*, S.68ff.

7 Avyâkritavastûni

1 Andere Texte, die sich auf bestimmte Aspekte von *avyakrita* beziehen, sind in den folgenden *suttas* des *Dîgha- nikâya* zu finden: *Brahmajâla*, *Mahâli*, *Potthapâda*, *Mahânidâna* (üblicherweise numeriert I, VI, IX, XV); *Samyutta-nikâya*, III, 24 (genannt *Dittisamyuttam*); Murti, *Philosophy*, S.36, fügt die folgenden Zitate hinzu: *Majjhima-nikâya*, II, 229-38; *Milindapañha*, IV,2,5

(hrsg.v. Trenckner S.144ff.); *Abhidharma Koshabhâshya*, Anhang (*Pudgala-vinishcaya*); *Madhyamaka-kârikâ* von Nâgârjuna, XXI, XXV und XXVIII; *Astasâhasrikâ- prajñapâramitâ*, S.269ff.; *Mahâvyutpatti*, S.64 (Abs.206); *Dharmasamgraha*, S.67. Die wichtigen Stellen sind aber *Majjhima-nikâya* I, 426-432; I, 483-489; *Samyutta-nikâya* III 33; IV, 44.

2 Siehe mein Buch *Mâyâ*, Teil I, Kap.3 (S.71-98), sowie mein Buch *Spiritualità* (*Hindu-Spiritualität*).

3 Siehe unten, S.141f.

4 Die dreifache Etymologie des Wortes *deva* in den überlieferten Interpretationen ist aufschlußreich. Die erste leitet das Wort von der Wurzel *div-*, oder besser: von *dî-* ab, »leuchtend, blitzend«, so daß nach dieser Ableitung die Götter leuchtende Wesen von strahlendem Glanz und Schönheit sind. Nach der zweiten Interpretation kommt *deva* von der Wurzel *dîv-*, »spielen, sich vergnügen«, und danach wären die Götter die Wesen, die spielen und sich vergnügen, weil sie den Nöten des menschlichen Lebens nicht unterworfen sind. Die viel weiter hergeholte dritte Etymologie verbindet das Wort mit *dâ-*, in der Bedeutung von »trennen, teilen«, oder mit *dâ*, in der Bedeutung von »geben«. Es findet sich ein interessantes und erhellendes Wortspiel in *Shatapatha Brâhmana* (XI, 1, 6, 7), wo im Spiel mit der Wurzel *dîv-* (»leuchten«), von der sich *dyu* (»Himmel«, »Tag«) herleitet, und dem Wort *deva* in der oben genannten Bedeutung, die Aussage gemacht wird: »Aus seinem Munde kamen die *devâ*. Sobald sie erschienen, nahmen sie den Himmel in Besitz... Und als Prajâpati sie ausgesandt hatte, war es Mittag für ihn.«

5 »Es unterliegt m.E. nicht dem mindesten Zweifel, daß der Buddha und alle seine Anhänger an die reale Existenz dieser Gottheiten geglaubt haben«. (Glasenapp, *Buddhismus*, S.23.)

6 *Majjhima-nikâya*, II, 212 (*Sangarava-sutta* 100). Es wäre nicht schwierig, zahlreiche andere Texte heranzuziehen.

7 Ich meine, daß eine monographische Studie über die verschiedenen Gottheiten in den diversen Religionen eine bedeutende und dringliche Aufgabe wäre in der Auseinandersetzung mit dem Problem des zeitgenössischen »Atheismus«. Als Quelle für den Hinduismus siehe Gonda, *Observations*.

8 Vgl. *Majjhima-nikâya*, I, 2 (*Mûlapariyâya-sutta 1)*; I, 329 *(Brahmaninantanika-sutta* 49).

9 Vgl. *Mahâprajñâpâramitâ-shâstra*, I, 141, in der französischen Übersetzung von Lamotte. Dies ist der Punkt, auf den viele moderne Menschen sich berufen, wenn sie den »wissenschaftlichen« Charakter des Buddhismus hervorheben wollen.

10 Es ist interessant, daß die Christen während der ersten Jahrhunderte ihrer Geschichte als Atheisten betrachtet wurden, weil sie sich weigerten, die Götter der anderen anzuerkennen, und weil ihr Gott keinen Tempel besaß.

11 Um die Haltung des Buddha richtig einzuordnen, sollte man die dem *Vaisheshika* entspringende, jedoch allen Philosophien Indiens gemeinsame Lehre der vier Klassen von *abhâva* oder Seinsmängel, bedenken: 1. *prâgabhâva*, das zur Existenz gehörige Nichtsein, wie ein Kleid, bevor es geschneidert ist; 2. *dhamsa*, nachfolgendes Nichtsein, nämlich ein Sein, das eben aufgehört hat zu sein, wie ein eben zerbrochenes Gefäß; 3. *atyantâbhâva* oder Unmöglichkeit, wie

das Kind einer unfruchtbaren Frau; und 4. *anyonyâbhâva* oder wechselseitige Verneinung, wie Wasser und Eis (um mich der traditionellen Beispiele zu bedienen).

12 Ich halte mich zwar an meine eigene Deutung des berühmten Tetralemmas, aber es ist trotzdem nützlich, die Bibliographie zu diesem Problem zur Kenntnis zu nehmen. Zusätzlich zu den weiter oben und unten zitierten Werken sind die folgenden Artikel von Interesse: R. H. Robinson, *Aspects*; Nakamura, *Influence*; Schayer, *Antizipationen*; Organ, *Silence*; Nagao, *Silence*.

13 Siehe R. H. Robinson, *Nâgârjuna*.

14 Siehe die beiden Studien von J. F. Staal, die zwar nicht ausschließlich vom Buddhismus handeln, jedoch Material zum Nachdenken in Fülle liefern: *Construction* und *Negation*.

15 Siehe Pandeya, *Logic*.

16 Siehe ibid. und Murti, *Philosophy*, S.130.

17 *Hêmeis de nun eilêphamen hôs adunatou ontos hama einai kai mê einai* (»Wir sagen jedoch, daß es unmöglich ist, daß etwas sei und gleichzeitig nicht sei«); Aristoteles, *Metaphysik*, II, 4 (1006 a 3-4).

18 *Esti gar einai, mêden d' ouk estin*: »Denn Sein ist, ein Nichts dagegen ist nicht« (Diels, *Fragmente*, 6).

19 »Das Seiende denken und sein ist dasselbe« (ibid., 3).

20 Wobei A für den Satz 1 (»A ist B«) und B für die Aussage »ist nicht meine Ansicht« steht.

21 In der modernen Logik steht der bekannte Satz von Sigwart (siehe seine *Logik*) über die Negation der Negation der Meinung zahlreicher anderer entgegen: »Nicht nicht-A = A«. Ohne in diesem Streit, der sich auch auf das Prinzip des auszuschließenden Dritten erstreckt, Partei zu ergreifen, halte ich die Formulierung für gültig, unter der Voraussetzung von »A = A«, was mit dem Verbum »sein« zutrifft. Das heißt, das Prinzip ist in dem Satz »Nicht ist-nicht ist«, wie ich in diesem Text dargelegt habe. Denn »zu sein« heißt *pollakôs* – »auf vielfältige Weise«, wie Aristoteles erklärt (*Metaphysik*, Buch 4, Kap.2 a 33, b 5).

22 Lassen wir uns nicht auf die hitzige Debatte ein, ob die buddhistische Logik, insbesondere *Mâdhyamika*, das auszuschließende Dritte anwendet oder nicht, obwohl ich eher geneigt bin, dies zu bejahen. Siehe R. H. Robinson, *Aspects*; Pandeya, *Logic*; Murti, *Philosophy*: Yamaguchi, *Problems*.

23 Siehe ein Werk, dessen Studium sehr aufschlußreich wäre für das Problem der Anwendung der Prinzipien des menschlichen Denkens auf den vorliegenden Fall (den der Autor jedoch nicht berücksichtigt, da er sich ausschließlich mit der westlichen Problematik befaßt): Morot-Sir, *Pensée*, bes. S.345ff.

24 *Caturdashâ avyâkritavastûni*, heißt es in der Überlieferung. Siehe Kasawara, *Dharma Samgraha*.

25 Von *in-ex-plicare*, etwas, das nicht erklärt, dargestellt, entfaltet werden kann – dessen Falten sich nicht öffnen lassen.

26 Die Wurzel *kri-*, »tun, machen« ist die Grundlage des Wortes *a-vy-â-kri-ta*; das Anfangs-*a* ist privativ, so daß *vy-âkrita* »getrennt, geteilt, abgewickelt, angewandt, exponiert« bedeutet und von daher – höchst bedeutsam – »verwandelt, entstellt, verändert«. Das Verbum *vyakri* bedeutet im genauen Wortsinn »ent-

machen«, also »trennen, teilen«, sodann »erklären, erläutern« und schließlich »voraussagen, weissagen, prophezeien« – wodurch der Knoten der Zeit »entmacht« (aufgelöst) wird. Daher bedeutet *a-vyakrita* das »Unerklärliche«.

27 Ich werde nicht versuchen, das buddhistische *avyâkrita* zum *avyakta* der *Katha Upanishad*, III, 11 (I, 3. 11); der *Bhagavad Gîtâ*, VIII, 20-23, etc. in Beziehung zu setzen. In den Texten der *Upanishad* geht es um das Unmanifestierte, das Unentwickelte, das, was vor allem ist. Siehe einen guten Kommentar bei Rawson, *Katha Upanishad*, S.129-43. *A-vy- akta* setzt sich aus dem negativen *a-*, der Partikel *vy* und der Wurzel *añj-*, »salben«, zusammen. Daher bedeutet *vyakta* »geschmückt, schön, verziert«; doch nimmt es sogleich, bereits im *Rig Veda*, die Bedeutung von »offenbar, sichtbar, manifest« an. Allerdings gibt es noch eine andere Wurzel, *vi-* oder *vya-*, die »bedecken« bedeutet, und dann würde *avyakta* das Aufgedeckte, das »Manifeste« bedeuten. Das Ausmaß der Beziehungen zwischen dem Immanifesten der *Upanishad* und dem Unerklärlichen des Buddha wäre ein faszinierendes Forschungsthema.

28 *Majjhima-nikâya*, 426 (*Cûla-mâlunkya-sutta*, 63).

29 Von hier an lasse ich die Wiederholungen weg.

30 Entspricht der *vatica robusta.*

31 *Majjhima-nikâya*, I, 483-484 genannt *Aggi-vacchagotta-sutta*, 72, (hrsg. v. Trenckner, S.483-489), ins Französische übers. von Bareau, *Bouddha*, S.145-50; ins Englische von Warren, *Buddhism*, S.123ff.; und ins Deutsche von Frauwallner, *Philosophie* S.19-24.

32 *Samyutta-nikâya*, 44 (IV, S.400-401) (nach der Übers. von Woodward, S.281f.).

33 Obwohl dieser Text keinen direkten Hinweis auf Buddha enthält und aus verhältnismäßig später Zeit stammt, scheint er mir sehr charakteristisch für den Geist zu sein, den ich zu beschreiben suche. Außerdem ist er außerhalb der Gelehrtenwelt wenig bekannt.

34 Vimalakîrti *Nirdesha-sûtra* VI, 1-5 (nach der Übers. von Villalba, 1989, S.73ff.; vgl. auch die Übersetzung von E. Lamotte, engl. London u.a., 1976.

35 Vimalakîrti, ibid. VI,9f.

36 Hier folgen mehr als dreißig Ansichten eines Boddhisattva namens Dhare meshava, die mehr als sechs Druckseiten füllen würden.

37 Vimalakîrti, ibid. IX, 1; 33.

8 Wandel des menschlichen Bewußtseins – damals und jetzt

1 Psalm XXXIX,14. Das Thema dieses Psalms, die Eitelkeit und Nichtigkeit der Schöpfung, steht im Mittelpunkt meiner Hermeneutik. Siehe auch Hiob XIV,10; VII,8,21.

2 Daß jemand wie z.B. Gandhi sich zu zeigen bemühte, daß der Buddha kein Atheist im negativen Wortsinn war, ist bezeichnend. Siehe seinen Artikel in *Young India*, 24. Jan. 1927, wo er über den Buddha sagt: »Er sprach ohne Zögern aus, daß das Gesetz Gott selbst ist. Gottes Gesetze sind ewig und nicht

zu trennen von Gott. Dies ist eine unbestreitbare Voraussetzung Seiner Vollkommenheit. Und daraus entstand die große Verwirrung, daß Buddha nicht an Gott glaubte, sondern nur an das sittliche Gesetz.«

3 Siehe als Beispiel einer Religionssoziologie die interessante Untersuchung von Glasenapp, »Der Buddhismus in der Vorstellungswelt der Hindus«, in *Von Buddha zu Gandhi*, S.111-24.

4 Siehe u.a. van der Leeuw, *Phänomenologie*; Brelich, *Introduzione*.

5 Vgl. meine Veröffentlichungen: *Colligite fragmenta* (1977) und *The End of History* (1983).

6 Siehe Gen III,1-7; siehe außerdem eine erneuerte Würdigung dieser alten und vielsagenden These dank der Sensibilisierung infolge der modernen religionsgeschichtlichen Forschung bei Zaehner, *Convergent Spirit*, S.63-95, etc.

7 Siehe mein Buch *Mystère*, S.54ff.; Vesci, *Ambivalence*.

8 Siehe mein Buch *Humanismo*, S.178-253: »La superación del humanismo«, wo ich das Problem von einem christlichen Gesichtspunkt behandle.

9 Protagoras, *Fragmente*, 2,263. Vgl.Platon, *Theatetus*, 151e.

10 Man betrachte z.B. den *mîmâmsâ*-Atheismus.

11 Vgl. Bhartrihari, *Vâkyapadîya*, I, 1.

12 Vgl. Heraklit, *Fragmente*, 1, 2, 50, etc. Vgl. Kelber, *Logos*.

13 Joh I,1.

14 An dieser Stelle scheint mir die theologische Strömung, die den »Tod Gottes« proklamierte, in ihren seriösen Aspekten ein eindeutiges Zeichen der Zeit zu sein.

15 Bareau, *Religionen*, III,13-213, gibt 560-480 v.Ch. als die korrektere Datierung der Lebenszeit des Buddha an.

16 Er gilt allgemein als Angehöriger der *kshatriya*-Kaste, obwohl manche daran festhalten, daß Gautama brahmanischer Abstammung war.

17 Vgl. den klassischen Terminus von Karl Jaspers, »Achsenzeit« (*Ursprung*, S.14-31).

18 Siehe eine Entwicklung des Themas bei Vesci, »Dio, Uomo, Salvezza«.

19 Siehe A. Rosenberg, *Zeichen*, S.17ff.

20 Siehe mein Buch *Myth*, Kap.1.

21 Von diesem Gesichtspunkt – der von politischen Erwägungen absieht – läßt sich der neue »Fall Jerusalems« von 1967 als ein Schlüsseldatum im historischen Bewußtsein der abrahamitischen Traditionen betrachten. Nach dem Golfkrieg 1991 hat sich die »Resistenz« Israels noch verstärkt.

22 Um das Ausmaß zu verstehen, in dem der Westen vom Judentum und Christentum geprägt ist, erinnere man sich an den Gerichtsprozeß von Andrej Sinjawski im Moskau der 60er Jahre, als der Ankläger Daniel fragte, warum er in seinem Buch *The Call of Moscow* nicht »Babylon« statt »Moskau« gesagt hatte, wenn er keine Anklage gegen das sowjetische Volk erheben wollte. Siehe den Bericht über den Prozeß in *Encounter*, 26 (1966) 88.

23 Vgl. Kön XXVIII,ff.; Amos V,21-27; etc.

24 Vgl. Sal XXXV,1ff.

25 Jes I,16, Amos V,24, Mich V,8, etc.

26 Vgl. Hos VI,6, Amos V,21, Jer VI,20ff. Siehe außerdem Amos VIII,4ff. und Mich II,2,8.

27 Eine Behandlung des Themas, welchen Einfluß die Form der Gottesverehrung auf die Gestaltung des Gottesbegriffs hat, findet sich bei Vesci, *Qualis cultus, talis Deus.*

28 Vergleiche die Predigten von Amos, Hosea und Micha mit denen Jesajas, in denen es um die Rettung des »Restes von Israel« geht. Siehe auch die außergewöhnliche Geisteshaltung Elis, der stirbt, als die Philister die Bundeslade eroberten (1 Sam IV,17ff.), denn »die Herrlichkeit ist hinweg«, was die unmittelbare Situation der Zerstörung des Tempels im Jahre 587 v.Chr. betrifft – wenngleich die Katastrophe nicht Jahwes Niederlage, sondern seinen Sieg bedeutet. Ob unter diesem Gesichtspunkt die Hartnäckigkeit des modernen Staates von Israel einen Rückfall in eine Stammesreligion mit allen ihren Folgerungen darstellt, können wir wegen mangelnder historischer Distanz noch nicht beurteilen.

29 Vgl. Jes XXXVII,16, LX,1ff., etc.

30 Vgl. Jes XIX,23ff., XXXVII,16, LV,14ff.; Jer X,10ff.

31 Vgl. z.B. Kaufmann, *Religion*, insbes. S.127ff. (Kaufmann betont, vielleicht in übertriebenem Maß, die Einmaligkeit der Geschichte und Religion Israels.) Zu einer Theologie all dessen, was ich hier gesagt habe, siehe Eichrodt, *Theologie*, Bde 1-2, bes. I,53ff; desgleichen Rad, *Theologie des Alten Testaments*, Bd.II; Kraus, *Gottesdienst*, S.110ff.; etc.

32 Es gibt verschiedene Meinungen darüber, in welcher Zeit Zarathustra wirkte, angefangen von dem hyperbolischen Datum 6000 v.Chr., das viele seiner Anhänger heute angeben, bis zu der Zeit unmittelbar vor dem Jahrhundert, mit dem wir uns hier beschäftigen. Siehe Widengren, *Religionen*, S.61, 376; Henning, *Zoroaster*, S.37ff., mit seiner jüngeren Datierung auf ca. 1200 v.Chr. Siehe auch Burrow, *Proto-Indoaryans*. Obgleich der letztgenannte Artikel eindrucksvolle Daten anführt, neige ich mehr aufgrund der neuesten Forschungen zu einer synchronistischen Auffassung, die den persischen Propheten in jene Epoche versetzt, in der ein einziger Atem über die ganze Menschheit zu wehen schien, zumeist in derselben Richtung. Zarathustras Botschaft paßt auch in die Bewegung dieser Epoche. (Die Vorstellung, daß er sechs bis acht Jahrhunderte der hier betrachteten Bewegung vorausgegangen sein könnte, so daß er eher ein Zeitgenosse Mose als der hebräischen Propheten wäre, würde ihn in der Tat zu einem einzigartigen Phänomen machen. Wenn jedoch Hennings Datierung richtig wäre, befänden wir uns im Zeitalter des Reformversuchs des ägyptischen Pharaos Akenatu, dem jedoch, im Unterschied zu Zarathustras Reform, kein bleibender Erfolg beschieden war.)

33 Siehe *Yasna*, XXIX, 6ff.

34 Siehe Duchesne-Guillemin, *Zoroastre*, S.152ff.

35 Siehe Zaehner, *Dawn*.

36 Siehe *Yasna*, XXXIII, 14; XXXIV, 1ff.: XLVIII, 4ff.

37 Zur Übersetzung des Namens Ahura Mazda siehe Pagliaro, *Idealismo gathico* und *Idealismo iranico*.

38 Siehe *Yasna*, XLVIII, 1; XLIV, 3ff.; XLVI, 9, etc.

39 Siehe *Yasna*, III, 1ff.; Spenta Manyu und Angra Manyu, die Prinzipien des Guten bzw. Bösen, sind Zwillinge und kommen von einem einzigen Herrn.

40 Siehe *Yasna*, XLIII, 5ff., insbesondere den Refrain: »Ich begriff, daß du heilig bist, als…«

41 Siehe zur Bestätigung Wang-Pi, Verfasser eines Kommentars zum *Tao-te-king*, der eine ähnliche Einstellung vertritt wie Kuo Hsiang in seinem Kommentar zu *Chuang Tzu*. Beide Kommentatoren sagen, daß Konfuzius in einen mystischen Zustand einging – »den Zustand des innerlichen Schweigens und der Stille« (Bodde, *History*, II,171). Wang Pi »stellt das Schweigen des Konfuzius als ein Zeichen seines höheren Wissens hin. Weil Konfuzius sich mit einer höheren Sphäre der Wirklichkeit identifizierte, die für Wang Pi die Sphäre des Nicht-Seienden (*u*) ist – im Unterschied zum Bereich des endlichen Seins (*yu*) – , äußerte der große Weise nichts darüber« (Spencer, *Mysticism*, S.107).

42 *Dialog*., I, 4,8.

43 Siehe z.B. das *Tao-te-king*. Eine neue Interpretation siehe bei Kuang-Ming Wu, *Chuang Tzu*.

44 Siehe z.B. Bodde, *History*; de Bary u.a., *Sources*.

45 Siehe Jaeger, *Theologie*, S.29.

46 Aristoteles, *Physik*, Buch III, Kap.4, 4 (203 b 10), etc.; Simplicius, *Physics*, 24, 13ff.; 150, 23.

47 Siehe Aristoteles, *Metahysik*, Buch 1, Kap.3 (948 a 5); Simplicius, *Physics*, 24, 26.

48 Siehe Caird, *Evolution*, I,58ff.; Kirk und Raven, *Philosophers*, S.103ff,; Gadamer, *Begriffswelt*, mit Monographien zu diesem Thema.

49 Siehe Jaeger, *Theologie*, das Xenophanes gewidmete Kapitel, S.50-68.

50 Siehe Aristoteles, *Metaphysik*, Buch I, Kap.5 (968 b 18).

51 Jamblichus, *Vita Pythagori*, XXIX,72ff.; Platon, *Der Staat*, Buch X,600b. Siehe das Zeugnis des Clemens von Alexandrien, *Stromata*, V, 11, 67, 3 (PG, IX,101b): »Auch Pythagoras wünscht sich dieses fünfjährige Schweigen, das er seinen Schülern auferlegt.« Ebenso hält Clemens ein fünfjähriges Noviziat im spirituellen Leben für angemessen.

52 Siehe Empedokles, *Fragmente* 170/112; und allgemein Bignone, *Empedocle*.

53 Heraklit, *Fragmente*, B 1 und 2.

54 Siehe Aristoteles, *Metaphysik*, Buch I, Kap.3 (983bff.); idem., *De Anima*, Buch I, Kap.2 (405 a 19); Buch I, Kap.5 (411 a 7); etc. Siehe auch Diogenes Laertius 1, 24ff. Vgl. Heraklits rätselhaften Ausdruck *bathos logos*, »tiefer Logos« (Diels, *Fragmente*, 68b, 45). Vergleiche diesen »Ungrund-Logos« mit den »Ungründen Gottes« im NT (Röm XI,33; 1 Kor II,10). Vgl. den Ausspruch des Clemens von Alexandrien: *ta bathe tes theias gnoseos* (1 Clemens, 40). Sind es diese Tiefen göttlichen Wissens, die wir nach der Lehre des Buddha durchdringen sollen? (Vgl. übrigens Ofb II,24, »Tiefen des Satans« – *ta bathea tou Satana*, in der Vulgata übers. »altitudines Satanae«.

55 Siehe verschiedene Autoren, *Mysteries*, in der Eranos- Reihe; Sabbatucci, *Saggio*; Pettazzoni, *Religione*, Kap.5; Kerényi, *Apollon*.

56 Kerényi, *Religion*; Jaeger, *Phaideia*; Otto, *Gestalt*.

57 Nach der Überlieferung erlangte Mahâvîra sein *nirvâna* 527 v. Chr.. Siehe Schubring, *Religionen*, III,221; idem, *Jainismus*; della Casa, *Giainismo*, Shântâ, *La voie jaina*.

58 Siehe Vesci, »*Heat*«, S.442, sowie ihr Buch *Heat and Sacrifice*, in dem die

innere Kontinuität des Vorgangs demonstriert wird. Siehe auch mein Werk *Vedic Experience*.

59 Siehe mein Buch *Mystère*, S.62ff.

60 Vgl. *Rig Veda*, X, 121; 129. »Groß ist die eine Göttlichkeit der Götter« (*mahad devânâm asurtvam ekam*), wie es ausdrücklich im *Rig Veda*, III, 55, 1, heißt.

61 Dies ist besonders wichtig, insofern als der *brahman* ursprünglich nur die während des Opfers rezitierte Gebetsformel war. Seine Erhebung in den Rang eines Ersten Prinzips ist ein weiterer Aspekt der upanishadischen Sublimierung des Opfers. Siehe Gonda, *Brahman*.

62 Siehe *Chândogya Upanishad*, VI, 13.

63 Siehe *Mandukya Upanishad*, II; *Chândogya Upanishad*, III, 14, 4; *Brihadâranyaka Upanishad*, II, 5, 1; etc.

64 Siehe *Shatapatha Brâhmana*, V, 5, 2, 20; *Mundaka Upanishad*, III, 2, 9; *Chândogya Upanishad*, VIII, 4, 3; *Maitrî Upanishad*, VI, 34; etc.

65 Siehe *Taittirîya Samhitâ*, V, 3, 12, 1; *Brihadâranyaka Upanishad*, I, 1, 1ff.; und *Nyâya Bhâshya*, in hoc loco.

66 *Shatapatha Brâmana*, XI, 3, 1, 1ff.; *Chândogya Upanishad*, III, 16, 1ff.

67 Siehe *Kaushîtaki Upanishad*, II, 5.

68 »Das bist du« (*Chândogya Upanishad*, VI, 8, 7; etc.).

69 »Ich bin *brahman*« (*Brihadâranyaka Upanishad*, I, 4, 10).

70 Sein Name, bzw. der Name, den die Tradition, der *consensus populi* sozusagen, ihm gegeben hat, heißt Buddha (von *bodhi*), d.h. der Erleuchtete.

71 Mus schrieb in *Barabudur*, S.37: »Shâkyamunis persönliches Abenteuer ist der Archetyp der Offenbarung.«

72 Dieses wichtige und schwierige Argument habe ich in einem noch unveröffentlichten Werk, *Mysterium Crucis*, abgehandelt.

73 Siehe Kap.2, Anm.15.

74 Zur einführenden Orientierung über den Gegenstand siehe die folgenden Werke: Lübbe, *Säkularisierung*; Loen, *Säkularisation*; Gogarten, *Verhängnis*. Eine Auswertung dieser Arbeiten und allgemeinerer Literatur zu diesem Thema siehe bei Scheidt, *Säkularisierung*; Newbegin, *Honest Religion*; Cox, *Secular City*; Mascall, *Secularisation*; Panikkar, *Worship*; Aubrey, *Secularism*; Meland, *Secularization*; Nichols, *History*; R. G. Smith, *Secular Christianity*; Spann, *Christian Faith*; Wilson, *Religion*; Munby, *Methaphysics*. Ich hoffe, bald ein Buch mit dem Titel *Sacred Secularity* veröffentlichen zu können.

75 »Das Göttliche nur als Macht, nicht aber als das Gute zu erkennen, ist Götzendienst«, schrieb Simone Weil (*Pensées*, S.48). Schon der Anspruch, Gott in irgend einer Weise zu »erkennen«, ist an sich Götzendienst. »Wenn einer Gott schaute und wußte, was er sah, hat er Gott nicht gesehen«, sagte Dionysios Areopagita (PG, 3, 1065a), und die christliche Überlieferung stimmt weitgehend mit ihm überein.

76 Siehe die so häufig zitierte Äußerung des Vierten Laterankonzils (die eigentlich nur ein Annäherungsversuch an die Wahrheit ist; natürlich kann von dem göttlichen Objekt nur *in obliquo* gesprochen werden): »Denn es ist unmöglich, eine Ähnlichkeit zwischen dem Schöpfer und dem Geschöpf zu beobachten, ohne eine noch größere Unähnlichkeit festzustellen« (Denzinger-Schönmet-

zer, 1967, Nr. 806). Vergleiche dies mit dem Verbot im Judaismus, den Namen Jahwes auszusprechen (Ex XX,7), was in so vielen sogenannten primitiven Religionen allgemein der Fall ist.

77 Siehe den siebten und letzten Satz in Wittgensteins *Tractatus logico-philosophicus*: »Wovon man nicht sprechen kann, darüber muß man schweigen.«

78 Dieser Ausdruck aus dem Matthäus-Evangelium (XVI,3), wie Johannes XXIII. ihn gebrauchte, gewann eine ganz besondere Bedeutungsnuance.

79 Ein Friedrich Nietzsche, ein Pierre Teilhard de Chardin und sogar ein Aurobindo Ghose könnten trotz ihrer Unterschiedlichkeit als Repräsentanten dieser neuen Situation genannt werden.

80 Siehe meinen Beitrag *Technik*, in dem ich ausführlicher und mit Beispielen darlege, was ich hier zum Ausdruck bringe. Die Entwicklung in den vergangenen Jahrzehnten deutet darauf hin, daß der negative Aspekt der Technik gegenwärtig die Oberhand gewinnt.

81 Die heutige Bibliographie zum Atheismus ist einfach überwältigend. Ich kann sie hier nicht einmal in knappen Umrissen darstellen. Siehe Girardi, *Ateismo contemporaneo*.

82 In Indien wäre das Phänomen der materialistischen Philosophie, *cârvâka*, noch zu untersuchen. Es hätte eine ebenso große Bedeutung erlangen können, wenn es von der Tradition nicht verdrängt worden wäre.

83 Bedenken wir an dieser Stelle die in der Kultur wirkende (obwohl »wissenschaftlich« vielleicht nicht ganz abgesicherte) etymologische Bedeutung von lat. *credere*, »glauben«, aus *cor* und *dare*, »sein Herz geben«, »das Herz hängen an«. Sanskr. *shraddhâ*, »Glaube«, hat dieselbe Etymologie. Siehe mein Buch *Myth*, wie auch S.325, Anm.109, des vorliegenden Werkes.

84 Wenn bestimmte religiöse Gruppierungen, wie z.B. die Zeugen Jehovahs, das tun, werden sie von den »normalen Menschen« als »abnormal« und »fanatisch« angesehen.

85 Die traditionelle indische Vorstellung eines *ishtadevatâ*, einer Gottheit zur Befriedigung des individuellen Bedürfnisses nach Verehrung, bedeutet eine Personalisierung, nicht eine Privatisierung, der Religion. Wir dürfen beide Begriffe nicht verwechseln.

86 Hier haben wir also eine Umkehrung der vorherigen Situation, in der es der Atheist war, der eine subjektive Auffassung des auf Objektivität gegründeten religiösen Verhaltens hatte. Jetzt ist es nicht mehr Gott, der uns ernährt, sondern unsere eigene maschinelle Arbeit, nicht mehr die heilige Barbara, die uns vor dem Blitzschlag bewahrt, sondern der Blitzableiter usw.

87 »Es gibt zwei Gattungen von Atheismus, von denen die eine die Läuterung des Gottesbegriffs ist« (Weil, *Pesanteur*, S.132).

88 Siehe meinen Beitrag »Have Religions the Monopoly of Religion?« (1990).

89 Siehe oben, Kap.1, Anm.4. Man beachte, daß dieses Konzept auch kein neutestamentliches ist.

90 Siehe Casper, *Phänomenologie*.

91 Damit niemand weiterhin leugne, daß diese Haltung unreligiös sei, gebe ich hier ohne Kommentar das Gedicht Friedrich Nietzsches »Dem unbekannten Gott« wieder:

Noch einmal, eh ich weiter ziehe
und meine Blicke vorwärts sende,
heb ich vereinsamt meine Hände
zu dir empor, zu dem ich fliehe,
dem ich in tiefster Herzenstiefe
Altäre feierlich geweiht,
daß allezeit
mich deine Stimme wieder riefe.
Darauf erglüht tief eingeschrieben
das Wort: dem unbekannten Gotte.
...
Ich will dich kennen, Unbekannter,
du tief in meiner Seele Greifender,
mein Leben wie ein Sturm Durchschweifender,
du Unfaßbarer, mir Verwandter!
Ich will dich kennen, selbst dir dienen.

Zitiert von G. Siegmund, »Friedrich Nietzsche«, in *Ateismo Contemporaneo*, II,265.

92 Siehe Benz, *Das Bild*.

93 Siehe z.B. Ps XXXIX,6; Jes LX,17. Zu den verschiedenen Texten der christlichen Scholastik siehe z.B. Thomas von Aquin, *De Potentia*, q.3, a.3, ad 4; Shankara, *Brahmasûtra-bhâshya*, VII, 20, 2-3.

94 Siehe z.B. Karl Marx in so vielen charakteristischen Äußerungen.

95 Siehe Fabro, *Nozione metafisica*.

96 Siehe meine *Colligite Fragmenta*, worin die Bedeutung dieser kosmotheandrischen Sicht erläutert wird.

97 Siehe oben, »Vorwort zur Originalausgabe«.

98 Siehe z.B. die bekannten Zehn Ochsenbilder einer Reihe von Zen-Meistern seit dem zwölften Jahrhundert. Eine Wiedergabe mit Kommentar findet sich in Kapleau, *Die drei Pfeiler des Zen*, S.407-17.

99 Siehe J. A. T. Robinson, *Honest to God*, S.121.

100 Siehe Dewart, *The Future of Belief*, der sich fast verzweifelt bemüht, das Christentum zu enthellenisieren, angefangen von seiner Befreiung von der Gleichung Gott = Sein (die der Autor einen relativen Theismus nennt), aufgrund der Tatsache, daß »Gott« die allen Dingen innewohnende Wirklichkeit ist, ohne sich jedoch für irgend eines ganz zu verausgaben. »Der christliche Gott ist nicht sowohl transzendent als auch immanent. Er ist eine *andere* Wirklichkeit als das Sein, eine Wirklichkeit, die im Sein gleichwohl *anwesend* ist (und aufgrund dieser Anwesenheit macht er das Sein seiend)« (S.139).

101 Siehe Vahanian, *No Other God*, wo der Autor geltend macht, daß der »Tod Gottes« als kulturelles Phänomen nicht zu einem neuen Absolutum erhoben werden könne.

102 Nicht von ungefähr gilt Descartes als der Vater der modernen Philosophie.

103 Siehe Dietrich Bonhoeffer, *Religion without Revelation* (»Religion ohne Offenbarung«), S.163, zitiert von John A. T. Robinson, *Honest to God*, S.38. Bonhoeffer hält sich an die alte Hypothese: *Etsi Deus non daretur* (»Auch wenn es Gott nicht gäbe...«). Interessanterweise suchte Hugo Grotius in *De*

Jure Belli ac Pacis, XI, mit der Formulierung *Etsi daretur Deum non esse* eine Art neutralen Boden, auf dem menschliches Leben sich entwickeln könnte, als ob Gott eine sektiererische »Hypothese« wäre.

104 »Die Religion der Flucht ist der Atheismus« – G. van der Leeuw (*Phänomenologie*, S.679) – in meinen Augen eine grobe Vereinfachung. Genau so könnte man sagen: »Die Religion der Zuflucht ist der Theismus.« Die deutsche Übersetzung von J. Lacroix' *Le sens de l'athéisme moderne* lautet: »Der Atheismus ist der Anspruch auf Unschuld« (*Wege des heutigen Atheismus*, Tübingen 1956, S.49).

105 Siehe z.B. den Bericht über den Stamm der Achilpa in Spencer- Gillen, *Arunta*, I,368. Für die Achilpa stellt der Totempfahl die »Weltachse« dar; er steht für die Ausrichtung des Lebens, für das, was dem Leben Sinn verleiht. Die Legende berichtet, daß der Pfahl einmal entzweibrach, worauf der Stamm nach einer Zeit des ziellosen Umherwanderns an einen Ort kam, wo alle auf der Stelle zusammenbrachen und starben. Das Aufgeben des Totems bedeutete Chaos, das Ende der Welt und daher das Ende des Lebens auf der Erde.

106 Siehe Harvey Cox, *The Secular City* (Stadt ohne Gott), Kap.11: »To Speak in a Secular Fashion of God« (»Von Gott in säkularer Weise reden«), S.241-268.

107 Es ist häufig zu beobachten, daß die Frage: »Gibt es einen Gott?« mit einer weiteren Frage: »Und wenn es einen gäbe?« beantwortet wird. Wenn die praktischen Konsequenzen für das Verhalten des Fragestellers nichts ausmachen, dann ist die Existenz Gottes für dieses Individuum unnötig (eine überflüssige Hypothese). Daher existiert Gott für diese Person nicht, wie immer die theoretische Antwort lauten mag. Wenn das Verhalten des Fragenden sich dagegen ändern würde, dann hat dieser Mensch noch ein persönliches »Bedürfnis« nach Gott, und daher gibt es Gott für ihn.

108 Siehe oben, S.111ff.

109 Eine umfassende Bewertung dieser Kontroverse findet sich bei Comstock, *Theology*; Ogletree, *Controversy*.

110 Bekanntlich befaßte sich Thomas J. J. Altizer mit der Geschichte der Religionen und widmete eine Reihe von Schriften der Thematik der östlichen Spiritualität, wie das weiter oben zitierte Werk über *nirvâna* und *Mircea Eliade*. Andere Werke desselben Verfassers zum Thema: *Gospel of Christian Atheism*; *Creative Negation in Theology?*; *A Theonomy in Our Time?* und die von ihm herausgegebene Anthologie *Truth, Myth, and Symbol*.

111 Siehe Hamilton, *New Essence*; »Death of God Theology«; *Christian Man: Modern Reader's Guide to Matthew and Luke*; *The Modern Reader's Guide to John*; Hamilton und Altizer, *Radical Theology*; van Buren, *Secular Meaning of the Gospel*; Vahanian, *Death of God*; und, mit anderer Ausrichtung, Sölle, *Stellvertretung*.

112 Siehe mein Werk *Ontonomía de la Ciencia*, S.101-8.

113 Siehe Rombach, *Substanz*, als Beispiel eines Werkes in dieser jetzt geläufigen Richtung.

114 Es ist lehrreich, den Erfolg der Philosophie von Alfred North Whitehead und seiner Schule, sowie ihre Anwendung auf die vergleichende Religionswissenschaft, zu beobachten.

115 Siehe unten, S.172ff.

116 Siehe den auf S.127f. zitierten Text.
117 Der Grund liegt »in der Beirrung des menschlichen Denkens durch die Kategorie der Substanz«, wie Baumgartner in »Transzendentales Denken«, S.48, schreibt.
118 Siehe Gulyga, »Atheismusstreit«.
119 Siehe unten, S.219, sowie oben, Anm.112.
120 Siehe unten, S.185 ff.
121 »Und dies ist es, was alle Gott nennen«, sagt Thomas von Aquin, seine Gottesbeweise beschließend. Er hat (aufgrund seiner Prämissen) die Existenz des *hoc* nachgewiesen, aber das heutige Problem besteht gerade in der Gleichsetzung dieses metakosmologischen *hoc* mit dem theologischen Gott.
122 Siehe unten, S. 178 ff.
123 Siehe Küng, *Existiert Gott?*
124 Das Problem war zwar anders gelagert, aber der Fall Galilei wurde im Konflikt zwischen Hans Küng und der römisch-katholischen Kirche (1979-80) oft erwähnt. Seit 1982 scheint Johannes Paul II. den von der Kirche begangenen Fehler erkannt zu haben, obwohl der Fall Drewermann erneut in dieser Hinsicht viel zu denken gibt.
125 Siehe Eccl. III,11 in der Vulgata.
126 Ohne »buddhistische Kontamination« gelangt Lacroix (*Sens et valeur*, mit Diskussion) zu der praktischen Schlußfolgerung: »Vielleicht wäre es möglich, hier eine praktische Anwendung auf den Unterschied zwischen *representation* und *visualization* zu finden: das Zeugnis kann nicht fehlen, doch gibt es Zeiten, wenn die Anwesenheit Christi sich im Schweigen des Wortes und der Tat glänzender denn je manifestieren sollte« (S.61-62).
127 Paul Tillich machte sich, wenngleich in einem etwas anderen Kontext, das alte mittelalterliche Konzept von »Gott über Gott« und »Gott jenseits von Gott« zu eigen. Siehe *Der Mut zum Sein*, S.186.

9 Der ontologische Apophatismus

1 Vgl. Neill, *Faith*, S.114.
2 Vgl. Murthy, *Metaphysics*, S.23-24.
3 Siehe unten, S. 326, Anm. 130, 131.
4 Mt XIII,52.
5 Zur traditionellen christlichen Position siehe z.B. Journet, *Dark Knowledge*.
6 Siehe Panikkar, *Il superamento dell'essere nell'induismo e nel buddhismo*, ein Kollegium über Religionsphilosophie, gehalten an der Fakultät für Geisteswissenschaft der Universität Rom im akademischen Jahr 1965-66.
7 »Merkwürdigerweise sind in alter Zeit, wie auch heute, das Sein ablehnende wie bestätigende philosophische Systeme aufgetaucht, als Reaktion zur Seinstradition, und wurden normalerweise als heterodox, als Ketzereien, betrachtet – als seltsam und andersartig. Im Lauf der Zeit, sogar nach Jahrhunderten, wurden sie reabsorbiert. So verschwand z.B. der Buddhismus fast völlig in Indien und wurde dann zum Teil von den Reformen Shankaras aufgesogen. Im

Mahâyâna kehrte er als ein Theismus zurück. Das Christentum, das aufgrund seiner Bekämpfung der traditionellen Götter jahrhundertelang als eine atheistische Reform angesehen wurde, wurde im Zuge seiner Theologisierung allmählich theisiert. Das gegenwärtige Phänomen des materialistischen Marxismus ist noch zu neu, um an eine künftige Auflösung in Form von seiner Absorbierung denken zu lassen, doch selbst hier beginnen wir ein Verlangen nach dem Essentialistischen, oder zumindest eine Seinsnostalgie zu spüren« (U. M. Vesci, die Übersetzerin der italienischen Ausgabe dieses Buches *Il silenzio di Dio*).

8 Siehe oben, S.42, und die dort gemachten Angaben.

9 Bezeichnenderweise war es Plotin, der erkannte, daß es möglich ist zu wissen, *daß* ein Ding existiert, ohne zu wissen, *was* es ist. (*Enneaden*, V, 5,6).

10 Siehe Meister Eckharts Konzept des Menschen als eines Adverbs (*biwort*) des Verbums (*wort*), und nicht als *esse*. Anstatt eines *ad-esse* sei der Mensch ein *ad-verbum*. Zum Beispiel: »Sant Iohannes sprach: in dem anevange was daz wort und meinet, daz man bi dem worte si sin biwort.«(*Deutsche Predigten*, Bd.I, S.155.)

11 Vgl. die »orthodoxe« oder sogar vernünftige Einstellung der europäischen Renaissance zu den Erkenntnissen von Kopernikus, G. Bruno oder Galilei. Solange die Intuition eine theoretische, mathematische Formel blieb, wurde sie akzeptiert. Auf das wirkliche, sichtbare Universum angewandt, wurde sie verurteilt.

12 »Nur im Christentum und in der von ihm hervorgebrachten Spekulation kam es schließlich zu einer Begegnung, und ein dauerhafter Bund zwischen dem Sein der Philosophie und dem Gott der Religion wurde geschlossen« (Etienne Gilson, in seiner glänzenden und tiefschürfenden Studie *L'Etre et Dieu*, S.194).

13 Bloß als Hinweis, siehe Jaeger, *Theologie*, sowie das zweibändige Werk von E. Caird, *The Evolution of Theology*.

14 Vgl. das aufregende Problem, das lange danach Xenophanes aufstellte (Texte und Diskussion in Jaeger, *Theologie*, S.55ff.).

15 Siehe z.B. oben, Anm.12.

16 Heidegger, der das Problem von einem eigenen philosophischen Gesichtspunkt wieder aufwirft, sagt mit gewohnter Ausdruckskraft: »Wer die Theologie, sowohl diejenige des christlichen Glaubens als auch diejenige der Philosophie, aus gewachsener Herkunft erfahren hat, zieht es heute vor, im Bereich des Denkens von Gott zu schweigen. Denn der ontotheologische Charakter der Metaphysik ist für das Denken fragwürdig geworden, nicht auf Grund irgendeines Atheismus« (*Identität und Differenz*, S.45).

17 Siehe den oben zitierten Artikel von Gilson, *L'Etre et Dieu*, S.181-202, 398-416.

18 Die Frage wurde in unserer Zeit thematisiert: »Wie kommt der Gott in die Philosophie, nicht nur in die neuzeitliche, sondern in die Philosophie als solche?« (Heidegger, *Identität und Differenz*, S.46). Eine gute kritische Studie von Heideggers Interpretation findet sich bei Schuwer, *Intorno ai presupposti della demitizzazione*.

19 Siehe oben, S.131f.

20 Siehe z.B. Gen I,26-27, als einer von so vielen Fällen, in denen die Religionen der Menschheit die Verwandtschaft und Ebenbildlichkeit zwischen Gott und Mensch betonen. Einerseits sind die Menchen aus Lehm und andererseits aus dem Blut der Götter gebildet. Jeder Gott ist ein »Vater« der Sterblichen usw. Siehe die Materialien und Beispiele in Kristensen, *Meaning of Religion*, S.239-53.

21 Zu unterscheiden vom Personalismus des dritten Moments, den ich noch zu besprechen habe.

22 Ebenso ist der Zoomorphismus, der dem Göttlichen eine tierische statt einer menschlichen Form (Anthropomorphismus) verleiht, im Grunde eine anthropomorphe Weise, das Übermenschliche auszudrücken.

23 Siehe Hyatt, *Was Yahweh Originally a Creator Deity?*, S.369-377; Cross, Jr., *Yahweh and the Gods of the Patriarchs*, S.225-259.

24 Siehe Panikkar, *Vedic Experience*, passim; ebenso S. Lévi, *La doctrine du sacrifice dans les Brâhmanas*, S.24ff., passim.

25 Man beachte, daß ich nicht von einer Personifikation, sondern von dem ursprünglich persönlichen Charakter der Gottheiten der Religionen spreche. »Es gibt keine Personifikation, sondern nur eine Entpersonifizierung«, wie W. F. Otto richtig bemerkt (*Mythos und Welt*, S.261).

26 *Brahman* ist, genau genommen, ebenso wenig Gott wie der unbewegte Beweger des Aristoteles.

27 Siehe Mt XIX,17, Mk X,18, Lk XVIII,19.

28 *Sâda devâ arepasah (Sâma Veda*, 442).

29 Zur Vermeidung einer »polytheistischen« Fehlinterpretation siehe Panikkar, *Die vielen Götter*, S.43-51.

30 Ekstase bedeutet richtig Verlust des Subjekts – der einzige Zustand, in dem man Gott »sehen« kann, »wie Gott ist«. Doch dann ist weder ein Mensch vorhanden, der Gott »sehen«, noch ein Gott, der »gesehen werden« könnte.

31 Siehe Wilamowitz-Moellendorf, in Kerényi, *Theos e Mythos*, S.39. *Theos* hatte keinen Vokativ als solchen (ibid.).

32 Siehe Kerényis Argumentation, ibid., im ursprünglichen Wortlaut: »Der Inhalt des griechischen Wortes *theos* ist nun klar; er ist wie *ecce deus*. Die gleiche Aussage mit dem Artikel *ho theos* meint in einem kultischen Kontext *illum deum*, den man von seinen Wirkungen kennt... der Inhalt des Wortes *theos* sei göttliches Ereignis« (Keréniy, *Theos e Mythos*, S.342).

33 Siehe Joh I,14.

34 Siehe zur indischen Komponente Panikkar, *The Vedic Experience*, Teil 6.

35 Auch für Platon befindet sich die Idee des Guten »jenseits des Seins« (*epekeina tês ousias*), *Der Staat*, 509 B.

36 Aristoteles, *Metaphysik*, A 8 (1704 b 1).

37 Siehe Gilson, *L'Etre et Dieu*, S.189ff.

38 Ex III,14.

39 Siehe Panikkar, *Die vielen Götter*, S.67-68, wo vier biblische Interpretationen der Formel erläutert werden: »zeitüberwindend, ausschließend, gegenwärtig und personal«. (Doch nirgends ist der Gott des Mose das »Sein«.)

40 Siehe Gilson, *L'Etre et Dieu*.

41 Eine Exegese der Passage aus Ex findet sich u.a. bei Dubarle, *La signification du nom de Yahweh*; Lambert, *Que signifie le nom divin YHWH?*

42 Siehe die Bemühung von Claude Tresmontant, *La métaphysique du christianisme et la naissance de la philosophie chrétienne*.

43 Siehe die von der Paulusgesellschaft organisierte Begegnung von christlicher Theologie und marxistischer Philosophie in Herrenchiemsee im Jahre 1966 (als Fortsetzung der Salzburger Tagung von 1965). Siehe insbesondere Karl Rahners Beitrag, *Christlicher Humanismus*, der später in *Orientierung* (Mai 1966) veröffentlicht wurde. Siehe die vollständigen von Kellner veröffentlichten Akten, *Christentum und Marxismus heute*. (Der Beitrag Rahners trägt darin den Titel *Christentum als Religion der absoluten Zukunft*, S.208- 213).

44 Siehe einen äußerst suggestiven Text : »T. Bowman hat ... gezeigt, daß *hajâ* im Hebräischen eher wirken als sein bedeutet. Jahwe sagt also: Ich handle als der ich handle, nämlich heilsgeschichtlich; ich bin der Heilsgeschichtliche.« (Cullmann, *Heil als Geschichte*, S.214.)

45 Ibid.

46 Siehe die japanischen Arbeiten von Tetsutaro Ariga, dem Schriftleiter der japanischen Zeitschrift *Japanese Religions* (Kyoto), der von einem *hayatheologischen* Denken im Unterschied zu einer ontologischen Denkweise spricht. Die erstere entspricht dem hebräischen Denken, die zweite dem griechischen. Siehe Abe, *Buddhism and Christianity*, S.14ff.

47 Siehe von Allmen, *Vocabulary*, »God«, S.144. Allmen zitiert 2 Kön VIII,1, 1 Sam XXIII,13, Ex XXXIII,19, und Hes XXXII,35 zugunsten dieser Deutung, die er für teilweise richtig hält.

48 Siehe Anm.23, S.169.

49 Siehe dasselbe Prinzip im brahmanischen Ritualismus, wonach Gott anderen keinen Schaden zufügt, um selbst nicht Schaden zu erleiden (Vesci, *Heat*, S.417, wo das Problem berührt wird; siehe Näheres in Vescis Buch *Heat and Sacrifice)*.

50 Der Prozeß ist konfliktreich. Siehe das paradigmatische Schicksal von Sokrates, Galilei, Michael Servetus, Teilhard de Chardin u.a. Letztlich jedoch akzeptiert die Religion, ja, beruft sich sogar auf das Zeugnis solcher Individuen, die sich bemüht haben, Glauben und Vernunft in Einklang zu bringen.

51 Siehe *Kena Upanishad*, III, 1ff. Hier ist der Prozeß des Ausgleichs von Glaube und Intellekt vielleicht nicht denselben Weg des Konflikts gegangen wie der in Anm. 50 erwähnte.

52 Vgl. einen modernen Versuch, die scholastische Identifizierung Gottes mit dem absoluten Sein durch die Nutzung der Heidegger'schen Problematik (jedoch nicht der Heidegger'schen Lösung) zu bewahren: Johannes B. Lotz, s.v. *Gott*, in Fries, *Handbuch theologischer Grundbegriffe*, 1:573-97. Lotz widmete seine besten Gedanken dem Bemühen, den Gottes- und Seinsbegriff der traditionellen Scholastik mit dem Heidegger'schen Seinsbegriff zu vereinbaren. Er ist also kaum geneigt, die Identifizierung von Gott mit dem absoluten Sein aufzugeben, die für Heidegger wesentlich ist. Siehe Lotz, *Metaphysische und religiöse Erfahrung*; *Mythos, Logos, Mysterion*; sowie Lotz, *Geschichtlichkeit und Tradition*.

53 Siehe einen Satz unter vielen: »Daher reicht das Wirken des Schöpfers mehr in das innerste Sein der Dinge als das Wirken sekundärer Ursachen« (Thomas von Aquin, *In Libro II Sententiarum*, d. 1, q. 1, a. 1, sol).

54 Siehe z.B. Radhakrishnan, *Indian Philosophy* und *Philosophy of the Upanishads*.

55 Vgl. den Gott des Alten Testaments, wie die Psalmen ihn schildern.

56 Eine Sufi-Legende berichtet, daß Allah einst mit einem Sufi sprach, der in einer Einsiedelei in der Wüste lebte, überhäuft mit Ehren und der Ehrerbietung der ansässigen Bevölkerung, die ihn für seine Ratschläge mit Nahrungsmitteln versorgte. »Wenn ich den Leuten erzählen würde, was für ein großer Sünder du bist, würde niemand mehr etwas mit dir zu tun haben wollen.« »Ja, Herr«, antwortete der Sufi und fügte hinzu: »Wenn ich ihnen aber sagen würde, wie barmherzig du bist, würde auch keiner mehr etwas mit dir zu tun haben wollen.« Und so kamen sie überein, daß keiner von beiden ihr gemeinsames Geheimnis verraten würde.

57 Vgl. eine ganze Reihe kosmogonischer Mythen, zum Beispiel der Gattung, die Mircea Eliade jene der *kosmogonischen Einbettung* nannte (*Structure et fonction du mythe cosmogonique*), in der Gott *nicht weiß*, daß der, den er in die Tiefen der Gewässer schickt, einen Klumpen Erde zu holen, um daraus die Welt zu erbauen, ausgerechnet der Teufel ist. Daher ist Gott nicht verantwortlich für das Böse in der Welt, nicht einmal durch seine »Unwissenheit« und seinen Leichtsinn, mit dem er sich eines unzuverlässigen Gehilfen bediente. Sogar der »Mythos der Erbsünde« will Gott von der Verantwortung für das Böse in der Welt und das Leiden lossprechen, ohne Gott damit der mentalen Grausamkeit oder eines allzu großen Vertrauens zu den Menschen zu beschuldigen. Siehe auch Bianchi, *Il dualismo religioso.*

58 Vergessen wir nicht, daß die Zerstörung des Tempels ein Akt der göttlichen Macht Jahwes war, ohne irgend eine Zuschreibung von Schwäche oder Bosheit.

59 Die Auswirkung dieser Schwierigkeit ist von Anfang an im Christentum zu spüren. Zum Beispiel: »Wenn Gott gut ist, die Zukunft kennt und das Böse abwenden kann, warum ließ er dann den Sündenfall der Menschheit zu? Wenn solches geschieht... sollte Gott nicht für gut, vorauswissend oder mächtig gehalten werden« (Tertullian, *Adversus Marcionem*, Buch II, Kap.5 PL, 2,288). »Entweder Gott wußte, daß der Mensch, ins Paradies versetzt, fallen würde... oder Gott wußte es nicht. Wenn Gott es wußte, ist nicht derjenige der Schuldige, der der göttlichen Vorsehung nicht zu entfliehen vermochte, sondern derjenige, der dennoch den Menschen ins Paradies versetzte. Wenn Gott es nicht wußte, dann beraubst du ihn, dessen Vorauswissen du leugnest, auch noch der Göttlichkeit.« Hieronymus, *Adversus Pelagianos*, II, 6 (PL, 33,575).

60 Die christliche Antwort ist höchst bedeutsam, besonders in der griechischen, aber auch in der lateinischen Patristik und sogar in der Scholastik. Alles ist gerechtfertigt durch die Größe Christi, dessen positive Kraft jede mögliche Schuld und alles Leiden untergehen läßt und überwältigt. Siehe die Texte in Galtier, *Les deux Adams*, S.74-94. Siehe auch die berühmte *felix culpa* der Liturgie. Eine Schwierigkeit jedoch bleibt bestehen: Warum muß die königliche Herrlichkeit Christi über Leiden, Elend und Sünde gehen? In der historischen Ordnung läßt sich manchmal eine mehr oder weniger plausible Antwort geben, die die Freiheit des Menschen respektiert. Doch dies ist nicht möglich in einer ontologischen Ordnung, die Gott mit dem Sein identifiziert. Außerdem

hat nicht einmal die Erlösungstat Christi das Böse des Daseins im geringsten verändert!

61 Vgl. Shankara, *Brahma Sûtra Bhâshya*, I, 1, 2, und meinen Kommentar in *Mâyâ e Apocalisse*, Kap. XII.

62 »Zu diesem Gott kann der Mensch weder beten, noch kann er ihm opfern. Von der Causa sui kann der Mensch weder aus Scheu ins Knie fallen, noch kann er vor diesem Gott musizieren und tanzen« (Heidegger, *Identität und Differenz*, S.64).

63 In Sanskrit und Latein ist die Unvereinbarkeit evidenter: Sie drückt sich in der Grammatik aus. *Sat* und *esse* haben keinen Plural; um einen Plural zu konstruieren, muß man eine andere Form benutzen (und in Sanskrit eine andere Wortwurzel): lat. *entes* (von *ens*); sanskr. *bhûvan* (von *bhû-*, »werden«).

64 Marx selber sah dies ein, um ein Beispiel unter vielen zu zitieren. Wenn Gott das Sein ist, dann ist für den Menschen kein Platz. Wenn wir das Dilemma so darstellen, kann es nur gelöst werden, indem man das schwächere Ende opfert – welches offensichtlich nicht der Mensch ist, sondern das Sein, und mit dem Sein, Gott. Siehe Crespi, *Crisi del sacro*, S.76.

65 Vgl. die ganze Problematik eines Hamann oder Jacobi, die sich, was ihre Vernunft betrifft, Atheisten nennen, doch Gläubige in ihren Gefühlen. Siehe Panikkar, *Jacobi y la filosofía del sentimiento.* Von einem anderen Standpunkt siehe die moderne Intuition: »Es ist ein echter Widerspruch. Gott existiert. Gott existiert nicht. Worin besteht das Problem? Ich bin vollkommen sicher, daß es Gott gibt, in dem Sinn, daß ich ganz sicher bin, daß meine Liebe keine Illusion ist. Ich bin vollkommen sicher, daß es keinen Gott gibt, in dem Sinne, daß ich ganz sicher bin, daß nichts Wirkliches dem ähnlich ist, was ich mir vorstellen kann, wenn ich diesen Namen ausspreche. Doch was ich mir nicht vorstellen kann, ist keine Illusion« (Weil, *Pesanteur*, S.132).

66 Ich gebrauche das Wort hier nicht in dem »primitiven« und »naturalistischen« Sinn einer bestimmten Interpretation der Religionsgeschichte.

67 Siehe *Shvetâshvatara Upanishad*, II, 7ff.

68 Siehe Panikkar, *The Trinity and the Religious Experience of Man*. Vgl. auch K. Nishitani, *Was ist Religion?* im besonderen II. Kapitel, S.99-141.

69 Der Ausdruck stammt von Heidegger. Siehe eine gute Zusammenfassung, die eine neue Unterscheidung einführt aufgrund einer persönlichen Mitteilung des Autors, in Müller, *Existenzphilosophie im geistigen Leben der Gegenwart*, S.73: »a) die *transzendentale* oder ontologische Differenz im engeren Sinne: den Unterschied des Seienden von seiner Seiendheit. b) die *transzendenzhafte* oder ontologische Differenz im weiteren Sinne: den Unterschied des Seienden *und* seiner Seiendheit vom Sein selbst. c) die *transzendente* oder theologische Differenz im strengen Sinne: den Unterschied des Gottes vom Seienden, von der Seiendheit und vom Sein.«

70 Eine Verteidigung der Heidegger'schen Position, die dennoch die christliche Gotteslehre bewahrt, findet sich außer in dem eben zitierten Werk von Müller bei Ott, *Denken und Sein*, S.129- 57.

71 »Aristoteles nennt die von ihm gekennzeichnete Wissenschaft, die das Seiende als das Seiende besieht, die erste Philosophie. Aber diese betrachtet nicht nur das Seiende in seiner Seiendheit, sondern betrachtet zugleich dasjenige Seien-

de, das der Seiendheit rein entspricht, das höchste Seiende. Dieses Seiende, *to theion*, das Göttliche, wird mit einer seltsamen Zweideutigkeit auch das Sein genannt. Die erste Philosophie ist als Ontologie zugleich die Theologie des wahrhaft Seienden. Genauer wäre sie die Theologie nennen. Die Wissenschaft des Seienden als solchen ist in sich ontotheologisch« (Heidegger, *Holzwege*, S.179).

72 Paul Tillich folgt so weit wie möglich der Heidegger'schen Seinskonzeption und weicht dann von ihr ab, wenn Heidegger Gott vom Sein, vom Absoluten trennt. Um dies zu veranschaulichen, siehe folgendes Beispiel: »Das Sein Gottes ist das Sein-Selbst. Das Sein Gottes kann nicht verstanden werden als die Existenz eines Seienden neben oder über anderem Seienden. Wenn Gott *ein* Seiendes wäre, so wäre er den Kategorien des Endlichen unterworfen...« (*Systematische Theologie*, Bd.I, S.273). Da Gott der Grund des Seins ist, ist er auch der Grund der Struktur des Seins. Er ist dieser Struktur nicht unterworfen, die Struktur ist in ihm gegründet. Er *ist* diese Struktur» (*Systematische Theologie*, Bd.I, S.276). «... daß Gott das Sein-Selbst oder das Absolute ist« (ibid., S.277). Tillich kannte die Einwände der Personalisten und suchte sie mit einem Buch über dieses Thema (*Biblical Religion and the Search for Ultimate Reality*) zu beantworten – sowie mit dem zweiten Band seiner *Systematischen Theologie*: »Keine Theologie kann den Seinsbegriff im Sinne von Macht des Seins unterdrücken. Man kann nicht Gott und das Sein trennen. In dem Augenblick, in dem man sagt, daß Gott *ist* oder daß er Sein hat, erhebt sich die Frage, wie man seine Beziehung zum Sein verstehen soll. Die einzig mögliche Antwort ist, daß Gott das Sein-Selbst ist im Sinne von Seinsmächtigkeit oder der Macht, Nichtsein zu besiegen« (ibid., Bd.2, S.17f.). Wie Heinrich Ott richtig bemerkt: »Dieses Projekt kann Tillich aber nur entwerfen und durchführen, weil er mit den Kategorien des Seins als Seinsbegriff hier metaphysisch-ungeschichtlich rechnet. Insofern ist der Seinsbegriff hier metaphysisch-ungeschichtlich gedacht. Tillichs Unternehmen einer Gotteslehre von Gott als dem Sein-Selbst wäre vom Gedanken des Seins als Geschick her, welcher die Kategorien als jeweilige epochale geschickliche Prägungen erkennt, weder durchführbar noch überhaupt projektierbar« (Ott, *Denken und Sein*, S.151-52).

73 Vgl. für den Thomismus, Thomas von Aquin, *De ente et essentia*, I;*Sum. Theol.* I, q.13, a.7; und I, q.16, a.3, ad 2 sein Kommentar zu Aristoteles' *Metaphysik* V,7 (lect. 9,); usw.

74 Eine gute Darstellung der Problematik siehe bei Ebert, *Der Gott der Philosophen*.

75 Die protestantische Theologie neigte stets weniger dazu, den Gott der Metaphysik mit dem Gott des Glaubens zu identifizieren, als die katholische. Siehe z.B. Pannenberg, *Die Aufnahme des philosophischen Gottesbegriffs*, S.2.

76 Vgl. H. Mühlen, *Der Heilige Geist als Person* und *Die abendländische Seinsfrage* mit reichlicher Literatur für die Anwendung des Personalismus in bezug auf unsere Problematik.

77 Eine Darstellung der traditionell katholischen Auffassung siehe bei de More-Pontgibaud, *Du fini à l'infini*.

78 Siehe Panikkar, »Ritatattva«, wo ich eine advaita-trinitarische Anschauung präsentiere, die vielleicht einen Weg aus der Sackgasse zeigen kann. Der *pu-*

rusha »ist« das *Ich* (der Vater) im Ursprung des menschlichen *Du* (des Sohnes) im Herzen der Welt (Materie) aufgrund der Kraft (*shakti, dynamis*) des Geistes.

79 Siehe oben, S.156, Anm.112.

80 Die Philosophie von Alfred North Whitehead wäre, mit der ganzen Strömung der »Prozeßphilosophie«, ein passendes Beispiel. Siehe die Artikel über *Mahâyâna Buddhism and Whitehead, Philosophy East and West*, XXV,393-488.

81 »Dieses Denken, das des Seins selbst uneingedenk geblieben, ist das einfache und alles tragende, darum rätselvolle und unerfahrene Ereignis der abendländischen Geschichte... Wie ist es mit dem Sein? Mit dem Sein ist es nichts. Wie, wenn darin erst das bisher verhüllte Wesen des Nihilismus sich ankündigte?« (Heidegger, »Nietzsches Wort Gott ist tot«, in *Holzwege*, S.239).

82 Siehe die Frankfurter Antrittsvorlesung von J. Habermas vom 28. Juni 1965: »Werte von Tatsachen abspalten heißt, dem puren Sein ein abstraktes Soll gegenüberzustellen. Sie sind das nominalistische Spaltprodukt einer Jahrhunderte währenden Kritik an jenem emphatischen Begriff des Seienden, auf das einst Theorie ausschließlich gerichtet war« (in H. Albert und E. Topitsch, Hrsg., *Werturteilsstreit*, S.337).

83 »Der letzte Schlag gegen Gott und gegen die übersinnliche Welt besteht darin, daß Gott, das Seiende des Seienden, zum höchsten Wert herabgewürdigt wird« (Heidegger, *Holzwege*, S.239-40).

84 »Der Wert und das Werthafte wird zum positiven Ersatz für das Metaphysische« (ibid., S.120).

85 »Die Stelle, die metaphysisch gedacht, Gott eignet, ist der Ort der verursachenden Bewirkung und Erhaltung des Seienden als eines Geschaffenen. Dieser Ort Gottes kann leer bleiben« (ibid., S.235).

86 Erwähnung verdienen in diesem Kontext neben Max Scheler, und in gewissem Sinn Nicolai Hartmann, auch die Namen von René Le Senne, Aloys Müller und Fritz von Rintelen.

87 Es ist nicht zu leugnen, daß das Bündnis zwischen dem höchsten Seienden und den seienden Wesen den Seinsbegriff selbst verdunkelt hat und daß die berühmte Heidegger'sche »Seinsvergessenheit« einen wunden Punkt sowohl für das westliche spekulative Denken wie für den Dialog mit anderen Kulturen berührt: »Sein ist bei Heidegger ... nicht mehr der oberste Begriff, den das Denken hat oder hervorbringt, Heideggers Vorwurf gegenüber der abendländischen Tradition, sondern es ist die Bedingung der Möglichkeit dafür, daß überhaupt Denken ist. Als solches ist das Sein ein Geschehen der Entbergung, ein Geschick, das dem Denken überwältigend widerfährt« (Ott, *Denken und Sein*, S.14). »Die Geschichte des Seins beginnt und zwar notwendig mit der Vergessenheit des Seins« (Heidegger, *Holzwege*, S.234). »Gesetzt, daß am Sein alles liegt, dann besteht das Wesen des Nihilismus darin, daß es mit dem Sein selbst nichts ist« (ibid., S.245).

88 Auf die Frage, warum Gott die »Passion« seines eigenen Sohnes und das ganze Erlösungsereignis wollte oder zumindest zuließ, wenn Gott dies ohne Leiden und ohne Sünde auf seiten der Henker hätte bewerkstelligen können, ist eine adäquate Antwort nur dann möglich, wenn wir die göttliche Gerechtigkeit mit dem inneren, unwandelbaren Gesetz des Seins identifizieren, welches aufgrund einer Metaphysik des Bösen und der Anwendung des Prinzips des Nicht-

Widerspruchs hinnehmen muß, daß dieses »Böse« ontisch bekämpft wird, und so fort.

89 »Das Sein ist kein Erzeugnis des Denkens. Wohl dagegen ist das wesentliche Denken ein Ereignis des Seins« (Heidegger, *Was ist Metaphysik*?, S.43).

90 »Demgemäß ist das Gott-lose Denken, das den Gott der Philosophie, den Gott als Causa sui preisgeben muß, dem göttlichen Gott vielleicht näher« (Heidegger, *Identität und Differenz*, S.71).

91 Siehe Mt XI,25; Lk X,21; etc.

92 1802, in seinem Werk *Glauben und Wissen*.

93 1882, in seiner *Fröhlichen Wissenschaft*. Siehe die folgende Passage, die ich wegen ihrer Kraft und Schönheit ausführlich zitiere:

Der tolle Mensch. – Habt ihr nicht von jenem tollen Menschen gehört, der am hellen Vormittage eine Laterne anzündete, auf den Markt lief und unaufhörlich schrie: »Ich suche Gott! Ich suche Gott!« – Da dort gerade viele von denen zusammenstanden, welche nicht an Gott glaubten, so erregte er ein großes Gelächter. Ist er denn verlorengegangen? sagte der eine. Hat er sich verlaufen wie ein Kind? sagte der andere. Oder hält er sich versteckt? Fürchtet er sich vor uns? Ist er zu Schiff gegangen? ausgewandert? so schrien und lachten sie urcheinander. Der tolle Mensch sprang mitten unter sie und durchbohrte sie mit seinen Blicken. »Wohin ist Gott? rief er, ich will es euch sagen! Wir haben ihn getötet – ihr und ich! Wir alle sind seine Mörder! Aber wie haben wir dies emacht? Wie vermochten wir das Meer auszutrinken? Wer gab uns den chwamm, um den ganzen Horizont wegzuwischen? Was taten wir, als wir diese Erde von ihrer Sonne losketteten? Wohin bewegt sie sich nun? Wohin bewegen wir uns? Fort von allen Sonnen? Stürzen wir nicht fortwährend? Und rückwärts, seitwärts, nach allen Seiten? Gibt es noch ein Oben und ein Unten? Irren wir nicht wie durch ein unendliches Nichts? Haucht uns nicht der leere Raum an? Ist es nicht kälter geworden? Kommt nicht immer fort die Nacht und mehr Nacht? Müssen nicht Laternen am Vormittag angezündet werden? Hören wir noch nichts von dem Lärm der Totengräber, welche Gott begraben? Riechen wir noch nichts von der göttlichen Verwesung? auch Götter verwesen! Gott ist tot! Gott bleibt tot! Und wir haben ihn getötet! Wie trösten wir uns, die Mörder aller Mörder? Das Heiligste und Mächtigste, was die Welt bisher besaß, es ist unter unseren Messern verblutet – wer wischt dies Blut von uns ab? Mit welchem Wasser könnten wir uns reinigen! Welche Sühnefeiern, welche heiligen Spiele werden wir erfinden müssen? Ist nicht die Größe dieser Tat zu groß für uns? Müssen wir nicht selber zu Göttern werden, um nur ihrer würdig zu erscheinen? Es gab nie eine größere Tat – und wer nun immer nach uns geboren wird, gehört um dieser Tat willen in eine höhere Geschichte, als alle Geschichte bisher war!« – Hier schwieg der tolle Mensch und sah wieder seine Zuhörer an: auch sie schwiegen und blickten befremdet auf ihn. Endlich warf er seine Laterne auf den Boden, daß sie in Stücke sprang und erlosch. »Ich komme zu früh, sagte er dann, ich bin noch nicht an der Zeit. Dies ungeheure Ereignis ist noch unterwegs und wandert – es ist noch nicht bis zu den Ohren der Menschen gedrungen. Blitz und Donner brauchen Zeit, das Licht der Gestirne braucht Zeit, Taten brauchen Zeit, auch nachdem sie getan sind, um gesehen und gehört zu werden. Diese Tat ist ihnen immer noch ferner als die fernsten Gestirne –

und doch haben sie dieselbe getan!« Man erzählte noch, daß der tolle Mensch desselbigen Tags in verschiedenen Kirchen eingedrungen sei und darin sein Requiem aeternam deo angestimmt habe. Hinausgeführt und zur Rede gesetzt, habe er immer nur dies entgegnet: »Was sind denn diese Kirchen noch, wenn sie nicht die Grüfte und Grabmäler Gottes sind?« (*Die fröhliche Wissenschaft*, in *Werke*, Bd.2, S.126-28).

94 Siehe Heideggers Studie »Nietzsches Wort Gott ist tot«, in *Holzwege*, S.193-247.

95 »Das Wort Gott ist tot bedeutet, die übersinnliche Welt ist ohne Kraft. Sie spendet kein Leben« (ibid., S.200; siehe auch S.234).

96 Siehe Heideggers angebrachte Unterscheidung: »Das Nichts wollen bedeutet keineswegs, die bloße Abwesenheit von allem Wirklichen wollen, aber diese je und überall als ein Nichtiges und durch dieses erst die Vernichtung wollen« (ibid., S.217-18). Siehe Heideggers Zitat Nietzsches: »... eher will der Wille noch *das Nichts* wollen als *nicht* wollen« (Nietzsche, *Zur Genealogie der Moral,* in *Werke,* Bd.II, S.839). Es ist nicht allgemein bekannt, daß Nietzsche geschrieben hatte: »Ich könnte der Buddha Europas sein, jedoch zugegebenermaßen ein Antipode des indischen Buddha« (Montinari ed., VII, 1); siehe F. Mistry, *Nietzsche and Buddhism: Prolegomenon to a Comparative Study*).

97 »Es ist nie Gott, der stirbt, sondern die Darstellung Gottes durch eine bestimmte Religion, wenn sie dem Bewußtsein ihrer selbst gestattet, an die Stelle des Heiligen zu treten, das ihre wahre Substanz ausmacht« (Gilson, *L'Etre et Dieu*, S.408).

98 Siehe z.B. das Werk von W. Strolz, *Menschsein als Gottesfrage: Wege zur Erfahrung der Inkarnation*, in dem die Frage, wie der Untertitel andeutet, in der Anthropologie polarisiert wird und die Anthropologie sich auf die Gestalt Christi, des Gottmenschen, konzentriert.

99 »In welchem Maß stellt der Katholik, indem er alles zurückweist, was der moderne Atheismus anzubieten hat, sich außerhalb der Wirklichkeit und rettet nur eine Gottesvorstellung ohne Inhalt und Wahrheit? In welchem Maß setzt er andererseits, wenn er sich die Werte des Atheismus aneignet, die Reinheit seines Glaubens mit all seinen Erfordernissen aufs Spiel? Keine theoretische Lösung, die der Erfahrung entbehrt, kann im voraus auf eine so dramatische Frage gegeben werden« (Lacroix, *Sens et valeurs de l'athéisme actuel*, S.61).

100 Siehe als Beispiel del Noce, *Il problema dell'ateismo.*

101 Siehe z.B. C. Fabro, *Introduzione all'ateismo contemporaneo*, wo Descartes ein »virtueller Atheist« (S.26), Kant »innerlich und bewußt ein Atheist« (S.487), Hegels System »an der Oberfläche ein Theismus und in der Tiefe ein Atheismus« (S.154) ist, und natürlich in der einen oder anderen Weise auch Locke, Malebranche, Leibniz, Schelling u.a. Die Argumente halten stich, vielleicht ein wenig zu sehr angesichts der Tatsache, daß sie genau so gut gegen Thomas von Aquin und die gesamte Scholastik ins Treffen geführt werden könnten. Wo gäbe es in der Tat keinen latenten Atheismus? Wenn es gar keinen Atheismus gäbe, wäre Gott einfach ein Deus ex machina, ein reines Postulat unseres Geistes. Siehe außerdem von demselben Autor, *L'ateismo moderno*.

102 Siehe Crespi, »Crisi del sacro, irreligione, ateismo«.
103 Siehe Metz, »L'incredulità come problema teologico«, eine Analyse des impliziten Unglaubens im Glaubensakt des Gläubigen.
104 Siehe K. Rahner, *Pastorale Annäherung zum Atheismus*, Einführung zu Nr. 23 (1967) von *Concilium*;; Dalmau, *Condemnats a creure*.
105 Siehe ein indisches Beispiel im *Rig Veda*, X, 121, 1ff.
106 Siehe ein *locus classicus*, wiederum aus Indien, ibid., I, 164, 46 (sowie X, 114, 5).
107 Gen XV,1ff.
108 Gen XXXII,25ff.
109 Ex XXXII,11ff; 4 Mose 9:11; etc.
110 Siehe die Zitate von Simone Weil auf S.296, Anm.75 und S.297, Anm.87.
111 Siehe als sinnvolles Beispiel die Ausdrucksweise des Ersten Vatikanischen Konzils: »Im und vom seligsten göttlichen Wesen, und unaussprechlich erhaben über alles, was außerhalb Gottes existiert oder vorgestellt werden kann« (Denzinger-Schönmetzer, Nr.1782).
112 Zur modernen Problematik des ontologischen Argumentes siehe zwei Studien recht unterschiedlicher Richtung: Hartshorne, *Anselm's Discovery*, und Warnach, *Zum Argument im Proslogion Anselms*. Eine nützliche Anthologie von Anselm bis zur Gegenwart siehe bei Hick und Gill, *The Many-Faced Argument*. Vgl. auch M. M. Olivetti, *L'argomento ontologico*, 1990.
113 Siehe meinen Beitrag zur Pariser Arbeitstagung der UNESCO (Paris 1962) in *L'Athéisme, tentation du monde, réveil des chrétiens*, S.52ff.
114 »Gott ist uns nahe in seiner Abwesenheit, wie er uns leuchtet in der Finsternis«, heißt es in dem berühmten *Spiegel einfacher Seelen*. »In dem Maße, wie ihre Erkenntnis in der hellen Finsternis, in der Gegenwart der Abwesenheit erneuert wird« (*Mengelgedichten*, 17, Hadewijch von Antwerpen, S.133).
115 »Also weiß Gott nicht, was Gott ist, insofern Gott nicht etwas ist; daher ist Gott sich selbst und jedem Intellekt in jeder Hinsicht unbegreiflich« (Johannes Scotus Eriugena, *De Divisione Naturae*, II, (28 PL, 122,589). Fast unmittelbar danach (II,30) wird dieselbe Lehre wiederholt, indem Gott das »reine Nichts« genannt wird.
116 Eine Reihe von Texten, die dieser Aussage und den folgenden zugrundeliegen, siehe bei Panikkar, »Die existentielle Phänomenologie der Wahrheit«, S.40ff., des entsprechenden Kapitels in *Mâyâ e Apocalisse*, S.241-89. Siehe außerem Nicolas, *Dieu comme inconnu*.
117 »Gott ist mit dem Verstand nicht zu begreifen, da alles, was von Gott begriffen werden könnte, gewiß nicht Gott ist« (Evagrius, *De Octo Vitiosis Cogitationibus* PG, 4O:1275 c). Siehe auch Maximus Confessor, *In Epist. Dionys.*, 1 (PG, 4:529 a).
118 Siehe die Auffassung Meister Eckharts in vielen seiner Werke, z.B. *Sermo* XI, 2 (120).
119 Siehe z.B. im Bereich der indischen Spiritualität *Rig Veda*, X, 129; *Shvetâshvatara Upanishad*, IV, 18; *Bhagavad Gîtâ*, IX, 19; XIII, 12; *Atharva Veda*, IV, 1; (*brahman* ersteht aus Sein und Nichtsein).
120 Siehe *Kena Upanishad*, II, 2-3.
121 Evagrius Ponticus, *III Centuria*, 88. Siehe Hausherr, »Ignorance infinie«.

122 Wir könnten die drei Positionen in drei Maximen zusammenfassen: *Deus est: id quo maius cogitari nequit; id quod est maius quam id cogitari possit; id quod cogitari nequit* (Gott ist: das, zu dem nichts Größeres gedacht werden kann; das, welches größer ist, als was gedacht werden kann; das, welches nicht gedacht werden kann).

123 »L'Etre est Amour«, Le Saux, *Sagesse hindoue*, S.189; idem., *La rencontre de l'hindouisme et du christianisme*, S.159.

124 »Wenn ich die Liebe nicht habe, bin ich nicht« (1 Kor XIII,2 – *agapên de me echo, outhen eimi*): ohne Liebe bin ich nicht, existiere ich nicht.

125 Ex III,14, nach der traditionellen Interpretation.

126 Siehe Panikkar, *Advaita and bhakti* (in *Myth, Faith and Hermeneutics*, Kap.9) über die Entfaltung des Themas, das ich hier bloß angedeutet habe.

127 Siehe Chuang Tzu (nach der Übersetzung von Thomas Merton in *The Way of Chuang Tzu*, S.125):

Das ist das Äußerste! Wer kann es erreichen?
Kann ich die Abwesenheit des Nichts begreifen?
Wenn darüber hinaus das Nichtsein *ist*,
Wer kann es begreifen?

128 »Er ist nicht hier; denn er ist auferstanden« (*ouk estin, hôde, êgerthê* – Mt XXVIII,6).

129 Vgl.: »Alle Dinge des Weltalls kommen ins Sein von einem Ursprung im Sein; aber das Sein kommt von einem Ursprung im Nichtsein ins Sein«; oder, wie manche übersetzen, »Das Nichts ist der Ursprung alles Seienden« (*Tao-te-ching* 40).

130 Vgl. Mk VIII,35, mit zahlreichen ähnlichen Passagen.

131 Siehe Panikkar, *Das erste Bild des Buddha*, wo sich Beispiele finden für das, was ich hier bloß zusammenfasse.

132 Lk VII,47.

133 Siehe 2 Kor 5:21 und Kap.5, Anm.34, oben.

134 Die Schöpfung ist nicht selbst-erhaltend, sagt Gregor der Große (*Moralia*, XVI, 37, 45): »Denn all diese Dinge sind, aber im wesentlichen sind sie nicht, denn sie haben nicht Bestand in sich selbst, und wenn die Hand dessen, der über sie herrscht, sie nicht erhält, können sie auf keinerlei Weise sein. Denn sie alle haben ihren Bestand in dem, der sie geschaffen hat. Auch die lebenden Dinge bewegen sich nicht aus eigener Kraft; vielmehr führt derjenige, der einmal das Leben schenkt und einmal nicht, sie alle zur äußersten Wesenheit und erhält sie wunderbar in dieser Ordnung.« Oder auch: »Alle Dinge würden ins Nichts stürzen, wenn die Hand des Allmächtigen sie nicht hielte« (PL, 75:1143). Die Beschaffenheit der Geschöpfe ist das Nichts, wiederholt Thomas von Aquin (*De aeternitate mundi*): »Denn was einem Geschöpf in sich gehört, ist früher in ihm als das, was es bloß von einem anderen hat. Ein Geschöpf aber hat *esse* nur von einem anderen; sich selbst überlassen, für sich selbst betrachtet, ist es nichts: daher ist *nihil* in ihm vor *esse*.« Siehe idem, *De Potentia*, q.5,a.l,c.; *De Veritate*,q.18, a.2, ad 5. Siehe außerdem den konziliaren Text: »[Deus] condidit creaturas: bonas quidem, quia a summo bono factae sunt, sed mutabiles, quia de nihilo factae« (»Gott hat die Geschöpfe geschaffen: gewißlich gut, weil sie durch das höchste Gut geschaffen wurden,

jedoch unbeständig, weil sie aus dem Nichts gemacht wurden« (Konzil von Florenz, Decretum pro Iacobitis, Denziger-Schönmetzer, (1967) Nr. 706. Dieser Text wurde fast wörtlich vom Hl. Augustinus, *De Natura Boni*, 10 (PL, 554-55), übernommen. Siehe andere Texte, sowie eine Darlegung des Gegenstands von einem streng metaphysischen Standpunkt in den Abschnitten meines Buches *El concepto de naturaleza*, S.102-113, die der Geschöpflichkeit und Bedingtheit gewidmet sind, sowie in meinem Werk *Myth, Faith and Hermeneutics*, Kap.3.

135 Diese Perspektive erlaubt eine richtigere Auslegung zahlreicher Texte des christlichen Schrifttums, das so besessen vom Pessimismus erscheint, in Wirklichkeit jedoch bloß eine ontologische Situation darlegen will: die Tatsache nämlich, daß das Positive und die Wahrheit sich nur am anderen Ufer befinden. In dieser Anschauung gewinnt sogar das Opfer des Lammes, Jesu Christi, eine neue Bedeutung.

136 Ob Kierkegaard etwas davon wahrnahm, wenn er in *Entweder – Oder* schrieb, daß »die Liebe zu Gott eine absolute Besonderheit hat, deren Ausdruck die Reue ist« (Sören Kierkegaard, *Aut/Aut*, S.97, sei dahingestellt.

137 Siehe Joh I,29.

138 Siehe *Shatapatha Brâmana*, I, 7, 2, 1ff.

139 Siehe Lk XVIII,9-14, das einzige Evangelium, in dem das Gleichnis berichtet wird.

140 Dies wäre die traditionelle christliche Definition der Sünde (»ein Abwenden von Gott und eine Zuwendung zu den Geschöpfen«).

141 Vgl. die *oratio* aus der Liturgie eines Bischofs und Märtyrers im lateinischen Ritus der katholischen Kirche: »Sieh unsere Schwäche gnädig an, allmächtiger Gott; und da die Bürde unserer Taten schwer auf uns liegt…«

142 Vgl. das berühmte »Dreifaltigkeitslied«: »Snick all mein ich in Gottes niht« (»Ich versenke mein ganzes Ich in Gottes Nichts«) (J. B. Porion, *Hadewijch d'Anvers*, S.137).

143 »Sein ist im Nichts,
und im Sein ist kein Sein.
So möge Feuer in meiner Seele rasen
und dort ihr Sein verzehren!«

Djalaluddin Balki (Rumi), *Kolliyât-é Sams-é Tabûzî* (M. Darwish, Teheran 1962), 1:32; Nr. 67 in S. de Beaureceuil, *Le pain et le sel*, S.98.

144 Als einzelnes Beispiel siehe jenes Juwel voll der Herrlichkeit der niedergehenden Scholastik und des Anbruchs der Renaissance, Nikolaus von Kues, *De Deo Abscondito*, Nr. 14, *Opera Omnia*, 4,3-10.

145 Siehe einen typischen, repräsentativen Text: Meister Eckharts Kommentar zu Apg IX,8, wo Saul, als er nach seinem Sturz vom Pferd und seiner Erscheinung auf der Straße nach Damaskus aufstand und *nihil videbat*, nichts sah: »Mich dünkt, daß dies Wörtlein vierfachen Sinn habe. Der eine Sinn ist dieser: Als er aufstand von der Erde, sah er mit offenen Augen nichts, und dieses Nichts war Gott: denn als er Gott sah, das nennt er ein Nichts. Der zweite Sinn: Als er aufstand, da sah er *nichts als* Gott. Der dritte: In allen Dingen sah er nichts als Gott. Der vierte: Als er Gott sah, da sah er alle Dinge als ein Nichts« (*Predigt* 3, Quint, S.329). Siehe denselben Gedanken in *Predigt 53* (ibid., S.400ff.).

146 Vgl. das Konzept von *shûnya*, wie ich es im ersten Teil dieses Buches dargelegt habe.

147 »Die Weisen, die sich in die Tiefen ihres Herzens versenken, suchen das ursprüngliche Band *(bandhu)* zwischen Sein und Nichtsein (*asat*)« (*Rig Veda*, X, 129,4).

148 Wir wissen, eine wie bedeutende Rolle die Kategorie der Beziehung in der christlichen Scholastik spielte, wegen der trinitarischen und christologischen Probleme, mit denen diese philosophische Strömung sich auseinanderzusetzen hatte. Ebenso bekannt ist die Verlegenheit der Scholastik in ihrem Bemühen, alles, was der christliche Glaube ausdrücken wollte, in dem aristotelischen Rahmen unterzubringen. Eine moderne Darstellung des Problems der Beziehung bei Thomas von Aquin findet sich in Krempel, *La doctrine de la relation*.

149 »Keine Beziehung ist eine Substanz *secundum rem* in der konkreten Wirklichkeit in den Geschöpfen« (Thomas von Aquin, *In 1 Sententiarum*, d.4,q.1,ad 3). »Aber Substanz kann selbst relativ sein: wie aus der trinitarischen Lehre der erhaltenden Beziehungen zu ersehen ist.« Siehe *Summa Theol.*, I,q.28,a.2.

150 Siehe die Etymologie der romanischen Wörter für »Ding, Sache«: *cosa, chose*. Sie sind von *causa* abgeleitet, mit Bezug zur Aussage.

151 Siehe die Studien über Hume und den Buddhismus.

152 Dies ist eben die buddhistische Kritik an den Systemen der Weltschöpfungslehre. Siehe Glasenapp, *Buddhismus und Gottesidee*, S.426, wo die entsprechenden Textstellen angeführt sind. Auch das traditionelle Christentum empfand diese Schwierigkeit: siehe z.B. Augustinus, *De Genesi ad Litteram*, V, 7 (PL, 34,328); VI, 6 und 10 (PL, 34,342-43, 346); und passim. Noch einmal: »Zweitens ist zu bemerken, daß Gott Himmel und Erde und alles, was darin ist, in voller Größe und Schönheit, in vollendeter Art und Gestalt und mit seiner besonderen Ausstattung gleichzeitig geschaffen hat, daß aber nicht alles gleichzeitig in Erscheinung trat. Ein Beispiel dafür bietet der Landmann, der verschiedene Samenarten gleichzeitig auf den Acker sät. Ein Teil davon aber geht nach einem Tage, ein anderer nach zwei, noch ein anderer aber erst nach drei Tagen auf, und doch sind alle Samen in einer einzigen Stunde ausgesät worden.« (Eckhart, *Expositio libri Genesis*, *Lateinische Werke*, I, S.200, Nr.18). »Denn auf eine Weise redet Gott und auf eine zweite; nur beachtet man's nicht« (Ijob XXXIII,14), sowie andere Texte der Hl. Schrift (wie Ps 61,12), welche die Deutung der mystischen Tradition veranlaßten. Oder wiederum: »Einmal spricht Gott, zum zweiten Mal wiederholt er nicht dasselbe« (Ijob XXXIII,14). Er spricht aber in der Zeugung des Sohnes, weil der Sohn das Wort ist. Er spricht auch in der Schöpfung der Kreaturen: er sprach, und sie wurden gemacht, er gebot, und sie wurden geschaffen (Ps 32,9).« (Eckhart, *Expositio libri Genesis Lateinische Werke*, I, S.51, Nr.7). Außerdem fügt er hinzu: »Darum heißt es in einem anderen Psalm (61,12): einmal hat Gott gesprochen, diese zwei hörte ich. Zwei, nämlich Himmel und Erde, oder vielmehr, diese zwei, nämlich das Ausfließen der Personen und die Schöpfung der Welt, die er jedoch einmal spricht, einmal gesprochen hat. (Siehe unten, Anm.161).

153 Siehe oben, S.98.

154 Siehe oben, S.201f.

155 «So bin ich ewig; denn ich bin», sagt Goethe im *Prometheus* und drückt damit dieselbe Intuition aus. Parallel dazu sagt der Buddha: «Ich bin nicht, denn ich bin nicht ewig.« Wenn er wäre, dann wäre er ewig. Wer für einen Augenblick das »Ich bin« leben könnte, wäre außerhalb von Zeit und Bedingtheit.

156 *Quid enim tam tuum quam tu?*
et quid tam non tuum quam tu,
si alicuius est, quod es?
(»Denn was ist so sehr dein wie du?/ und was ist so sehr nicht dein wie du,/ wenn das, was du bist, einem anderen gehört?« *Tract. 29, in Ioann.*) Siehe Panikkar, *The Threefold Linguistic Intersubjectivity.*

157 Siehe *Bhagavad Gîtâ*, IX, 4-5, und natürlich auch *tat tvam asi* (*Chândogya Upanishad*, VI, 8,7).

158 Siehe den Spruch *aham brahma asmi* (*Brihadâranyaka Upanishad*, I, 4, 10), sowie die Aussage der *Chândogya Upanishad*, III, 14, 3: »Dies ist mein)*âtman* im Inneren meines Herzens, kleiner als ein Reiskorn, ein Senfkorn oder ein Hirsekorn oder das Herz des Hirsekorns; dies ist mein *âtman* im Inneren meines Herzens, größer als die Erde, größer als der Luftraum, als der Himmel und diese Welten.« Siehe außerdem die Affirmationen der christlichen Tradition: »Doch du warst innerlicher als mein Innerstes und überragtest meine höchste Höhe« (Augustinus, *Bekenntnisse*, III, 6); »Gott ist in allem, denn alle Dinge sind in ihm; er ist außerhalb von allem, weil er über allen Dingen steht« (ders., *De spiritu et anima*, Kap.14 PL, 40,791); »Gott ist der angemessene und unmittelbare Grund aller Dinge, und zwar auf eine innerlichere Weise, als sie sich selber sind, wie Augustinus sagt« (Thomas von Aquin, *De Veritate*, q.18,a.16,ad12; siehe auch ders., *De Anima*, a.12,ad1).

159 Zur Einführung in das Argument siehe Nakamura, *The Way of Thinking of Eastern Peoples.*

160 Als Einführung zum Thema siehe Kretschmar, *Studien zur frühchristlichen Trinitätstheologie.*

161 »Denn durch *ein* Wirken zeugt er den Sohn, der der Erbe ist, Licht vom Licht, und schafft er das Geschöpf, das Finsternis, geschaffen, worden ist, nicht Sohn noch Erbe des Leuchtens, der Erleuchtung und Schöpfung.« (Eckhart, *Expositio in Ioannem* (Lateinische Werke, III, S.61, Nr.73). Siehe außerdem die in Anm.151 zitierten Texte.

162 »Wie zurecht gesagt wird, daß der Vater sich im Wort kennt und sich selbst und die Geschöpfe darin ausspricht, so wird zurecht gesagt, lieben Vater und Sohn einander und die Geschöpfe im Heiligen Geist« (Parente, *De Deo Uno et Trio*, S.293). Siehe auch: »Indem nämlich Gott sich erkennt, erkennt Er jedes Geschöpf. Das Wort aber, das im Geiste empfangen wird, ist eine Darstellung all dessen, was im Vollzug verstanden wird. ... Weil jedoch Gott in einem einzigen Vollzug sich wie auch alles andere versteht, so ist Sein einziges WORT nicht nur Ausdruck für den Vater, sondern auch für die Geschöpfe« (Thomas von Aquin, *Summa theol.*, I, q.34, a.3). Siehe auch ibid., q.37, a.2. Es liegt auf der Hand, daß weder die Auffassung Thomas' noch meine eigene, die ich in diesem Werk vorlege, mit irgendeinem Pantheismus zu verwechseln ist. Siehe außerdem den liturgischen Satz: »Vor mir nahm Gott nicht Gestalt

an, und nach mir wird Gott nicht sein« – Magnificat Antiphon, dom.III, Advent.

163 Siehe, als isolierten Hinweis, Kaliba, *Die Welt als Gleichnis des dreieinigen Gottes.*

164 Ich habe mich an die christliche Terminologie gehalten, hätte aber auch eine andere Sprache verwenden können. Die Trinität ist keine ausschließlich christliche Intuition.

165 »Ich vergesse, was dahinten liegt, und strecke mich aus nach dem, was vor mir liegt« (Phil III,13).

166 Vgl. Heb XI,27.

167 Nach Evagrius (dessen Mystik, wie Hans Urs von Balthasar in *Metaphysik und Mystik des Evagrius Ponticus* meint, dem Buddhismus nähersteht als dem Christentum) gewährt Gott die beseligende Gottesschau, indem er sie vorenthält. Siehe Gregor von Nyssa, *De Vita Moysis*, wie ich weiter unten noch ausführe.

168 Siehe oben, Anm.165. Siehe die Synthese von Jean Daniélou, *Platonisme et théologie mystique*, S.315-26. Der zweiten Ausgabe (1954) verdanken wir die Einführung dieses Konzepts in die heutige Forschung.

169 In der Tat gebraucht Gregor von Nyssa das Wort nur einmal in einem mystischen Sinn.

170 Zusammengesetzt aus *epi-*, mit der Bedeutung von »Besitz«, und der göttlichen Immanenz, *ek-*, das Heraustreten aus sich selbst, sowie Transzendenz, und der Wurzel *-sta-*, mit der genauen Bedeutung von »hier sein« – zur Bildung einer vollkommenen *coincidentia oppositorum.*

171 Siehe Hans Urs von Balthasar, *Présence et Pensée*; Völker, *Gregor von Nyssa als Mystiker.*

172 Das Wort wird, ohne den Möglichkeiten des Konzepts in der vergleichenden Spiritualitätskunde nachzugehen, in einem von mir bereits zitierten Werk einfach erwähnt: Le Saux, *Sagesse hindoue*, S.239, 245.

173 Soweit ich feststellen konnte, ist dieses Wort in keinem der gebräuchlicheren theologischen oder biblischen Wörterbücher aufgeführt.

174 Siehe den Nachweis dafür in Völker, *Gregor*, S.202ff.

175 Siehe eine Passage aus *De Vita Moysis*: »O Moses, der du ein solches Verlangen hast, vorwärts zu stürmen [*epekteinomenos tois hemprosthen*, ein klarer Bezug auf Phil III,13], der du niemals Ermattung gekannt hast, du solltest wissen, daß ich [Gott, der Sprecher] über einen so großen Raum verfüge, daß du ihn nie und nimmer durchqueren könntest. Doch in einer anderen Weise ist dieser Weg Festigkeit *(stasis)*. Wahrlich, ich werde dich auf den Felsen setzen. Dies ist der größte Widerspruch (*paradoxotatou*): daß Stabilität (*stasis*) und Bewegung (*kinesis)* ein und dasselbe sind. Denn für gewöhnlich steht einer, der vorwärtsgeht, nicht still, und einer, der still steht, geht nicht vorwärts. Und dennoch steht derjenige, der vorwärtsgeht, gerade dadurch still« (PG, 44:405).

176 Siehe Daniélou, *Platonisme*, S.234.

177 Dies wäre die minimalistische Auslegung bestimmter patristischer Handbücher. Mir scheint jedoch, daß viele Kirchenväter viel »buddhistischer« waren, als man sich gewöhnlich vorstellt.

178 *De Vita Moysis*, (PG, 44,376).

179 »Die göttliche Natur ist also unendlich, und das Unendliche ist nicht zu begreifen« (ibid., PG, 44,401).
180 Ibid. (PG, 44,376). Die lateinische Übersetzung bei Migne lautet: *Quid oporteat de Deo cognoscere, quod quidem cognoscere nihil aliud est, quam nihil eorum esse Deum cognoscere, quae humana mens potest cognoscere.* Das griechische Wort lautet immer *gignôskein.*
181 Siehe ibid. (PG, 44,404).
182 Siehe Daniélou, *Platonisme*, S.318.
183 Siehe die profunden Betrachtungen im Kommentar von Balthasar, *Présence*, S.67.
184 *De Vita Moysis* (PG, 44,941).
185 Wir mögen an 1 Mose 1:1 und Joh 1:1 denken.
186 Siehe *Rig Veda*, X, 129, 3; *Shâtapatha Brâhmana*, VI, 1,1,1,etc.
187 Siehe z.B. Mircea Eliade, *The Myth of the Eternal Return.*
188 Vgl. Lk IX,82.
189 Vgl. Mt VI,19.
190 Vgl. Mt V,3.
191 Der Ausdruck stammt von Gregor von Nyssa und findet Verwendung in Barsotti, *La fuga immobile.*
192 Siehe Texte wie Gal IV,9; 1 Kor VIII,3, XIII,12.
193 Siehe z.B. *Kena Upanishad*, II, 3; *Tao-te-ching*, Kap.2, etc.
194 *De Vita Moysis* (PG 44,1)
195 Siehe ibid. (PG, 46,97), sowie zahlreiche von Daniélou in *Platonisme*, S.320f., zitierte Passagen.
196 *De Vita Moysis* (PG, 44,1025).
197 Siehe ibid. (PG, 44,404).
198 Siehe den buddhistischen Ausdruck, wonach die »scheinbare Bewegung« der Mystiker auf der allmählichen Entäußerung ihres Durstes, ihrer Verhaftung, ihres Begehrens beruht.
199 »Fürwahr untersagt das göttliche Gebot vor allen Dingen, daß du meinst, irgend etwas dir Bekanntes könnte Gott gleichen; wahrlich, jede Vernunft, die das göttliche Wesen durch irgend eine Vorstellung oder Mutmaßung zu ergreifen sucht, erzeugt zwar ein Bildnis *(eidolon)* Gottes im Geist, erkennt Gott jedoch nicht« (PG, 44,376).
200 Romano Guardini mit seinem umfangreichen Werk verdient hier besondere Erwähnung. Siehe z.B. *Gläubiges Dasein.*
201 Siehe oben, S.157.
202 Siehe die Darstellung der indischen Position auf S.142f.
203 Vgl. 1 Sam III,9.
204 Vgl. Gen XXXII,29. Vgl. Paulus' Anfrage bei der Theophanie: Wer bist du?, Apg. IX,5.
205 Ich beziehe mich auf die oben geschilderten, mit »Anthropomorphismus« beginnenden sechs Grundauffassungen, S.168ff.
206 Vgl. *Dhammapada*, XX, 5-6, (277-78).
207 Siehe die schöne Definition des Pseudo-Hermes im Buch der vierundzwanzig Meister: »Gott ist der einzige, den Worte nicht ausdrücken können aufgrund von Gottes Vortrefflichkeit, den der Verstand nicht begreifen kann aufgrund

von Gottes Unähnlichkeit« (Baeumker, Hrsg., *Das pseudo-hermetische Buch der vierundzwanzig Meister*, S.36).

208 Vgl. Gen III,24.

209 Auch hier ist das liturgische Gebet von außerordentlicher Kraft: »Auf daß wir, die ohne Dich nicht zu sein vermögen, fähig werden, Dir gemäß zu leben.«

210 Siehe J. A. T. Robinson und D. L. Edwards, *The Honest to God Debate*; Hochstafel, *Negative Theology*.

211 Ein weiteres modernes Zeugnis von christlicher Seite siehe in Tillichs Aussage, daß wir die »Leere als Schicksal unserer Epoche annehmen müssen, indem wir sie als eine das Denken und Handeln verwandelnde heilige Leere annehmen« (Tillich, *Theology of Culture*, S.65).

10 Das Schweigen des Buddha

1 Als Beispiel dafür möchte ich die Buddhastatuen nennen, die in weitem Umkreis in Ellora zu finden sind. Es sind insgesamt etwa zwanzig, die den Buddha alle in Meditation darstellen, jede in der Reihe jeweils ein wenig mehr losgelöst von der Welt als die vorhergehende – bis zu dem Quantensprung zwischen der vorletzten, mit ihrem äußersten Grad an Vollkommenheit im »Diesseits«, und der letzten, die in heiterer Gelassenheit alle sterblichen Grenzen überwunden hat. Siehe z.B. Gupte, *Iconography*, Tafeln 2c-2d.

2 Siehe z.B. den Text, mit dem ich dieses Werk beschließe, unten, S.261, mit der entsprechenden Anm. 185.

3 Vgl. ein Zeugnis christlicher Spiritualität mit einer buddhistischen Note: »Könnte es sein, Herr, daß die Demut nicht darin bestünde, eine hohe, niedrige oder mittlere Meinung von mir selbst zu haben, sondern darin, auf jede Meinung zu verzichten? … Am Ende weiß ich nicht, was ich wert bin, noch werde ich es hienieden jemals wissen« (Charles, *La prière*, S.149).

4 Vgl. die Bedingungen des authentischen Philosophierens nach den Vorschriften der vedäntischen Tradition, z.B. bei Shankara: Panikkar, *Spiritualità indù*; Piantelli, *Shankara e la rinascità del Brahmanesimo*.

5 »Wer sind wir? Wo kommen wir her? Wohin gehen wir? Was erwarten wir? Was erwartet uns?« (Bloch, *Das Prinzip Hoffnung*, I,1). Siehe Weish II,2, sowie parallele Texte.

6 Betrachten wir die weniger bekannte Grundfrage der Gnosis und vergleichen wir sie mit dem buddhistischen Geist. Der Unterschied liegt sogleich auf der Hand. Nach Jonas, *Gnosis*, 1/2:261, zitiert von Cullmann, *Heil als Geschichte*, S.8-9, läßt sich die Aussage der Gnosis sehr hübsch mit einem Satz von Clemens von Alexandrien (*Excerpta ex Theodoto*, 78,2) zusammenfassen: »Wer wir waren, wer wir geworden sind, wo wir waren, wohin wir gekommen sind, wohin wir uns stürzen, von woher wir gerettet wurden, welche Geburt und welche Wiedergeburt.«

7 Vgl. die berühmte Frage des Engels des Herrn an Manoah: »Warum fragst du nach meinem Namen?« (Ri XIII,18; vgl. Gen XXXII,30, Ex III,13, Ps 67,36, Jes IX,6), und zum Beispiel die Deutung eines Meister Eckhart. Siehe die

glänzende Darstellung von Vladimir Lossky, *Théologie négative et connaissance de Dieu chez Maître Eckhart*, im ersten Kapitel, »Nomen innominabile«, und im zweiten, »Nomen omninominabile«, S.13.96.

8 Bedenken wir die politische Situation einer vom Atomtod bedrohten Menschheit, weil zwei Großmächte die Welt zu »retten« suchen. Die Situation ist nicht besser geworden, nachdem jetzt nur eine einzige Weltmacht ihre »Ordnung« diktieren kann.

9 Siehe oben, S.40ff.

10 Siehe eine ähnliche Problematik bei Ebert, *Der Mensch als Weg zu Gott*, S.297-317. Bedenken wir auch, wie schwer die Anhänger des Thomas von Aquin sich tun, die Möglichkeit zu verteidigen, daß man die »Existenz« Gottes erkennen und zugleich sagen könne, daß in Gott »Essenz« (Wesen) und »Existenz« (Dasein) identisch seien. Muß daraus nicht folgen, daß, wenn wir Gottes Existenz erkennen, wir auch Gottes Essenz erkennen; oder daß, wenn wir Gottes »Essenz« nicht erkennen, dasjenige, was wir erkennen, nicht Gottes wahre Existenz ist?

11 *Samyutta-nikâya*, III, 189.

12 Ibid. Siehe auch das entsprechende Kapitel in Panikkar, *Myth, Faith, and Hermeneutics*, S.257-76.

13 *Majjhima-nikâya*, III, 6.

14 Vgl. die gegensätzliche Einstellung der zoroastrischen Reform – die, wie wir gesehen haben, mehr oder weniger in dieselbe Zeit fällt wie die des Buddha –, in der das Absolute wenigstens als Name erscheint (Ahura Mazda, mit der Bedeutung von »denkender Herr«), als Sublimation des Denkens. Siehe Pagliaro, »Idealismo gathico«, und S.V, oben.

15 Eben dies wäre *pratyavritti*, »die Umkehrung im Innersten des Bewußtseins«, nach der Übersetzung von Suzuki, *The Lankâvatâra-sûtra*.

16 *Samyutta-nikâya*, II, 17. Siehe den oben zitierten Text, S.42.

17 »Der Mensch ist weder Engel noch Tier, und das Unglück will, daß, wer den Engel will, das Tier macht« (Pascal, *Pensées*, Nr.358).

18 Siehe Sir VII,16-19, wo wir denselben Gedanken einer Via media finden und die Aufforderung, Extreme zu meiden.

19 Siehe oben, S.181ff.

20 *Mahâvagga Vinayapitaka*, I, 5,2. Vgl. *Majjhima-nikâya*, I,167ff.; *Samyutta-nikâya*, I, 136; *Dîgha-nikâya*, II, 36; etc.

21 Vgl. z.B. III, 32; IV, 40; VII, 3, 19; IX, 3; XII, 5; etc.

22 Vgl. z.B. Mt VII,13-14, XXII,14; Lk X,24, XIII,23-24; etc.

23 Als einfaches Beispiel für die moderne Geisteshaltung siehe Fontinelli, *Reflections on Faith and Metaphysics*. Ich weiß nicht, ob der Autor, der Mitherausgeber der Zeitschrift *Cross Currents*, den Buddhismus kennt; er erwähnt diesen Umstand hier nicht, schreibt jedoch (S.39): »Der Glaube ist *ohne* Gott.... Der Gläubige muß willens sein, sich in derselben Weise für Werte einzusetzen, wie er es tun würde, gerade so, *als ob* es Gott nicht gäbe... Ich meine, der Gläubige muß ohne Gott handeln. Und das muß auch der Atheist tun. Ihre existentielle Situation ist eine gemeinsame.« Ich nehme eher an, daß er die außerchristlichen Religionen nicht in Erwägung zieht, angesichts der Tatsache, daß der auf S.40 zitierte bekannte Text (die Fackel, die den Himmel verbrennt, und das Wasser,

das die Hölle löscht), soweit wir wissen, nicht christlichen, sondern islamischen (Sufi) Ursprungs ist (bei der berühmten Rabi'a). Siehe Anawati und Gardet, *Mistica Islamica*, S.173, wo die Quellen angegeben sind. Vgl. Fontinelli, *Self, God, and Immortality* (bes. S.132ff.), ein Werk, das in Anlehnung an W. James in dieselbe Richtung geht.

24 Siehe Panikkar, *Culto y secularización*; *Le mystère du culte.*

25 Joh IX,38; vgl. Mk IX,24: »Ich glaube; hilf meinem Unglauben!«

26 *Taishō*, 45, 500b (in Chien, *Buddhism*, S.358).

27 *Saddharmapundarîka-sûtra*, XV, 268-72.

28 Vgl. Joh XVI,7.

29 Es ist ein gemeinsames Merkmal aller Reformen auf religiösem, sozialem, politischem oder welchem Gebiet auch immer, die traditionelle Religion zugunsten einer Religion oder Spiritualität der verinnerlichten Erlösung in Frage zu stellen. An die Stelle des unmittelbaren Eingreifens der »Götzen« oder Gottes tritt die Autorität der Gemeinschaft: *sampradâya* für Hindus, *samgha* für Buddhisten, das »Volk Gottes« für Juden, die Kirche für Christen, der Staat für Marxisten, *umma* für Moslems, etc.

30 Die fünfte Lehrrede über das Gesetz, die Ashoka zur Lektüre und Betrachtung empfiehlt, ist *Moneya-sutta* oder die Rede über das Schweigen, mit der dort angedeuteten dreifachen Teilung. Siehe *Dîgha-nikâya*, III, 220; *Anguttara-nikâya*, I, 273; *Itivuttaka*, 56.

31 Ich habe den Verdacht, daß, in anderem sprachlichen Gewand und anderer Kompositionsweise, das »Anhalten der Welt« in den durch Carlos Castaneda berühmt gewordenen Lehren des Don Juan genau dieses »Verstummen des Denkens« ist, das ich meine. Siehe Carlos Castaneda, Bibliographie.

32 *Samyutta-nikâya*, III, 13.

33 *Surangama-sûtra*, in Goddard, *Buddhist Bible*, S.263.

34 Die Bibliographie über das buddhistische Gebet ist ungeheuer groß. Ich verweise den Leser auf die in der Bibliographie angeführten Titel.

35 Es ist interessant festzustellen, daß mit der revidierten Einstellung zu den Sakramenten, die durch das Zweite Vatikanische Konzil im katholischen Christentum Eingang fand, der Beschluß gefaßt wurde (Juni 1968), das Sakrament des Priesters schweigend, durch einfaches Handauflegen, zu verleihen.

36 In den nächsten Absätzen folgen wir der dokumentierten Studie von Renou, *La valeur du silence dans le culte védique*, sowie Lévi, *La doctrine du sacrifice dans les Brâhmanas*, besonders Kap.1.

37 *Shabarasvâmin*, ad 2, 2, 10 (in Renou, *Valeur du silence*),l S.13.

38 Siehe Renou, *Valeur du silence*, S.13.

39 Siehe z.B. *Shatapatha Brâhmana*, I, 7, 4, 4; *Aitareya Brâhmana*, VII, 7, 2 (XXXII 1); *Gopatha Brâhmana*, II, 18; etc.

40 Wie es zu dieser Gleichsetzung kam, siehe Vesci, *Heat and Sacrifice.*

41 Siehe *Shatapatha Brâhmana*, VI, 4, 1, 6: »Nachdem er [einen Klumpen Erde, Agni darstellend] auf dem Fell einer schwarzen Antilope niedergelegt hat – da die schwarze Antilope das Opfer ist... breitet [derPriester] schweigend [das Fell] aus, denn das schwarze Antilopenfell ist das Opfer, und das Opfer ist Prajâpati, und Prajâpati ist unaussprechlich.«

42 Siehe *Shatapatha Brâhmana*, I, 4, 5, 8-11, wo wir von dem Streit zwischen

dem Wort (*vâc*) und dem Geist (*manas*) hören, welcher von ihnen größer sei. Das Urteil wurde Prajâpati überlassen, der zugunsten des Geistes entschied. »Das Wort, dem also widersprochen worden war, verfiel in Bestürzung und Schrecken. Dann sprach das Wort zu Prajâpati: Nie mehr werde ich Träger deines Opfers sein, da du mich so empört hast. Seither muß jedes Opfer, das Prajâpati dargebracht wird, im Flüsterton vollzogen werden, da das Wort nicht mehr als Träger des Opfers zu dienen gewillt ist« (ibid., v. 12).

43 Siehe z.B. *Pañcavimsha Brâhmana*, VII, 6,1: »Prajâpati begehrte: Daß ich mehr zu sein vermöchte als einer; daß ich vermöchte, mich fortzupflanzen; er versenkte sich schweigend (*tûshnîm*) in seinen Geist (*manasâ*); was in seinem Geist war, wurde der heilige Spruch (*brihat*).«

44 Vgl. Kap.8, Anm.66.

45 Siehe *Shatapatha Brâhmana*, III, 2, 1, 38: »Und wenn [der das Opfer vollziehende Priester] das Wort zurückhält, so ist das Wort das Opfer: hiermit trägt es das Opfer in sich...«

46 Siehe *Aitareya Âranyaka*, III, 1, 6.

47 Siehe *Aitareya Brâhmana*, II, 32, 4 (IX, 8): »Schweigender Lobpreis ist das Auge des Opfers«; *Shatapatha Brâhmana*, I, 4, 4, 10: »Im Schweigen, das die Wurzel des Opfers ist, bringe dies Opfer dar; denn wahrlich, die Wurzel ist stumm, und die Stimme ertönt nicht in ihr.«

48 Siehe *Taittirîya Samhitâ*, II, 5, 11, 3: »Nach der Wiederholung des *Samidhenis*-Spruches konnten die Götter das Opfer nicht erkennen. Prajâpati träufelte die Butter schweigend. Dann vermochten die Götter das Opfer zu erkennen. Der schweigende Vollzug des Träufelns [diente dazu], das Opfer zu beleuchten.« Siehe ibid., 6, 3, 7, 1-2, wo das Wort so dargestellt wird, als würde es das Opfer verdecken oder verbergen, bemerkt Renou (*Valeur du silence*, S.14), es sogar in Finsternis tauchen.

49 Siehe *Taittirîya Samhitâ*, III, 1, 9, 1: »Er opfert schweigend... und verleiht damit den Göttern göttlichen Ruhm.«

50 Siehe *Shatapatha Brâhmana*, VII, 2, 2, 14: »Er pflügt... und er tut es schweigend, denn das Schweigende ist unbestimmt, und das Unbestimmte ist die Ganzheit.«

51 Siehe *Taittirîya Brâhmana*, III, 2, 7, 3.

52 Siehe *Taittirîya Samhitâ*, VI, 2, 7, 3.

53 Siehe *Pañcavimsha Brâhmana*, IV, 9, 10.

54 Siehe *Shatapatha Brâhmana*, I, 9, 3, 22: »Schweigend... steigt er *l'âhavanîya* empor und denkt: Dieses Opfer wird gegen Osten vollbracht.«

55 Siehe *Shatapatha Brâhmana*, XII, 5, 1, 9: »Schweigend... dreht er es [im Löffel] nur einmal um und heiligt es damit den Vorfahren.«

56 Siehe z.B. *Shatapatha Brâhmana*, XII, 4, 2, 1: »Nachdem er [das Blut, das die Opfermilch verunreinigte] abgekocht hat, bringt er es schweigend in unbestimmter Weise dar, da Prajâpati unbestimmt ist und das Agnihotra dem Prajâpati heilig ist; und das Unbestimmte bedeutet auch Ganzheit, und so tut er Buße mit der Ganzheit.«

57 Siehe Renou, *Valeur du silence*, S.14: »Nach den Brâhmanas gibt es neben dem Bereich der ausgesprochenen (*nirukta*) Dinge, dem Bereich des Wortes, noch einen Bereich der unaussprechlichen (*anirukta*) Dinge, die nicht bestimmt,

nicht begrenzt und ungewiß (*anaddha*) sind... Der *anirukta* bezeichnet unter anderem die Lebensdauer, die Zukunft, den Wind und besonders das Denken (*manas*), oder seinen Ausdruck, das Schweigen.«

58 »Das kultische Schweigen überhaupt kann dreifacher Art sein: das wartende Schweigen, das sakramentale Schweigen und das einende Schweigen« (R. Otto, *Sünde und Urschuld*, »Sakramentales Schweigen«, S.185).

59 Siehe z.B.: »Aber der Herr ist in seinem heiligen Tempel. Es sei vor ihm stille alle Welt« (Hab II,20); »Alles Fleisch sei stille vor dem Herrn; denn er hat sich aufgemacht von seiner heiligen Stätte« (Sach II,17). Siehe außerdem Jes XLV,1; Ps LXXV,9; Offb VIII,1.

60 Vgl. auch im Christentum den asketischen Ausspruch, der in der Folge so gebräuchlich wurde, von Antonius, dem ersten Einsiedler: »Das Gebet, in dem der Mönch sich selbst oder das begreift, was er spricht [meditiert, kontempliert], ist nicht vollkommen« (Cassian, *Collationes*, IX, 31 PL, 49,808).

61 Das Schweigen gehört zum Mysterium. Das deutet Gregor von Nazyanz an, wenn er bei der Schilderung des Todes seiner Schwester Gorgonia in *Oratio*, VIII,22 (PG 35,813), sagt: »Tiefes Schweigen und zuletzt auch der Tod« (Dölger, *Das heilige Schweigen*, S.49). Siehe außerdem die These von Odo Casel, der die weiter unten, Anm.165, zitierte *Mysterientheologie* vertritt.

62 Darf ich mir dies anmaßen? Es wäre eine Entsakralisierung modernen Ursprungs, wenn ich die vier Begründungen nicht kennen würde, die Buddha selbst für die Echtheit seiner Lehre gegeben hat. Auch wenn *Anguttara-nikâya* II,167 sicher nicht als *ipsissima verba* des Buddha gelten. Die sogenannten »Vier Autoritäten« sind aus einer alten Tradition entsprungen, die lebendig war und bleiben will. Wir müssen die vorgetragenen Worte prüfen und wenn sie mit dem Sutta und Vinaya übereinstimmen, dann dürfen wir sagen, daß jene Worte auch vom Erleuchteten kommen. Deshalb wage ich den folgenden Text so dem Wortlaut getreu wie möglich zu interpretieren. Vgl. auch *Dîgha-nikâya II,123, wo ein ähnlicher Text vorkommt.*

63 Panikkar, *Myth, Faith, and Hermeneutics*, S.270ff.

64 *Sutta-nipâta*, I, 2, 33 und 34. Siehe *Udâna-varga*, XXI, 1: »Hinfort berühren mich keine Erfahrungen (*dhammâ*) mehr. Ich habe allem entsagt; ich bin frei von jeglicher Furcht (*bhaya*)« (Silburn, *Instant et cause*, S.225). Siehe auch ein modernes Beispiel in dem kurzen Gedicht (1945) des japanischen Philosophen Kitarô Nishida, das auf dem Frontispiz der englischen Fassung eines seiner Bücher wiedergegeben ist: »Der Grund meiner Seele hat eine solche Tiefe; weder Freude noch die Wogen des Kummers können sie erreichen« (Kitarô Nishida, *Intelligibility and the Philosophy of Nothingness*).

65 Die verschiedenen *Paramam sukham*, die sich in so vielen buddhistischen Texten finden (siehe z.B. *Majjhima-nikâya*, I, 508; *Dîgha-nikâya*, II, 94; *Dhammapada*, 15, 7-8 [203ff.]), bezeichnen wiederholt die Ausschaltung des Leidens als die Tür, die sich automatisch zum größten Glück öffnet. Siehe *Anguttara-nikâya*, III, 442 und 354, etc. Siehe Pande, *Studies*, S.480, sowie Anm.70, unten.

66 Siehe die Studie von Josef Pieper, *Glück und Kontemplation*.

67 Ein interessantes Zeugnis dafür findet sich in den zahlreichen Referaten des »Eleventh International Congress of the International Association for the History of Religions« (IAHA), der im September 1965 in Claremont, Kalifornien,

abgehalten wurde. Siehe auch den urzeitlichen Mythos (Gen II,8ff.), den die Religionen des größten Teils der Menschheit in der einen oder anderen Form teilen. Siehe Campbell, *Hero*.

68 Siehe den oben, Kap.3, Anm.46, zitierten Text, wo Indra die Aufhebung des Leidens als Glück bezeichnet. Siehe auch Shântideva, *Bodhicaryâvatâra*, VIII, 88: »Mit ausgeglichenem Gebaren, ohne Verhaftung, an niemanden gebunden, erfuhr er eine Freude, die selbst Indra nicht zu erlangen wußte.«

69 Siehe Anm.59, oben.

70 *Dhammapada*, XV, 8 (204). Siehe auch Anm.60, oben.

71 Siehe das monumentale Werk von Balthasar, *Herrlichkeit*, in dem der Autor die Bedeutung dieses Themas bei den großen Denkern des Abendlandes unterstreicht und außerdem zeigt, wie es in den Systematisierungen der Scholastik und der Manuale in Vergessenheit geriet.

72 *Samyutta-nikâya*, V, 2. Siehe auch *Brihadâranyaka Upanishad*, IV, 4, 4.

73 Sir XXIV,19-21:

»Mein Andenken ist süßer als Honig,
besser zu besitzen als die Honigwabe.
Wer von mir ißt, den wird weiter hungern,
wer von mir trinkt, den dürstet noch mehr.«

74 Siehe den Text des hl. Augustinus, *In Epistolam Johannis*, tractatus 4: »Das ganze Leben eines guten Christen ist eine heilige Lust« (PL, 35,2008). Siehe auch Dan IX,23 (Vulgata).

75 Vgl. das traditionelle christliche Kriterium zur Unterscheidung der Lüste: »Fürwahr, heilige Lüste... reifen durch das Warten. Wenn sie durch das Warten schwinden, dann waren es keine Lüste« (Gregor der Große, *Homiliae in Evangelia*, Buch 2, Homilie 25 PL, 76,1190). Vgl. auch das Begehren nach Erlösung (*mumukshutva*) im Vedânta, z.B. bei Shankara, *Vivekacudamani*, passim.

76 Siehe die sehr christliche und sehr griechische Passage bei Gregor von Nyssa (*In Canticum Canticorum Homiliae*, 11 [PG, 44,1000a]), wo wir lesen, daß die Lust zu sehen unstillbar ist, denn was immer man sieht, ist stets gottlicher (*theioteron*) und größer als erwartet.

77 Siehe den *Brahma-jijñâsâ*, oder das Verlangen nach Erkenntnis des *Brahman*, in der hinduistischen Überlieferung. Vgl. *Brahma-sûtra*, I, 1, 1, sowie die Kommentare der verschiedenen Schulen.

78 Vgl. die Intuition Meister Eckharts, der das Geschöpf als die passive Wirkung der göttlichen Ursache betrachtet, das deshalb seinem Wesen nach dürste: »Das Passive dürstet immer, und wenn es trinkt, dürstet es nach seinem eigenen aktiven Prinzip« (zitiert bei Lossky, *Théologie négative*, S.293). Die Wesen haben Durst, weil sie Geschöpfe sind, und die Schöpfung ist nicht ein Akt der Vergangenheit, sondern die anhaltende Bewahrung des Daseins. In seinem Kommentar zu dem oben zitierten Text, Sirach XXIV,21, schreibt Meister Eckhart: »Wir wollen betonen, daß zur Bezeichnung der Wahrheit der Analogie aller Dinge mit Gott zurecht gesagt wird: Die von mir essen, werden weiter hungern. Essen, weil sie sind; werden hungern, weil sie von einem anderen sind« (Lossky, ibid.). Sein ist »essen«, »teilnehmen«, »geschaffen werden«, »noch nicht sein.« Es ist einfach der *Durst* nach der Quelle des Seins.

79 Siehe Mt V,6; etc.

80 Siehe oben, Kap.3, Anm.46.

81 »Buddhaschaft ist der Zustand, in dem all unser Anklammern an die Dinge überwunden ist, und selbst gegenüber dem idealen Ziel, ein Buddha zu werden, muß Gleichgültigkeit oder Loslösung herrschen« (Tanabe, zitiert bei Y. Takeuchi, *Modern Japanese Philosophy*, in *Encyclopedia Britannica*, 1966, S.961.)

82 Siehe die vorhergehende Erörterung von *nirvâna*, mit den oben (S.123ff.) zitierten relevanten Texten.

83 Um Verwirrung zu vermeiden, können wir zwischen dem ursprünglichen *Streben* nach Erlösung (dem hinduistischen *mumukshutva*) und den *Lüsten* unterscheiden, die immer ein Hindernis für die Erlösung sind.

84 Joh IV,14: »Wer aber von dem Wasser trinken wird, das ich ihm geben, der wird in Ewigkeit keinen Durst mehr haben, sondern das Wasser, das ich ihm geben werde, das wird in ihm eine Quelle werden, deren Wasser bis ins ewige Leben quillt.« Siehe auch Joh VI,35; Ofb VII,16, XXI,6, XXII,17; Mt V,6; Ps LXI,3, LXII,2; etc.

85 Vgl. Hugo Rahner, *Flumina de ventre Christi: Die patristische Auslegung von Joh VII,37-38* (in *Symbole der Kirche*). Ein buddhistischer Kommentar dazu wäre faszinierend.

86 »*Nirvâna* existiert, aber das *nirvânisierte* Subjekt existiert keineswegs«, lautet die Übersetzung Lamottes, *Histoire*, S.45, des oben, S.84 (Anm.45), zitierten Textes.

87 Siehe Mt XVI,24; Mk VIII,34; Lk IX,23.

88 Thomas von Aquin: »Und daher ist das Geschöpf in Gott selbst die göttliche Essenz« (*De Potentia*, q.3,a.16,ad 24).

89 Siehe das Kapitel mit diesem Titel bei Etienne Gilson, *La théologie mystique de Saint Bernard*.

90 Vgl. 1 Kor XV,28.

91 Siehe Panikkar, *La Misa como consecratio temporis: La tempiternidad*, wo die hier bloß angedeuteten Gedanken aus einer christlichen Perspektive entwickelt werden.

92 Zum Wassertropfen siehe die überlieferten Textstellen: *Mundaka Upanishad*, III, 2, 8; *Brahma-sûtra*, I, 4, 21. Siehe auch *Katha Upanishad*, IV, 14-15, und ihre buddhistichen Züge, die Glasenapp untersucht hat: »Buddhism in the Kathaka Upanishad« (nachgedruckt in *Von Buddha zu Gandhi*, S.81-85, wo Glasenapp zahlreiche Stellen angibt, die an den abwärts strömenden Lauf des Wassers erinnern, das schließlich in den Ozean mündet.

93 Siehe Panikkar, *L'eau et la mort*.

94 Andernorts (*Der neue religiöse Weg*, Kap.5) habe ich zu zeigen versucht, daß im Abendland von Parmenides an das Paradigma der Vollkommenheit durch die vollkommene, runde, endliche (beendete) Kugel symbolisiert wird, während in Indien die Idee des Vollkommenen durch den Punkt dargestellt wird, der keine Dimensionen, Eigenschaften oder andere Bestimmungen hat – also unendlich ist. Dennoch sehen wir die Idee des Unendlichen auf das Universum angewandt, ebenfalls als eine Kugel. Siehe Sätze 2 und 17 des oben zitierten Liber 24 philosophorum: »Gott ist eine unendliche Kugel, deren Mittelpunkt überall und deren Umfang nirgends ist«, und »Gott ist eine Kugel mit so vielen Umfängen wie Punkten« (S.31).

95 Im buddhistischen Milieu wird das Ideal der Heiligkeit durch den Arhat und den Bodhisattva dargestellt, sowie im Hinduismus durch den Jîvanmukta und im Christentum durch den Heiligen. Siehe Röm VIII,19 und moderne Kommentare wie den von Romano Guardini u.a. Siehe auch 2 Kor V,5 und Gal II,20.

96 Siehe z.B. Mt X,40ff., XXV,31ff. und, als Kommentar zum »Nächsten«, Panikkar, *Sur l'anthropologie du prochain*.

97 Lk X,25-37.

98 »Diese Frage, auf welche die Antwort lautet: Geh und tue desgleichen, ist keine direkte Antwort auf die von dem Schriftgelehrten eben gestellte Frage« (Nacar-Colungas Kommentar zu diesen Versen); oder: »Statt eine theoretische Antwort auf die ihm gestellte Frage zu geben, geht Jesus unmittelbar auf die Domäne der Tatsachen über« (Kommentar des Bibelinstituts von Rom).

99 Siehe z.B. Jak II,15ff; 1 Joh II,10-14; etc.

100 Siehe Mt X,40, sowie 1 Joh III,16, IV,2ff. (insbes. V,20); etc.

101 Vgl. *Mânavadharma-shâstra*, II, 161; 6, 47-48; *Mahâbhârata*, XII, 3880 und 5528; XIII, 5571; etc.

102 Vgl. die Parabel des japanischen Philosophen H. Tanabe (gest. 1962), wie sie von Y. Takeuchi in dem oben zitierten Artikel der *Encyclopedia Britannica* (Anm.76) berichtet wird. Nach einem langen Leben schickte ein Bodhisattva sich an, sich dem Buddha anzuschließen, und brach auf, ihn zu suchen. Als er jedoch zur Wohnung des Buddha kam, fand er diese leer. Der Buddha hatte sein Haus verlassen, um in die Welt zurückzukehren und sie zu erlösen. Der Bodhisattva verstand und kehrte selbst in die Welt zurück, um gemeinsam mit dem Buddha für die Erlösung des Weltalls zu wirken.

103 Vgl. *Dîgha-nikâya*, II, 196; III, 220. Diese vom Buddha empfohlenen vier Grundhaltungen werden gewöhnlich *apramânacitta* genannt, »unendliche Gefühle«, da sie auf ein universelles Objekt, das weder Ausnahmen noch Unterscheidungen kennt, gerichtet sind. Vgl. die passenden Kommentare von Takeuchi (1983), vor allem Kap. 2, S.13-47.

104 *Vinaya*, I, 301-2. Dies ist ein berühmter Text, der häufig zitiert und in der sakralen Kunst oft dargestellt wird. Siehe die Hinweise in Lamotte, *Histoire*, S.67, sowie jeden Text über buddhistische Kunst, wie z.B. der oben, S.317, Anm.1, zitierte.

105 Siehe Panikkar, *Myth, Faith, and Hermeneutics*, Kap.9: »Advaita and Bhakti«, wo dieses Argument mit einer analogen Lösung weiter ausgeführt wird (wenngleich weniger in einem buddhistischen als vielmehr in einem hinduistischen Kontext des Advaita).

106 Siehe z.B. Mt VI,3: »Wenn du aber Almosen gibst, so laß deine linke Hand nicht wissen, was die rechte tut.«

107 *Tao-te-ching*, 61ff., wiedergegeben in Chuang Tsu, XXII, 1, 8 (in Thomas Merton, Übers., *The Way of Chuang Tzu*, S.120). Vgl. relevante Texte: »Das *tao*, das ausgesagt werden kann, ist nicht das ewige *tao*« (*Tao-te- ching*, 1); »Das *tao* ist immer ohne Namen. Als ihm erstmals Eigenschaften zugeschrieben wurden, für die Zwecke der Gestaltung, erhielt es einen Namen« (ibid., 32); siehe auch ibid., 56. Außerdem vgl. im indischen Kontext: »Ich meine

nicht, daß ich es gut kenne, noch ist mir bewußt, daß ich es nicht kenne. Wer von uns dieses *brahman* kennt, der kennt es, doch weiß er nicht, daß er es kennt. Von wem es nicht gedacht ist, der denkt es; wer darüber nachdenkt, der kennt es nicht! Nicht verstanden von den Wissenden, wird es verstanden von den Nichtwissenden!« (*Kena Upanishad*, II, 2-3). Vgl. auch die religiöse und zugleich soziale Passage: »Herr, wann haben wir dir zu trinken gegeben...?« (Mt XXV,37-39).

108 Siehe die bezeichnende Stelle, Röm I,20, mit ihren zahllosen Kommentaren.

109 Vgl. ein sinnvolles Beispiel: »Sieht er der Wahrheit furchtlos ins Auge, dann erfaßt er, daß sein Leben nur den Sinn hat, den er selbst ihm gibt, indem er seine Kräfte entfaltet: indem er produktiv lebt« (E. Fromm, *Psychoanalyse und Ethik*, S.60).

110 Vgl. Jes XLV,15. Siehe auch Panikkar, *De Deo abscondito*.

111 Vgl. 1 Kön VIII,12, wo gesagt wird, daß Gott in der dunklen Wolke wohnt. Siehe auch Ps XVIII,12; etc. Außerdem: *Jaiminîya Brâmana*, III, 20, 1, das von dem Lager spricht, in dem das Göttliche eingeschlossen ist; oder auch *Shvetâshvatara Upanishad*, I, 1, 3, wo es heißt, daß die Macht der Gottheit sich in ihren Eigenschaften (*guna*) verbirgt; etc.

112 Vgl. das eindrucksvolle Zeugnis jener Upanishade, die so gut wie verloren ging und von der Shankarâcarya sagt, daß Bâskali, von Bhâva über das Wesen des *brahman* befragt, Schweigen bewahrte. Als er ein drittes Mal befragt wurde, beschloß er zu antworten, um seinen Schüler nicht weiter zu quälen. Er sagte ihm, daß er bereits geantwortet, der andere ihn jedoch nicht verstanden habe. Die Antwort hatte gelautet: »Der *âtman* ist Schweigen« (*upashântoyam âtman*). Siehe *Brahma Sûtra Bhâshya*, III, 2, 17.

113 Pande (*Studies*, S.294) bezeichnet das Schweigen als einen beredteren Ausdruck der höchsten Wirklichkeit und nennt die folgenden Textstellen aus der *Acyutagranthamâlâ*-Ausgabe der *Shatapatha Brâhmana*: I, 3, 28, 53, 162-63, 624.

114 »Dein Lob bewahrt Schweigen«, so übersetzt Hieronymus Ps LXI,2 (PL, 28,1174). Siehe auch Augustinus, *Bekenntnisse*: »Laßt...uns schweigen, und laßt auch die Seele ihr Schweigen bewahren« (Buch 9, Kap.25). »Und ich bewahrte Schweigen inmitten der Fülle«, heißt es in der Vulgata, Ps XXXVIII,3. Ganze Bände könnten als Bibliographie zitiert werden über das Schweigen als grundlegende asketische und mystische Kategorie, z.B.: T. J. Bruneau, *Communicative Silences: Forms and Functions*; M. Baldini, *Il linguaggio dei mistici*.

115 »Gott wird durch Schweigen geehrt, nicht deshalb, weil nichts von ihm gesagt oder begehrt werden kann, sondern weil wir begreifen, daß Gott uns durch sein Wissen geschaffen hat« (Thomas von Aquin, *In Boeth. de Trinitate*, proem.,q.2,a.1).

116 *Pañcavimsha Brâhmana*, XX, 14, 2.

117 Vgl. *Maitrî Upanishad*, VI, 22.

118 Ibid., VI, 23: *nihshabdah shûnya bhûtah*.

119 Siehe Panikkar, *The Trinity and the Religious Experience of Man*.

120 »Christus« ...der sein Wort ist und aus dem Schweigen kommt«, sagt Ignatius von Antiochien, Erster Brief an die Magnesier, VIII,2 (PG, 5,669).

121 »...das religiöse Schweigen der Jungfrau [Maria] ...über das Geheimnis Gottes«, sagt Rupertus, *In Cantica*, I (PL, 168,844). Sie ist »die stumme Mutter der schweigenden Welt«, wie es in einem Choral von Santeuil zum Fest der Purifikation heißt (de Lubac, *Méditation sur l'Eglise*, S.260.

122 Vgl. Joh VI,46, XIV,8ff. Doch er wurde »gehört«, und das *shruti* bezeugt es.

123 Derselbe Logos, innerhalb der Gottheit, ist stumm: »Und beachte, daß diese Dinge [d.h. die Dinge der Schöpfung] das Wort Gottes höchst vollkommen und geziemend loben, wodurch sie in der Stille ohne äußeres Wort und über die Zeit hinaus das Wort immerdar preisen und segnen, das in der Stille der Vernunft Gottes das Wort ohne Wort ist, oder vielmehr jenseits aller Worte« (Eckhart, *Expositio libri Genesis*, *Lateinische Werke*).

124 Röm XVI,25. Die letzten sechs Worte der Urfassung sind beinahe unübersetzbar: *kata apokalupsin mystêriou chronois aiôniois sesigêmenou* (»gemäß der Offenbarung des Mysteriums, das ewige Zeiten lang geschwiegen hatte«). Dieser Gedanke bestimmt die hauptsächliche Richtung der Paulinischen Theologie über das vom Anfang der Zeiten verborgene Mysterium. Siehe *Mundaka Upanishad*, VI, 29; *Brihadâranyaka Upanishad*, VI, 3, 12; *Bhagavad Gîtâ*, IV, 3; XVIII, 67; etc.

125 Vgl. das berühmte Drama von Samuel Beckett, *Warten auf Godot*.

126 Vgl. das Bild der menschlichen und göttlichen Angst vor der Einsamkeit in der *Brihadâranyaka Upanishad*, I, 4, 1-2: »Am Anfang war das Ich allein, in menschlicher Gestalt. Als es um sich blickte, sah es nichts anderes als sich Selbst.... Es fürchtete sich. Deshalb fürchtet man sich, wenn man allein ist. Dann dachte es bei sich: Da es nichts anderes außer mir gibt, wovor sollte ich mich fürchten?... Denn Furcht kommt von einem anderen.«

127 Vgl. den Nachdruck, den die Heilige Schrift auf *timor Dei* legt, die Gottesfurcht, die zur Vorstellung eines verborgenen, schattenhaften Gottes gehört. Siehe oben, Anm.105 und 106, sowie Ps XVIII,10, CX,10; Spr I,7, IX,10, XIV,27; Sir I,11, 22, 27; XIX,18, XXV,8; etc. Wie diese und andere Texte für »La peur en occident« ausgelegt worden sind, vgl. die Studie von Delumeau (1978). Für eine knappe Darstellung der Angst vgl. Panikkar *L'home i la seva por*, Barcelona 1989.

128 »Das Absurde entsteht aus der Konfrontation zwischen der Notwendigkeit und dem irrationalen Schweigen der Welt« (A. Camus, *Der Mythos des Sisyphos*, zitiert in Friedman, *Problematic Rebel*, S.469).

129 Siehe z.B. Kafka, *Das Schloß*.

130 Vgl. Pascal, *Pensées*, 1,99: »Das Schweigen der Sternenräume jagt mir Grauen ein« – doch hatte Pascal auch geschrieben: »In der Liebe ist das Schweigen mehr wert als das Gespräch« (*Opuscule: Discourses sur les passions de l'amour*, S.132). Schweigen ohne Liebe macht Grauen.

131 Der Mensch »findet sich allein, ziellos umherirrend in diesem ungeheuerlichen Schweigen, frei und allein, ohne Hilfe und ohne Ausreden, verurteilt zu entscheiden, ohne Rückhalt irgend welcher Art, ewig dazu verdammt, frei zu sein« (das Leitmotiv der Philosophie J. P. Sartres, wie er es am Anfang von *L'âge de raison* Gallimard, Paris 1945 zum Ausdruck bringt).

132 Der oben (Anm.126) zitierte Text aus der *Brihadâranyaka Upanishad*, I, 4, 1-2, lautet weiter: »Aber es war nicht glücklich [Oder: Es litt Langeweile],

und deshalb ist ein Mensch nicht glücklich, wenn er allein ist« (V.3). Als Kommentar siehe Panikkar, *Myth, Faith, and Hermeneutics*, Kap.3. Siehe auch das zeitgenössische Drama, in dem der Schmerz langen Schweigens und die Vergeblichkeit der Worte eingesetzt werden, um den Mangel an Kommunikation aufzuzeigen – z.B. in den Werken von Ionesco oder A. Campanile.

133 Deren Wohnungen, die so häufig übereinander gebaut sind, sind keineswegs ein Ersatz für einen guten Nachbarn.

134 Siehe den manischen Gebrauch des Radios und den übermäßigen Erfolg des Fernsehens.

135 *Majjhima-nikâya*, I, 161.

136 *Pâsamartho hy âryânâm tushnim bhâvah*, in *Prasannapadâ*, LVII, 8.

137 Candrakîrtis Kommentar zu Kap. 25 von Nâgârjunas *Traktat über die Wirklichkeit*, XI (539, 3ff.), zitiert von Stcherbatsky, *The Concept of Buddhist Nirvâna*, S.210.

138 Über dieselbe Erfahrung siehe Vesci, »Dialogo e Mito«.

139 »Wenn du nichts mehr darüber sagen kannst, wirst du es schauen, denn die Gotteserkenntnis ist göttliches Schweigen und die Stillung all unserer Empfindungen« (*Hermes Trismegistus*, X, 5). Siehe auch: »Du bist unsagbar, unaussprechlich, und nur in der Stille bist Du zu umfangen [zu begreifen]: empfange die reinen Opfergaben, die Dir geweiht sind, mit Worten dargebracht« (ibid., I, 31).

140 Siehe oben, Anm.102.

141 Siehe die Lehrrede von Sarnâth, S.94ff., oben.

142 »Wahrlich, der Tadel des Schweigens nährt gleichsam das Wort«, sagt Gregor der Große (*Homiliae in Ezechiel*, Buch 1, Homilie 40, Nr.16 [PL, 76,907]). Siehe weiters die drei Stufen der Erkenntnis der Wirklichkeit Gottes in einem Text, der es wert wäre, vollständig zitiert zu werden: »Dem großen Moses erscheint Gott zuerst als Licht; sodann spricht (*dialegetai*) [Gott] in der Wolke zu ihm; und schließlich, als Moses aufsteigt und vollkommener wird, erblickt (*blepei*) er Gott in der Finsternis« (Gregor von Nyssa, *In Canticum*, Homilie 11 (PL, 44,1000c). Siehe Panikkar, *The Silence of the Word.*

143 Vgl. J. Ortega y Gasset, Martin Buber, J. Leclercq u.a.

144 Halten wir jedoch fest, daß die offizielle Philosophie und Theologie zwar weiterhin von der Gottesfinsternis spricht und die säkulare Welt beklagt, daß »Gott nicht spricht«, daß es jedoch in der volkstümlichen Welt wenigstens ebenso viele, wenn nicht noch mehr, »Seher« gibt, die angeblich Visionen von Gott, der Madonna oder Theophanien jeglicher Art hatten, als in der Vergangenheit, und sie verkündigen ihre Botschaft. Für Italien siehe Ferrarotti, *Studi*; für Spanien, Pascual, *Guía.* Es finden sich zahlreiche Essays über die zeitgenössische Szene in Castelli, *Le Sacré*; siehe auch *Fondamenti*, 4 (1986), sowie Untersuchungen der »Erscheinung« von Casabanchel (Spanien), Medjuqorje (Jugoslawien) und anderer Orte.

145 Siehe Lk XII,14, wo von der Weigerung Jesu berichtet wird, sich in ein ähnliches Spiel hineinziehen zu lassen: »Wer hat mich denn zum Richter oder Schlichter über euch gesetzt?«

146 Erinnern wir uns daran, daß Hitler behauptete, einen göttlichen Auftrag zu haben, die Rechte einer auserwählten Rasse zu schützen. Ohne jene persönli-

che Hybris und solchen fanatischen Haß klingen jedoch beunruhigend ähnlich die Worte des Präsidenten der USA, G. Bush – stellvertretend für die Machtsprache mancher religiöser und politischer Herrscher in allen Zeiten.

147 (*Anguttara-nikâya*, III, 61, 3 .1, S.174). Siehe dieselben Bedenken bei Plutarch, *De Superstitione, 10:* »Ist nicht vielleicht derjenige der Frömmere, der glaubt, daß es die Götter nicht gibt, als der, welcher ihnen ein unziemliches Verhalten zuschreibt?« (zitiert von Kristensen, *The Meaning of Religion*, S.250).

148 Vgl. dagegen einen afrikanischen Mythos, in dem der »Bruch« das Gegenteil war: Es war das Schweigen, das sich auf den Urklang übertrug. Am Anfang gab es nur den Klang, einen anhaltenden und daher unfaßbaren und unbegreiflichen Klang. Dann wurde der Klang durchbrochen (auch dies ist eine Form des Mythos vom »Urfall«), die Sprache entstand und mit der Sprache die Zivilisation. Die Artikulation eines Satzes und seine Verständlichkeit durch die Trennung in Worte ist ja auf das Schweigen angewiesen, das die Kontinuität des Klanges unterbricht.

149 Das Prinzip der Analogie, wie die christliche Scholastik es in besseren Zeiten verstand (und nicht, wie manche moderne Kritiker es zu verstehen und zu kritisieren wünschen), das auf einen gebührenden Abstand und eine Trennung zwischen Schöpfer und Schöpfung hält, ist eines der glänzendsten Versuche des abendländischen Geistes, das vorliegende Problem anzugehen.

150 Das Spanische, in dem die Urfassung dieses Buches geschrieben war, erlaubt ein Wortspiel, das sich im Englischen oder Deutschen nicht wiedergeben läßt: Das Possessivpronomen »dein« und »sein«, »ihr« (Singular und Plural) heißt *tuyo* bzw. *suyo* auf spanisch, und *yo* bedeutet »ich«. Ich erlaube mir hier (wie bereits gehabt, Kap.9, Anm.155, oben) ein nicht- etymologisches Wortspiel und verstehe *tu-yo* als »dein Ich« und *su-yo* als »sein Ich«, »ihr Ich«. Siehe oben, S.212.

151 Meine knappen Bemerkungen sind nicht nur kein Widerspruch, sondern vielleicht sogar eine Erweiterung und in gewissem Sinn eine Korrektur der These von der Ich-Du-Beziehung, die seit Martin Buber eine bestimmte Verbreitung erlangt hat. Siehe sein Buch *Das dialogische Prinzip*, eine Sammlung seiner wichtigsten Schriften zu diesem Thema. Siehe auch Ebner, *Schriften.*

152 »Daß er [Gott] sich verbirgt, verkürzt die Unmittelbarkeit nicht; in der Unmittelbarkeit bleibt er der Heiland, und der Widerspruch des Daseins wird uns zur Theophanie« (Buber, *Zwei Glaubensweisen*, in *Werke, Bd.1. S.779*).

153 Es ist bezeichnend, daß viele derjenigen, die dem Buddhismus im Westen Eingang verschaffen wollen, einschließlich A. K. Coomaraswamy, es sich angelegen sein lassen, ihn in einem positiven, »âtmischen« Licht zu präsentieren. Vgl. die Einstellung eines Forschers, der den *anâtma-vâda* als nicht authentisch ablehnte, mit der Begründung, daß er »sonst nicht daran hätte glauben können«.

154 »Verbale Aussagen, solange sie nichts weiter sind als ein Mittel der Kommunikation, entfernen den Menschen nur von der Wahrheit. Nichts zu offenbaren, ist der Wahrheit näher und bewahrt dem Dharma größere Treue« (Nagao, *Silence of the Buddha*, S.142).

155 Das Problem der Unnahbarkeit Gottes – im Westen bei Platon (vgl. *Timaios*, 28c) und in der Patristik (vgl. Gregor von Nazianz, *Orationes*, 27,4 [PG 36,32]) und im Osten in den Upanishaden (vgl. *Brihadâranyaka Upanishad*, II, 4, 13-14; III, 4, 12) – scheint mir hier einen tieferen Ausdruck gefunden zu haben als den üblichen.

156 »Und aus diesem Grunde bekennen wir im Namen des Vaters und des Sohnes und des Heiligen Geistes einen Gott, denn Gott bezeichnet eine Wirkmacht, nicht eine Eigenschaft« (Fides Damasi, *Denzinger, 71).*

157 Offensichtlich kann die höchste Ursache nicht ihre eigene Ursache sein. Dies würde eine *processio in infinitum* bedeuten, und dies ist eben der klassische buddhistische Einwand gegen die Existenz Gottes. Ein typisches Beispiel: »Auf die Frage, Wie hat das Leben begonnen?, antwortet [der Buddhist]: Wie hat Gott begonnen?« (Malalasekera, *Buddhism and the Enlightenment of Man*, zitiert von Glasenapp, *Buddhismus und Gottesidee*, S.33).

158 »Wie die Geschöpfe ihr Sein haben und ihr Sein oder das Sein für sie im Empfangen des Seins besteht, so besteht für Gott das Sein im Schenken des Seins, weil für ihn alles Wirken oder Tun Sein ist.«(Eckhart, *Expositio libri Genesis*, *Lateinische Werke*, I,S.299, Nr.146), in seinem Kommentar zu Gen II,2.

159 Ps XLI (XLII),8.

160 Weish XVIII,14 und vor allem den Gebrauch dieses Textes in der christlichen Liturgie, vor allem des lateinischen Ritus.

161 Vgl. im Christentum Pseudo-Dionysios Areopagita: Gott »ist nicht« (*De Divinis Nominibus*, I, 8 [PG, 3,388b]), weil Gott so weit entfernt ist von Bejahung und Verneinung (*De Mystica Theologia*, I, 5 [PG, 3,1b; 3,1048]) und jeden Gegensatz zwischen Sein und Nichtsein transzendiert (*Epistolae*, 1 und 2 [PG, 3,1065; 3,1068-69]). »Gott ist jenseits, da *ens* und *non ens* jenseits von *esse* sind; und jegliches *esse* wird von Gott verneint, denn Gott ist *esse* und jenseits von *esse*« (Eckhart, *Expositio in Exodum*, C, folio 46, II,1-7; zitiert von Lossky, *Théologie négative*, S.93).

162 Siehe *Rigveda*, X, 129, 1, etc., als vedisches Zeugnis.

163 Siehe ibid., X, 129, 3.

164 Die oben zitierte vedische Hymne ist ein Beispiel für den vollkommensten Ausdruck dessen, was die Veden, der Hinduismus, das Christentum und andere Religionen mit ihren Mythen der »Geburt des Schöpfers« sagen wollten.

165 Vgl. die Synthese der Position eines Gregor von Nyssa in Jean Daniélou, *Platonisme*, S.317: »Gott und Mensch haben beide teil an der erkennbaren Welt. Der Geist aber ist in sich unbegrenzt. Darin gehören Gott und die Seele derselben Ordnung an. Doch der wesentliche Unterschied ist der, daß Gott in der Tat unendlich, während die Seele im Werden unendlich ist. Ihre Göttlichkeit besteht darin, in Gott verwandelt zu werden.«

166 »Die erste Hervorbringung oder Emanation des Sohnes und des Heiligen Geistes vom Vater ist aus der Ewigkeit; ebenso geschieht die allgemeine Hervorbringung oder Schöpfung durch einen Gott in der Zeit« (Eckhart, *Liber Parabolarum Genesis*, zitiert bei Lossky, *Théologie négative*, S.52. Siehe außerdem Eckhart, *Tabula auctoritatum libri parabolarum genesis*, auctoritas 1, 1; in *Lateinische Werke*, 1, 457ff.

167 Siehe die Auffassung eines Kirchenvaters wie Gregor von Nyssa, wie sie Louis Bouyer, *Spiritualité*, S.437, umreißt: »Die Entdeckung Gottes vollzieht sich weniger in irgend einer beschreibbaren Erfahrung, sondern vielmehr in der allmählich wahrgenommenen Notwendigkeit, jegliche Erfahrung zu transzendieren.« Siehe auch Casel, *De Philosophorum Graecorum Silentio Mystico*; Mensching, *Das heilige Schweigen*.

168 Heiler (*Erscheinungsformen*, S.334ff.) unterscheidet zwischen einem magisch-kultischen und einem religiös-kultischen Schweigen, einem asketischen und einem kontemplativen Schweigen, einem theologischen und einem metaphysischen Schweigen.

169 »Ein Seiendes, das sich selber denkt, ist kein einfaches Seiendes« (Plotin, *Enneaden*, VI, 7, 38).

170 Heiler (*Erscheinungsformen*, S.339): »Vor dem Logos muß das den Logos begründende Schweigen sein«. Siehe auch *De Philosophia Chaldeorum* (engl. Ausg.: *The Chaldean Philosophy*, A. Jahn, Hrsg. Halle 1891, S.4).

171 Die Begriffe sind umgekehrt. Für Philon, Plotin und Proklos ist Gott die höchste Hypostase und steht über dem Schweigen. Für den Buddha ist das Göttliche diesseits des Schweigens. Siehe die klassischen Texte bei Heiler, *Erscheinungsformen*, S.338.

172 Siehe Panikkar, *Gedankenfreie Meditation*.

173 Siehe eine Parabel des Chuang Tzu unter Tausenden: Der Kaiser hat eine kostbare Perle verloren. Er schickt Tat, Wort und Gedanken aus, um sie zu suchen, jedoch vergeblich. Dann schickt er das Nichts aus, und ist verwundert, daß das Nichts sie findet (Allers, *Les ténèbres*, S.144). Siehe Thomas Mertons Übersetzung in *The Way of Chuang Tzu*, S.74. Nur durch das Aufhören jeder Tätigkeit können wir fähig werden, die Wahrheit zu finden. Vgl. Mt XIII,45-46, wo nicht von dem Verlust einer Perle berichtet wird, sondern von der Suche nach guten Perlen und der Entdeckung der *einen* kostbaren Perle, deren Wert alles übersteigt. Siehe auch Spr VIII,11; Weish VII,9.

174 Siehe oben, Anm.102.

175 Siehe z.B. die Legenden von den Königen Harishcandra und Vipashcit, die in der *Mârkandeya Purâna*, Gesänge 8, 13ff, etc. wiedergegeben sind. Darin wird berichtet, daß der König einmal aus freier Wahl in der Hölle blieb, um bei seiner Familie zu sein, und ein anderes Mal, um bei seinen Freunden zu sein, statt alleine in den Himmel einzugehen. Vgl. *The Mârkandeya Purâna* (Bibliotheca Indica), 1904. Nachdr. Motilal Banassidan, Delhi 1969, S.38ff. Nach anderen, vermutlich späteren Fassungen (siehe Le Saux, *La rencontre de l'Hindouisme et du Christianisme*, S.226) sind die Götter von der Liebe des Königs so erbaut, daß sie, da sie es nicht über sich bringen, ihn in der Hölle zu belassen, die Hölle entleeren und alle darin Gefangenen in den Himmel schicken müssen. Siehe auch Yuddhshthira, den Helden des *Mahâbhârata*, der ebenfalls in die Hölle gehen will, um bei seiner Familie zu bleiben. Siehe außerdem das Werk von Papini, *Il diavolo*, das zu seiner Zeit eine Sensation war und eine Reihe bemerkenswerter ähnlicher Zeugnisse in der abendländischen Tradition bringt.

176 Vgl. den entschiedenen Ton und das schmerzliche Dilemma des Propheten von Israel, als das Volk gemäß seinen eigenen Gesetzen eine schwere Sünde

beging, die nicht vergeben werden kann: »Als nun Mose wieder zu dem Herrn kam, sprach er: Ach, das Volk hat eine große Sünde getan, und sie haben sich einen Gott von Gold gemacht. Vergib ihnen doch ihre Sünde; wenn nicht, dann tilge mich aus deinem Buch, das du geschrieben hast« (Ex XXXII,31-32).

177 »Ich selber wünschte verflucht und von Christus getrennt zu sein für meine Brüder, die von Natur meine Stammverwandten sind« (Röm IX,3).

178 »Das Höchste und das Äußerste, was der Mensch lassen kann, das ist, daß er Gott um Gottes willen lasse. Nun ließ Sankt Paulus Gott um Gottes willen; er ließ alles, was er von Gott nehmen konnte, und ließ alles, was Gott ihm geben konnte, und alles, was er von Gott empfangen konnte« (Eckhart, *Deutsche Predigten*, Predigt 13, S.214f.).

179 Siehe die Übersetzung von Lamotte, *Le traité de la Grande Vertu de Sagesse*. Für unsere Zwecke ist es kaum von Belang, ob dieses monumentale Werk nicht direkt von Nâgârjuna stammt, wie die neuere Kritik annimmt.

180 Ibid., II,1112-13.

181 Viele praktische Meditationsübungen haben den unmittelbaren Zweck, den Körper zu heilen, was zunächst wie ein utilitaristisches Ziel und eine Bejahung, statt eine Verneinung der Materie erscheinen mag.

182 Vgl. *Visuddhi-magga*, XV, 68, nach der Übersetzung von I. B. Horner, in Conze, *Buddhist Texts*, S.100. Wie W. C. Smith in seinem Beitrag Religious Atheism, S.30, bemerkt, kommt das Wort dhamma *jedoch nicht im Originaltext vor, der den Wortlaut hat: patipattiya vañjhabhavapajjanato*.

183 Vgl. z.B. S.68ff.

184 *Majjhima-nikâya*, I, 304.

185 *Mahâparinibbâna-sutta*, VI, 5-7 (nach der Übertragung von T. W. Rhys Davids, S.113-14). J. Masson wies mich darauf hin, daß die Mönche es dann bedauerten, daß sie dem Buddha keine Frage gestellt hatten. In der Überlieferung wird berichtet, daß sich eine Diskussion über die mögliche Aufhebung der weniger wichtigen Regeln entspann. Kasuistik und Plauderei sind auch menschlich.

Bibliographie

Abbagnano, N. »Quattro concetti di dialettica«. *Rivista di Filosofia*, 49 (1958), 123-33

Abe, M. »Buddhism and Christianity«. *Japanese Religions*, Bd.3, Nr.3, S.14ff.

Abhidhammattha-sangaha. Engl. Übers von S. Z. Aung und C. A. F. Rhys Davids. Pali Text Society Translations, London 1910, Repr. 1956

Abhidarmakosha (von Vasubandhu). Franz. Übers. von L. de La Vallée Poussin, 6 Bde. Paul Geuthner, Paris 1922-31

Aiken, C. F. *Bouddhisme et Christianisme*, P. Lethielleux, Paris 1903

– *The Dharma of Gotama the Buddha and the Gospel of Jesus Christ. A Critical Inquiry into the Alleged Relation of Buddhism with Primitive Christianity*. Marlier Boston 1900

Alfaric, P. »La vie chrétienne du Bouddha«, *Journal Asiatique* (1917), 269-88

Allen, G. F. *The Meaning of Mission*. SCM Press, London 1943

Allers, R. »Les ténèbres, le silence, et le néant«. *Revue de Métaphysique et de Morale* (1956)

Allmen, J. J. von. *Vocabulary of the Bible*. Lutterworth, London 1964

Altizer, T. J. J. »Creative Negation in Theology«. *Christian Century* (1965)

– *The Gospel of Christian Atheism*. Westminster, Philadelphia,1966

– *Mircea Eliade and the Dialectic of the Sacred*. Westminster, Philadelphia 1963

– *Toward a New Christianity*: *Readings in the Death of God Theology*. Harcourt, Brace and World, New York 1967

– *Nirvâna and the Kingdom of God*. New Theology, New York 1964

– *Oriental Mysticism and Biblical Eschatology*. Westminster, Philadelphia 1961

– »A Theonomy in our Time«. *Christian Scholar*, 46 (1963)

– (Hrsg.). *Truth, Myth, and Symbol*. Prentice Hall, Engelwood Cliffs, N.J., 1962

Anawati, G. C. und Gardet, L. *Mistica Islamica*. SEI, Turin 1960

Anderson, G. A. *Bibliography of the Theology of Missions in the Twentieth Century*. Missionary Research Library, New York 1958

Anguttara-nikâya. Engl. Übers. von E. L. Woodward und E. M. Hare. *The Book of Gradual Sayings*, 5 Bde. Pali Text Society Translations, 1932-1936; Repr. 1960-65

Appleton, G. *On the Eightfold Path*. Oxford University Press, New York 1961

Arvon, G. *Le Bouddhisme*. PUF, Paris 1988

Arvon, H. *L'Athéisme*. PUF, Paris 1967

Athanasius, Hl. *Opera*, Migne PG, Bde. 25-28

Aubrey, E. E. *Secularism. A Myth*. Harper & Brothers, New York 1954

Augustinus, Hl. *Opera*, Migne PL, Bde. 32-47

Bahm, A. »Soul or no Soul? Why Buddha Refused to Answer«. *Proceedings: The Self in East and Eastern Thought* (1966), 102ff.

Baldini, M. *Il linguaggio dei mistici*. Queriniana, Brescia 1986

Balthasar, Hans Urs von. *Herrlichkeit*. Johannes, Einsiedeln 1961

– »Meditation als Verrat«. *Geist und Leben* (1977), 260-68

– »Metaphysik und Mystik des Evagrius Ponticus«.*Zeitschrift für Aszese und Mystik*, 14 (1939), 31-47
– *Présence et Pensée. Essai sur la Philosophie religieuse de Grégoire de Nysse*. Beauchesne, Paris 1942
Bando, S., u.a. *Bibliography on Japanese Buddhism*. Hokuseido Press, Tokio 1961
Bapat, P. V. »Buddhist Studies in Recent Times«, *2500 Years of Buddhism*. Delhi 1956, S.380-442
Bareau, A. *L'Absolu en Philosophie bouddhique*; *Evolution de la notion d'Asamskrita*. Université de Paris 1951
– *Bouddha*. Seghers, Paris 1962
– *Die Religionen Indiens*, Stuttgart 1964, III,215ff.
Barr, J. *The Semantics of Biblical Language*. Oxford University Press, London 1962
Barsotti, D. *La fuga immobile*. Ed. di Comunitá, Mailand 1957
Barthélemy, Saint Hilaire. *Le nirvâna bouddhique*. Durand, Paris 1875
Barua, B. M. »Pratîtyasamutpâda as Basic Concept of Buddhist Thought«. *B. C. Law Volume*. Poona 1946
Bary, T. de (Hrsg.) *Sources of Indian Tradition*. Columbia University Press, New York 1958
Baumgartner, H. M. »Transzendentales Denken und Atheismus«. *Hochland*, 56 (1963)
Beaureceuil, S. de. *Le pain et le sel*. Cerf, Paris 1965.
Beckh, H. *Buddhismus, Buddha und seine Lehre*, Stuttgart 1958
Beckmann, J. *Weltkirche und Weltreligionen*. Freiburg o.J.
Bellini, A. »Buddhismo e Cristianesimo«. *Atti del Quinto Congresso dell'Associazione »Ludovico Necchi«*. Mailand 1938
Benoit, P. »La plénitude de sens des Livres Saints«. *Revue Biblique*, 67 (1960), 161-96
Benz, E. *Adam, der Mythos vom Urmenschen*, München 1955
– *Das Bild des Übermenschen in der christlichen Religionsphilosophie der Gegenwart*, Zürich 1961
– *Das Bild des Übermenschen in der europäischen Geistesgeschichte*, Stuttgart 1961
– *Buddhas Wiederkehr und die Zukunft Asiens*, München 1963
– *Ideen zu einer Theologie der Religionsgeschichte*. Akademie der Wissenschaften, Mainz 1960
– »The Present Meeting between Christianity and the Oriental Religions«. *East and West*, 1 (1957)
Bergmann, G. *Jesus Christus oder Buddha, Mohammed, Hinduismus*, Gladbeck/Westf. 1966
Bernhard, Hl. *Opera*, Migne PL, Bd. 182-85
Bertola, E. *Il pensiero ebraico. Studi e ricerche*. CEDAM, Padua 1972
Berval, R. de (Hrsg.). *Présence du Bouddhisme*, Sonderausgabe von *France-Asie*, 1959
Beth, K. »Gibt es buddhistische Einflüsse in den kanonischen Evangelien?« *Theol. Stud. Kritiken* (1916), 169-227
Bhagavad Gîtâ (Ore), Sanskrittext mit Einleitung und Kommentar von S. Radhakrishnan, Baden-Baden 1958
– (*Bhagavad Gîtâ*): *Wege und Weisungen*, übersetzt und eingeleitet von P. Schreiner, Zürich 1991

– *River of Campassion. A Christian Commentary on the Bhagavad Gîtâ* von B. Griffiths. New York 1987; deutsch: *Bhagavad Gîtâ*. Aus dem Sanskrit neu übersetzt und hrsg. von M. von Brück. Mit einem Kommentar von B. Griffiths. München 1992
Bhattacharyya, B. »Mahayanic Pantheon«. *The Cultural Heritage of India*. Calcutta 1958. Bd. I, S. 518-536
Bhattacharyya, H. *The Foundations of Living Faiths*. University of Calcutta, Calcutta 1938
Bhattacharyya, V. »Catuskoti«. *Commemoration Volume*. Oriental Book Agency, Poona 1937
Bianchi, U. *Il dualismo religioso. Saggio storico ed etnologico*. Rom 1958
Biardeau, M. »Quelques réflexions sur l'apophatisme de Sankara«. *Indo-Iranian Journal*, 3 (1959)
Biser, E. *Gott ist tot*. München 1963
Bloch, E. *Atheismus und Christentum*. Frankfurt 1967
– *Das Prinzip Hoffnung*. Frankfurt 1958
Bloch, J. *Les inscriptions d'Ashoka*. Les Belles Lettres, Paris 1951
Blyth, R. H. *Buddhist Sermon on Christian Texts*. Kokudoska, Tokio 1952
Bodde, D. (Übers.) *A History of Chinese Philosophy* (von Fung Yu-lan). Princeton University Press, Princeton 1966
Bodhicaryâvatâra (von Shântideva), Ital. fr. hrsg. v. A. Pezzali. Editrice Missionaria Italiana, Bolgona 1982
Bodhisattvabhûmi (von Asanga), Sanskrit-Übers., U. Wogihara, 2 Bde., Tokio 1930

Boman, T. *Das hebräische Denken im Vergleich mit dem griechischen*. Göttingen ^{7}1983
Botto, O. *Buddha e il Buddhismo*. Mondadori, Mailand 1984.
Bouquet, A. C. *The Christian Faith and Non-Christian Religions*. J. Nirbet, London 1958
Bouyer, L. *Le sens de la vie monastique*. Brepols, Paris 1950
– *La spiritualité du Nouveau Testament et des Pères*. Aubier, Paris 1960
Brelich, A. *Introduzione alla Storia delle Religioni*. Ed. dell'Ateneo, Rom 1966
Brown, N. O. *Life Against Death. The Psychoanalytical Meaning of History*. Vintage, New York 1957
Brück, M. von *Einigkeit der Religionen. Bewußtseinswandel der Menschheit*. München 1987
– /Kämpchen, M. *Weisheit der Leere. Sûtra-Texte des Mahâyâna-Buddhismus*. Zürich 1989
Bruneau, T. J. »Communicative Silences: Forms and Functions«, *The Journal of Communication*, 23 (März 1973), 17-46
Brunner, E. *Die Religion. Eine philosophische Untersuchung auf geschichtlicher Grundlage*. Freiburg 1956
Brunner, H. E. *Christusbotschaft im Kampf mit den Religionen*. Stuttgart-Basel 1931
Buber, M. *Dialogisches Leben*. Zürich 1947
– *Das dialogische Prinzip*. Heidelberg ^{5}1984
– *Gottesfinsternis. Betrachtungen zur Beziehung zwischen Religion und Philosophie. Heidelberg ^{2}1987*

– *Zwei Glaubensweisen*, Heidelberg ²1988
Buder, W. *Das Christentum und die anderen Religionen*. Stuttgart 1927
Buhr, M. *Wissen und Gewissen. Beiträge zum 200. Geburtstag Johann Gottlieb Fichtes (1762-1814)*. Berlin 1962. S.205-23
Buren, P. van. *The Secular Meaning of the Gospel*. MacMillan, New York 1963; deutsch: Reden von Gott – in der Sprache der Welt. Zur säkularen Bedeutung des Evangeliums. Zürich 1965
Burkel, B., und Clarke, W. N. »The Self in Eastern and Western Thought«. *International Philosophical Quarterly* (März 1966), S. 101-109
Burnouf, E. *Introduction à l'histoire du Bouddhisme indien*. Imprimerie Royale, Paris 1874; Repr. 1876
Burrow, T. »The Proto-Indoaryans«. *Journal of the Asiatic Society* (1973), 123-40
Burtt, E. A. *The Teachings of the Compassionate Buddha*. Mentor, New York 1955
Buu-Duong, T. »La béatitude d'après S. Thomas et d'après Shakyamuni«. Diss., Faculté de Théologie de l'Université Catholique d'Angers, 1943

Caird, E. *The Evolution of Theology in the Greek Philosophers*. MacLehose, Glasgow 1958
Campbell, J. *The Hero with a Thousand Faces*. Princeton University Press, Princeton 1949
Camus, A. *Le mythe de Sisyphe*. Gallimard, Paris 1964
Capra, F. *Das Tao der Physik*. München 1977
Carpenter, J. E. *Buddhism and Christianity: A Contrast and Parallel*. Hodder & Stoughton, London 1923
– »Buddhist and Christian Parallels: The Mythological Background«. *Study in the History of Religions*. 1912, S.67-94
– »The Obligations of the New Testament to Buddhism«. *Nineteenth Century*, 8 (1880), 971-94
Carus, P. *Buddhism and its Christian Critics*. Open Court, Chicago 1897
Casel, O. *Das christliche Kultmysterium*. ³1948.
– *De philosophorum graecorum silentio mistico*. Topelmann, Gießen 1919
– *Mysterientheologie*. F. Pustet, Regensburg 1986.
Casey, D. F. »Aspects of the Shûnyatâ-Absolute of Nâgârjuna of the Second Century A.D.«. Diss., Harvard University 1960
Casper, B. (Hrsg.) *Phänomenologie des Idols*. Alber, München 1981
Cassian, J. *Collationes Patrum*. Editions du Cerf, Paris 1955
Castaneda, C. *Reise nach Ixtlan*, Fischer, Frankfurt 1975
Castelli, E. (Hrsg.) *Mito e fede*. CEDAM, Padua 1966
– (Hrsg.) *Il Problema della demitizzazione (Archivo de Filosofia)* 1961
– (Hrsg.) *Le Sacré*. Aubier, Paris 1974
Catuhshataka. Franz. Übers., P. Vaydya, *Etudes sur Âryadeva et son Catuhshtaka*. Paul Geuthner, Paris 1923
Catuhstava (von Nâgârjuna). Franz. Übers., L. de la Vallée Poussin, »Les Quatre Odes de Nâgârjuna«. *Muséon*, 14 (1913), 1-18
Chakkarai, V. *The Cross and Indian Thought*. Allahabad and Colombo Christian Literature Society for India, Madras 1932

Challmers, R. siehe *Majjhima-nikâya* und *Sutta Nipâta*
Chari, C. T. K. »On the Dialectical Affinities between East and West«. *Philosophy East and West*, 3 (Okt. 1953), 199-222
Charles, P. *La prière de toutes les heures*. Ed. Universelle, Brüssel 1947
Chavannes, E. und Demiefille, P. siehe *Tâtaka*
Chien, K. *Buddhism in China: A Historical Survey*. Princeton University Press, 1964
Cleman, C. »Buddhistische Einflüsse im Neuen Testament«. *Zeitschrift für Urchristentum* (1916), 128-38; engl. Übers. in *American Journal of Theology* (1916)
Clemens von Alexandrien. *Opera*, Migne PG, Bde. 8-9
Cobb, J. B. »Buddhist Emptiness and the Christian God«. JAAR, 45 (1977), 11-25
Commemoration Volume. Oriental Book Agency, Poona 1937
Comstock, W. R. »Theology after the Death of God. A Survey of Recent Trends in Religious Thought«. *Cross Currents*, 16 (1966)
Condon, K. »Word and Logos«. *Irish Theological Quarterly*, 32 (1966)
Conze, E. *Buddhism. Its Essence and Development*. Philosophical Library, New York 1951
– *Buddhist Texts through the Ages*. Harper & Row, New York 1964
– *Buddhist Thought in India*. Allen & Unwin, London 1962
– »The Ontology of the Prajñâpâramitâ«. *Philosophy East and West*, 3 (1953), 117-30
Coomaraswamy, A. K. *Buddha and the Gospel of Buddhism*. Harrap, London 1928; Repr. Asian Publishing House, Bombay 1956
– *Elements of Buddhist Iconography*. Harvard University Press, Cambridge, Mass., 1935
– *The Essentials of Zen Buddhism*. Dutton, New York 1962
– *Hinduism and Buddhism*. Philosophical Library, New York 1943
– »Kha and Other Words Denominating Zero in Connection with the Metaphysics of Space«. *Bulletin of the School of Oriental Studies*, 7 (1933-35)
– *Recollection, Indian and Platonic. On the One and Only Transmigrant*. American Oriental Society, Baltimore 1944
Coutourier, C. »Les religions, pierres d'attente ou d'achoppement«. *Bulletin du Cercle St. Jean Baptiste*, 3 (1963)
Cox, H. *The Secular City*. SCM, London 1965; deutsch: *Stadt ohne Gott*. Stuttgart ^{6}1971
Crespi, F. »Crisi des sacro, irreligione, ateismo«. *Rivista di Sociologia*, 3 (1965)
Cross, F. M., Jr. »Yahweh and the God of the Patriarchs«. *Harvard Theological Review*, 55 (1961), 225-59
Cullmann, O. *Heil als Geschichte*. Mohr, Tübingen 1956
Cultural Heritage of India, Bd.1. Ramakrishna Mission, Institute of Culture, Calcutta 1958
Cuttat, J. A. »Buddhistische und christliche Innerlichkeit in Guardinis Schau«. Siehe *Interpretation der Welt*, 1965
– »Fait bouddhique et fait chrétien selon l'oeuvre du Père de Lubac». Siehe *Mélanges Henri de Lubac*, 1964
– *La rencontre des religions*. Aubier, Paris 1957

Dahlman, J. *Condemnats a creure*. Edicions 62, Barcelona 1977
– *Nirvâna. Eine Studie zur Vorgeschichte des Buddhismus*. Berlin 1896
Daniélou, J. *Le mystère du salut des nations*. Seuil, Paris 1948
– *Platonisme et théologie mystique. Essai sur la doctrine spirituelle de Saint Grégoire de Nysse*. Aubier, Paris 1944; ^{2}1954
D'Arcy, M. C. *The Meeting of Love and Knowledge*. Allen & Unwin, London 1958
Darwish, H. (Hrsg.) *Kolliyat-e Sams-e Tabuzi*. Teheran 1962
Dasgupta, S. B. *An Introduction to Tantric Buddhism*. University of Calcutta 1957
Dasgupta, Surama *Development of Moral Philosophy in India*. Oriental Longmans, Bombay 1961
Dasgupta S. N. *A History of Indian Philosophy*. Cambridge University Press, Cambridge 1952-55
– »The Philosophy of Lankâvatâra«. *B. C. Law's Buddhist Studies*, 1931, S.859-76
Datta, D. M. »Identiy, Contradiction, and Excluded Middle«. *Philosophical Quarterly*, 31 (1958-1959), 231-41
David, J. und Kalupahana, I. *The Way of Siddhârta. A Life of Buddha*. Boulder-London (Shambala) 1892
David-Neel, A. *Le Bouddhisme, ses doctrines et ses méthodes*. Plon, Paris, ^{2}1959
De Jong, J. »Le problème de l'Absolu dans l'Ecole Mâdhyamika«. *Revue Philosophique*, 140 (1950), 322-27
– (Hrsg.) siehe *Mulamadhyamakakârikâ* 1945
De Kretser, Bryan. *Man in Buddhism and Christianity*. Calcutta 1954
Della Casa, C. *Il Giainismo*. Boringhieri, Turin 1962
Delumeau, J. *La peur en Occident (XIVe-XVIIIe siècles), Paris 1978*
Denzinger, H. und Schönmetzer, A. *Enchiridion symbolorum*, Rom-Freiburg 1967
Despande, P.Y. *Tathâgata Buddha. The Untold Story of the Enlightened One*. Panchsheel, New Delhi 1984
De Silva, L. »The Problem of the Self – the Christian Solution in Relation to Buddhist Thought«. *Church and Society* (1965), 13-19
Deussen, P. (Hrsg.) siehe *Upanishads* 1980
Dewart, L. *The Foundation of Belief*. Herder & Herder, New York 1969
– *The Future of Belief: Theism in a World Come of Age*. Herder & Herder, New York 1966
Dewick, E. C. *The Christian Attitude to Other Religions*. Cambridge University Press, Cambridge 1953
Dhammapada (Teil von *Khuddaka-nikaya* des *Sutta Pitaka*). Engl. Übers., S. Radhakrishnan, London, 3.Aufl. 1968; außerdem Narada Thera, London 1954 (Wisdom of the East Series); außerdem C. A. F. Rhys Davids, London 1931 (Sacred Books of the Buddhists). Span. Ausg. hrsg. von G. Dragonetti, Universidad Nacional Mayor San Marcos, Lima 1964
Dhamma-sangani (Teil von *Abhidamma Pitaka*). Engl. Übers., C. A. F. Rhys Davids, *A Buddhist Manual of Psychological Ethics*. Pali Text Society Translations, London 1900, Repr. 1923
Diels, H. *Fragmente der Vorsokratiker*, Berlin 1951
Dîgha-nikâya (des *Sutta Pitaka*). Engl. Übers., T. W. Rhys Davids und C. A. F. Rhys Davids, *Dialogues of the Buddha*, 3 Bde., London 1899-1923 (Sacred

Books of the East Series); Repr. 1956-1966; J. Bloch, L. Filliozat und L. Renou (Hrsg.) *Canon Bouddhique Pâli*. Bd. I,I, Paris 1949
Dionysios Areopagita. *Opera*, Migne PG, Bd.3-4
Dölger, F. J. »Das heilige Schweigen und andere Rücksicht auf den heiligen Raum der Kirche«, *Antike und Christentum*, 5 (1936), 47ff.
Dragonetti, C. (Hrsg.) siehe *Udâna* 1971
– und Tola F. (Hrsg.) siehe *Yoga Sûtra* 1973
– und Tola F. (Hrsg.) *Buddhismo Mahâyâna*. Buenos Aires 1980
Dubarle, A. M. »La signification du nom de Yahweh«. *Revue des Sciences Philosophiques et Théologiques* (1951)
Duchesne-Guillemin, J. *Zoroastre*. G. P. Maisonneuve, Paris 1948
Dutt, N. *Aspects of Mahâyâna Buddhism and its Relation to Hînayâna*. Luzac, London 1930
Dutt, S. *Early Buddhist Monachism*. Asia Publishing House, Bombay-Calcutta-London 1960
Dumoulin,H. *Geschichte des Zen-Buddhismus*. 2 Bde., Bern 1985f.
Dvâdashamukhashâstra (von Nâgârjuna und einem anonymen Autor). Engl. Übers., Aiyaswami Sastri, *Visvabharati Annals*, 6 (1954), 165-231

Ebert, H. »Der Mensch als Weg zu Gott. Selbstverständnis des Menschen und Gotteserkenntnis«. *Hochland*, 57 (April 1965)
– »Der Gott der Philosophen und der Vater Jesu Christi. Seinsverständnis und Gotteslehre«. *Hochland*, 58 (August 1966), 481-500
Ebner, F. *Schriften*, Bd.1: *Fragmente, Aufsätze, Aphorismen. Zu einer Pneumatologie des Wortes*. München 1963
Eckhart, Meister. *Deutsche Predigten*, krit. Ausg. in *Deutsche Werke*. Stuttgart 1958-1963
– *Die lateinischen Werke*. Kohlhammer, Stuttgart, 1936-1954
– *Deutsche Predigten und Traktate*, hrsg. von J. Quint. München 1955
Edgerton, F. »Did the Buddha Have a System of Metaphysics?« *Journal of the American Oriental Society*, 79 (1952) 81-85
– »Jñâna und Vijñâna«. *Festschrift Moritz Winternitz*, S.217-20
Edmunds, A. J. *Buddhist and Christian Gospels Now First Compared from the Originals*, 2 Bde. Philadelphia 1908-1909
Eichrodt, W. *Theologie des Alten Testaments*. Stuttgart, und Göttingen, 1959
Eliade, M. *Geschichte der religiösen Ideen*. 3 Bde. Freiburg 1. Bd. ^{5}1985; 2. Bd. ^{3}1984; 3. Bd. ^{2}1985 und einem Zusatzband *Quellentexte* 1981
– *Das Heilige und das Profane*. Hamburg 1957
– »Images et symboles«. *Essais sur le symbolisme magico-religieux*. Gallimard, Paris 1952
– »Methodological Remarks on the Study of Religious Symbolism«. *The History of Religions*, S.86-108. – Deutsche Ausg.: »Methodologische Anmerkungen zur Erforschung der Symbole in den Religionen«, in: *Grundfragen der Religionswissenschaft*. S.106-123. Salzburg 1957
– *Le Mythe de l'éternel retour*. Gallimard, Paris 1949. – Deutsche Ausg.: *Der Mythos der ewigen Wiederkehr*. Düsseldorf 1953
– *Patterns in Comparative Religion*. Sheed & Ward, London 1958

– *Die Sehnsucht nach dem Ursprung*. Frankfurt 1977
– »Les Sept Pas du Bouddha«. Siehe *Pro Regno, Pro Sanctuario*, 1950
– »Structure et fonction du mythe cosmogonique«. *Naissance du Monde*. Seuil, Paris 1959
Eliot, C. *Hinduism and Buddhism*, 3 Bde. Arnold, London, 2.Aufl. 1954
Essays in East-West Philosophy. C. A. Moore, Honolulu 1951
Evdokimov, P. »Phénoménologie de l'athéisme«. *Contacts*, 16, 47 (1964)

Faber, G. »Die Religionsgeschichte und das Problem einer gegenseitigen Beeinflussung buddhistischer und neutestamentlicher Erzählungen«. *Der Geisteskampf der Gegenwart* (1914), 260- 62
Fabro, C. *L'ateismo moderno*. Studium, Rom 1969
– *Introduzione all'ateismo contemporaneo*. Studium, Rom 1964
– *La nozione metafisica di partecipazione secondo S. Tommasso d'Aquino*. Vita e Pensiero, Mailand 1939
Farmer, H. *Revelation and Religion*. Harper, New York 1954
Fatone, V. *El Nihilismo Buddhista*. Biblioteca de Humanidades, La Plata 1941
Fernando, A. »The Four Noble Truths and the Christian«. *Logos*, 6 (1965)
Ferrarotti, F. *Studi sulla produzione sociale del sacro*, Bd.1: *Forme del sacro in epoca di crisi*. Liguori, Neapel 1978
Festschrift Moritz Winternitz. Leipzig 1933
Festugière, A. J. *L'idéal religieux des Grecs et l'Evangile*. Gabalda, Paris 1932
Filliozat, J.-L. und Renou, L. *L'Inde classique*, 2.Bd. Imprimerie Nationale, Paris 1953
Fontinell, E. »Reflection on Faith and Metaphysics«. *Cross Currents*, 16 (1966), 15-40
– *Self, God, and Immortality*. Temple University Press, Philadelphia 1986
Foucher, A. *La vie du Bouddha d'après les textes et les monuments de l'Inde*. Payot, Paris 1949
Fox, D. A. *Buddhism, Christianity, and the Future of Man*. Westminster, Philadelphia 1972
Frauwallner, E. *Geschichte der indischen Philosophie*. 2 Bde. Salzburg 1953
– *Die Philosophie des Buddhismus*. 2 Bde. Akademie Verlag, Berlin 1956
Freud, S. *Der Mann Moses und die monotheistische Religion*. Gesammelte Werke, Frankfurt/M., Bd. XVI, 1968, 101-246
Freydank, B. *Buddha und Christus. Eine buddhistische Apologetik*. Leipzig 1907
– *Kleiner buddhistischer Katechismus*. Leipzig 1904
Friedmann, M. *The Problematic Rebel*. Random House, New York 1963
Fries, H. (Hrsg.) *Handbuch theologischer Grundbegriffe*. München 1962; siehe Nachfolgewerk von P. Eicher (Hrsg.) *Neues Handbuch theologischer Grundbegriffe*. Erweiterte Neuausgabe in 5 Bänden
Fromm, E. *Psychoanalyse und Ethik*. Stuttgart 1982
Fung, P. F. und G. D. *The Sûtra of the Sixth Patriarch on the Pristine Orthodox Dharma*. Buddha's Universal Church, San Francisco 1964
Fung Yu-lang. *History of Chinese Philosophy*. Princeton University Press 1953
– *A Short History of Chinese Philosophy*. Columbia University Press, New York 1960

– *Psychoanalyse und Religion, Stuttgart 1983*
– / Suzuki, D.T./ Martino, R. de *Zen-Buddhismus und Psychoanalyse*, Frankfurt/M. 1976

Gadamer, H. G. (Hrsg.) *Um die Begriffswelt der Vorsokratiker*. Darmstadt 1968
Galtier, P. *Les deux Adam*. Beauchesne, Paris 1947
Garaudy, R. *Dieu est mort. Etude sur Hegel*. PUF, Paris 1962; Deutsche Ausg.: *Gott ist tot. Das Problem, die Methode und das System Hegels*. Frankfurt /M. [2]1984
Garbe, R.von »Contributions of Buddhism to Christianity«. *Monist* (1911), 509-63
– »Postscript on Buddhism and Christianity«. *Monist* (1912), 478
– »Was ist im Christentum buddhistischer Herkunft?« *Deutsche Rundschau* (1910), 73-86
Gardet, L. *Expériences mystiques en terres non chrétiennes*. Alsatia, Paris 1953
Geffré,C. »Sinn und Unsinn einer nichtmetaphysischen Theologie«. *Concilium*, 8 (1972)
Geiger, W., siehe *Samyutta-nikâya* 1925-1930
Getty, A. *The Gods of Northern Buddhism*. C. Tuttle, Tokio 1962
Giamblico, *Vita pitagorica*. Laterza, Bari 1973
Gilson, E. »L'Etre et Dieu«. *Revue Thomiste*, 62 (1962)
– *Die Metamorphosen des Gottesreiches*. Paderborn 1960
– *La théologie mystique de Saint Bernard*. J. Vrin, Paris 1947
Girardi, G. (Hrsg.) *L'ateismo contemporaneo*, 4 Bde. SEI, Turin 1967-1970
Glasenapp, H. von. *Brahma und Buddha. Die Religionen Indiens in ihrer geschichtlichen Entwicklung*. Berlin 1962
– *Von Buddha zu Gandhi. Aufsätze zur Geschichte der Religionen Indiens*. Wiesbaden 1962
– »Buddhismus in der Kathaka Upanishad«. *Von Buddha zu Gandhi*
– *Buddhismus und Gottesidee. Die buddhistischen Lehren von den überweltlichen Wesen und Mächten und ihre religionsgeschichtlichen Parallelen*. Mainz 1954
– *A Buddhist Bible*. Harrap, London 1956
– *Entwicklungsstufen des indischen Denkens*. Halle 1940
– *Die fünf Weltreligionen*, München 1985
– »Zur Geschichte der buddhistischen Dharmatheorie«. *Von Buddha zu Gandhi*
– *Die nichtchristlichen Religionen*. Frankfurt 1957
– »Parallels and Contrasts in Indian and Western Metaphysics«. *Philosophy East and West*, 3 (1953), 223-32
– *Unsterblichkeit und Erlösung in den indischen Religionen*. Halle 1938
– *Vedânta und Buddhismus*. Wiesbaden 1950
– *Die Weisheit des Buddha*. Baden-Baden 1946
Goddard, D. *Was Jesus Influenced by Buddhism?* Thetford, Vt., 1927
Gogarten, G. *Verhängnis und Hoffnung der Neuzeit. Die Säkularisierung als theologisches Problem*. Stuttgart 1963
Gonda, J. *Change and Continuity in Indian Tradition*. Humanities Press, New York 1966
– *Notes on Brahman*. J. L. Beyers, Utrecht 1950
– *Some Observations on the Relation between »Gods« and »Powers« in the Veda apropos of the Phrase sunuh sahasah*. Mouton, Den Haag 1957

Govinda, A. *Grundlagen tibetischer Mystik.* Zürich- Stuttgart 1966
– *Die psychologische Haltung der frühbuddhistischen Philosophie und ihre systematische Darstellung nach der Tradition des Abhidharma.* Zürich-Stuttgart 1962
Graham, A. *Zen Catholicism – A Suggestion.* Collins, London 1964
Gregor der Große. *Opera.* Migue PL, Bdr. 75-79
Gregor von Nazianz. *Opera.* Migne PG, Bde. 35-38
Gregor von Nyssa. *Opera,* Migne PG, Bde. 44-46
Grimm, G. *Buddha und Christus.* Leipzig 1928
– »Christian Mysticism in the Light of the Buddha's Doctrine«. *B. C. Law Buddhist Studies,* 1946, 26ff.
Gross, J. *La divinisation du chrétien d'après les Pères grecs.* Thovars, Paris 1938
Guardini, R. »Buddhistische und christliche Innerlichkeit in Guardinis Schau«. Siehe *Interpretation der Welt,* 1965
– *Gläubiges Dasein.* Werkbund, Würzburg 1951
– *Der Herr.* Werkbund, Würzburg 1937; Paderborn, ^{14}1980
Gulyga, A. W. »Der Atheismusstreit und der streitbare Atheismus in den letzten Jahrzehnten des 18. Jahrhunderts in Deutschland«. Siehe Buhr, *Wissen und Gewissen,* 1962
Günther, H. von. *Das Seelenproblem im älteren Buddhismus.* Zürich 1949
Gupte, R. S. *Iconography of the Hindus, Buddhists and Jains.* D. B. Taraporevala Sons, Bombay 1972

Haas, W. *The Destiny of the Mind.* Faber & Faber, London 1956.
Habermas, J. *Erkenntnis und Interesse.* Frankfurt /M. 1975
– »Frankfurter Antrittsvorlesung«, in: H. Albert und E. Topitsch (Hrsg.), *Werturteilsstreit.* Wissenschaftliche Buchgesellschaft, Darmstadt 1979
Hadewijch von Antwerpen. *Hadewijch d'Anvers.* Franz. Übers., J. B. Porion. Seuil, Paris 1954
– *Cinque Visioni.* Ital. Übers., R. Guarnieri. Morcelliana, Brescia 1947
Hamilton, W. *The Christian Man.* Westminster, Philadelphia 1956
– »The Death of God«. *Playboy* (1966)
– *The Modern Reader's Guide to John.* Association Press, New York 1959
– *The Modern Reader's Guide to Mark.* Association Press, New York 1959
– *The Modern Reader's Guide to Matthew and Luke.* Association Press, New York 1959
– *The New Essence of Christianity.* Association Press, New York 1961; Neuausg. 1966
– und Altizer, T. J. J. *Radical Theology and the Death of God.* Bobbs-Merrill, Indianapolis 1960
Hanayama, S. *Bibliography on Buddhism.* Hokuseido Press, Tokio 1961
Hare E.M. (Hrsg.) siehe *Sutta Nipâta* 1948
– /Woodward (Hrsg.) siehe *Anguttara Nikâya* 1960-1965
Harms. »Five Basic Types of Theistic Words in the Religion of Man«. *Numen,* 13 (1966), 205-40
Harsacarita of Bâna. Engl. Übers., E. B. Cowell und F. W. Thomas. Cambridge University Press, London 1897
Hartel, H. »Buddhismus«. *Die Religionen in Geschichte und Gegenwart.* Tübingen 1957, Bd.1, col.1474-84

Hartshorne, C. *Anselm's Discovery*. Open Court, Lasalle, Ill., 1965
Hatano, S. *Time and Eternity*. Tokio 1963
Hauer, J. W. *Das Lankâvatâra Sûtra und das Sankhya*. Stuttgart 1927; unter neuem Titel *Der Yoga* ²1958
Hausherr, I. *La direction spirituelle en Orient autrefois*. Orientalia Christiana, Rom 1955
– »Ignorance infinie«. *Orientalia christiana periodica*, 2 (1936), 351-62
Hegel, G. W. F. *Sämtliche Werke* (Jubiläumsausgabe). Stuttgart 1927
Heidegger, M. *Identität und Differenz*. Pfullingen 1957
– *Holzwege*. Frankfurt 1963
– *Was ist Metaphysik?* Frankfurt, ⁵1949
Heiler, F. *Die buddhistische Versenkung*. München 1922
– *Erscheinungsformen und Wesen der Religion*. Stuttgart 1961
– *Die Religionen der Menschheit in Vergangenheit und Gegenwart*. Stuttgart, ²1962
Heimann, B. »The Significance of Negation in Hindu Philosophical Thought«. Siehe *B. C. Law Volume*, 1946
Heinrichs, M. *Katholische Theologie und asiatisches Denken*. Mainz 1963
Held, H. L. *Deutsche Bibliographie des Buddhismus*. München-Leipzig 1916
Henning, W. B. *Zoroaster, Politician or Witch-Doctor?* Oxford University Press, London 1951
Henry, A. M. *Esquisse d'une théologie de la mission*. Cerf, Paris 1959
Henry, P. *L'Athéisme: tentation du monde, réveil des chrétiens*. Cerf, Paris 1963
Heraklit. *Fragmente*. Griech.-Dt., hrsg. u. übers. v. B. Snell. München ⁹1986
– *I frammenti e le testimonianze*. Mondadori, Mailand 1980
– *Testimonianze e imitazioni*. La Nuova Italia,Florenz 1972
Hessel, E. »Christus, Buddha und die Götter«. *Evangelische Theologie* (1949), 43-49
Hick und McGill, *The Many-Faced Argument*. Macmillan, New York 1967
Hieronymus, Hl. *Opera*, Migne, PL, Bdc. 22-30
Hilliard, F. H. *The Buddha, the Prophet, and the Christ*. New York-London 1956
Hiriyanna. M. *Outlines of Indian Philosophy*. Allen & Unwin, London 1956
– »What is Ananyatvam?« Siehe *Festschrift M. Winternitz*, 1920; engl. 1963, S.221-24
Hisimatsu, S. »The Characteristic of Oriental Nothingness«. *Philosophical Studies of Japan*, Bd.2 (1960)
The History of Religions: Essays in Methodology. University of Chicago Press 1959. Siehe Eliade, M. *Geschichte der religiösen Ideen*. 3 Bde.
Hobogirin. *Dictionnaire encyclopédique du Bouddhisme d'après les sources chinoise et japonaise*. Paris 1929-1937
Hochstaffl, J. *Negative Theologie*. München 1976
Hopkins, E. Wahsburn. *The Religions of India*. Ginn, Boston 1895
– (Hrsg.) siehe *Mahâbhârata*, 1920
Horner, I. B. *Gotama the Buddha*. Cassel, London 1948
– *The Middle Length Sayings*, 3 Bde. Luzac, London 1954- 1959
Hyatt, J. Philip. »Was Yahweh Originally a Creator Deity?« *Journal of Biblical Literature*, 86 (1967), 369-77

India Antiqua. Leiden 1947
Interpretation der Welt. Romano Guardini Festschrift. Würzburg 1965
Irenäus, HL. *Opera*, Migne PG, Bd.7.
Itivuttaka (Teil von *Khuddaka-nikâya* des *Sutta Pitaka*). Engl. Übers., F. L. Woodward (Sacred Books of the Buddhists) London 1935. – Engl. Übers. auch von J. H. Moore

Jadeswaranda, S. »A Christian Misunderstands Buddhism«. *The Maha Bodhi* (1942)
Jaeger, W. *Paideia: Die Formung des griechischen Menschen*. De Gruyter, Berlin-Leipzig 1947
– *Die Theologie der frühen griechischen Denker*. Kohlhammer, Stuttgart 1953
Jasink, B. *Die Mystik des Buddhismus*. Leipzig 1922
Jaspers, K. *Vom Ursprung und Ziel der Geschichte*. München [8]1983
– *Die maßgebenden Menschen. Sokrates – Buddha – Konfuzius – Jesus*. München [9]1986
Jâtaka (Teil von *Khuddaka-nikâya* des *Sutta Pitaka*). Engl. Übers., T. W. Rhys Davids, *Buddhist Birth Stories*. London 1880. Außerdem E. B. Cowell et al., *The Jâtaka or Stories of the Buddha's Former Births*, 6 Bde. Cambridge University Press, London 1895-1907; Repr. 1969. Franz. Übers. von Chavennes, E. und Demieville, P. (Hrsg.) *Cinq cents contes et apologues extraits du Tripitaka chinois*, 4 Bde. Paris 1910-1934. Vgl. L. Grey, *A Concordance of Buddhist Birth Stories*, Pali Text Society, Oxford 1990.
Jayatilleke, K. N. *Early Buddhist Theory of Knowledge*. Allen & Unwin, London 1963
– »The Logic of Four Alternatives«. *Philosophy East and West*, 17 (1967), 69-83
Jeanniere, A. »Atheism Today«. *Cross Currents*, 16 (1966).
Jennings, J.G. *The Vedantic Buddhism of the Buddha*. Oxford University Press, London 1948
Johannes vom Kreuz, *Obras Completas*. El Monte Carmelo, Burgos 1959. Deutsch: Sämtliche Werke in fünf Bänden. München [8]1991 u.a.
– *Aufstieg zum Berge Carmel*. München [7]*1983*
Jonas, H. *The Gnostic Religion. The Message of the Alien God and the Beginnings of Christianity*. Beacon, Boston, 2.Aufl. 1967
Journet, C. *The Dark Knowledge of God*. Sheed & Ward, London 1948
Jung, C. G. *Erinnerungen, Träume, Gedanken*. Hrsg. von A. Jaffé. Olten 1972.
Justinus, Hl. *Opera*, Migne PG, Bd.6

Kaliba, C. *Die Welt als Gleichnis des dreieinigen Gottes*. Entwurf zu einer trinitarischen Ontologie. Salzburg 1952
Kapleau, P. *Die drei Pfeiler des Zen*. Bern-München-Wien, [3]1975
Kappstein, T. *Buddhismus und Christentum. Religionsgeschichtliche Parallelen*, Berlin 1906
Karatalaratna. Engl. Übers. aus dem Chinesischen und Tibetischen, F. W. Thomas, »Hand Treatise«, *JRAS* (1918), 264ff. Franz. Übers. von La Vallée Poussin L. de. *Le Joyau dans la Main* (MCB 2) 1923-1933, S. 68-138

Karrer, O. *Das Religiöse in der Menschheit und das Christentum*. Freiburg 1956
Kasawara, K. (Hrsg.) *Dharma Samgraha*. Clarendon Press, Oxford 1885
Kathavatthu (aus dem *Abhidhamma Pitaka*). Engl. Übers., S. Z. Aung und C. A. F. Rhys Davids, *Points of Controversy*, 2 Bde. Pali Text Society Translations, London 1915
Kaufmann, W. (Hrsg.) *Existentialism from Dostoevsky to Sartre*. World, Cleveland-New York 1956
Kaufmann, Y. *The Religion of Israel*. University of Chicago Press 1960
Kawada, K. »Pratyâtmadharmatâ – Methodischer Transzendentalismus«. *Journal of Indian and Buddhist Studies*, 14 (Dez. 1965)
Keith, A. B. *Buddhist Philosophy in India and Ceylon*. Clarendon Press 1923
Kelber, W. *Die Logos-Lehre. Von Heraklit bis Origenes*. Stuttgart 1958
Kerényi. K. *Apollon und Niobe*. Wien ^{2}1980
– *La religion antique*. Georg, Genf 1957
– »Theos e mythos«. Castelli, *Problema della demitizzazione*, S.35-44
– *Werke in Einzelausgaben*. Wien 1966ff.
Kierkegaard, S. *Entweder/ Oder* in: *Gesammelte Werke in 30 Einzelbänden*. Gütersloh Bd. 1 und Bd. 2 ^{2}1985f.
King, W. L. *Buddhism and Christianity. Some Bridges of Understanding*. Philadelphia 1962
Kirfel, W. *Symbolik des Buddhismus*. Stuttgart 1959
Kirk, G. S. und Raven, J. G. *The Presocratic Philosophers*. Cambridge University Press, Cambridge
Kraemer, H. *The Christian Message in a Non-Christian World*. Harper, New York 1938
– *Religion and the Christian Faith*. Westminster, Philadelphia 1956
Kretschmar, G. *Studien zur frühchristlichen Trinitätstheologie*. Tübingen 1956
Krishna, D. »Three Conceptions of Indian Philosophy«. *Philosophy East and West*, 15 (1965)
Kristensen, W. B. *The Meaning of Religion*. Nijhoff, Den Haag 1960
Küng, H. *Existiert Gott? Antwort auf die Gottesfrage der Neuzeit*. München-Zürich ^{2}1984
– *Das Judentum*. München 1991
– *Projekt Weltethos*. München 1990
– u.a. *Christentum und Weltreligionen. Hinführung zum Dialog mit Islam, Hinduismus und Buddhismus*. München 1984
Kunst, A. »The Concept of the Principle of the Excluded Middle in Buddhism«. *Rocznik Orientalistyczny*, 21 (1957), 141-47
Kurata, B./ Tamura, Y. (Hrsg.) siehe *Saddharmapundarîka Sûtra* 1987

Lacroix, J. »Sens et valeur de l'athéisme actuel«. *Monde moderne et sens de Dieu*, Semaine des Intellectuels catholiques. P. Horey, Paris 1954
– *Wege des heutigen Atheismus*. Freiburg-Basel-Wien 1960
Lalita Vistara. Buddhist Sanskrit Texts. Lerier I, Baroda
Lalou, L. und Przyluski, J. *Bibliographie bouddhique*. Paris 1928
Lambert, G. »Que signifie le nom divin YHWH?« *Nouvelle Revue Théologique*, 74 (1952), 897ff.

Lamotte, E. »Le Bouddhisme des laïcs«. Siehe *Studies in Indology*, 1955, S.73-90
– *Histoire du Bouddhisme indien de l'origine à l'ère Shaka*. Publications Universitaires, Louvain 1958
– *Lo spirito del Buddhismo antico*. Instituto per la collaborazione culturale, Venedig 1960
– (Hrsg.) siehe *Mahâyânasamgraha* 1938f.
– (Hrsg.) siehe *Mahâprajñapâramitâ Shâstra* 1966-1969
Lankâvatâra Sûtra. Engl. Übers., D. T. Suzuki, *Lankâvatâra. A Mahâyâna Text*. Routledge, London 1932
La Vallée Poussin, L. de *Bouddhisme. Etudes et matériaux. Théorie des douze causes*. E. van Goethem, Gand 1916
– *Bouddhisme. Opinions sur l'histoire de la dogmatique*. Beauchesne, Paris 1909
– »Une dernière note sur le Nirvâna«. *Mélanges Linossier*, Bd.2 (1932)
– »Les deux Nirvâna d'après la Vibhâshâ«. *Acad. de Belgique Bulletin* (Dez. 1929)
– *Le dogme et la philosophie du Bouddhisme*. Paris 1930
– »Faith and Reason in Buddhism«. *Proceedings of the Third International Congress for the History of Religions*, Teil 1, Oxford, 32-43
– »The Madhyamakas and Tathâta«. *IHQ* (The Indian Historical Quarterly), 9 (1933), 30-32
– »Musila et Narada, le chemin du Nirvâna«. *Mélanges chinois et bouddhiques*. Brüssel
– *Nirvâna*. Beauchesne, Paris 1925
– »Le Nirvâna d'après Âryadeva«. *Mélanges chinois et bouddhiques*, 1 (1932)
– »Remarques sur le Nirvâna«. *Studia Cattolica*, 1 (1924)
– *The Way to Nirvâna*. Cambridge University Press, Cambridge 1917
Law, B. C. *Buddhist Studies*. Thacker, Calcutta 1931
– Volume (2 Bde.) D. R. Bhandarkar u.a. (Hrsg.). Bd. I, Calcutta 1945; Bd. II, Poona 1946
– »Aspects of Nirvâna«. *Indian Culture*, Bd.2, S.327ff. Calcutta
– *Buddhistic Studies*. Thacker-Sprink, Calcutta 1931
– »Formulation of the Pratîtyasamutpâda«. *Journal of the Royal Society* (1937)
– »Nirvâna«. Siehe *Cultural Heritage of India*, Bd. 1, 1958, 547-558
Leeuw, G. van der. *Phänomenologie der Religion*. Tübingen [4]1977
Lemarié, J. *La manifestation du Seigneur*. Cerf, Paris 1957
Le Saux, H. (*Die Gegenwart Gottes erfahren. Erneuerung christlichen Betens in Begegnung mit dem Hinduismus*. Mainz 1980
– *La rencontre de l'hindouisme et du christianisme*. Seuil, Paris 1966
– *Sagesse hindoue, mystique chrétienne*. Centurion, Paris 1965
Lévi, S. *La doctrine du sacrifice dans les Brâhmanas*. Presse Universitaire de France, Paris 1966
– »Maitreya, le consolateur«. *Mélanges Linossier*, Bd. 2 (Paris 1932)
– (Hrsg.) siehe *Mahâyânasûtrâlamkara*, 1907-1911
Lévy, P. *Amida*. Seuil, Paris 1955
– *Aspects du Bouddhisme*. Seuil, Paris 1959
Lillia, A. *Buddhism and Christendom, or Jesus the Essene*. London 1887
Ling, T. O. *Buddhism and the Mythology of Evil*. Allen & Unwin, London 1962

Loen, A. E. *Säkularisation. Von der wahren Voraussetzung und angeblichen Gottlosigkeit der Wissenschaft*. München 1965
Loosky, N. »Christian versus Buddhist Mysticism«. *Personalist* (1936), 256-77
Lossky, V. *Théologie négative et connaissance de Dieu chez Maître Eckhart*. Vrin, Paris 1960
Lotz, J. B. *Ästhetik aus der ontologischen Differenz. Das Anwesen des Unsichtbaren im Sichtbaren*. München 1984
– *Die Frage nach Gott heute*. Meitingen 1982
– »Gott«. H. Fries (Hrsg.) *Handbuch theologischer Grundbegriffe*. München 1962
– *In jedem Menschen steckt ein Atheist*. Frankfurt /M. 1981
– *Die Religion in ihrer Bedeutung für die technische Kultur. Eine Besinnung auf die Einheit des menschlichen Wirkens*. München 1979
– *Transzententale Erfahrung*. Freiburg 1978
– *Was bleibt, wenn alles fließt? Unwandelbare Wahrheit und geschichtliche Veränderung*. Salzburg 1986
Lubac, H. de. *Aspects du Bouddhisme*. Seuil, Paris 1950
– »La charité bouddhique«. *Bulletin de la Faculté Catholique de Lyon* (Mai-Juni 1950), 14-44
– *Die Kirche*. Einsiedeln 1968
– *Le fondement théologique des missions*. Seuil, Paris 1946
– *Méditation sur l'Eglise*. Aubier, Paris 1953
– *Le mystère du surnaturel*. Aubier, Paris 1965; deutsch: *Die Freiheit der Gnade*. 2 Bde. Einsiedeln 1972
– *La recontre du Bouddhisme et de l'Occident*. Aubier, Paris 1952
Lübbe, H. *Säkularisierung*. Freiburg 1965
Luttge, W. *Christentum und Buddhismus*. Göttingen 1916

Madhyamakaratnapradîna (von Bhâvaviveka). Tibet. Übers. analysiert von S. Schayer, »Notes and Queries on Buddhism«, *RO*, 11 (1935), 206-13
Madhyamakâvatâra (von Candrakîrti). Franz. Übers., L. de la Vallée Poussin, *Muséon*, 7 (1907), 249-307; 10 (1910), 271-358; 11 (1911), 236-328
Mahâbhârata. Engl. Übers. P.C. Roy (Hrsg.). Calcutta (Bharata Press). 11 Bde. 1919-1935; E.W. Hopkins (Hrsg.) *The Great Epic of India*. New York 1920
Mahaparanibbâna Sutta. Engl. Übers. T.W. Rhys Davids. Delhi (Motilal Banarsidass) 1965; F.M. Müller (Hrsg.) *Buddhi Suttas*. (SBE) XI, 114. London (Clarendon Press) 1881
Mahâprajñâpâramitâshâstra (von Nâgârjuna). Franz. Übers., E. Lamotte, *Le traité de la Grande Vertu de Sagesse*, 2 Bde. Bureaux du Muséon, Louvain 1944-1949; Repr. 1966-1969
Mahâvastu. Engl. Übers., J. J. Jones, *Mahâvastu Translated from the Buddhist Sanscrit* (Sacred Books of the Buddhists) London 1949-1957
»Mahâyâna Buddhism and Whitehead«, *Philosophy East and West*, 25, 4 (1975), 393-488
Mahâyânasamgraha (von Asanga). Franz. Übers., E. Lamotte, *La Somme du Grand Véhicule d'Asanga*, 4 Bde. Bureaux du Muséon, Louvain 1938-1939
Mahâyânasûtrâlamkara (von Asanga). Sanskrittext und franz. Übers. S. Lévi

(Hrsg.) (Bibliothèque de l'Ecole des Hautes Etudes) CLXI, CXC Paris 1907-1911
Mahâyânavimshaka (von einem anonymen Autor) Engl. Übers., S. Yamaguchi, »Nâgârjuna's Mahâyâna-Vimshaka«, *EB*, 4 (1926), 56-72, 169-76. – Außerdem V. Bhattacharyya, *Visvabharati Studies*, Bd.1. Calcutta 1931
Maitreyasamiti (anonym). Deutsche Übers., Tokharian, *Maitreyasamiti, das Zukunftsideal der Buddhisten*. Straßburg 1919
Majjhima-nikâya (vom *Sutta Pitaka*). Engl. Übers., R. Chalmers, *Further Dialogues of the Buddha*, 2 Bde. (Sacred Books of the Buddhists) Oxford 1926-1927
Malalasekera, G. P. *Dictionary of Pâli Proper Names*, 2 Bde. J. Murray, London 1937-1938.
– (Hrsg.) *Encyclopedia of Buddhism*. Government of Ceylon, Colombo 1961
Mallman, M. T. de. *Introduction à l'étude d'Avalokiteçvara*. Civilization du Sud, Paris 1948.
March, A. C. *A Buddhist Bibliography*. London 1935.
Margiaria, A. *La concezione buddhista del cosmo*. SEI, Turin 1968
Mariano, R. *Cristo e Buddha e altri Iddii dell'Oriente*. Florenz 1900
Maritain, J. *La signification de l'athéisme contemporain*. Desclée de Brouwer, Paris 1949
Mârkandeya Purâna. Molital Banarsidass, Delhi 1969
Mascall, E. L. *The Secularisation of Christianity*. Darton, Longman & Todd, London 1965
Masson-Oursel, P. »Foi bouddhique et foi chrétienne«. Congrès d'Histoire du Christianisme. *Jubilé Alfred Loisy, Annal. d'Histoire du Christianisme*, Bd.3, Paris 1928
Masuda, H. »Some Reflections on the Buddhist Conception of Voidness (*Shûnyatâ*) in the Prajñâ-pâramitâ-sûtra and in Nâgârjuna«. *Religion East and West*, 35 (1963)
Masure, E. *Devant les religions non chrétiennes*. Ed. Catholicité, Lille 1945
Masutani, Fumio. *A Comparative Study of Buddhism and Christianity*. CIIB Press, Tokio 1959
Maximus, Hl. *Opera*, Migne PG, Bde. 90-91
Meland, B. E. *The Secularization of Modern Cultures*. Oxford University Press, New York 1963
Mélanges Henri de Lubac. Aubier, Paris 1964
Mensching, G. *Die Bedeutung des Leidens im Buddhismus und im Christentum*. Gießen 1930
– *Buddha und Christus*. Bonn 1952
– *Buddhistische Geisteswelt. Vom historischen Buddha zum Lamaismus*. Darmstadt 1955
– *Das Christentum im Kreis der Weltreligionen*. 1928
– »Das heilige Schweigen«. *Handwörterbuch des deutschen Aberglaubens* (hrsg. v. H.Bächtold-Stäubli) VII, 1926, S. 1460ff.
– *Tod und Leben im Buddhismus und im Christentum*. Gießen 1931
Merkel, R. F. »Buddhismus und Neues Testament«. *Jahrb. für die Evang. Luth. Landeskirche Bayerns* (1915), 36-49
Merton, T. *The Way of Chuang Tzu*. New Directions, New York 1965

Messina, G. *Cristianesimo, Buddhismo, Manicheismo*. N. Ruffolo, Rom 1947
Metz, J. B. »Unglaube als ein theologisches Problem«. *Concilium* (Sept. 1965), 72-92
Migne, J.P. *Patrologia Greca*. 161 Bde. Paris 1857-1866
– *Patrologia Latina*. 217 Bde. Paris 1878-1890
Milindapañha, II, III (Ausg. von Trenckner. London 1880); engl. Übers. T.W. Rhys Davids (Hrsg.) *the Questions of King Milinda* New York 2 Bde. 1963
Milloue, L. de. *Quelques ressemblances entre le Bouddhisme et le Christianisme*. Paris 1908
Mistry, F. *Nietzsche and Buddhism: Prolegomenon to a Comparative Study*. W. de Gruyter, Berlin-New York 1981
Miyamoto, S. *The Fundamental Truth of Buddhism*. Sanyosha, Tokio 1957
– »Nirvâna and the Limit of Questioning«. *Indotetsugakuto-Bukkyo-no-Shomondai*. Iwanani Shoten, Tokio 1951. S.503-28
– »A Re-Appraisal of the Pratîtya-Samutpâda«. *Studies in Indology*, S.152-64
Monier-Williams, *Buddhism and its Connection with Brahmanism and Hinduism and its Contrast with Christianity*. J. Murray, London 1889: Reprint: Chowkhamba, Varanasi 1964
Mookerjee, S. *The Buddhist Philosophy of Universal Flux*. University of Calcutta, 1935
Moore, C. A. »The Meaning of Duhkha«. *Atti del XIII Congresso Internazionale di Folosofia*. Sansoni, Florenz 1960
– und Radhakrishnan, S. *A Source Book in Indian Philosophy*. Princeton University Press, 1957
Moreno, M. »Mistica mussulmana e mistica indiana«. *Annali Lateranensi*, 10 (1946), 156-61
More-Pontgibaud, de. *Du fini à l'infini. Introduction à l'étude de la connaissance de Dieu*. Aubier, Paris 1957
Morot-Sir, E. *La pensée négative*. Aubier, Paris 1947
Mühlen, H. *Der Heilige Geist als Person*. Münster [4]1980
– *Una mystica persona*. Paderborn [3]1988
Mûlamadhyamakakârikâ. Engl. Übers., Kap.1-25, T. Stcherbatsky, *The Concept of Budhist Nirvâna*. Academy of Sciences of the U.S.S.R., Petersburg 1927
Mûlamadhyamakâkarikâ und *Prasannapadâ*. Sanskrit-Text mit Kommentar von Candrakîrti, L. de la Vallée Poussin. Petersburg 1930-1931; Repr. 1970
Müller, E. *Existenzphilosohie im geistigen Leben der Gegenwart*. Heidelberg, [2]1958
Müller, F. M. *Lecture on Buddhist Nihilism*. Asa K. Butts, New York 1869
– (Hrsg.) siehe *Mahâparinibbâna Sutta* 1965
Munby, D. *The Idea of a Secular Society*. Oxford University Press, London 1963
Murthy, K. S. *Metaphysics, Man, and Freedom*. Asia Publishing House, London 1960
Murti, T. R. V. *The Central Philosophy of Buddhism. A Study of the Mâdhyamika System*. Allen & Unwin, London 1955
Mus, P. *Barabudur*. Imprimerie d'Extrême Orient, Hanoi 1935

Nagao, G. »The Silence of the Buddha and its Madhyamic Interpretation«. *Studies in Indology*, (1955) 137-51
Nâgârjuna siehe *Catuhshava*, 1913
– siehe *Dvâdashamukha Shâstra* 1954
– siehe *Mahâprajñâpâramitâ Shâstrâ* 1966-1969
– siehe *Mûlamadhyamakakârikâ* 1970
– siehe *Ratnâvalî* 1934
Nakamura, H. »The Influence of Voidness on Hetu-vidya Logic«. Miyamoto, *Fundamental Truth*
– *The Ways of Thinking of Eastern Peoples*. East-West Center, Honolulu 1966; rev. Ausg. University of Hawaii Press, 1971; Repr. 1985
– *Buddhism in Comparative Light*. New Delhi 1975
Neill, S. *Christian Faith and Other Faiths*. Oxford University Press, London 1961
Neumann, K.E. *Die Reden Gotamo Buddhos* (1896-1902). *Übertragungen aus dem Pâli Kanon*. Zürich-Wien, 3 Bde. 1956f.
Neuner, J. *Christian Revelation and World Religions*. Burns & Oates, London 1967
Newbegin, L. *Honest Religion for Secular Man*. SCM, London 1966
Nichols, J. H. *History of Christianity 1650-1950. Secularization of the West*. Ronald Press, New York 1956
Nicolas, J. H. *Dieu comme inconnu. Essai d'une critique de la connaissance*. Desclée, Paris 1966
Nietzsche, F. *Zur Genealogie der Moral*. 3. Abhandlung, A.1a (1887). In: *Sämtliche Werke*, Bd.2. München, [7]1973, S. 839
Nikolaus von Kues. *De Deo Abscondito*. Hamburg 1959
Nirdesha Sûtra (von Vimalakîrti), span. Übers. D. Villalba (Hrsg.) *La enseñanza de Vimalakîrti*, Madrid 1989; engl. Übers. nach der franz. E. Lamotte *The Teaching of Vimalakîrti*, London (Pâli Text Society) 1976
Nishida, K. *Intelligibility and the Philosophy of Nothingness*. Maruzen, Tokio 1958
Nishitani, K. »Der Buddhismus und das Christentum«. *Zeitschrift für Kultur und Geschichte Ostasiens*, 88 (1960), 5-31
– »On Sartre's Existentialism«. *Psychologia* (Juni 1962)
– Was ist Religion? Frankfurt/M [2]1986
Noce, A. del. *Il problema dell'ateismo. Il concetto di ateismo e la storia della filosofia come problema*. Il Mulino, Bologna 1964
Nola, A. M. di. »Buddha«. *Enciclopedia delle Religioni*. Bd.1, coll.1232-78. Vallecchi, Florenz 1970
– »Buddhismo«. Ibid., coll.1278-1311
Northrop, F. S. C. *The Meaning of East and West*. MacMillan, New York 1946
Nyanaponika-Mahathera *Im Lichte des Dhamma. Buddhistische Texte*. Hrsg. v. K. Onken. Konstanz 1989
– (Hrsg.) *Die Lehrreden des Buddha aus der angereihten Sammlung*, in 5 Bdn. Freiburg [4]1984
Nyâya Sûtras (von Gautama). Sanskrit-Text und engl. Übers., Satis Chandra Vidyabusana, *Nyâya Sûtras of Gotama* (Sacred Books of the Hindus) Allahabad 1913. – Außerdem Ganganatha Jha, »The Nyâya of Gautama, with the Bhâsya of Vatsyayana and the Vartika of Uddyotakara«, *Indian Thought*, 4 (1912), 11 (1919)

Obermiller, E. (Hrsg.) *Materialien zur Kunde des Buddhismus*. Heidelberg 1931-1932
– »Nirvâna according to Tibetan Tradition«. *Indian Historical Quarterly*, 10 (1934), 211-57
– »The Term Shûnyatâ and its Different Interpretation Based Chiefly on Tibetan Sources«. *Journal of Greater Indian Society*, 1 (1934), 105-17
– »A Study of the Twenty Aspects of Shûnyatâ Based on Haribhadra's Abhisamayâlamkârâloka and the Pañcavimshatisâhasrikâ«. *Indian Historical Quarterly*, 9 (1933), 170-87
Ogletree, T. W. *The »Death of God« Controversy*. SCM. London 1966
Oldenberg, H. *Buddha. Sein Leben – seine Lehre, seine Gemeinde*. Hrsg. v. H. von Glasenapp, Essen 1983
– »Der Buddhismus und die christliche Liebe«. *Deutsche Rundschau*, 84, S.380-89
– *Die Lehre der Upanishaden und die Anfänge des Buddhismus*. Göttingen 1923
Olivetti, M.M. (Hrsg.) *L'argomento ontologico*. Padua 1990
– (Hrsg.) *Intersoggettività Socialità Religione. Archivio di Filosofia*. Roma 1986
Olschki, L. »The Crib of Christ and the Bowl of Buddha«. *Journal of the American Oriental Society*, 70 (1950), 161-64
Oltramare, P. *La formule bouddhique de douze causes. Son sens originel et son interprétation théologique*. Georg, Genf 1909
Omodeo Sale, M. *Venticinque secoli di Buddhismo*. Giunti-Martello, Mailand 1957
Organ, T. W. »The Silence of the Buddha«. *Philosophy East and West*, 4 (Juli 1954), 125-40
Orsenigo, C. *Buddhismo e Cristianesimo*. Monza 1908
Ott, H. *Denken und Sein*. Zollikon 1959
Otto, R. »Sakramentales Schweigen«. Siehe *Die christliche Welt* (1920)
Otto, W. F. *Die Gestalt und das Sein*. Wissenschaftliche Buchgesellschaft, Darmstadt 1974
– *Mythos und Welt*. Stuttgart 1962
– *Sünde und Urschuld*. Gotha 1929

Pagliaro, A. »L'idealismo gathico«. *Studia Indologica Internationalia*, 1 (1954). Rom
– »L'idealismo iranico«. *Umanesimo e mondo precristiano*. Rom 1959
Pande, G. C. *Studies in the Origins of Buddhism*. University of Allahabad, 1957
Pandeya, R. C. *The Logic of Catuskoti and Indescribability*. Banaras Hindu University. Varanasi 1966
Paniker, S. »A propósito de Sartre, la fe y los dioses«. *Revista de Occidente*, Nr.22, 1965
Panikkar, R. »Sur l'anthropologie du prochain«. *Actes du VIII Congrès des Sociétés de Philosophie de Langue Française*, 1956, S.228-31
– »Aspects de l'athéisme en Inde«. Siehe in: Veuillot, *L'Athéisme: tentation du monde réveil des chrétiens*? 1963
– u.a. *Blessed Simplicity*. Seabury, New York 1982, deutsch: *Den Mönch in sich entdecken*. München 1989

– »Che accade all'uomo quando muore?« *Bozze*, 80 (1980), 117-36
– »Colligite fragmenta; for an integration of Reality«. *From Alienation to At-oneness*, Proceedings of the Theology Institute of Villanova University, 1977
– *El concepto de naturaleza*. CSIC, Madrid, 2.Aufl. 1972
– »De Deo Abscondito«. *Arbor* (Madrid), 9 (1948), 1-26
– »L'eau et la mort. Réflexion interculturelle sur une métaphore« *Archivio di Filosofia* (1981), 481-502
– »Das erste Bild des Buddha. Zur Einführung in den buddhistischen Apophatismus«. *Antaios*, 6 (1965), 373-85
– »Die existentielle Phänomenologie der Wahrheit«. *Philosophisches Jahrbuch der Görresgesellschaft*, 64 (1956), 27-54
– »Gedankenfreie Meditation oder seinserfüllte Gelassenheit?« In: *Munen Myso. Ungegenständliche Meditation*. Festschrift für Hugo M. Enomiya-Lassalle, S.J., hrsg. von G. Stachel. Mainz 1978, S. 309-316
– »Have Religions the Monopoly on Religion?« *Journal of Ecumenical Studies*, 11 (1974), 515-517; idem in *Interculture* (Montreal) 107 (1990) 22-24
– *Humanismo y Cruz*. Rialp, Madrid 1963
– *Intra-Religious Dialogue*. Paulist, New York 1979; deutsch: *Der neue religiöse Weg. Im Dialog der Religionen leben*. München 1990
– »F. H. Jacobi y la filosofía del sentimiento«. *Sapientia* (Buenos Aires), 3 (1948), 23-59
– *Kerygma und Indien. Zur heilsgeschichtlichen Problematik der christlichen Begegnung mit Indien*. Hamburg 1964
– »La metafísica de los textos hindues sobre la creación«. *Atlantida*, 1 (1963), 86-90
– *Mâyâ e Apocalisse: L'incontro del Induismo e del Christianesimo*. Abete, Rom 1966
– »La Misa como consecratio temporis. La tempiternidad«. *Actas del V Congreso Eucaristico Nacional*, Zaragoza 1961, S. 75-93
– *Kultmysterium in Hinduismus und Christentum. Ein Beitrag zur vergleichenden Religionstheologie*. Freiburg 1964; franz.: *Le Mystère du culte dans l'hindouisme et le christianisme*. Cerf, Paris 1970
– *Myth, Faith, and Hermeneutics*. Paulist, New York 1979; deutsch (ein Teil): *Rückkehr zum Mythos*, Frankfurt/M 1985
– *Ontonomía de la Ciencia. Sobre el sentido de la Ciencia y sus relaciones con la Filosofía*. Gredos, Madrid 1961
– »Pluralismus, Toleranz und Christenheit«. *Pluralismus, Toleranz und Christenheit*. Abendländische Akademie, München 1961, S. 117-142
– »Relation of Christians to their non-Christian Surroundings«. *Indian Ecclesiastical Studies*, 4 (1965)
– *Religione e Religioni*. Morcelliana, Brescia 1964
– »Ritatattva: A Preface to Hindu-Christian Theology«. *Jeevadhara*, 49 (1979), 6-63
– »The Silence of the Word: Non-dualistic Polarities«. *Cross Currents*, 24 (1974), 154-7
– *La spiritualità indù*. Morcelliana, Brescia 1975
– »La superación del humanismo«. *Humanismo y cruz*, S.178- 253

– »Technique et temps: La technochronie«. Castelli (Hrsg.), *Tecnica e casistica*, Padua 1964, S.195-229
– »The Threefold Linguistic Intersubjectivity«. *Archivio di Filosofia*, 54 (1986), 593-606
– *The Trinity and the Religious Experience of Man. Icon, Person, Mystery*. Darton, Longman & Todd, London 1973; span.: *La Trinidad y la experiencia religiosa*. Barcelona 1989
– *The Vedic Experience. Mantramañjarî*. University of California Press, Berkely-Los Angeles 1977
– *Die vielen Götter und der eine Herr*. Freiburg 1963
– *Der Weisheit eine Wohnung bereiten*. München 1991
– *Worship and Secular Man*. Orbis, New York 1973
Pannenberg, W. »Die Aufnahme des philosophischen Gottesbegriffs als dogmatisches Problem für frühchristliche Theologie«. *Grundfragen systematischer Theologie*. Göttingen 1971, S. 296-346
Papini, G. *Il diavolo*. Vallecchi, Florenz, ^{16}1967
Parente, P. *De Deo Uno et Trino*. Institutum Graphicum Tiberinum, Rom 1938
Pascal, B. *Werke*. 4 Bde. Heidelberg 1981
Pascual, C. *Guía sobrenatural de l'España*. Al-Borak, Madrid 1976
Pavan, A. und Milano, A. (Hrsg.) *Persona e personalismi*. Neapel 1987
Pettazzoni, R. *Miti e Leggende*, 4 Bde. UTET, Turin 1948- 1959
Pezzali, A. siehe *Bodhicaryâvatâra* 1982
Phillipidis, L. J. *Das Liebesprinzip im Buddhismus und Christentum*. Athen 1938
– *Religionsgeschichte als Heilsgeschichte in der Weltgeschichte. Mitteilung an die XI. deutsche Jahrestagung für Religionsgeschichte*. Bonn 1952
Phillips, B. *The Essentials of Zen Buddhism – Selected from the Writings of Daisetz T. Suzuki*. Dutton, New York 1962
Piantelli, M. *Shankara e la rinascità del Brahmanesimo*. Ed. Esperienze, Fossano-Cuneo 1974
Pieper, J. *Glück und Kontemplation*. München 1957
– *The Silence of St. Thomas*. Pantheon, New York 1957
The Platform Scripture (von Hui-neng). Engl. Übers., W. T. Chang. St. John's University Press, New York 1963; deutsch: *Das Podium-Sûtra des sechsten Patriarchen*, übers. und hrsg. v. U. Jarand. München 1989
Platon. *Studienausgabe. Griechisch und deutsch*, 8 Bde. Darmstadt 1970-1983
Plotinus. *Über Ewigkeit und Zeit (Enneade III,7)*. Hrsg. v. W. Beierwaltes. Frankfurt/M. ^{3}1981
Prasannapadâ (von Candrakîrti). Siehe *Mûlamadhyamakakârikâ* 1970
Prater, S. *Das Christentum und die außerchristlichen Religionen*. Dresden 1935
Pro Regno, Pro Sanctuario. Festschrift Van der Leeuw. G. F. Callenbach, Nijkerk 1950
Prümm, K. *Der christliche Glaube und die altheidnische Welt*. Leipzig 1935
Przyluski, J. *Le Bouddhisme*. Rieder, Paris 1932
– u. Lalou, L. (Hrsg.) *Bibliographie Bouddhique*. Paris 1928
Puech, H.-C. »La ténèbre mystique chez le Pseudo Denys l'Aréopagite et dans la tradition patristique«. *Etudes carmélitaines*, 23 (1938), 33-53

Putanangady, P. (Hrsg.) *Sharing Worship: Communicatio in sacris.* Bangalore 1988

Quiles, I. »Nirvâna y experiencia metafísica«. *Memorias del Congreso Internacional de Filosofía*, Mexico D. F. (Sept. 1963), Bd.IV, S.263-68

Rad, G. von. *Theologie des Alten Testaments*, Bd.2: *Die Theologie der prophetischen Überlieferungen Israels.* München, [4]1965
Radhakrishnan, S. *Indian Philosophy*, Bd.1. Allen & Unwin, London 1929
– *Indisches Erbe.* Gladenbach 1980
– *The Philosophy of the Upanishads.* MacMillan, New York 1966
– *The Principal Upanishads.* Harper, New York 1953
– »The Teaching of the Buddha by Speech and Silence«. *Hibbert Journal*, 32 (April 1934)
Raguin, Y. *Théologie missionnaire de l'Ancien Testament.* Seuil, Paris 1947
Rahner, K. »Christlicher Humanismus«. *Orientierung* (Mai 1966)
– »Über die Möglichkeit des Glaubens heute«. *Schriften zur Theologie*, Bd.V. Einsiedeln 1962
– *The Pastoral Approach to Atheism.* Paulist, New York 1967
– »Zur Lehre des II. Vatikanischen Konzils über den Atheismus«. In: *Concilium* 3(1967), 171-180
– *Zur Theologie der Zukunft.* München 1971
Rahula, W. *What the Buddha Taught.* Grove, New York 1963.
Râjatarangini (von Kalhana). Engl. Übers., E. Hultzsch, »Extracts from Kalhana's *Râjatarangini*«, *Indian Antiquary*, 18 (1889), 65-73
Raju, P. T. »The Buddhist Conception of Negation«. *Prof. M. Hiriyanna Commemoration Volume.* Mysore 1951, S. 162-170
Ramirez, J. M. *De hominis beatitudine.* CSIC, Madrid 1944
Ratnâvalî (von Nâgârjuna). Engl. Übers., G. Tucci, »The Ratnâvalî of Nâgârjuna«, *JRAS* (1934), 307-25; (1936) 237- 52, 421-35
Ratzinger, J. H. und Fries, H. *Einsicht und Glaube.* Freiburg 1962
– *Schreiben an die Bischöfe der Katholischen Kirche über einige Aspekte der christlichen Meditation.* Verlautbarungen des Apostolischen Stuhls Nr. 95 vom 15.10.1989
Rawson, J. N. *The Katha Upanishad.* Oxford University Press 1934
Regamey, C. »Der Buddhismus Indiens«. *Christus und die Religionen der Erde.* Freiburg 1951
– *Buddhistische Bibliographie.* Bern 1950
– *Buddhistische Philosophie.* Bern 1950
Renou, L. »La valeur du silence dans le culte védique«. *Journal American Oriental Society* (JAOS) 1949
– / Block, J/ Filliozat, L. (Hrsg.) siehe *Dîgha Nikâya* 1949
– und Filliozat, J. *L'Inde classique.* 2 Bde. Imprimerie Nationale, Paris 1953
Rétif, A. *Foi au Christ et mission d'après des Actes des Apôtres.* Cerf, Paris 1953
Rhys Davids, C. A. F. *A Manual of Buddhism for Advanced Students.* MacMillan, New York 1932
– *Sakya, or Buddhist Origins.* Kegan Paul, London 1931

– *What Was the Original Gospel in Buddhism*? Epworth Press, London 1938
– (Hrsg.) siehe *Therîgâtâ*, 1909
– und Aung, S.Z. (Hrsg.) siehe *Karatalaratna*, 1915
– (Hrsg.) siehe *Visuddhi Magga*, 1920f.
– (Hrsg.) siehe *Dhamma Sangani*, 1923
– (Hrsg.) siehe *Dhammapada*, 1931
– (Hrsg.) siehe *Theragâtâ*, 1937
– und Woodward, F.L. (Hrsg.) siehe *Samyutta-nikâya*, 1951- 1956
– und Rhys Davids, T.W. (Hrsg.) siehe *Dîgha-nikâya*, 1956- 1966
Rhys Davids, T. W. »Buddhism and Christianity«. *Inter. Quarterly* (1903)
– *Buddhism, Its History and Literature*. Putnam's, New York 1896; ^{5}1962
– (Hrsg.) siehe *Jâtaka*, 1880
– und Oldenberg, H. (Hrsg.) siehe *Vinaya Pitaka*, 1881-1885
– *Buddhism. Its History and Literature*. New York (Putnan's) 1896; Rep. 1962
– »Buddhism and Christianity«, *International Philosophical Quarterly*, III, VI. 1903
– und Rhys Davids, C.A.F. (Hrsg.) siehe *Dîgha-nikâya*, 1956-1966
– und Carpenter, J.E. (Hrsg.) siehe *Dîgha-nikâya*, 1960- 1967
– (Hrsg.) siehe *Milindapañha*, 1963
– (Hrsg.) siehe *Mahâparinibbâna*, 1965
– u.a. (Hrsg.). *The Pali Text Society Pali-English Dictionary*, 1966
Richard von Sankt Victor. *Opera*. Migne PL, Bd.11
Ricoeur, P. *Soi-même comme un autre*, Seuil, Paris 1990
Robinson, J. A. T. *Honest to God*. SCM, London 1963
– und Edwards, D. L. *The Honest to God Debate*. SCM, London 1963
Robinson, R. H. »The Classical Indian Axiomatic«. *Philosophy East and West*, 17 (1967), 139-54
– »Did Nâgârjuna Really Refute All Philosophical Views?« Seminar, »Vedânta and Buddhism«. Banaras Hindu University (März 1966)
– »Some Logical Aspects of Nâgârjuna's System«. *Philosophy East and West* (Juni 1957), 291-309
– *The Mâdhyamika in India and China*. University of Wisconsin Press, 1967
Rombach, H. *Substanz, System, Struktur*. Freiburg 1966
Rommerskirchen, P. *Bibliografia missionaria*. Pontificia Università di Propaganda Fidei, Rom 1960
Rosenberg, A. *Zeichen am Himmel. Das Weltbild der Astrologie*. München ^{2}1984
Rosenberg, O. *Die Probleme der buddhistischen Philosophie*. Heidelberg 1924
Roustang, F. *Une initiation à la vie spirituelle*. Desclée, Paris 1963
Ruben, W. »Indische und griechische Metaphysik«. *Zeitschrift für Indologie und Iranistik*, 8 (1931), 147-227
Rupertus, Hl. *Opera*. Migne PL, Bde.167-69

Sabbatucci, D. *Saggio sul misticismo greco*. Ed. dell'Ateneo, Rom, ^{2}1979
Saddharmapundarîka Sûtra (Kashgar Manuskript) Tokyo 1979; B. Kurata und Y. Tamura (Hrsg.). *Art of the Lotus Sûtra*. Tokyo 1987
Samyutta-nikâya (aus dem *Sutta Pitaka*). Engl. Übers., C. A. F. Rhys Davids und F. L. Woodward, *The Book of Kindred Sayings*, 5 Bde. Pali Text Society Translations, London 1907-1925; Repr. 1951-1956. – Engl. Übers. außerdem von Conze

Sanders, J. A. »The Vitality of the Old Testament. Three Theses«. *Union Seminary Quarterly Review*, 21 (1966), 161-184
- »Promise and Providence«, ebd., 295-303
Sangharkshita, B. *A Survey of Buddhism*. Indian Institute of World Culture, Bangalore 1966
Shankarâcârya siehe *Brahma Sûtra Bhâshya*
– siehe *Vivekacûdâmani*, 1974
– siehe *Bhagavad Gîtâ*, 1984
Shântideva. *Bodhicaryâvatâra. Introduction à la pratique des futurs bouddhas*. Übers. La Vallée Poussin. Bloud, Paris 1907
Sartre, J.-P. *Das Sein und das Nichts*. Hamburg 1980
– *Die Wörter*. Frankfurt 1980
Saunders, K. J. »Buddhism and Christianity«. *The Chinese Recorder* (1927), 416-21
– »The Christ and the Buddha«. *Atlantic Monthly* (1927), 182-88
– *Christianity and Buddhism*. New York 1927
– »Christianity and Buddhism«. *International Missionary Council* (1928), 1-20
Schayer, S. »Altindische Antizipationen der Aussagenlogik«. *Bulletin International de l'Académie des Sciences et des Lettres* (1933)
– »New Contributions to the Problem of Prehinayastic Buddhism«. *Polski biuletyn orientalistyczny*, 2 (1937)
– (Hrsg.) siehe *Mûlamadhyamakakârikâ*, 1929-1930
– (Hrsg.) siehe *Madhyamakapradîna*, 1935
– »Precanonical Buddhism«, *Archiv orientalnyi*. VII, 1/2 (1935)
Sastri, A. (Hrsg.) siehe *Dvâdashamukha Sâstra*, 1954
Scheidt, J. »Säkularisierung. Odyssee eines Begriffs«. *Hochland* (Aug. 1966)
Schelling, F.W.I. *Werke*. J Petersen und G. Fricke (Hrsg.). Weimar 1943ff.
Schlötermann, H. *Mystik in den Religionen der Völker*. München 1958
Schlunk, M. *Die Weltreligionen und das Christentum*. Frankfurt 1951
Schmidt, W. *Ursprung und Werden der Religion*. Münster 1930
Schomerus, H. W. *Buddha und Christus. Ein Vergleich zweier großer Weltreligionen*. Halle 1931
Schrader, O. *Über den Stand der indischen Philosophie zur Zeit Mahaviras und Buddhas*. Leipzig 1902
Schroeder, L. von. »Buddhismus und Christentum. Was sie gemein haben und was sie unterscheidet«. Leopold von Schroeder, *Reden und Aufsätze*, 1913, S.85-127
Schubring, W. *Der Jainismus. Eine indische Erlösungsreligion*. Berlin 1925
– u.a.*Die Religionen Indiens*. Bd. III, *Buddhismus, Jinismus, Primitivvölker*. Stuttgart 1962-64
Schulemann, G. *Die Botschaft des Buddha*. Freiburg 1937
Schuon, F. *De l'unité transcendante des religions*. Gallimard, Paris 1948
Schuster, H. *Der christliche Glaube und die Religion der Völker*. Frankfurt/M. 1951
Schuwer, L. »Intorno ai presupposti della demitizzazione: Wie kommt der Gott in die Philosophie«. E. Castelli (Hrsg.), *Archivio di Filosofia* (1961), 129-46
Schweinitz, H. von. *Buddhismus und Christentum*. Basel-München 1955
Scott, A. *Buddhism and Christianity. A Parallel and a Contrast*. David Douglas, Edinburgh 1890
Scotus, Duns. *Opera*. Migne PL, Bd. 122

Schweitzer, A. *Christianity and the Religions of the World*. Allen & Unwin, London 1923

Seidenstücker, K. B. »Christentum und Abendland«. *Die buddhistische Welt* (1909), 19-33

– (Hrsg.) siehe *Sutta Nipâta*, 1931

Seydel, R. *Das Evangelium von Jesu in seinem Verhältnisse zu Buddha und Buddhas Lehre*. Leipzig 1882

Shântâ, N. *La voie jajna*. O.E.I.L. Paris 1985

Shöjun, B. und Shöyu, H. *A Bibliography on Japanese Buddhism*. Tokio 1958

Sigwart, C. *Logic*. MacMillan, New York, ^{2}1895

Silburn, L. *Instant et cause. Le discontinu dans la pensée philosophique de l'Inde*. Vrin, Paris 1955

Simon, G. *Auseinandersetzung des Christentums mit der außerchristlichen Mystik*. Gütersloh 1930

Slater, R. L. *Paradox and Nirvâna. A Study of Religious Ultimates with Special Reference to Burmese Buddhism*. University of Chicago Press, 1951

– und Tun Hla, U. »The Christian Approach to Buddhism«. *National Christian Council Review* (1921), 586-95

Smith, F. H. »The Sutta and the Gospel. An Inquiry into the Relationship between the Accounts of the Supernatural Births of Buddha and Christ«. *The Church Quarterly Review* (1921), 305-24

Smith, R. G. *Secular Christianity*. Harper & Row, New York 1966

Smith, W. *Ursprung und Werden der Religion*. Aschaffendorf, Münster 1930

Smith, W. C. *The Faith of Other Men*. New American Library, New York 1965

– *The Meaning and End of Religion*. Scribner's, New York 1967

– *The Question of Religious Truth*. Scribner's, New York 1967

– »Religious Atheism? Early Buddhist and Recent American«. Charles Strong Memorial Lecture, 1966

Sobczak, R. *Licht und Schatten. Zwiegespräch zwischen einem Christen und einem Buddhisten*. Breslau 1914

Söderblom, N. »Buddha und Christus«. *Die Religionen der Erde* (1905), 47-63

Sölle, D. *Atheistisch an Gott glauben. Beiträge zur Theologie*. Olten ^{6}1981

– *Stellvertretung. Ein Kapitel Theologie nach dem Tode Gottes*. Stuttgart ^{2}1982

Spann, R. J. *Christian Faith and Secularism*. Abingdon, New York 1948

Speer, R. E. »Points of Contact with Christianity in the Heresies of Siamese Buddhism«. *Princeton Theological Quarterly* (1916), 62-71

Spencer, S. *Mysticism in World Religions*. Penguin, Baltimore 1963

Spencer-Gillen, B. *The Arunta*. MacMillan, London 1927

Staal, J. F. »The Construction of Formal Definition, Subject and Predicate«. *Philosophical Transactions* (1960), 89-103

– »Negation and the Law of Contradiction in Indian Thought. A Comparative Study«. *Bulletin of the School of Oriental and African Studies*, 25 (1962)

Stählin, W. *Symbolon. Vom gleichnishaften Denken*. Stuttgart 1980

Stange, C. »Buddhismus und Christentum«. *Zeitschrift für systematische Theologie* (1953), 414-23

Stcherbatsky, T. *The Central Conception of Buddhism and the Meaning of the Word Dharma*. London 1923

– *The Conception of Buddhist Nirvâna. With Sanskrit Text of Madhyamaka Kârikâ.* Mouton, Den Haag 1965 (Repr. der Erstausg., Petersburg 1927); Delhi [2]1977
– (Hrsg.) siehe *Mûlamadhyama Kakârikâ* 1927
Steiner, R. »Buddha and Christ«. *Anthroposophy* (1926), 279-305
Stix, H. S. *Christus oder Buddha? In Parallelstellen aus dem Neuen Testament und den heiligen Schriften Indiens dargestellt.* Leipzig 1900
Stolz, A. *Theologie der Mystik.* Regensburg 1936
Streeter, C. R. H. *The Buddha and the Christ. An Explanation of the Meaning of the Universe and the Purpose of Human Life.* New York 1932
Streng, F. J. *Emptiness. A Study in Religious Meaning.* Abingdon, New York 1967
Strolz, W. *Menschsein als Gottesfrage.* Neske, Pfullingen 1965
Strong, D. M. *The Metaphysics of Christianity and Buddhism. A Symphony.* Watts, London 1899
Studies in Indology and Buddhology in Honour of Prof. Susumu Yamaguchi. Hozokan, Kioto 1955
Study in the History of Religions Presented to Crafford Howel Toy, 1912
Sutta Nipâta (Teil des *Khuddaka-nikâya* des *Sutta Pitaka*). Engl. Übers., R. Chalmers, *Buddha's Teaching of Discourse Collection* (Harvard Oriental Studies). Cambridge, Mass., 1933; außerdem E. M. Hare, *Woven Cadences of Early Buddhism* (Sacred Books of the Buddhists). London, [2]1948. Deutsch: K. Seidenstücker (Hrsg.) *Zeitschrift für Buddhismus und verwandte Gebiete. 9 (1931)*
Suzuki, D. T. *Essence of Buddhism.* The Buddhist Society, London 1947
– *Die große Befreiung. Einführung in den Zen-Buddhismus.* München [14]1990
– /Mushin – *Die Zen-Lehre vom Nicht-Bewußtsein. Das Wesen des Zen nach den Worten des Sechsten Patriarchen.* München 1987
– *Mysticism, Christian and Buddhist.* Allen & Unwin, London 1957, deutsch: *Der westliche und der östliche Weg. Essays über christliche und buddhistische Mystik.* Berlin 1988
– *Outlines of Mahâyâna Buddhism.* Open Court, Chicago 1908
– *Prajñâ: Zen und die höchste Weisheit. Die Verwirklichung der »transzendenten Weisheit« im Buddhismus und im Zen.* München 1990
– »Reason and Intuition in Buddhist Philosophy«. *Essays in East-West Philosophy*, S.17-48
– /Shûnyatâ *Die Fülle in der Leere. Essays über den Geist des Zen in Kunst, Kultur und Religion des Fernen Ostens.* München 1991
– *Studies in the Lankâvatâra Sûtra.* Routledge, London 1930
– »The Zen Sect of Buddhism«. *Journal of the Pali Text Society* (1906-1907), 13ff.
– (Hrsg.) siehe *Lankâvatâra Sûtra* 1932

Takakusu, J. *The Essentials of Buddhist Philosophy.* Chan und Moore, Honolulu-Calcutta 1956
Takeuchi, Y. »Modern Japanese Philosophy«. *Encyclopedia Britannica*, 1966
– »Das Schweigen des Buddha«. *Yearbook of the University of Kyoto*, Faculty of Letters, 1965
– *Probleme der Versenkung im Ur-Buddhismus.* Leiden 1972
– »The Heart of Buddhism«. *In Search of the Timeless Spirit of Primitive Buddhism.* J.W. Heisig (Hrsg.). Crossroad New York 1983

Talamo, V. (Hrsg.) siehe *Sutta Nipâta*, 1961
– (Hrsg.) siehe *Itivuttaka*, 1962
Tamura, K. »The Concept of Absoluteness in Buddhism«, *Religion East and West*, 38 (Jan. 1965)
Tamura, Y. und Kurata, B. (Hrsg.) siehe *Saddharmapundarîka Sûtra*, 1987
– »Some Developments of the Buddhist Approach to Reality«. *International Philosophical Quarterly*, 1964
Tao te King (von Lao-tse). *Das Buch vom Sinn des Lebens*. Deutsche: R. Wilhelm. München 1985
Taymans D'Epernon, F. *Les paradoxes du Bouddhisme*. L'Edition Universelle, Brüssel 1947
Tertullian. *Opera*. Migne PL, Bde.1-3
Thera, N. (Hrsg.) siehe *Dhammapada*, 1954
Theragâthâ (Teil des *Khudaka-nikâya* des *Sutta Pitaka*). Engl. Übers., C. A. F. Rhys Davids, *Psalms of the Brethren* (Pali Text Society Translations). London 1937
Therîgâthâ (Teil des *Khuddaka-nikâya* der *Sutta Pitaka*). Engl. Übers., C. A. F. Rhys Davids, *Psalms of the Sisters* (Pali Text Society Translations). London 1909
Thomas, E. J. *The History of Buddhist Thought*. Routledge & Kegan Paul, London, 2.Qufl. 1963
– *The Life of the Buddha, as Legend and History*. Knopf, New York 1933
– »Nirvâna and Parinirvâna«. *India Antiqua*, 284ff.
Thomas, O. C. »Being and Some Theologians«. *Harvard Theological Review*, 70 (1977), 107-60
Thomas Hand, G. und Chwen Jinan Lee, A. *A Taste of Water: Christianity Through Taoist-Buddhist Eyes*. Mahwak, N.J. (Paulist Press) 1990
Thomas, W.F. (Hrsg.) *Karatalaratna*, 1918
– und Cowell, B. (Hrsg.) siehe *Harshacarita* 1847
Tillich, P. *Biblical Religion and the Search for Ultimate Reality*. University of Chicago Press, 1955
– *The Courage to Be*. Yale University Press, New Haven 1955. Deutsch: Ausg. *Der Mut zum Sein*. Stuttgart [3]1958
– *Religion and the Protestant Era*. University of Chicago Press, 1948
– *Systematic Theology*, 3 Bde. University of Chicago Press, 1951. Deutsch: *Systematische Theologie*. 3 Bde. Stuttgart 1983f.
– *Theology and Culture*. Oxford University Press, New York 1959. Deutsch: *Gesammelte Werke*. Bd. 9, *Die religiöse Substanz der Kultur. Schriften zur Theologie der Kultur*. Stuttgart 1968
Tisdall, C. W. »Mahâyâna Buddhism and Christianity«. *Journal of Victoria Inst.* (1915), 253-76
Tokuru Yamauchi. »Problems of Logic in Philosophy East and West«. *Japanese Religion*, 3 (Aug. 1963)
Tomomatsu, E. *Le Bouddhisme*. F. Alcan, Paris 1935
Toynbee, A. J. *Christianity Among the Religions of the World*. Scribner's, New York 1957
– *An Historian's Approach to Religion*. Oxford University Press, New York 1956

– *Gang der Weltgeschichte. Aufstieg und Verfall der Kulturen. Kulturen im Übergang.* 2 Bde. Zürich 1979
Tresmontant, C. *Le métaphysique du christianisme et la naissance de la philosophie chrétienne.* Seuil, Paris 1961
Tsukamoto, K. »Materials for the Date of Buddha's Nirvâna«. *Religion East and West*, 33 (März 1960)
Tucci, G. *Il Buddhismo.* Foligno 1926
– »A Fragment from the Pratîtyasamutpâda of Vasubandhu«. *Journal of the Royal Asiatic Society* (1930), 611-23
– *Teoria e pratica del Mandala.* Astrolabio/Ubaldini, Rom 1949
– (Hrsg.) siehe *Ratnâvalî*, 1934f.
– (Hrsg.) siehe *Vigrahavyavârtani*, 1929
– »Un traité d'Âryadeva sur le Nirvâna des Hérétiques«. *T.P.*, 24 (1925), 16-31
Udâna (Teil des *Khuddaka-nikâya* des *Sutta Pitaka*) mit *Itivuttaka.* Engl. Übers., F. L. Woodward, *Verses of Uplift* (Pali Text Society Translations), London 1935
Udânavarga: Woodville Rock Mill, W. (Hrsg.). Trübner & Co., London 1883
Ui, H. *The Death of God.* Braziller, New York 1961
– »Maitreya as an Historical Person«. *Indian Studies in Honour of Charles Rockwell Lanman.* S.95ff. Harvard University Press, Cambridge 1929
– *Research on Indian Philosophy*, Bde.2-4. Tokio 1925-1927 (auf japanisch)
Ünderweg-Geyer. *Die patristische und scholastische Philosophie.* Tübingen 1951
Upanishad: Deussen, P. (Hrsg.) *Sixty Upanishads of the Veda.* 2 Bde. Delhi 1980. Deutsch: *Upanishaden – Befreiung zum Sein.* Mit einem Vorwort von R. Panikkar. Hrsg. v. M. Kämpchen, aus dem Sanskrit übers. v. B. Bäumer, Zürich 1986

Vahanian, G. *No Other God.* Braziller, New York 1966
– *The »Death of God«: The Culture of Our Post-Christian Era.* Braziller, New York 1961
– *Wait without Idols.* Braziller, New York 1964
Vâkyapadîya (von Bhartrihari). Iyer S.K.A. (Hrsg.) *A Study of the Vâkyapadîya in the Light of the Ancient Commentaries.* Poona (Deccan College) 1969; Abhyankar K.V. y Limaye V.P. (Hrsg.). Poona (University of Poona Sanskrit and Prakrit Series). II. 1965
Vasubandhu siehe *Abhidharmakosha, 1923-1931*
Vaydya, P. (Hrsg.) siehe *Catuhshataka*, 1923
Vedavyasa siehe *Yoga Sûtra Bhâshya*, 1914
Venkata-Ramanan, K. *Nâgârjuna's Philosophy as Presented in the Mahâ-Prajñâpâramitâ-Sâstra.* Harvard/Yenching Institute, Tokio 1966
Vereno, M. *Vom Mythos zum Christos.* O. Müller, Salzburg 1958
Vesci, U. M. »The Ambivalence of Sacrifice«. *International Congress of History of Religions* (IAHR). Lancaster 1975
– »Die Beziehung Gott-Mensch in der Spiritualität Indiens«. *Meditations* (1978), 114ff.; (1979) 27ff.
– »Dialogo religioso per la scoperta del mito al centro del proprio credo«. *Conoscenza religiosa* (Sept. 1978)

– »Dio, Uomo, Salvezza in alcuni aspetti del rivolgimento spirituale del VII/VI secoli a.c. in Asia e in Grecia«. *Tesi di perfezionamento*, Universität von Rom 1962
– *Heat and Sacrifice in the Vedas*. Motilal Banarsidass, Delhi 1985
– »Qualis cultus, talis Deus«. *International Congress of History of Religions* (IAHR). Stockholm 1970
– »The Role of Ritual Heat in Vedic Sacrifice. The Place of Pain in the Act of Creation«. *Bijdragen*, 39 (1978), 399-423
Veuillot, Mgr. und Henry P. *L'Athéisme: tentation du monde réveil des chrétiens?* Cerf, Paris 1963
Vicedom, G. F. *Die Mission der Weltreligionen*. Kaiser, München 1959
Vigrahavyavârtanî. Engl. Übers., G. Tucci, »Pro-Diññaga Buddhist Texts on Logic from Chinese Sources«. *GOS*, 49 (1929)
Villalba, D. (Hrsg.) siehe *Nirdesha Sûtra* 1989
Vimalakîrti siehe *Nîrdesha Sûtra* 1976, 1989
Vimalananda, T. »The Influence of Buddhism on the Greek System of Thought and on Christianity«. *The Maha Bodhi* (1939), 549- 55
Vinaya Pitaka. Engl. Übers., T. W. Rhys Davids und H. Oldenberg, 3 Bde. (Sacred Books of the East) Oxford 1881-1885
Vivekacûdâmani (von Shankarâcârya). Engl. Übers. Madhavânanda Swâmî (Hrsg.). Advaita Ashram, Calcutta 1974
Völker, W. *Gregor von Nyssa als Mystiker*. F. Steiner, Wiesbaden 1955

Wadia, A. R. »Philosophical Implications of the Doctrine of Karma«. *Philosophy East and West*, 15 (1965)
Warnach, V. »Zum Argument im Proslogion Anselm von Canterbury«. Ratzinger-Fries, *Einsicht und Glaube*
Warren, H. C. *Buddhism in Translations*. Harvard University Press, Cambridge, Mass., 1922
Watsuji, T. *The practical Philosophy of primitive Buddhism*. Tokio 1927 (auf japanisch)
Waymann, A. »The Buddhist not this, not this«. *Philosophy East and West*, 11 (Okt. 1961), 99-114
Weil, S. *Pensées sans ordre concernant l'amour de Dieu*. Gallimard, Paris 1962
– *La pesanteur et la grâce*. Plon, Paris 1948. Deutsch: *Schwerkraft der Gnade*. München [3]1981
– *Entscheidung zur Distanz. Fragen an die Kirche (Lettre à un religieux 1951)*. München 1988
Weinrich, R. *Die Liebe im Buddhismus und im Christentum*. Berlin 1935
Welbon, G. R. »Comments on Max Müller's Interpretation of the Buddhist Nirvâna«, *Numen*, 12 (Sept. 1965)
– »On Understanding the Buddhist Nirvâna«. *History of Religions*, 5 (1966), 300-326
Widengren, G. *Die Religionen Irans*. Stuttgart 1965
Wijeyesekera, D. E. *Buddhist and Christian Philosophy*. Colombo 1928
Williams, D. M. »The Translation and Interpretation of the Twelve Terms in the Paticcasamuppada«, *Numen*, 21 (April 1974), 35-63
Wilson, B. R. *Religion in a Secular Society*. Watt, London 1966

Windisch. *Mâra und Buddha*. Leipzig 1895
Wing-Tsit, Chan. *The Platform Scripture*. St. John's University Press, New York 1963
Winternitz, M. *Geschichte der indischen Literatur*. Leipzig 1920. Engl. Übers., *History of Indian Literature*, 2 Bde. Calcutta University Press, 1927-1933; Repr. Motilal Banarsidass, Delhi 1963; auch Russel & Russel, New York 1972
Wisse, S. *Das religiöse Symbol*. Ludgerus, Essen 1963
Witte, J. *Die Christusbotschaft und die Religionen*. Göttingen 1936
– »Die Einwirkung des Buddhismus und Religionswissenschaft«. *Zeitschrift für Missionskunde und Religionswissenschaft* (1914), 289-301, 353-74
Wittgenstein, L. *Tractatus logico-philosophicus*. Frankfurt/M. 1966
Woodward, F.L. (Hrsg.) siehe *Udâna*, 1935
– (Hrsg.) siehe *Itivuttaka*, 1948
– und Rhys Davids C.A.F. (Hrsg.) siehe *Samyutta-nikâya*, 1951-1956
– und Hare, E.M. (Hrsg.) siehe *Anguttara-nikâya*, 1960-1965

Yamaguchi, T. »Problems of Logic in Philosophy East and West«. *Japanese Religions*, 3 (Aug. 1963)
– *Studies in Indology and Buddhology*. Hozohan, Kioto 1955
– (Hrsg.) siehe *Mahâyânavimshaka*, 1926
– (Hrsg.) siehe *Vigrahavyavartani*, 1929
(Yasna). Le Zend-Avesta. Darmesteter, A. Maisonneuve, 3 Bd. 1960
Yoga Sûtra von Patañjali: Woods H.J. (Hrsg.) *The Yoga System of Patañjali, with Yoga Bhâshya and Tattva Vaicaradi*. Delhi (Motilal Banarsidass) 1972; *Die Wurzeln des Yoga* mit einem
Kommentar von P.Y. Deshpande und Übertragung von B. Bäumer. München 1976

Zaehner, R. C. *The Convergent Spirit*. Routledge & Kegan Paul, London 1963
– *The Dawn and Twilight of Zoroastrianism*. Widenfeld & Nicolson, London 1961
– *At Sundry Times*. Faber, London 1958
– (Hrsg.) siehe *Bhagavad Gîtâ*, 1969

Glossar-Register der Sachbegriffe

(chin. = chinesisch, gr. = griechisch, jap. = japanisch, lat. = lateinisch, pâli = Pâli-Dialekt, skr. = Sanskrit, span. = spanisch)

Absolutismus buddhistisch, vedantisch: Lehrmeinung, die nur das Unbedingte als wirklich ansieht
104

Achtfacher Pfad: der zur Erlösung vom Leiden führende Pfad, der Inhalt der letzten der Vier Edlen Wahrheiten ist
51, 273 A 25

Aggregatzustände, fünf: Körper, Empfindung, Wahrnehmung, Bewußtsein und Denktätigkeit
95

agre (skr.): Anfang
247

aham brahma asmi (skr.): "Ich bin brahman"
143

akrita / akata (skr. / pâli): nicht gemacht, nicht geschaffen
81

an-anubodha (skr.): Nichtdurchdringen und -verstehen des dharma
104

Analogie: Prinzip, das auf einen gebührenden Abstand und eine Trennung zwischen Schöpfer und Schöpfung hält
328 A 149

anâtma-vâda, nairâtmyavâda (skr.): die Lehre, daß der Mensch ohne festen, substantiellen Wesenskern ist: Es gibt keinen *âtman,* keine Substanz
61, 65, 67, 120

anâtman (skr.): Es gibt keinen âtman, keinen festen substantiellen Wesenskern
65, 66

anicca / anitya (pâli / skr.): das Vergängliche, Unbeständige
99

anonadamiento (span.): reine Negation der Negativität, Vernichtung
80

Anthropomorphismus: Beschreibung des Religionstyps einer personalen Gottheit, die den Menschen ähnlich ist
168-172

apatheia (gr.): (heilige) Indifferenz, Leidlosigkeit
54

Apophatismus (gr.): Unaussprechlichkeit der höchsten Wirklichkeit, Gottes
47-49, 198-205

– *ontologischer*
160

Namensregister

Index der Heiligen Texte

Buddhistisch